U0627729

国家社会科学基金重大项目结项成果（15ZDB092）

·俄罗斯文学与文化研究丛书·

张杰　主编

东正教与俄罗斯民族语言研究

刘宏　彭文钊　王钢　著

中国华侨出版社

·北京·

图书在版编目（CIP）数据

东正教与俄罗斯民族语言研究 / 刘宏，彭文钊，王
钢著. -- 北京：中国华侨出版社，2023. 8
　（俄罗斯文学与文化研究丛书 / 张杰主编）
　ISBN 978-7-5113-8730-1

　Ⅰ. ①东… 　Ⅱ. ①刘… ②彭… ③王… 　Ⅲ. ①东正教
—研究②俄语—语言学—研究 　Ⅳ. ①B976.2②H35

中国版本图书馆 CIP 数据核字（2021）第 262565 号

东正教与俄罗斯民族语言研究

著　　者：刘　宏　彭文钊　王　钢

丛书主编：张　杰

出 版 人：杨伯勋

责任编辑：高文喆　桑梦娟

封面设计：毛　增

经　　销：新华书店

开　　本：710毫米×1000毫米　　1/16 开　　印张：26.25　字数：322 千字

印　　刷：北京天正元印务有限公司

版　　次：2023 年 8 月第 1 版

印　　次：2023 年 8 月第 1 次印刷

书　　号：ISBN 978-7-5113-8730-1

定　　价：125.00元

中国华侨出版社　　北京市朝阳区西坝河东里77号楼底商5号　　邮编：100028

编 辑 部：（010）64443056-8013　　传　真：（010）64439708

网　　址：www.oveaschin.com　　E-mail：oveaschin@sina.com

如发现印装质量问题，影响阅读，请与印刷厂联系调换。

民族精神的铸造：东正教与俄罗斯文学

　　文学以其独特的艺术审美形式承载着厚重的历史文化积淀和深邃的民族精神，经典的文学创作和批评为国家构型，为民族铸魂。俄罗斯文学，特别是19世纪俄罗斯文学，在东正教的深刻影响下，在俄罗斯的国家和民族形象构建过程中，使得西方知识界对俄罗斯的认知发生了转变，由怀疑到叹服，由鄙视到欣赏。俄罗斯不仅以地大物博跻身于世界大国之列，更是以其灿烂的文化，尤其是文学艺术，让世界为之惊叹。

　　沿着俄罗斯东正教文化批评理论家和俄罗斯经典作家的探索轨迹，我们不难发现他们均经历了由实在生活走向虚幻精神的殊途同归。只不过前者是由研究自然科学、经济学、法学等实在科学向宗教、神学的转向，后者则是把对现实生活的体验转化为虚构的文学作品。而恰恰是以"救赎"和"博爱"为本质特征的东正教精神将他们连接在一起，共同构筑俄罗斯民族的精神大厦。

　　在20世纪的两头，即19世纪末至20世纪初和20世纪末至21世纪

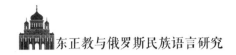

初，当俄罗斯社会发生剧烈动荡和社会变革的转折时期，俄罗斯的东正教文化均处于极其活跃的时期。探索民族的出路，重构民族的价值观，已经成为思想家和作家的共同追求。

"俄罗斯文学与文化研究丛书"是国家社会科学基金重大项目（15ZDB092）研究的最终成果，于2021年5月24日通过国家哲学社会科学工作办公室组织的评审（证书号：2021&J078），等级为良好。该丛书由五部专著组成，每个子项目为一部分，独立成书，具体如下：《"万物统一"的美学探索：东正教与俄罗斯文论》《保守主义、东正教与俄罗斯国家形象构建》《"聚和性"与俄罗斯文学经典》《东正教与俄罗斯民族语言研究》《陀思妥耶夫斯基主义引论——东正教与陀思妥耶夫斯基创作研究》。

本丛书重点探究，19世纪以来，在东正教的积极影响下，俄罗斯文学中的民族精神的建构问题以及这一构建所导致的俄罗斯文学艺术形式的变化，同时揭示俄罗斯文学如何以独特的艺术形象对东正教的"弥赛亚"意识、"聚和性"意识等核心思想的丰富，以期为当今我们崇尚个性发展，注重个体自身价值的社会，特别是我国的文艺创作和批评，提供值得借鉴的参考。

一、国外与国内：研究现状的回溯

俄罗斯研究现状

在俄罗斯，东正教与俄罗斯文学的研究热潮，复苏于20世纪末苏联解体前，这显然与当时苏联意识形态环境的剧变和庆祝罗斯受洗（公元988年）一千年密切相关，后来热潮有所降温。许多研究成果不只是见诸大学学报、科学院刊物和文学杂志，而且更多发表在解体后蓬勃发展的教会刊物中。1992 年，在俄罗斯科学院高尔基世界文学研究所举办了"普希金与基督教文化"的学术研讨会，这是苏联解体以后首次举办的此类研讨会。1994 年，论文集《论普希金传统阅读资料》出版。该文集将普希金（Пушкин А.С.）的创作还原到东正教的文化背景中来研究，带动了普希金和其他俄国诗人、作家的东正教思想研究。1993 年，彼得罗扎沃茨克大学主办了"18—20 世纪俄国文学中的福音书文本"国际学术研讨会。此后，该研讨会每三年举行一次，而且会议的时间被特意定在了 6 月份的宗教节日——圣灵节期间。从第八届研讨会（2014 年 6 月）起，会议更名为"俄国文学中的福音书文本"全俄学术研讨会，第九届研讨会于 2017 年 6 月举办。不少与会者认为，俄国传统文化的灵魂根基是东正教，俄国文学文本的创作中心之一是福音书。因此，他们依托普希金、莱蒙托夫（Лермонтов М.Ю.）、果戈理（Гоголь Н.В.）、陀思妥耶夫斯基、布宁（Бунин И.А.）、勃洛克（Блок А.А.）、布尔加科夫（Булгаков М.А.）、帕斯捷尔纳克（Пастернак Б.Л.）、普拉东诺夫（Платонов А.П.）等人的创作文本，从宗教文化的传统与习俗、文学对宗教文本的直接引用及间接联想、艺术题材、情节、体裁等角度入手，就俄罗斯艺术创作的宗教特征、俄国文艺文本与基督教的相互关系等命题展开了深入的研讨。每一届大会都收到了众多高质量的论文，比如扎哈罗夫（Захаров В.Н.）的《俄罗斯文学中的基督教现实主义》、叶萨乌洛夫（Есаулов И.А.）的《基督教传统与艺术创作》与《勃洛克后期的神秘主义与苏联文学的开端》、多罗菲耶娃（Дорофеева Л.Г.）的《〈伊戈尔远征记〉与普希金的〈上尉的女儿〉中的救赎思想》、嘉里切娃（Гаричева Е.А.）的《陀思妥耶夫斯基的〈卡拉马佐夫兄弟〉中的福音书词汇和古罗斯文学传统》、沃罗巴耶夫（Воропаев В.А.）的《"没有另外一扇门"——果戈理生命中的福音书》、斯皮里多诺娃（Спиридонова И.А.）的《普拉东诺夫战争小说中的圣像画》等。会后，这些论文都被收录在相关论文集中，主编由首届研讨会的组织者扎哈罗夫教授担任。目前，该论文集丛刊已经出版至第13期（2017年）。本应于2020年6月圣灵节举行的第十届研讨会，因新冠肺炎疫情被推迟至9月，此届研讨会依然以俄罗斯经典作家创作与陀思妥耶夫斯基文学遗产为讨论主题。

此外，俄罗斯近年还举办过一系列其他具有影响力的相关研讨会。2014年5月，高尔基世界文学研究所与《东正教的莫斯科》（Православная Москва）报社共同举办了"俄罗斯文学中的福音形象"研讨会，莫斯科大学等众多俄罗斯高校学者共聚一堂，讨论俄罗斯经典作品中的基督思想和文学创作中的道德标准。2003—2019年间，在下诺夫哥罗德大学阿尔扎玛分校已举办过六届"东正教与俄罗斯文学：大学和中学的研究"国际研讨会，并出版了一系列权威学术成果。

当今，最为突出的成果是莫斯科神学院教师杜纳耶夫（Дунаев М.М.）所著的六卷本《东正教与俄罗斯文学》（1996—1999）。该书不再仅仅从社会学、历史学的批评视角，而是主要从东正教视角来考察整个俄罗斯文学，并且深入分析了具体的作家创作，把俄罗斯文学的根本属性归结为"宗教性"。杜纳耶夫认为，很多研究者在过去研究俄罗斯文学时，没有抓住俄罗斯文学的宗教本质特征，因此对俄罗斯文学的研究是片面的、浅层次的。"俄罗斯文学反映现实的一个极其重要的特征，是她对现实世界的宗教的、东正教的理解。""伟大的俄罗斯文学的重要特征，首先这是东正教文学。""俄罗斯文学在其最高表现形式中成为不仅仅是语言的艺术，而是形象中的神学。"尽管杜纳耶夫的观点难免有所偏激，但是其研究成果的价值是毋庸置疑的。杜纳耶夫在完成了六卷本的《东正教与俄罗斯文学》之后，又在深入思考近几个世纪以来东正教与俄罗斯文学之间关系形成的缘由，他认为，俄罗斯民族在东正教信仰方面所经受的历史磨难，即从信仰—迷茫—缺失—诋毁—信仰，这一过程在近几个世纪俄罗斯文学创作中得到了充分的反映。杜纳耶夫在 2003 年发表的另一部学术专著《信仰在迷茫的磨砺中：17—20 世纪的东正教与俄罗斯文学》就是这一思索的结果。

叶萨乌洛夫的专著《俄罗斯文学中的聚和性范畴》（1995）是一本很有影响力的专题研究著作，该书主要是以东正教的核心范畴"聚和性"为中心，揭示其在部分俄罗斯文学经典创作中的作用。叶萨乌洛夫不仅把古罗斯文学文本《法与神赐说》和《伊戈尔远征记》置于东正教语境来解析，而且论述了普希金的小说《上尉的女儿》中的"聚和性"因素、果戈理的长篇小说《死魂灵》和中篇小说集《密尔格拉得》中的两种典型塑造、托尔斯泰（Толстой Л.Н.）长篇小说《战争与和平》中的"聚和性"思想、陀思妥耶夫斯基的《卡拉马佐夫兄弟》中"神赐和权力"思想、谢德林（Щедрин Р.К.）的《戈洛夫廖夫老爷们》中的基督中心主义和"聚和性"以及契诃夫创作中的东正教传统与艺术空间构造等。叶萨乌洛夫还探讨了苏联文学中的宗教因素，重点研究了巴别尔（Бабель И.Э.）诗学中的民族和审美观、阿斯塔菲耶夫（Астафьев В.П.）的小说《被诅咒和被杀害的》等，也把侨民作家什梅廖夫（Шмелёв И.С.）和纳博科夫（Набоков В.В.）的诗学特征纳入了自己的研究视野。这部专著深刻地揭示了俄罗斯文学中的东正教精神特征，为当今的俄罗斯文学史研究提供了非常有价值的参考。

在学界影响力较大的专题研究著作还主要有戈里切娃（Горичева

Т.М.）的专著《东正教与后现代主义》（1991）、莫丘利斯基（Мочульский К.В.）的专著《果戈理，索洛维约夫，陀思妥耶夫斯基》（1995）、盖坚科（Гайденко П.П.）的专著《弗拉基米尔·索洛维约夫与白银时代哲学》（2001）等。第一部著作主要揭示了东正教文化对当今后现代主义文艺思潮的影响；第二部著作则把东正教神学思想家索洛维约夫（Соловьев В.С.）与19世纪俄罗斯经典作家果戈理、陀思妥耶夫斯基的创作放在一起研究，从而深入展示东正教与俄罗斯文学之间的密切关系；第三部著作似乎是研究哲学问题的，却对研究"东正教与俄罗斯文学"问题有着十分重要的关系，该书深入探析了索洛维约夫与陀思妥耶夫斯基创作中的"千禧年说"主题，揭示了索洛维约夫与白银时代俄罗斯文学批评家之间的关系。

塔尔图-莫斯科符号学派的宗教文化批评理论家托波罗夫（Топоров В.Н.）的两卷集学术专著《俄罗斯精神文化中的神性与圣徒》（1995—1998）（第1卷《基督教在罗斯的最初岁月》和第2卷《基督教在罗斯的三个世纪（12—14世纪）》），是研究基督教在俄罗斯最初传播状况的分量最重的研究著作。这两卷近1700页（大32开）的论著在一开始就深入发掘了古希腊语中关于宇宙结构表述的词的内在含义，并指出了其对古罗斯的影响，从历史的源头探讨了基督教，特别是东正教在俄罗斯精神文化中的神圣作用，为研究东正教与俄罗斯文学之间的历史关系，尤其是古罗斯文学，提供了不少宝贵的、极有价值的参考资料。

莫斯科大学教授库列绍夫（Кулешов В.И.）主编的《19世纪俄罗斯文学与基督教》（1997）是一部学术影响非常广泛的论文集。该文集所收录的论文主要源于1994年在莫斯科大学召开的"19世纪俄罗斯文学与基督教"国际学术研讨会。论文集的作者队伍非常宏大，不但包括俄罗斯各高校及科研院所的研究人员，也有世界其他国家的斯拉夫学研究者。他们研究了基督教对 19 世纪俄罗斯文学发展的影响，具体分析了作家创作中所表现出的基督教意识，揭示了俄罗斯文学创作对基督教艺术方法的借鉴。不过，库列绍夫为代表的一批学者与杜纳耶夫、叶萨乌洛夫等不同，并没有将俄罗斯文学完全基督教化。该书内容主要包含三个方面：其一，对 19 世纪俄罗斯文学与基督教之间关系的总体研究，如马尔其扬诺娃的《俄罗斯古典作品的人物和基督教人类学》、利班的《俄罗斯文学和俄国生活中的基督教危机》、阿尔辛其耶娃的《俄罗斯文学里的基督教道德理想和空想意识的问题》等；其二，对作家创作与基督教关系的专题研究，如米涅耶娃的《论卡拉姆津对使徒传文献资料的使用》、帕乌特金的《茹科夫斯基与基里列夫斯基通信里表现的基督教思想和情绪》、库列绍夫的《普希金与基督教》、塔马尔琴柯的《俄国小说里的神正论和传统的情节结构》、谢米勃拉托娃的《作家的遗嘱是其尘世生活的一种总结：果戈理与奥多耶夫斯基公爵》、卡达耶夫的《契诃夫世界里的演变和奇迹》等；其三，外国学者对"19 世纪俄罗斯文学与基督教"问题的研究，如意大利学者维多利奥·斯特拉达的《19 世纪俄罗斯文学和文化里的世俗化问题》、日本学者横田和村上的《列·托尔斯泰对性问题的宗教看法》、德国学者米罗拉多维奇的《丘特切夫诗歌里的多神教和基督教的要素》、美国学者叶费莫娃的《在陀思妥耶夫斯基的小说〈卡拉马佐夫兄弟〉的主人公们的神界意境里的旧约全书》等。

在 20 世纪末至 21 世纪，俄罗斯学界还编辑和出版了一些与"东正教与俄罗斯文学"问题密切相关的系列丛书，如"俄罗斯思想丛书"（1994—1995）、"20 世纪思想家丛书"（1994）、"杰出人物评传丛书"（1990—2015）等以及索洛维约夫等一批思想家的文集；编撰了《俄罗斯东正教圣徒和苦行者：历史百科全书》（2010）等工具书。由于在俄罗斯不少东正教思想家本身就是作家和批评家，这些丛书就具有十分重要的参考价值，如其中的丛书收入了20世纪俄罗斯著名文论家和文学史学家、批评家洛谢夫（Лосев А.Ф.）的重要论文集《哲学、神话与文化》（1991）和关于他的传记（1997）；同时洛谢夫本人又作为作者，执笔撰写了关于索洛维约夫的传记（1990）。

近年来，关于东正教与俄罗斯文学研究的新作屡有出现。亚历山德罗娃－奥索金娜（Александрова-Осокина О.Н.）在2015年出版的专著《1800—1860年朝圣散文诗：圣所、历史和人》（2015）中，首次对鲜有关注的朝圣散文进行了系统研究，揭示了俄罗斯文学中的东正教精神与民族文化的统一；乌柳宾（Урюпин И.С.）于2020年出版专著《时代民族文化背景下的布尔加科夫创作》，探讨了俄罗斯独特的哲学和宗教文化对布尔加科夫创作的影响。除了学术专著，近年俄罗斯还相继出版了一些供语文学、历史学、宗教学、艺术学等专业学生使用的俄罗斯宗教与文学相关的大学教材，如杰姆琴科夫（Демченков С.А.）编写的《古罗斯文学与文化中的基督教》（2016）、乌米诺娃（Уминова Н.В.）主编的《基督教与文学》（2019）等。无疑，"东正教与俄罗斯文学"在俄罗斯学界越来越成为一个学科跨度广、研究者逐增的热门研究课题。

当前，俄罗斯学界研究"东正教与俄罗斯文学"这一问题的核心重镇之一是位于圣彼得堡的俄罗斯科学院俄国文学研究所（普希金之家）。该所自1994年起开始出版《基督教与俄罗斯文学》系列论文集，由科杰里尼科夫（Котельников В.А.）等人主编，圣彼得堡科学出版社出版，从1994年至2017年，总共已出版了八本，文章内容可以在普希金之家的官网上浏览下载。论文集的作者主要是俄罗斯科学院俄国文学研究所（普希金之家）及圣彼得堡俄罗斯国立师范大学的学者们，还有来自俄国及国外其他科研中心、高校的研究者们。普希金之家是苏联意识形态解禁之后的首批着力于基督教与文化研究的科研机构之一。在 1994 年至 2003 年这十年之间，这里每年都会举行名为"东正教与俄罗斯文化"的研讨会。有众多知名学者如科杰里尼科夫、叶萨乌洛夫、布哈尔金（Бухаркин П.Е.）、柳勃穆德罗夫（Любомудров А.М.）等参加会议。学者们重新开始了基督教与俄罗斯文学相互关系这一重要主题的探索，其研究核心为基督教的本体论、认识论、道德论等与新时期俄罗斯文学的关系。研究所涉及的问题范围非常广泛，比如俄国文学的东正教特性，东正教的历史特征和俄国宗教性的一般特质，这些特点如何在不同作家如茹科夫斯基（Жуковский В.А.）、霍米亚科夫（Хомяков А.С.）、陀思妥耶夫斯基、果戈理等人不同时期的创作中通过文学表达出来，不同的基督教主题和联想如何在具体艺术文本中加以体现，等等。这些系列文集中收录了很多从宗教视角阐释文学作品的优质论文，比如科杰里尼科夫的《布宁的旧约》、布哈尔金的《新时期的东正教教会和世俗文学》、柳勃穆德罗夫的《作为文化准则的教会性》、摩多林（Моторин А.В.）的《俄国浪漫主义的耶路撒冷形象》、弗拉斯金（Власкин А.П.）的《陀思妥耶夫斯基创作中的民族宗教文化》等。这显然是我们需要加以关注的一个重要研究窗口。

欧美研究现状

在欧美，东正教与俄罗斯文学的关系研究也一直是学界关注的重要问题之一。1995 年由英国格拉斯哥大学文学与神学研究中心专门主办了题为"罪、罚与基督：从宗教的角度阅读陀思妥耶夫斯基"的学术研讨会，会议重点探讨了俄罗斯经典作家陀思妥耶夫斯基创作与东正教之间的关系问题，不少学者从东正教文化的视角解读了长篇小说《卡拉马佐夫兄弟》和《罪与罚》等，这些研究为文学经典的宗教解读提供了极有价值的路径。

由美国斯拉夫和东欧语言教师联合会出版的《斯拉夫和东欧杂志》是欧美学界研究斯拉夫文化的前沿阵地。进入 21 世纪以来，俄罗斯文学与基督教尤其是东正教的关系越来越受到欧美学者的关注，比如该刊在2002 年发表的维克多·泰拉斯（Victor Terras）的《俄罗斯文学评论的基督教革命》就是其中极具代表性的研究成果。在荷兰发行的 A&HCI索引期刊《俄罗斯文学》中，也常有欧洲学者关注到俄罗斯文学中的宗教问题，如聂达·安德瑞克（Neda Andrić）2016 年发表的《德米特里·梅列日科夫斯基的小说〈达芬奇的浪漫〉的宗教哲学方面》，戈德伯格（S.Goldberg）2008 年发表的《丘特切夫〈佩萨斯特·埃斯特和莫尔斯基奇·沃尔纳赫〉中的基督教和浪漫主义》等。此外，由英国牛津大学出版社出版的《文学与神学》杂志长期以来一直密切关注着俄罗斯文学与东正教问题的研究，在 2015 年 6 月的 29（2）期上（第 183—198 页）就刊登了约瑟芬·冯·齐特赛威兹（Josephine von Zitzewitz）的论文《奥尔加·谢达科娃的旅行诗：形式的神性》，揭示了诗歌形式的东正教性。

欧美学界相关的英文研究成果主要有约瑟夫·弗兰克（Joseph Frank）的《宗教与理性之间：俄罗斯文学与文化随笔》（2010），乔治·帕提森、戴安·汤普森（George Pattison & Diane Thompson）的《陀思妥耶夫斯基与基督教传统》（2008），伊芙蕾姆·斯切尔（Efraim Sicher）的《十月革命后俄国文学中的犹太人：在希望与背教之间的作家与艺术家》（2006），露丝·寇茨（Ruth Coates）的《巴赫金身上的基督教：上帝与被流放的作家》（2005），戴维·M.贝特亚（David M. Bethea）的《现代俄国小说中的末世之形》（1989），斯图尔特·R.苏特兰（Stewart R.

Sutherland）的《无神论与拒绝上帝：当代哲学与〈卡拉马佐夫兄弟〉》（1977），赞科夫斯基（Serge A. Zenkovsky）的《中世纪俄国的史诗、历代记与故事》（1974），考克斯（Roger L. Cox）的《地与天之间：莎士比亚、陀思妥耶夫斯基与基督教悲剧的意义》（1973），等等。

2010 年，东正教文学专家马太·拉斐尔·约翰逊（Matthew Raphael Johnson）的专著《俄罗斯文学中的东正教古老传统》出版，作者旨在激发西方读者关注俄国宗教文化，认为文学翻译与批评必须重视俄国文学的历史及宗教内涵。这部学术著作可以说是最近欧美学者研究东正教与俄罗斯文学关系最为重要的学术成果之一。

我国研究现状

在我国俄罗斯文学研究界，任光宣、金亚娜、王志耕、梁坤、刘锟教授等均对此问题进行过较为深入的研究。任光宣等的《俄罗斯文学的神性传统：20 世纪俄罗斯文学与基督教》（2009）和《俄国文学与宗教：基辅罗斯——十九世纪俄国文学》（1995）、金亚娜等的《充盈的虚无：俄罗斯文学中的宗教意识》（2003）、王志耕的《圣愚之维：俄罗斯文学经典的一种文化阐释》（2013）和《宗教文化语境下的陀思妥耶夫斯基诗学》（2003）、梁坤的《末世与救赎：20 世纪俄罗斯文学主题的宗教文化阐释》（2007）、刘锟的《东正教精神与俄罗斯文学》（2009）以及他们和林精华的系列论文等多是这一方面研究的标志性成果。

任光宣教授在专著《俄国文学与宗教：基辅罗斯——十九世纪俄国文学》和《当前俄罗斯对俄罗斯文学与宗教关系研究一瞥》《俄国后现代主义文学，宗教新热潮及其它》等论文中，较为全面地概括了当前俄罗斯学界对"俄罗斯文学与东正教"问题的研究现状，从文化史的视角，探讨了东正教对俄罗斯文学创作的影响以及俄罗斯文学创作所反映出的东正教特征。在专著中，任光宣教授沿着基辅罗斯一直到19世纪俄罗斯社会的发展轨迹，揭示了19世纪俄罗斯文学中蕴含的东正教精神。这是在我国学界较早的一部关于"俄罗斯文学与东正教"问题研究的学术成果，具有非常重要的开拓性的奠基作用，很有参考价值。

金亚娜教授等著的《充盈的虚无：俄罗斯文学中的宗教意识》一书，以探究俄罗斯宗教文化的本质特征及其对民族文化心理的深层影响为目的，从宗教文化的视角重新解读了部分俄罗斯经典作家的创作，如果戈理的神秘宗教世界，陀思妥耶夫斯基与无辜受难者的灵魂磨砺，梅列日科夫斯基（Мережковский Д.С.）的《基督与反基督》的宗教思想，高尔基（Горький М.А.）作品中的民众宗教意识和人类中心宗教宇宙观、象征主义诗歌与宗教，布尔加科夫的《大师与玛格丽特》中的宗教神话主题，帕斯捷尔纳克的《日瓦戈医生》的宗教情结，顺季克（Шутько Н.А.）的《白萨满》中的萨满教观念，艾特玛托夫（Айтматов Ч.Т.）的《断头台》中的现代基督观，等等。这一成果把我国的俄罗斯文学创作的宗教解读引向了深入。

王志耕教授的专著《圣愚之维：俄罗斯文学经典的一种文化阐释》也许是最近几年来对此问题研究的分量最重、较为深入的一部专著。作者认为，要理解俄罗斯经典文学的独特性，必须对其做文化诗学的考察，也就是将其还原至它赖以生成的历史文化语境，通过对制约其存在的文化结构进行模型重构与解读，然后寻找它对文学文本的结构性渗透，从而最终说明俄罗斯文学特性的生成机制，因此，考察俄罗斯"圣愚"文化与俄罗斯文学经典之间的这种结构关系，便成了这部书的主要任务。全书共分四编，主要把"圣愚"作为一种文化，深入探讨"圣愚"与俄罗斯文学的精神品格、形式品格和生命品格之间的关系。该书对俄罗斯文学经典文本的文化解读，确实有许多精妙之处。

梁坤教授的专著《末世与救赎：20世纪俄罗斯文学主题的宗教文化阐释》（2007），从宗教文化视角研究20世纪俄罗斯文学的基督、索菲亚、恶魔、生态等几个重要主题，通过对欧洲与俄罗斯文化传统的溯源和对文学文本的分析，探讨其中共同蕴含的末世与救赎的精神结构，在宗教、哲学与文学的关联处发现俄罗斯民族自我意识的特征，考察其民族性格与文化心理，探讨了俄罗斯文学作品中主人公形象与东正教的关系。

刘锟教授的著作《东正教精神与俄罗斯文学》，从东正教文化的视点出发，从具体的文学经典文本分析入手，从俄罗斯文学中的东正教观念、圣徒传统、魔鬼观念几个方面阐述俄罗斯文学的总体特征，努力从宗教文化的视角揭示俄罗斯文学思想内涵的本质和它独特的文化价值。从整体上看，此书在研究方法上与金亚娜等著的《充盈的虚无：俄罗斯文学中的宗教意识》一书有点相似，其实刘锟本人也参与了金亚娜教授负责之作的撰写。

上述研究确实已经为我们的研究奠定了坚实的基础并且已经取得较为丰硕的研究成果。然而，任何研究又是可以进一步推进的。总体来说，以上研究多数是从东正教或其他宗教的视角来解读俄罗斯文学创作，需要深入推进东正教与俄罗斯文学之间的互动关系的研究，进一步揭示俄罗斯文学对东正教文化的形象阐释和空间拓展，在具体探究东正教如何对俄罗斯文学经典体裁结构和审美形式的影响方面，还有大量的工作需要去做。同时，需要特别说明的是，对某些关键性的学术术语翻译，学界还存在着不同的译法。如王志耕教授发表的论文《"聚合性"与陀思妥耶夫斯基的复调艺术》、学术专著《圣愚之维：俄罗斯文学经典的一种文化阐释》和金亚娜教授的专著《充盈的虚无：俄罗斯文学中的宗教意识》中，均把

"соборность" 翻译成"聚合性"，任光宣教授则译成"集结性"，也有学者译为"团契"。我们采用张百春教授的译法，即"聚和性"，因为该词的核心意义包含了"和而不同"的意思。

其实，从东正教文化与俄罗斯文学的相互关系来看，它们之间的影响应该是双向的。一方面，东正教精神影响着俄罗斯文学的形成和发展，对文学的主题、形式以及作家的思维方式和精神探索起着重要作用；另一方面，俄罗斯作家和大量的文学作品为东正教哲学提供了具有一定深度和广度的阐释可能性，以其艺术创作丰富和发展了宗教道德思想体系，深化和拓展了东正教的精神价值，体现了独特的宗教道德理想。而目前我国学界的研究更多探讨的是前一种影响，即东正教对俄罗斯文学的影响，而对俄罗斯文学对东正教文化的丰富与拓展的研究，则尚欠深入。此外，我国从事此方面研究的学者大都来自俄罗斯文学研究界，往往囿于文学的范围内来探索，结合具体的作家创作，从俄罗斯文学中的东正教观念、"圣愚"传统、魔鬼观念、"聚和性"、圣徒传等方面入手，揭示俄罗斯文学的特征。实际上，俄罗斯文学的使命始终与国家和民族的命运息息相关，宗教特征也是与此紧密相连的。俄罗斯知识分子以宗教的态度对待自己的创作，认为它负有一种救赎的使命，具有超越个人本身的精神价值。

如果走出与文学的关系来看东正教，张百春先生的专著《当代东正教神学思想》（国家社会科学基金"九五"规划重大项目）是值得特别关注的学术研究成果。虽然此书不是专门研究"东正教与俄罗斯文学"问题的，但是对于了解当代东正教神学思想具有十分重要的意义，更何况不少当代东正教神学思想家，如梅列日科夫斯基、舍斯托夫（Шестов Л.И.）、伊凡诺夫（Иванов В.И.）、洛斯基（Лосский Н.О.）、布尔加科夫、别尔嘉耶夫（Бердяев Н.А.）等，就是文学批评家和理论家。该书对当代东正

教神学思想的奠基人索洛维约夫、"聚和性"概念的提出者霍米亚科夫等
均进行了一定的论述，有助于我们对当代东正教神学思想与俄罗斯文学及
其批评理论之间关系的研究。

二、意义与方法：研究内容的设计

研究的价值与意义

俄罗斯诗人叶夫图申科（Евтушенко Е.А.）曾写过这样一句诗："诗
人在俄国大于诗人。"换句话说，"文学在俄国大于文学"。本项目研究东
正教与俄罗斯文学的关系，已不再局限于纯文学问题，将探讨这种关系对
俄罗斯国家形象构建和民族精神塑造等问题的作用。其实，俄罗斯国家和
民族精神的形象，不只是凭借国外政治家、经济学家和旅行家等的"他者
化"解读，而更主要取决于俄罗斯人的自我塑造，其中很重要的部分就是
俄罗斯文学的创作。一个伟大的民族必然能造就伟大的文学，伟大的文学
又能构建伟大的国家和民族之形象，而这一切在俄罗斯又是与东正教有着
天然的内在联系的。文学的艺术追求只有融入在民族、国家的发展洪流
中，才具有不朽的生命力。本丛书的学术价值和社会意义之一就是重点研
究"东正教与俄罗斯文学中的国家形象构建"，以期为我国文艺创作和理
论探索在国家形象的构建上，提供有价值的参考。

在东正教与俄罗斯文学的相互影响研究中，本丛书注重影响的双向
性，一是侧重研究东正教的精神价值与俄罗斯文学创作和批评之间的相互
作用、相互拓展，进行双向性的阐释；二是探究"东正教与俄罗斯民族语
言"之间的双向影响，一方面探讨作为文学载体的俄罗斯民族语言与东正
教之间的渊源关系，另一方面也努力揭示俄罗斯民族语言的发展对于东正

教文化的反作用。这些研究可以弥补我国学界在此方面的某些不足，也是本丛书研究的又一学术价值和社会意义。如果将语言研究成果运用于我国的俄语教学，也会具有较大的应用价值和推广意义。

在具体的作家创作和文本分析中，本项目不仅深入考察东正教文化在创作主题和思想内容方面的影响，揭示作品的深刻内涵，而且进一步分析文学文本在文学体裁、诗学结构、创作形式、语言表述等方面与东正教文化的渊源关系。例如，巴赫金（Бахтин М.М.）在分析陀思妥耶夫斯基小说创作的诗学构造时，敏锐地揭示了该作家小说创作中的复调结构，然而他并没有深入发掘这一结构与东正教文化之间的关系，其实这与东正教的核心概念"聚和性"关系密切。这也是本丛书中《"聚和性"与俄罗斯文学经典》《陀思妥耶夫斯基主义引论——东正教与陀思妥耶夫斯基创作研究》等的学术价值和意义之所在，努力为我国文学批评和理论的建设，提供值得借鉴的参考。

"东正教与俄罗斯文论"的关系研究显然是具有引领意义的，该研究在理论阐释的基础上，将尝试对受东正教影响的各种文学批评理论及其方法的实际运用，也就是努力运用各种批评方法来分析具体的俄罗斯文学作品，以力求为我国的文学批评开辟新的途径。这无疑具有重要的学术价值和应用价值。

研究对象和主要内容

本丛书努力通过对"东正教与俄罗斯文学"之间双向互动关系的研究，探究东正教对俄罗斯文学的创作思想、艺术形式和批评理论的积极影响，同时也深入研究俄罗斯文学创作与批评对东正教文化的拓展与丰富，从而探索超越个体的精神价值，即民族精神和国家形象的文学塑造，揭示俄罗斯文学对国家形象的构建和民族精神的铸造过程。主要研究涉及三个方面，即"东正教""俄罗斯文学"以及两者之间的关系。其中，两者之间的关系是最为重要的，我们将深入探究反映这种关系的"与"字，选择东正教对俄罗斯文学产生积极影响的部分进行研究，同时也把受东正教影响较有代表性的俄罗斯文学的经典作家、批评家及其创作和理论，作为研究的主要对象。具体研究的主要内容如下：

在"俄罗斯文学"研究方面，将选择那些与东正教关系极为密切的作家和批评家的创作，作为研究对象，并主要从文学创作和批评两个方面展开研究。在作家创作方面，侧重研究以果戈理、陀思妥耶夫斯基、托尔斯泰等为代表的经典作家的创作；在文学批评方面，重点研究以卡特科夫（Катков М.Н.）、波别多诺斯采夫（Победоносцев К.П.）等为代表的文学批评家及其思想，重点揭示俄罗斯文学经典创作、批评与东正教的互动影响，特别是俄罗斯文学对东正教文化阐释空间的拓展和对东正教思想的发展。我们以"东正教与陀思妥耶夫斯基创作"为个案，立足于作家创作文本，重在分析传统的东正教意识与陀思妥耶夫斯基创作之间的互动。

在"东正教"神学研究方面，将侧重把与俄罗斯文学发展产生互动影响最为积极的"聚和性"和"弥赛亚意识"，作为主要研究对象，深入研究它们对俄罗斯文学的民族精神铸造和艺术形式构建的积极影响。"聚和性"是霍米亚科夫提出的一个概念，与"собор（大教堂，大礼拜堂）"同根同源。它作为俄罗斯民族东正教文化的本质特征之一，具有独特的含义。在霍米亚科夫看来，天主教会的统一没有自由，新教的自由缺少统一，"聚和性"则是自由与统一的融合。"聚"是指靠着信仰为了一个焦点而结合的意思，"和"是"和而不同"的"和"。①"弥赛亚意识"源自宗教词汇"弥赛亚"（Messiah），意指某个群体或民族认为自己负有拯救世界的使命。俄罗斯民族长期信奉东正教，"弥赛亚意识"非常强烈，并且俄罗斯的"弥赛亚意识"融合了俄罗斯民族的传统文化与东正教文明，又经过俄罗斯学者数百年的补充和完善，衍生出一整套的理论和观念，早已经超出了宗教范畴而融入了俄罗斯民族的灵魂，成为俄罗斯民族的核心价值观之一。

在这两者的融合关系上，重点研究白银时代的俄罗斯宗教文化批评的思想家及其理论，揭示他们与俄罗斯文学批评理论之间的关系，如索洛维约夫的"完整知识体系"与宗教文学批评基础、特鲁别茨科伊（Трубецкий С.Н.）的"聚和性意识"与对话批评、梅列日科夫斯基的"新宗教意识"与象征主义、舍斯托夫的"悲剧哲学"与存在主义、伊凡诺夫的"合唱原则"与现实主义的象征主义、洛斯基的"直觉主义"与具体的理想现实主义、布尔加科夫的"宗教唯物主义"与"三位一体"文学批评、别尔嘉耶夫的"东正教人本主义"与救世的宗教文化批评等。这些理论家既是东正教神学思想的继承和发展者，也是俄罗斯宗教文学批评理论的拓展者。

其实，无论是东正教，还是俄罗斯文学，均是通过俄罗斯民族语言的表征而存在起来的。俄罗斯民族语言在承载着东正教和俄罗斯文学的同时，也成为它们之间联系的纽带。因此，研究东正教与俄罗斯民族语言形成与发展中的双向共变关系，揭示以东正教为主导特征的俄罗斯精神文化影响下的俄语语言世界图景，也成了本丛书研究的主要内容之一。

---

① 张百春：《当代东正教神学思想：俄罗斯东正教神学》，上海：上海三联书店，2000年，第55页。

总体框架与逻辑关系

本丛书的总体研究框架是，努力对"东正教与俄罗斯文学"问题进行系统性、互动性研究，侧重探讨两者双向互动的关系，从而揭示俄罗斯文学对国家形象和民族精神的铸造以及东正教所起到的作用。参见下图：

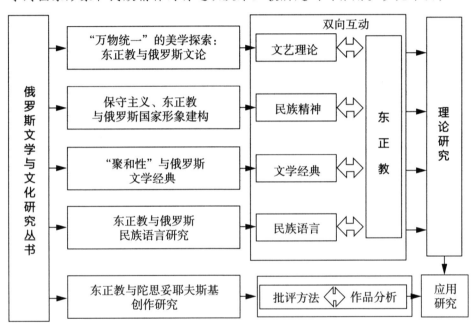

在研究的系统性上，本丛书注重创作与理论、思想与形式、群体与个案、整体与专题、内容与载体之间的系统研究，即在研究东正教对俄罗斯文学的影响方面，既重视对文学创作，特别是文学经典作品的分析，也深入对文学批评及其理论的探讨；既关注其对文学创作思想内容的影响，更努力发掘其与文学艺术形式的渊源关系；既有对经典作家和批评家的群体研究，也有对陀思妥耶夫斯基创作的个案分析；既注重其对俄罗斯文学整体影响的考察，也专门就俄罗斯国家形象构建的专题展开研究。本项目甚

至还对东正教与俄罗斯文学之间的纽带和载体——俄罗斯民族语言，列出专门的子项目研究。

在研究的互动性上，本丛书主要从纵、横两个维度上展开互动探索。首先，从历时的纵向关系来看，本丛书在深入探讨东正教对俄罗斯文学、俄罗斯民族语言的历史渊源影响时，也竭力考察俄罗斯文学、俄罗斯民族语言对东正教发展的反作用，特别重视研究双向互动的影响。从共时的横向关系来看，为了达到双向互动的研究目的，本丛书的各部论著之间也是互动甚至相互渗透的，比如，对俄罗斯国家形象构建的研究就不仅是《保守主义、东正教与俄罗斯国家形象构建》的任务，同时也渗透在其他四部论著之中；有关陀思妥耶夫斯基的创作除了《陀思妥耶夫斯基主义引论——东正教与陀思妥耶夫斯基创作研究》进行专题的深入研究之外，在《"聚和性"与俄罗斯文学经典》等论著中也会有所涉及等。

这种系统性与互动性的研究方式就是试图使得整个研究成为一个有机、互动的整体，而贯穿这一整体的精神就是在东正教的文化语境中俄罗斯文学对国家形象和民族精神的塑造。

在本丛书中，《"万物统一"的美学探索：东正教与俄罗斯文论》是一个引领性的理论专题研究，揭示东正教与俄罗斯文学批评理论之间的关系，这正好与《"聚和性"与俄罗斯文学经典》一起，构成研究"东正教与俄罗斯文学"的主体。本丛书力图通过此项研究表明，宗教思想与科学理论之间并非迥然对立，同样可以是"你"中有"我"，"我"中有"你"，均是探索真理的途径。

《保守主义、东正教与俄罗斯国家形象构建》是一部重点揭示俄罗斯国家形象构建的论著，主要探讨 19 世纪俄罗斯文学中国家形象的建构以及保守主义、东正教在此所起到的重要作用，其目的除了问题本身的研究以外，就在于努力进一步表明本丛书研究的核心问题是俄罗斯国家形象的构建和民族精神的铸造问题，这就使得本丛书的意义超越了研究本身。

《"聚和性"与俄罗斯文学经典》是一个以创作影响为主体的研究，主要通过历史渊源研究和具体文学经典文本分析，深入探讨东正教的"聚和性"与俄罗斯文学经典之间的相互关系，这是研究"东正教与俄罗斯文学"必不可少的一个核心问题。

《东正教与俄罗斯民族语言研究》以载体与纽带的研究为主要任务。俄罗斯民族语言既是文学和宗教的载体，又是它们的内涵表述的拓展者，这一研究其实既在语言文学的范围之内，又超越了这一界限，有利于我们更清晰、更深入地认识东正教与俄罗斯文学的关系。

《陀思妥耶夫斯基主义引论——东正教与陀思妥耶夫斯基创作研究》是一个个案研究，专门针对东正教与陀思妥耶夫斯基创作之间的关系，进行深入细致的剖析，这样有利于较为深入具体地揭示东正教与具体经典作家创作之间的相互影响。该论著对以往研究的突破在于，既考察宗教因素在推动陀思妥耶夫斯基思想观念形成过程中所起的影响，又探求陀思妥耶夫斯基及其创作如何提升民族认同感、发扬光大东正教文化的机制。

本丛书由批评理论和思想引领、民族精神和国家形象构建贯穿、东正教与文学经典互动考察、作为文学载体的俄罗斯民族语言研究、重点作家个案分析五个部分组成。

总体思路与研究方法

从总体思路上来说，本丛书认为，"东正教与俄罗斯文学"的研究并不等于"东正教+俄罗斯文学"，也就是说，并非"1+1=2"，而是"1+1>2"。本丛书关注两者之间的关系研究，将研究提升至民族精神铸

造和国家形象构建的高度，使之产生"1+1>2"的研究效果。本研究采用
"二元"或"多元"融合、重点与一般兼顾、静态与动态结合、创作与批
评交叉的研究思路。从总体上来说，着眼于东正教与俄罗斯文学的相互融
合，这里不仅把东正教文化作为研究的背景，而且重点分析作为载体的俄
罗斯民族语言、作为形象艺术的俄罗斯文学对东正教文化的丰富。在我
们看来，在东正教与俄罗斯文学中，往往是"你"中有"我"，"我"中
有"你"，而这就是本丛书关注的主要部分。在重点与一般的兼顾上，本
丛书在解析陀思妥耶夫斯基的创作的同时，也兼顾到俄罗斯文学史上的一
批经典作家，在重点探讨东正教文化精神如何影响俄罗斯文学对国家形象
和民族精神的铸造的同时，也兼及一般文学创作、批评及其理论与东正教
互动中产生的其他问题。在静态与动态的结合中，本丛书既对"弥赛亚意
识""聚和性"等代表东正教本质特征的范畴，作为相对确定的意义进行
研究，同时也注意它们的时代特征，在历史的变化中，在作家创作的动态
阐释过程中来考察。在创作与批评交叉的研究中，我们既注重分析作家的
创作文本，也研究卡特科夫、波别多诺斯采夫等的文学批评思想。

　　就研究视角和研究路径而言，本丛书采取多维度的视角、正反双向的
研究路径。在研究视角上，既有宏观考察的整体把握，也有微观的具体文
本分析和个案研究；既有思想内涵和民族精神的深入挖掘，也有创作体
裁、文学形式以及语言表述的艺术分析；既有就"聚和性"对创作的影响
探究，也有文学创作对"聚和性"形象阐释的评析。在研究路径上，既追
溯东正教对俄罗斯文学发展的正向渊源影响，也探讨俄罗斯文学对东正教
文化的反向阐释拓展与形象构建，既揭示俄罗斯民族语言作为载体和表现
手段，对以东正教精神与传统为核心的俄语语言意识形象体系的构建，也
反向探索在俄语的语言世界图景中东正教文化、俄罗斯文学的积极作用，

从而更深刻地认识"东正教与俄罗斯文学"的关系。

从学理角度，如果把巫术和民间口头创作分别看作是宗教活动和文学创作的起源，那么在俄罗斯，其宗教与文学几乎是一对孪生姐妹，它们之间存在着天然的内在联系。东正教与俄罗斯文学的关系也不例外，彼此往往交融在一起，有时甚至很难分辨。例如，梅列日科夫斯基、舍斯托夫、伊凡诺夫、洛斯基、布尔加科夫、别尔嘉耶夫等就既是宗教哲学家，又是文学批评及理论家；陀思妥耶夫斯基的创作是文学经典，也是对东正教精神的形象阐释与丰富；"聚和性"既是导致陀思妥耶夫斯基小说复调结构的文化根源，其内涵又在该作家创作中得到了新的丰富和拓展。因此，本丛书在学理上，针对这一特点，主要从关系着手，进行双向互动与多维的考察研究。

在研究方法上，本丛书采用文本细读、考证和跨学科相结合的研究方法，一方面深入研究"东正教与俄罗斯文学"的问题本身，细读各类文本，包括东正教基本文献资料和文学经典文本，立足文本分析，对东正教与民族语言、作家创作之间的关系等问题进行考证式研究，努力做到言之有据；另一方面做到文史哲结合，综合运用文艺学、宗教和思想史的研究方法，立足于一手材料，除了第一手的俄文（含古俄语材料）、中文资料以外，还尽可能运用第一手的英文等资料，来考察西方学者的观点，尽力发掘俄罗斯文学史、东正教文化史中被忽略的一面，争取能够走出问题看问题，从跨学科的视野来考察问题，深化问题的研究。

三、使命与救赎：民族精神的铸造

文学是历史的文化记忆与艺术重构，俄罗斯文学显然是俄罗斯社会发展的艺术构建。也许正因为如此，我国俄罗斯文学研究界常常把文学创作与社会现实生活密切地联系在一起，特别是在探讨 19 世纪以来的俄罗斯文学发展时，总是习惯于把这一进程与民族解放斗争和历史变革相关联，甚至以十二月党人起义、农奴制废除和十月革命等重大历史事件为依据来划分文学发展阶段。其实，文学的历史重构也许更主要是超越历史事件的精神重构、国家形象的塑造和民族灵魂的铸造。就俄罗斯文学而言，这里自然离不开东正教思想的影响。东正教之所以能够被俄罗斯民族所接受，主要因为东正教的思想与俄罗斯民族自身的宗教虔诚性是相吻合的，因此，俄罗斯宗教文化批评理论家别尔嘉耶夫曾经明确指出："俄罗斯人的灵魂是由东正教会铸成的，它具有纯粹的宗教结构。"①

回眸 19 世纪欧洲文学史，以批判现实主义为代表的文学主潮，往往通过对典型环境中的典型人物悲剧性命运的描写，来达到对社会现实的揭露与批判，这也是批判现实主义的力量之所在。然而，19 世纪的俄罗斯文学则又呈现出自己的独特性。别尔嘉耶夫在提及俄罗斯文学的特征时这样写道："从果戈理开始的俄国文学成为一种训诫的文学。它探索真理，并教示实现真理。俄罗斯文学不是产生于个人和人民的痛苦和多灾多难的命运，而是产生于对拯救全人类的探索。这就意味着，俄国文学的基本主题是宗教的。"②

在我国和苏联的俄罗斯文学研究中，凡是提及 19 世纪俄罗斯文学中的奥涅金、毕巧林、罗亭、奥勃洛莫夫等"多余人"（лишний человек）和巴施马奇金、杰武什金等"小人物"（маленький человек）系列形象

---

① ［俄］尼·亚·别尔嘉耶夫：《俄罗斯共产主义的起源与意义》，莫斯科：科学出版社，1990 年，第 8 页。
② 同上，第 63 页。

时，往往把这些优秀个性和"小人物"的毁灭归结于 19 世纪俄罗斯社会的恶劣环境。其实，俄罗斯作家笔下的"多余人"和"小人物"与同时期欧洲文学中的同类人物相比较，有着迥然不同的性格特征。虽然他们都处于恶劣的社会环境中，无法摆脱自己悲剧性的命运。然而，俄罗斯文学中的"多余人"更具有使命感、救赎意识，也就是他们在不断探索拯救自己和他人的出路。俄罗斯文学中的"小人物"也更多地在为自我的尊严而抗争，甚至自我救赎。显然，在"多余人"和"小人物"身上，体现着俄罗斯民族的"救赎"精神，而这一精神无疑来自东正教的"弥赛亚意识"。

19 世纪初的俄罗斯与西欧先进国家相比较，显得十分落后，仍然处于农奴制之中。随着 1812 年抗击拿破仑的入侵，俄军一度远征西欧。不少优秀的贵族军官亲身感受到了俄国的腐败落后，改革和救赎的使命感与日俱增。俄罗斯学者马斯林（Маслин М.А.）就曾经指出："毋庸置疑，从中世纪开始，宗教救世主学说正是俄罗斯自我意识的特征。"俄罗斯的思想界体现着"对俄罗斯民族乃至整个正教世界的整体的宗教和历史的救赎意志"。① 十二月党人诗人雷列耶夫（Рылеев К.Ф.）、丘赫尔别克尔（Кюхельбекер В.К.）、奥多耶夫斯基（Одоевский В.Ф.）、拉耶夫斯基（Раевский В.Ф.）等，在自己的创作中就表现出鲜明的民族救赎意识，表达了追求自由、积极向上的浪漫主义精神。俄罗斯诗人普希金更是在《致西伯利亚的囚徒》等诗歌中激励为民族救赎而献身的十二月党人，甚至预言俄罗斯民族将从睡梦中醒来。在现实主义的文学创作中，著名作家果戈理在《钦差大臣》《死魂灵》等创作中，出色地塑造了形形色色的小官吏、地主、骗子等形象，竭力探索宗教的自我救赎之路。寓言家克雷

---

① 马斯林：《对俄罗斯的非常无知》，载《哲学译丛》1997 年第 2 期，第 23 页。

洛夫（Крылов И.А.）的创作在形象地反映社会现实的同时，不仅批判了统治阶级的种种丑恶本性，而且弘扬了强烈的爱国主义精神。无论是屠格涅夫（Тургенев И.С.）的长篇小说、涅克拉索夫（Некрасов Н.А.）的诗歌、奥斯特洛夫斯基（Островский А.Н.）和契诃夫（Чехов А.П.）的戏剧，还是陀思妥耶夫斯基和托尔斯泰的小说等，均是通过不同的艺术表现途径，探索着自我救赎。在俄罗斯文学史上的"多余人"系列形象塑造中，如果说在普希金笔下的奥涅金还主要体现的是自我救赎，那么到了莱蒙托夫那里，毕巧林已经开始试图拯救他人，而屠格涅夫同名小说中罗亭则死于巴黎革命的巷战中。当然，冈察洛夫（Гончаров И.А.）的奥勃洛莫夫又表现出"救赎"的无奈，只寻求自我心灵的纯洁。

在东正教中，"上帝"是存在于"自我"之中的，也就是说，"我"就是"上帝"。因此，俄罗斯民族的"救赎"并不依赖于外部世界，而是根植于自身的。在俄罗斯文学中，我们不难发现，各种不同类型人物的"救赎"探索。果戈理的短篇小说《外套》是继普希金的《驿站长》之后又一部描写小人物的杰作。然而，小公务员巴施马奇金不仅是黑暗社会的牺牲品，更是一个维护自我尊严、追求"自我救赎"、反对弱肉强食社会的抗争者。在《外套》里，作家创作了一个荒诞的结尾，巴施马奇金死后一反生前的怯懦，抓住那个曾骂过他的大人物，剥下他的外套，为自己报了仇。陀思妥耶夫斯基的小说《穷人》中的主人公、年老公务员杰武什金和几乎沦落为妓女的陀勃罗谢洛娃，虽然生活艰难，地位卑微，但是他们依然在执着于精神和道德上的平等。

在优秀贵族人物性格的塑造上，托尔斯泰的创作无疑是最具有代表性的。在长篇小说《战争与和平》中，安德烈·包尔康斯基、彼恰·罗斯托夫、彼埃尔·别祖霍夫等身上蕴藏着的爱国主义激情，维护民族自尊的决心，均令人赞叹。他们与民众的坚强意志显示出俄罗斯民族精神的强大与不可战胜。《安娜·卡列尼娜》中的主人公安娜是一位追求爱情幸福的新女性，不过托尔斯泰的描写是很具有俄罗斯特色的。尼·亚·别尔嘉耶夫就曾经指出，爱情本身在俄罗斯与西欧的存在方式与内涵是迥然不同的，在俄罗斯，"爱情不是一种自我价值，没有自己的形象，它仅仅是人的悲剧道路的展示，仅仅是对人的自由的考验"。① 因此，当安娜深感渥伦斯基不再爱自己以后，就只有以生命为代价完成了"自我救赎"的心理历程。《复活》中的主人公聂赫留朵夫则更是在"救赎"他人的过程中实现了"自我"和"他人"的精神"复活"。

　　当然，在别尔嘉耶夫看来，俄罗斯救世的宗教文学主要始于果戈理，但是果戈理创作的悲剧在于，他揭示的仅仅是人的"魔性"，而无法描绘出人的"神性"，无法表现神人合一的创作形象。在极度矛盾和痛苦中，果戈理烧毁了《死魂灵》的第二部手稿。只有到了陀思妥耶夫斯基，他的创作才深刻地揭示了俄罗斯民族的"神性"，同时也极大地丰富了对俄罗斯东正教救世精神的阐释和形象展现。他的创作主要围绕着人与人的命运展开，并由此产生善与恶、爱与恨、罪与罚等一系列问题。他较西方更早触及到人的双重性格、意识与无意识、磨难与自由。陀思妥耶夫斯基发现了俄罗斯人的独特精神建构并以自己的创作反映了俄罗斯民族的宗教精神。别尔嘉耶夫明确表明"我们是陀思妥耶夫斯基的精神之子"②。

　　东正教与俄罗斯文学在相互影响中，不仅重构了俄罗斯民族的精神世

---

① ［俄］尼·亚·别尔嘉耶夫：《陀思妥耶夫斯基的世界观》，载《创作·文化·艺术哲学》，莫斯科：艺术出版社，1994年，第2卷，第74页。

② ［俄］尼·亚·别尔嘉耶夫：《悲剧与寻常》，载《创作·文化·艺术哲学》，莫斯科：艺术出版社，1994年，第2卷，第144页。

界，也拓展了俄罗斯文学的艺术表现形式。同时，俄罗斯文学又以其独特的艺术形象和审美形式，展示和丰富着东正教精神，传承了东正教文明。

四、重构与聚和：审美形式的拓展

翻开 19 世纪俄罗斯文学史，批评界在关注东正教与俄罗斯文学的相互影响时，往往更加侧重东正教思想对俄罗斯文学创作的精神注入，从而揭示前者对后者的积极影响。其实，俄罗斯文学经典作品的独特艺术表现魅力也渊源于东正教，并且推动着东正教精神在更广范围内的形象化接受。

俄罗斯著名思想家、文学批评家巴赫金曾经在《陀思妥耶夫斯基诗学问题》一书中，明确揭示了陀思妥耶夫斯基小说创作形式的复调结构，强调了在陀氏创作中"作者与主人公平等对话"的艺术特征。然而，巴赫金却有意回避了"复调结构"和"对话"产生的思想根源，他写道："我们在分析中将撇开陀思妥耶夫斯基所表现的思想的内容方面，此处我们看重的是它们在作品中的艺术功能。"[①] 显然，巴赫金回避了一个不应该回避的问题。

陀思妥耶夫斯基是一位虔诚的东正教徒，其小说创作的"复调结构"和"对话"特征，是东正教文化又一本质特征"聚和性"意识的艺术表现。

在陀思妥耶夫斯基的小说创作中，这种"聚和性"意识的"复调结构"特征非常明显地展现在读者面前。这种不同观点和思想的"复调"或曰"多声部"，在长篇小说《罪与罚》中，表现为大学生拉斯柯尔尼科夫

---

① ［俄］巴赫金：《陀思妥耶夫斯基诗学问题》，莫斯科：苏维埃俄罗斯出版社，1979 年，第 89 页。

与妓女索尼娅之间的"对话"，前者坚持要以暴力抗恶，杀死了放高利贷的老太婆，后者则以善对恶，反对暴力，犯罪就要忏悔和接受惩罚，以达到自我救赎、净化心灵的目的。到了长篇小说《卡拉马佐夫兄弟》，这种"复调"已经不再是两种声音，而是真正的"多声部"。卡拉马佐夫一家父子之间、兄弟之间，他们不仅思想感情上迥然对立，甚至相互敌视，以至弑父。小说中，恶毒与善良、无神与有神、虚伪与真诚、软弱与暴力等各种话语和行为交织在一起，形成了一部独特的"交响曲"。

在陀思妥耶夫斯基的小说中，"和而不同"所产生的"复调"，又不仅仅是同一空间上不同声音的"聚和"，而且也是不同空间层面的"对话"和"多声部"。小说《白痴》是由作家有意识独特设计的双重层次结构所构成，把世俗的日常生活与崇高的情感悲剧相交织，主人公梅什金、罗戈任、纳斯塔西娅·菲利波芙娜、阿格拉娅、伊波利特均生活其中，作家并没有让小说中的任何一种声音成为主旋律，而是不同的声部并存。这种不同层面的空间交织对话，形成了"黑暗"与"光明"、"平凡"与"崇高"之间对峙的"复调"结构，呈现出"现实"与"浪漫"、"理智"与"情感"相结合的独特艺术形式。

可以说，陀思妥耶夫斯基很少直接客观地描述社会生活场景和刻画人物性格，而主要是描绘人物的意识，让人物直抒自己对社会的不满和对人生的看法。《穷人》中的男女主人公用书信来直抒自己对现实的抱怨，《死屋手记》和《地下室手记》中的主人公们明显地表现出自己心灵的扭曲、变态和卑劣。《卡拉马佐夫兄弟》中的父与子们针锋相对的思想交锋，《白痴》主人公梅什金的基督式的"普遍的爱"，《罪与罚》中主人公关于善恶的不同认识等，均是心灵的碰撞和思想的表露。

陀思妥耶夫斯基是一位善于洞察和揭示人物意识的艺术大师。东正教的"聚和性"在他的创作中显现为是一种"意识"的"聚和",而这种"聚和"又是三种意识主体的"聚和"。从表层上来看,各个人物的主体意识是具有个性意识的,而部分群体的主体意识是代表集体的,但是从深层着眼,只有代表反映人类普遍意识的主体才能够代表人类整体。可以说,正是普遍的人性、博爱精神才是"聚和"的根本。

特鲁别茨科伊在《论人类意识的本质》中,就把意识的主体分为局部与整体两类。局部的意识主体又分为:个性意识与集体意识,这类意识主体是不可能代表整体的,因此不具备普遍性。其实,意识主体的本质特征是它的普遍性,也就是能够反映整个人类特性的普遍意识。特鲁别茨科伊虽然强调个性意识、集体意识与普遍意识的"三位一体",但是他把普遍意识称为"聚和性"意识。他指出:"意识既不可能是无个性的,也不可能是单独的、个性化的,因为意识要比个性宽广得多,它是聚和性的。真善美可以客观地被认识,能够渐渐地被实现,就是因为人类的这种活生生的聚和性意识。"[①]

东正教的"聚和性"成为了陀思妥耶夫斯基创作的内在文化基因,同时陀氏的创作又不断丰富和形象地阐释了东正教的本质特征"聚和性"。在霍米亚科夫那里,不同思想和观点是"聚和"共存的,而在陀思妥耶夫斯基的创作中,这种"和而不同"又是相互"融合"的,即各种不同思想和观点是相互渗透的。这显然更加形象,艺术地拓展了东正教的思想,例如《卡拉马佐夫兄弟》中的阿辽沙是代表"善"和"博爱"思想的理想人物,但是在小说现实中的形象又是软弱无力的。"宗教大法官"的传说是长篇小说《卡拉马佐夫兄弟》中的伊万对其弟阿辽沙讲述的一个很长的故

---

① 俄罗斯科学院哲学研究所编:《谢·尼·特鲁别茨科伊选集》,莫斯科:思想出版社,1994年,第44页。

事。陀思妥耶夫斯基匠心独具地让这位反基督的宗教大法官恰恰以维护宗教的绝对权威的面貌出现，甚至还揭示出宗教大法官的某些思想与 19 世纪俄罗斯的虚无主义、激进主义思潮之间的联系，从而使得这一形象具有多重意义的内涵。陀思妥耶夫斯基有意识地将不同的思想融合在同一个人物身上，这不是简单的人物思想复杂性导致的，而是作家独特的艺术构建，是对"聚和性"有意识的"内在"呈现，为了达到读者心灵自我对话的独特效应。

俄罗斯著名宗教文化批评理论家罗赞诺夫（Розанов В.В.）指出："陀思妥耶夫斯基的本质在于其无限的隐蔽性。……陀思妥耶夫斯基是一位最隐秘、最内在的作家，因此阅读他，仿佛并不是在阅读别人，而像是在倾听自己的灵魂，不过比通常的倾听更深入……"因此，就读者而言，"陀思妥耶夫斯基并不是'他'，像列夫·托尔斯泰和其他所有作家那样；陀思妥耶夫斯基是'我'，是罪过的、愚笨的、懦弱的、堕落的和正在崛起的'我'"。① 陀思妥耶夫斯基以"自我"为中心的创作，恰恰艺术地折射出东正教的"上帝在我心中"的思想。

陀思妥耶夫斯基的文学创作深刻地揭示了不少宗教哲学的辩证思想：堕落与复兴、生与死等互相依存、互为前提的关系。《卡拉马佐夫兄弟》一书的卷首引用了《约翰福音》中的一段话："我实实在在地告诉你们：若一粒麦子落在地里上，不死，仍旧是一粒；若是死了，就会结出许多子粒来。"陀思妥耶夫斯基以这部长篇小说表明了一个深刻的宗教思想：生与死是不可分离的，只有死的必然，才使得生变得可能。罗赞诺夫把陀思妥耶夫斯基称为"辩证法的天才，在他那里几乎所有正题都转化为反

---

① ［俄］瓦·瓦·罗赞诺夫：《为什么陀思妥耶夫斯基对于我们是珍贵的？》，载《论作家与写作》，莫斯科：共和国出版社，1995 年，第 533，535—536 页。

题"。① 其实，陀思妥耶夫斯基创作中蕴含着的深刻矛盾性、辩证性是"聚和性"意识的使然。罗赞诺夫曾指出，陀思妥耶夫斯基的文学创作遗产是"表层略有些被毁损的思想、形象、猜想和期盼的矿场，但俄罗斯社会却还不得不依赖它，或者至少，一切真正的俄罗斯灵魂都将先后向那里回归"。② 这里说的俄罗斯灵魂的回归自然是东正教的，陀思妥耶夫斯基对东正教本质特征的艺术显现和形象拓展是显而易见的。

其实，在 19 世纪俄罗斯经典作家的文学创作中，这种与东正教之间互动影响的艺术创作的"形式因"可谓比比皆是。莱蒙托夫代表作《当代英雄》中的宿命论思想，体现在宗教意识与小说创作形式的相互影响之间。该小说五个短篇连接的艺术结构不按时间秩序，而是不断指向内心和宿命，便是这一影响的产物。果戈理创作《死魂灵》第二部的过程，反映出作家在艺术创作与宗教思想探索中的苦恼和艰辛。俄罗斯民族戏剧的奠基人奥斯特洛夫斯基在自己的代表作《大雷雨》中，也将创作形式中融入了浓厚的宗教意识，以艺术形象从正反两个方向展示着东正教的自我救赎思想。列夫·托尔斯泰的长篇小说《复活》的书名就直接来源于宗教，整部小说中均贯穿着救赎和自我完善的宗教思想，也极大地形象阐释和丰富了相关的教义。即便是被誉为现实主义经典作家的高尔基，在其创作中也充满着造神论的思想③，其小说《忏悔》是一部集中体现作家造神论思想的文学作品。高尔基在这部小说中，通过人物、情节以及丰富多彩的生活现象，形象地展示了造神论思想的全貌。当然，高尔基强调的主要是

---

① 转引自阿·尼科留金：《俄罗斯灵魂的画家》，载［俄］瓦·瓦·罗赞诺夫：《在艺术家中间》，莫斯科：共和国出版社，1994 年，第 12 页。

② 同上。

③ 张羽：《高尔基的造神论观点研究》，载《张羽文集》，南京：河海大学出版社，2014 年，第 155—212 页。

宗教感情，他坚持："宗教感情……应该存在、发展，并且有助于人的完善。""宗教感情是由于意识到把人与宇宙结合在一起的各种纠结的和谐性而产生的那种欢乐与自豪感情。"① 高尔基在这里的论述，显然有着明显的东正教"聚和性"意识的烙印，他的小说《忏悔》也在很大程度上艺术地反映出这一点。

五、现实与精神：意义再生的机制

长期以来，我国文学批评界已经习惯于把文学创作视为通过语言文字对现实生活的形象反映。然而，任何一个民族的文学创作在反映社会现实的同时，更是民族精神的弘扬，这一精神自然与该民族的宗教信仰是息息相关的。宗教与艺术是人类两种不同的文化现象和社会意识，它们几乎同时产生，既相互依存，又相互矛盾。艺术主要是以情感形式表现人的生活的丰富性，让人获得现实生活的实在感。不过，艺术时空表现的实在感与宗教的虚幻的处世态度无疑是相互对立的，更何况宗教的禁欲主义压抑着艺术对美的追求，尤其是在长达一千年的中世纪。因此，在 20 世纪初，几乎所有的文学史家都认为，中世纪的教会势力和教规严重地制约了人类文化艺术的发展，后来的文艺复兴运动才促使以表现人为中心的文化艺术摆脱宗教的羁绊，重新蓬勃发展起来。

其实，如果从"表现""创造"的美学理想出发，中世纪的人类艺术成就不仅可以被重新认识，而且宗教对人类文学艺术发展的贡献是显而易见的，至少在艺术表现的假定性手段等方面，为文学艺术的内在表现机制

---

① 张羽：《高尔基的造神论观点研究》，载《张羽文集》，南京：河海大学出版社，2014 年，第 170 页。

提供了更多的可能。文学创作对社会生活的反映是积极的，它就如同一个意义发生器，拥有一个能够不断再生意义的机制。因此，不同时代的读者或者同一时代的不同读者，均可以从任何文学文本中解读出不同的意义。爱沙尼亚塔尔图大学的已故著名符号学家洛特曼（Лотман Ю.М.）就曾指出，"文本具备三个功能：信息传递功能、信息生成功能、信息记忆功能"。[①] 文学文本的核心构造其实就是意义的再生机制，它可以传递新的信息，创造新的意义。

洛特曼就曾经强调："文本作为意义的发生器是一种思维机制。要使这个机制发生作用，需要一个谈话者。在这里深刻地反映出意识的对话性质。要使机制积极运行，意识需要意识，文本需要文本，文化需要文化。"[②] 在 19 世纪，与俄罗斯社会现实对话的谈话者，主要是东正教的思想，而俄罗斯文学所承载的正是这两种意识、文本、文化之间的对话。在陀思妥耶夫斯基的创作中，无论是《穷人》中的杰武什金与陀勃罗谢洛娃，还是《罪与罚》中的拉斯柯尔尼科夫与索尼娅，或者是《卡拉马佐夫兄弟》中的伊万与阿辽沙之间，都是以不同人物对话的方式，来展现残酷现实与东正教思想之间的互文。在托尔斯泰的创作中，《安娜·卡列尼娜》的两对主人公安娜、渥伦斯基与列文、吉蒂之间的互文对照，虽然存在于现实之间，但他们之间的迥异是思想和精神层面的。《复活》主人公聂赫留朵夫代表的"自我完善"等宗教思想，以个人与社会之间的对应方式，均不同地艺术呈现了这一交锋。在果戈理的《死魂灵》（第一部）中，反映作者强烈主观精神和东正教思想的抒情插话与社会人性堕落和丑陋现实

---

① 康澄：《文化及其生存与发展的空间——洛特曼文化符号学理论研究》，南京：河海大学出版社，2006 年，第 25 页。

② 同上，第 114 页。

之间，实现了精神与现实的互动对话。在莱蒙托夫的《当代英雄》中，主人公毕巧林完成了现实的抗争与宿命的无奈之间的心理历程，最终走向了宗教信仰的归宿。在亚·尼·奥斯特洛夫斯基的《大雷雨》中，女主人公卡捷琳娜的理想王国与现实的黑暗王国之间的对峙，以及主人公的悲剧结局，无疑是对观众产生了极大的情感影响，留下了无限的思考空间。

　　列夫·舍斯托夫把契诃夫的创作视为是这种宿命论的集大成者。他以为，契诃夫一生都在把人类的悲剧性命运与上帝的存在相互文。他写道："契诃夫是绝望的歌唱家，契诃夫在自己差不多二十五年的文学生涯当中百折不挠、乏味单调地仅仅做了一件事：那就是不惜用任何方式去扼杀人类的希望。"① 契诃夫是在用自己的创作给人们以启示。也就是，人类只有用自身的磨难、绝望、诅咒，甚至死亡来抗争理性、必然性和规律性，只有当人身陷悲剧的深渊，充满恐惧，陷入绝境，才能感觉到那个用理性无法证明的上帝，向他发出旷野的呼告，重新找回对上帝的信仰。这既是舍斯托夫对契诃夫创作的宗教—文化意义的阐释，更是他对陀思妥耶夫斯基、果戈理、托尔斯泰等俄罗斯伟大作家创作的内在价值的肯定。

　　显然，宗教的精神是永存不变的，而社会现实则是变化无常的，正是这种"不变"与"变"之间的对话，为读者提供了无限广泛的可阐释空间，文学文本作为艺术的载体才不断创造出新的意义。文学创作的主要作用，也许就在于表现或反映人类的无意识和意识生活以及与此相伴的社会现实。然而，文学又必然会表现出超越这一切现实层面的精神，即人类超越理性之上的无意识层面，也就是文学素养或曰文学教养，并以此影响读者，实现自身的价值。

---

① ［俄］列夫·舍斯托夫：《开端与终结》，方珊译，昆明：云南人民出版社，1998年，第8页。

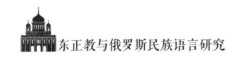

　　文学的本体无疑是文学文本，文学文本创造的意义自然既源于生活，又高于生活，是现实与精神的融合。文学文本是社会现实与民族精神交融的传承，文学批评的任务既要发掘文学文本对现实生活的形象反映，更要揭示深层的宗教信仰和民族精神。俄罗斯文学显然是东正教与俄罗斯社会现实相互对话的产物。"弥赛亚"和"聚和性"等意识，作为俄罗斯民族东正教文化的本质特征，一方面提升了俄罗斯文学经典的思想内涵，另一方面又影响着俄罗斯文学的艺术形式，特别是诗歌、小说等的诗学结构。同时，俄罗斯文学经典的创作，也在很大程度上，以"弥赛亚""聚和性"等为基础，不断丰富着东正教的内涵和表现形式，拓展了东正教文化的阐释空间。文学批评应该努力从这两者的对话与交融之中，去揭示文学文本和艺术形象的意义再生机制，拓展文本的可阐释空间。

　　19世纪以来的俄罗斯文学，对本民族精神的铸造，为我国的文学创作和批评，为我们探索超越个体价值的民族精神，无疑具有十分重要的意义和启示。

国家社科基金重大项目

"东正教与俄罗斯文学研究"首席专家

南京师范大学外国语学院教授

张　杰

2021年2月14日于南京随园

目 录

第一章
俄罗斯民族语言发展史中的东正教因素

宗教与语言的关系密不可分，宗教的创建和传播离不开语言，在某种意义上甚至可以说语言为宗教的建立提供了基础，同时宗教也赋予了某些词汇浓重的宗教色彩，进一步丰富和发展了词汇系统。俄罗斯民族是一个笃信东正教的民族，东正教对俄罗斯国家的形成和民族文化的发展产生了极为重要的影响，俄罗斯民族语言中也不可避免地渗入了浓重的东正教因素。

第一节　罗斯受洗的意义

距离988年的罗斯受洗已经一千余年，关于这一事件不断有人提及，因为罗斯受洗对于俄罗斯文化，乃至整个斯拉夫文化来说具有命运转折的意义。在此后千余年的历史长河中，俄罗斯文化不断浸润着基督教理念。受洗不仅促使了俄罗斯东正教教堂的产生，而且促进了新世界观的诞生。更为重要的是，东正教在俄罗斯人意识中植入了永久的精神性特征，并形成了与此相连的独具特色的俄罗斯文化。"宗教仪式是文化的摇篮，更准确地说，是文化的精神家园。整个历史时代，特别是充满创作的历史时代

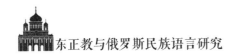
表明，文化所有的基本特征或多或少地与宗教仪式密切相连，具有神圣性，包括艺术、哲学、科学、法律、经济。"① 我们要强调的是，语言是文化的重要组成部分，现代俄罗斯标准语的起源与发展同样与罗斯接受东正教洗礼有着千丝万缕的联系。

公元前 658 年，来自希腊迈加拉的开拓者在形状酷似老鹰头的岛屿上建造了一座城市，并以本国领袖的名字"拜占庭"命名新城。由于拜占庭地理位置优越（位于今天土耳其的金角湾和马尔马拉海之间），城市得以飞速发展并在古希腊所有城邦中占据重要位置。君士坦丁一世大帝战胜了罗马皇帝之后，于 330 年 5 月把都城从罗马迁至拜占庭，后将其更名为君士坦丁堡。由于君士坦丁一世大帝坚持不懈的努力，原来属于希腊殖民地的拜占庭作为重要城邦得到进一步巩固和发展，即使在历经 5 个风雨不断的世纪及罗马帝国沦陷后，拜占庭依旧巍然屹立并成为汇集古希腊文化遗产的世界名城，拜占庭帝国的繁荣与富强成为基督教东方传统的可靠支柱。②

大约在 867 年，由于相互争夺对保加利亚教会的控制权，罗马教皇尼古拉一世与君士坦丁堡宗主教佛提乌关系破裂，从而导致整个基督教会从形式上开始分化为罗马天主教会和希腊东正教会（也就是东罗马天主教会），开始了基督教会分裂成天主教和东正教的历史。1054 年，基督教正式分裂成两大独立教派，一个是西方的天主教教派，另一个是东方的东正教派。教派的分裂助长了各教派在学说、教义、教会组织和祈祷仪式多方面的区别。

---

① Булгаков С.Н. *Свет Невечерний. Созерцания и умозрения.* М.: Республика, 1994.С.58.
② ［俄］Т. С. 格奥尔吉耶娃：《文化与信仰：俄罗斯文化与东正教》，焦东建、董茉莉译，北京：华夏出版社，2012 年，第 21–22 页。

基辅罗斯在多神教的基础上接受了拜占庭希腊基督教，即东正教。根据《往年纪事》（«Повесть временных лет»）记载，945 年伊戈尔（Игорь）大公执政期间，基辅罗斯与拜占庭签订了合约。当时在基辅罗斯忠实该合约的有信奉多神教的斯拉夫人，也有信奉基督教的斯拉夫人。[①] 957 年，伊戈尔大公的妻子奥尔加（Ольга）秘密接受了东正教的洗礼。奥尔加多次劝告自己的儿子斯维亚托斯拉夫（Святослав）接受基督教，遭到了斯维亚托斯拉夫的拒绝。斯维亚托斯拉夫按照斯拉夫人的多神教统治基辅罗斯。

980 年斯维亚托斯拉夫的小儿子弗拉基米尔（Владимир）成为基辅罗斯大公。编年史料证明，基辅罗斯大公弗拉基米尔一世非常认真对待国家信仰的选择。他派使节到世界各国了解宗教，根据使节报告的消息，古罗斯很快否定了天主教、犹太教和伊斯兰教。《往年纪事》中记载，弗拉基米尔大公派出使节访问拜占庭索菲亚大教堂。派出的使节既听不懂宗教仪式上的希腊语，也无从体会基督教的教义，但是他们惊讶于教堂里的音乐，更迷上了布满圣像、充满神秘、金碧辉煌的教堂之美。他们返回基辅罗斯后对拜占庭的东正教进行了如下描述："我们来到希腊国土，他们把我们领到向上帝祭祀的场所，当时我们不知道是在天上还是在人间：因为在人间从没看过有这种奇观，如此美妙的场所，真不知道如何形容这一切。我们只知道在那里上帝是和人们融合在一起的，他们的宗教仪式也比其他所有国家的都好。我们无法忘怀那种美妙景色，因为任何人如果尝过甜的，就再也不会去吃苦的了，所以我们已经再也不能在这里过多神教的生活了。"[②] 我们可以看到，斯拉夫人被拜占庭象征上帝存在的崇高精神之

---

① ［俄］拉夫连季：《往年纪事》，朱寰、胡敦伟译，北京：商务印书馆，2011 年，第 43 页。
② 同上，第 88 页。

美所陶醉，崇高的精神性成为弗拉基米尔一世选择国家信仰的主要依据之一，也成为俄罗斯文化遗产中的主要内容和成分。古罗斯从此获得了除军事组织、村社制度之外三个治理国家的要素中的重要组成部分——宗教。①

罗斯接受拜占庭基督教历经了 200 年左右的时间，到 12 世纪末期基本完成。拜占庭基督教，即东正教本身，具有融合基督教内部思想的特征，因此很容易与基辅罗斯原有的多神教的文化观念相融合并存。② 即使这样，罗斯受洗对于俄罗斯民族发展历史还是具有里程碑意义。俄罗斯历史学家和地理学家古米廖夫（Л. Н. Гумилев）曾说："东正教的胜利给予俄罗斯千年的历史。"③ 从俄罗斯民族文化角度看，利哈乔夫（Д. С. Лихачев）认为，俄罗斯文化起源的最基本时间为罗斯受洗的 988 年，④ 这一观点也为大多数学者所接受。罗斯受洗成为俄罗斯文化的正式发源和开端，经历了一千多年的历史。东斯拉夫民族在接受了拜占庭希腊基督教之后，迸发出自身的文化魅力，为世界文化贡献出不可替代的文化瑰宝。古罗斯在接受基督教，借鉴拜占庭文化的基础上，逐渐实现了与世界多元文化的交流。从此以后，基督教取代了在自然面前充满恐惧的古罗斯多神教。基督教信仰按照东方的希腊传统仪式，把人放置在大自然的中心，因为人是东正教精神坐标体系中创作的花环和上帝的形象。也正因为如此，罗斯受洗促进了人民创作力量的觉醒，人成为世界的中心。

罗斯接受东正教给其社会带来的变化和影响主要体现在以下五个方面：一是东正教促进古罗斯作为一个国家开始拥有了理性信仰和民族心理

---

① 张雅平：《东正教与俄罗斯社会》，北京：社会科学文献出版社，2013 年，第 15 页。
② 同上，第 18 页。
③ Лихачев Д.С. *Раздумья о России*. СПб., Изд–LOGOS, 1999.C.85.
④ 同上。

基础；二是东正教"君权神授"的思想促进罗斯国家形成了绵延不断的君主专制制度，国家与宗教相互依存；三是东正教推动形成古罗斯僧侣阶层，僧侣的传教活动赋予民众信仰和道德感，同时也使百姓提高文化知识水平；四是东正教促进古罗斯与欧洲国家的政治联姻和经贸往来，古罗斯从一个偏远落后的城邦成为一个有影响力的欧洲国家；五是东正教促进古罗斯文字的产生与传播，促进古罗斯文化的繁荣，为后来19世纪开始俄罗斯形成光辉灿烂的文化打下了坚实的基础。[①] 本项目的研究重点落在东正教促进古罗斯文字的产生与传播方面。

在古罗斯接受东正教以后的千年历史中，俄罗斯东正教文化对俄罗斯民族各方面都产生了巨大影响，其中最重要的方面体现在东正教对俄罗斯民族语言形成与发展的影响。我们认为，主要表现在以下五个方面：一是在接受东正教过程中，圣人基里尔（Кирилл）和梅福吉（Мефодий）将大量宗教文献从希腊文翻译成古斯拉夫语的过程促进了斯拉夫文字的产生，为后来现代俄语的发展奠定了基础；二是教堂祈祷的语言可以用斯拉夫语，神职人员成为社会上文化水平和语言水平最高的人员，极大促进了古罗斯的文化启蒙，百姓在神职人员影响下开始有意识学习语言；三是教堂神职活动促进了俄语词典编撰事业的产生和发展，最早开始编撰的词典都是记录的教会用语；四是教会斯拉夫语的产生和使用对现代俄语标准语的形成产生了深远的影响，俄语词汇中拥有大量表示抽象意义的词语来源于教会斯拉夫语，同一语义的抽象意义和具体意义分别用不同词语表示，形成丰富的俄语语义场和独特的俄语语言世界图景；五是现代俄语语言单位蕴含了丰富的反映东正教文化的观念内容，构成东正教文化观念域，也

---

① 张雅平：《东正教与俄罗斯社会》，北京：社会科学文献出版社，2013年，第20—21页。

因此形成俄罗斯人的思维方式和俄罗斯人的性格特征，成为俄罗斯民族区别于世界其他民族的重要标志。

第二节　斯拉夫文字的产生和发展

古罗斯文字的产生与圣人基里尔和梅福吉的传教活动密切相关。关于兄弟二人的出生地一直是一个有争议的问题，保加利亚学者认为兄弟二人是保加利亚人，并把二人视为保加利亚文化的顶峰。其他多数学者认为二人是希腊人，我们认为后者更符合逻辑。两兄弟分别于 827 年和 815 年出生于拜占庭的萨洛尼卡（Салоники）（位于现在的希腊）。基里尔原名康斯坦丁，梅福吉原名米哈伊尔，基里尔和梅福吉分别是他们的圣名。二人出生于富裕的军官家庭，梅福吉是七子中的长子，基里尔是年龄最小的孩子。两个希腊人从小居住的希腊城市萨洛尼卡是一座双语城市，除了希腊语之外，城里还使用斯拉夫语方言。这与斯拉夫移民的居住范围到达爱琴海拜占庭帝国边境有关，这些斯拉夫人也受到拜占庭帝国文化的影响而成为君士坦丁堡统治者的支持者。萨洛尼卡城内具有许多这样的斯拉夫人，他们把自己的语言带到这座城市，因此基里尔和梅福吉从小就成为双语掌握者。兄弟二人从小均受到良好的教育，梅福吉拥有良好的天赋和才华，继承了父亲的职业先成为军人并获得军衔；基里尔早年对科学研究感兴趣，研究邻国的民族文化时，就已经尝试将《福音书》的一些章节从希腊语翻译成斯拉夫语。除了语言学，基里尔还向君士坦丁堡的学者学习了方言学、修辞学、哲学和几何学等领域的知识。由于出身好，基里尔本来可以轻而易举获得贵族婚姻并谋得政权高层的好职位，但年轻人不喜欢这样的安排，他自愿选择去国家主教堂索菲亚大教堂担任图书馆看守，并很快在首都大学获得教师职位。由于在哲学领域的出色成绩，基里尔在历史地理文献中获得了"哲学家康斯坦丁"的外号。856年基里尔与一些学者得到君士坦丁堡最高统治者的许可，来到小俄林波斯圣山（Малый Олимп）的修道院学习经文，此时基里尔的哥哥梅福吉正好在修道院担任守卫者。兄弟俩周围逐渐聚集了许多宗教领域的志同道合者，兄弟二人的命运从此与宗教更加紧密地联系在一起，成为斯拉夫民族与西方信仰基督教民族之间文化交流的使者。

一、基里尔和梅福吉的翻译活动

862年，大摩拉维亚公国（Моравия）（9—10世纪时西斯拉夫人建立的早期封建国家，以摩拉维亚为中心，在今捷克境内）大公拉斯季斯拉夫（Ростислав）向东罗马帝国皇帝米哈伊尔三世和君士坦丁堡牧首弗提乌一世派出使节，请求他们派传教士用斯拉夫语给斯拉夫人传授基督教信仰。大摩拉维亚公国早就接受了基督教的洗礼，但是教堂活动都是用希腊语进行，这带来许多不便，普通百姓听不懂希腊语，不利于基督教传播。皇帝和教主经过商议后，认为基里尔和梅福吉最符合大公拉斯季斯拉夫的要求，他俩精通斯拉夫语中的方言，与大摩拉维亚公国使用的方言接近，能够帮助当地百姓理解基督教的教义。基里尔和梅福吉也接受了这个艰巨的任务。当时没有现成的斯拉夫语宗教典籍，兄弟二人需要从头将基督教的许多典籍由希腊语翻译成斯拉夫语。

兄弟二人和他们的学生投入紧张辛苦的翻译工作中。他们首先把基础的基督教书籍翻译成斯拉夫语（即保加利亚语），主要包括圣诗、使徒行传和福音书的大量内容。三年的翻译工作促使基里尔发明了斯拉夫字母

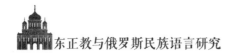

表。斯拉夫字母表通常被认为有两种形式，一种是由 38 个字母组成的格拉哥里字母表，另一种是由 33 个字母组成的基里尔字母表。一说，基里尔实际发明并用在翻译中的是格拉哥里字母表，一个世纪以后弟子们模仿希腊字母图案对格拉哥里字母表进行了完善，为纪念恩师而将字母表命名为基里尔字母表；另一说，基里尔发明了字母表后，由兄弟二人的学生继承了基里尔字母表并对其进行完善而创立了格拉哥里字母表。俄罗斯历史学家塔季舍夫（Василий Никитич Татищев）在自己的著作《俄罗斯历史》（«История Российская»）中曾指出，他坚信基里尔和梅福吉并没有发明出斯拉夫文字。他认为，在兄弟二人之前就已经有了斯拉夫文字，斯拉夫人不仅会书写，而且拥有多种文字：черты-резы, руны（北欧斯堪的纳维亚地区的文字），буквица。兄弟二人为了便于翻译《圣经》，将 буквица 进行了改良，去掉了大约十几个字母，创建了斯拉夫字母表。不论哪一种说法，基里尔发明字母表和构建出斯拉夫文字是历史事实，所做出的贡献不可磨灭，从此以后多数斯拉夫人都使用基里尔字母并发明了自己民族的文字，包括俄罗斯人、乌克兰人和白俄罗斯人，有了文字的民族开始创造本民族的文化并使文化活动得以记录。在大摩拉维亚公国的三年里，兄弟二人在从事翻译之余教授当地的百姓识字。在他们的帮助下，保加利亚于 864 年接受了基督教洗礼。他们还去了许多斯拉夫公国并用斯拉夫语传教。

二、斯拉夫文字的产生

要用斯拉夫语进行祷告，仅从事翻译活动是不够的，还要有相应的神职人员以及誊抄斯拉夫语书籍的抄写员。但当时除了兄弟俩，没有人能够掌握这套新发明的文字。幸运的是，兄弟俩很快就在自己身边聚集了一批对斯拉夫文字和斯拉夫语祷告感兴趣的弟子。但是，作为普通修道士的基里尔和梅福吉并没有使自己的学生成为神职人员的权力，当地主教也认为没有将所有祈祷文从拉丁语翻译成斯拉夫语的必要，"翻译改革"一度陷入瘫痪。于是，兄弟二人打算向罗马教会求助。当时的罗马和君士坦丁堡之间的关系十分复杂，但是关于天主教和东正教教会的划分还没有最终形成，因此拜占庭修道士可以自由前往罗马。起初罗马教会也坚持主张用拉丁语进行传教活动并拒绝了兄弟二人的请求。这时，兄弟二人使出了"撒手锏"。早在兄弟二人前往大摩拉维亚公国的前几年，基里尔在赫尔松内斯（Херсонес，位于现在俄罗斯克里米亚半岛的塞瓦斯托波尔）的一次传教旅行中发现了第四任罗马教皇克雷芒的圣骨。教皇的圣骨对于罗马教会而言是神圣的遗产，献上圣骨的人可以获得至高无上的权威。于是基里尔和梅福吉把在赫尔松内斯发现的克雷芒一世的圣骨献给了罗马教会。此后罗马教皇不仅批准了祈祷文的斯拉夫语译文，还任命了一批跟随两兄弟来到罗马的年轻人为神职人员，任命梅福吉为主教并赋予其独自任命弟子进行神职工作的权力。经过基里尔、梅福吉及其学生们的积极努力，从此以后用斯拉夫语举行祈祷仪式和书写圣书便获得了罗马教会的官方认可。遗憾的是，基里尔还没来得及享受自己的"外交成果"就在罗马病倒了。死前他接受了苦行戒律，获得了"基里尔"这一圣名，并被安葬在圣克雷芒大厅。奄奄一息之际，基里尔请求自己的兄弟不要放弃共同的教育启蒙事业，要在斯拉夫人中间普及东正教及斯拉夫文字。归来的梅福吉带着自己的弟子继续从事着《圣经》等圣书的翻译工作，他培养出的神职人员规模也越来越大。然而，当地反对其翻译活动的也大有人在，几经周折后，梅福吉的翻译活动勉强维持。梅福吉去世后第二年，大摩拉维亚公国完全禁止了斯拉夫文字的使用并将梅福吉的弟子们清扫出国。被迫逃亡的弟子们被邻国保加利亚的鲍里斯皇帝看中，他想要在全国实行语言改革，即实现祈祷仪式和文职工作等领域从希腊语到斯拉夫语的过渡，以求在文化上相对独立于拜占庭帝国。于是，鲍里斯将这些斯拉夫文字的专家藏匿起来，并让他们暗中完成书籍的翻译和抄写以及专业人员的培养。有专家认为，梅福吉的弟子们正是在保加利亚的这段时期用基里尔字母替代了格拉哥里字母，因为模仿希腊字母的基里尔字母，相比于"四不像"的格拉哥里字母，更容易为保加利亚人所接受。893年，语言改革的准备工作完成，鲍里斯的儿子西梅翁皇帝宣布斯拉夫语正式成为保加利亚教会和国家的官方语言。正是从这一时期开始，斯拉夫文字才开始广泛传播于其他斯拉夫民族。随着基督教的传入，用斯拉夫文字书写的书籍也传到罗斯，最早记录罗斯开始学习斯拉夫文字的是《往年纪事》。书中提到，在弗拉基米尔大公完成"罗斯受洗"后，他立刻让基辅罗斯的孩子们开始阅读这些书籍。

基里尔和梅福吉翻译活动的意义在于创建了斯拉夫字母表，首次研究了斯拉夫标准书面语，形成了斯拉夫标准书面语文本的基础。基里尔和梅福吉的笔记是斯拉夫民族标准书面语的重要依据和来源，对古罗斯标准书面语和文本的形成产生了极大影响，为后来俄罗斯、乌克兰和白俄罗斯民族的标准书面语的形成奠定了坚实基础。基里尔和梅福吉的笔记内容在波兰语、塞尔维亚卢日支语中也有所反映，因此可以说，基里尔和梅福吉的翻译活动具有泛斯拉夫意义。两位圣人的翻译活动和发明斯拉夫字母表的事实被记录在《往年纪事》中，史实和民间传说交织在一起，使基里尔和梅福吉在斯拉夫国家获得很高地位，他们成为斯拉夫文字的缔造者和基督教文化的传播者，成为斯拉夫大地上神圣精神的象征。

此后，关于基里尔和梅福吉的记录开始变得越来越淡薄。到17世纪，两兄弟的名字被完全从教历中划除。二人再次回到民众视线是在 19 世纪，这一时期生活在奥斯曼帝国和奥匈帝国领土上的斯拉夫人开始了民族独立运动。第一次"基里尔—梅福吉庆祝运动"于 1858 年在保加利亚的普罗夫迪夫举行，此时的基里尔和梅福吉成为斯拉夫人民族意识觉醒和斯拉夫统一民族思想的标志。此后，俄罗斯也加入庆祝活动的行列当中，恢复了基里尔和梅福吉兄弟在教历中的位置，并担起了团结全斯拉夫民族的重任。著名历史学家米哈伊尔·波国金（Михаил Погодин）在其出版的《基里尔—梅福吉文集》的许多文章中，都贯彻着这样一种思想：语言文字的统一是政治统一的基础。十月革命后，所有和两兄弟有关的节日都被取消，官方只简要提到两兄弟都是伟大的启蒙者，但具体细节不予"见光"。第二次世界大战后，所有斯拉夫国家都已加入社会主义阵营，兄弟二人在斯拉夫民族团结中再次发挥重要作用。苏联时期，基里尔字母还被推广到俄罗斯以外的其他加盟共和国，例如，中亚五国基本采用基里尔字母进行民族语言的书写。苏联解体后，俄罗斯与乌克兰、白俄罗斯、保加利亚、捷克、塞尔维亚等使用斯拉夫语言的国家，每年 5 月 24 日都隆重纪念基里尔和梅福吉的贡献，一起庆祝"斯拉夫文字和文化节"（День славянской письменности и культуры）。这个节日与圣人基里尔和梅福吉一生的追求与努力密不可分，是俄罗斯文化生活中非常典型的国家宗教节日，在这一天通常举行展览、研讨会、音乐会、吟唱会等丰富多彩的活动，教会也会组织举行"十字架游行"等宗教活动。

第三节　从标准语之争看教会斯拉夫语的地位

关于俄语标准语起源的问题，存在教会斯拉夫语起源说、古俄语起源说、教会斯拉夫语和古俄语共同起源说三种不同的观点。古罗斯时期（10—14世纪）存在两种同源的语言，一是古俄语，另一种是古斯拉夫语，后发展为教会斯拉夫语。至于哪种语言是当时的标准语，由于年代久远，可供依据的历史文献不多，一直充满争议，难有定论。然而，可以肯定它们都是俄罗斯民族语言的源流。

一、俄罗斯民族语言的源流

现代斯拉夫民族的祖先使用的是原始斯拉夫语（протославянский язык），或称共同斯拉夫语或泛斯拉夫语（общеславянский или праславянский язык），这种语言起初是原始印欧语的一种地域方言。斯拉夫人长期迁徙扩张，各部落联盟之间的联系逐渐减弱乃至断绝，统一的原始斯拉夫语逐渐分化为东部方言和西部方言。后来，东部方言又进一步分化，进而形成东部次方言和中部次方言。随着方言分歧越来越大，至6世纪前后，原始斯拉夫语最终解体：东部次方言发展为东斯拉夫语（восточнославянский язык），常称古俄语（древнерусский язык），后分化为俄语、乌克兰语和白俄罗斯语；中部次方言发展为南斯拉夫语，包括已消亡的古斯拉夫语以及今天的保加利亚语、马其顿语、塞尔维亚—克罗地亚语、斯洛文尼亚语；西部方言发展为西斯拉夫语，包括今天的捷克语、斯洛伐克语、波兰语等。至此，形成了现代斯拉夫诸语言的格局，[①]按照谱系关系大致如图1-1所示。

---

① 信德麟：《斯拉夫语通论》，北京：外语教学与研究出版社，1991年，第4-6页。

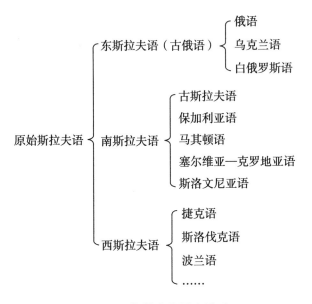

图 1-1　斯拉夫诸语言谱系

　　图 1 中有一种语言，对古代俄语标准语产生过重要影响，这就是后来俄化为教会斯拉夫语的古斯拉夫语。10 世纪，基辅罗斯将东正教定为国教前后，从保加利亚传入了大量用古斯拉夫语写成、译自希腊语的宗教文献（福音书、使徒行传、祈祷词等）。古斯拉夫语（старославянский язык）大约产生于 9 世纪中后期，是在古保加利亚语马其顿方言的基础上，吸取其他斯拉夫语的一些词语而形成的。罗斯受洗前后，古斯拉夫语传入基辅罗斯。此时，基辅罗斯形成了古斯拉夫语和古俄语共存的状况，但使用范围有所不同。古斯拉夫语主要在宗教领域使用，并在与古俄语互相影响中逐渐俄化演变为教会斯拉夫语（церковнославянский язык）。14—15 世纪，在古俄语和教会斯拉夫语既互相对立又互相融合的过程中，随着俄罗斯统一国家和统一民族的形成，逐渐形成了统一的俄罗斯民族语言。综上，古罗斯诸语言的流变及互相关系大致可用图 1-2 表示如下。

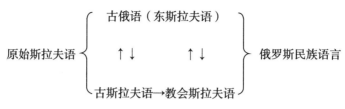

图 1-2　古罗斯时期诸语言之间关系

二、古代标准语之争

古罗斯时期并存古俄语和教会斯拉夫语（其前身为古斯拉夫语）两种语言，对于彼时的标准语之争，从逻辑上看，有四种可能：（1）教会斯拉夫语是标准语；（2）古俄语是标准语；（3）教会斯拉夫语和古俄语都是标准语；（4）教会斯拉夫语和古俄语都不是标准语。事实上，在俄罗斯学界上述四种观点确实都存在。根据持上述观点的代表性学者的名字，可分别称之为沙赫马托夫理论、奥勃诺尔斯基理论、维诺格拉多夫理论和索博列夫斯基理论。

（一）沙赫马托夫（А. А. Шахматов）理论

较早研究古代俄语标准语问题的学者是沙赫马托夫，他的核心观点是古代俄语标准语是教会斯拉夫语，其研究成果体现在《俄语历史古代分期概论》（«Очерк древнейшего периода истории русского языка», 1915）、《俄语历史教程引论》（«Введение в курс истории русского языка», 1916）以及其去世后出版的《现代俄语标准语概论》（«Очерк современного русского литературного языка», 1925）等著作中。

沙赫马托夫从现代俄语标准语起源入手，探讨古代俄语标准语问题。他认为世界上很少语言像俄语这样，经历了极其复杂的形成过程。"就其起源而言，俄语标准语是传入罗斯大地的教会斯拉夫语（教会斯拉夫语起源于古保加利亚语），几个世纪以来不断与鲜活的民族语言接近，逐渐退去外来的面貌。"①沙赫马托夫认为，使用非本民族的其他语言作为书面语，在人类历史的不同时代、不同地区有过先例。例如，在中世纪的欧洲，无论是罗曼语国家，还是日耳曼语国家，都曾经使用拉丁语作为书面语。何况教会斯拉夫语与古俄语本就同源，无论是发音还是词汇的用法和变化，都很相像，甚至当时说俄语的人都很难区分出这两种语言。另外，从进入古罗斯伊始，古斯拉夫语就开始了与古俄语的同化过程，进而发展成为教会斯拉夫语。11世纪很多文献中的语言，就是教会斯拉夫语俄化的最好证明。

（二）奥勃诺尔斯基（С. П. Обнорский）理论

作为沙赫马托夫的学生，奥勃诺尔斯基的观点与自己的老师截然相反，他认为古代俄语标准语不是教会斯拉夫语，而是古俄语，其研究成果体现在专著《早期俄语标准语历史概论》（«Очерк по истории русского литературного языка старшего периода», 1946）和论文集《俄语研究论文选集》（«Избранные работы по русскому языку», 1960）中。

奥勃诺尔斯基指出，认为古代俄语标准语是教会斯拉夫语的观点没有任何有力的证据。奥勃诺尔斯基把古代文献《俄国法典》（«Русская Правда»）视为俄语标准语的来源，在对该作品的语言进行研究后，他认为《俄国法典》是用古俄语书写的，因此古俄语是当时的俄语标准语。奥勃诺尔斯基认为，《俄国法典》的语言生动地体现了古代俄语标准语的

---

① Шахматов А. А. *Очерк современного русского литературного языка*. М.: Учпедгиз, 1941. С. 60.

特点，它的本质特征是接近口语诗歌，丝毫没有保加利亚—拜占庭文化的印记。① 奥勃诺尔斯基所提出的"标准语独立于教会斯拉夫语的观点是革命性的"②，该观点一经提出，便引发了极大争议。有学者指出，《俄国法典》并不是标准语文献，以此质疑奥勃诺尔斯基观点的正确性。于是，奥勃诺尔斯基扩大了研究对象，又对其他几部最重要的古代文献《伊戈尔远征记》（«Слово о полку Игореве»）、《弗拉基米尔·莫诺马赫家训》（«Поучение Владимира Мономаха»）和《丹尼尔·扎托契尼克祷文》（«Моление Даниила Заточника»）的语言进行了全面深入研究，并出版了专著《早期俄语标准语历史概论》。奥勃诺尔斯基仍然坚持认为俄语标准语的基础是古俄语，至于其中的教会斯拉夫语因素，则是教会斯拉夫语与古俄语接触并渗透俄语标准语中的结果。③ 总而言之，奥勃诺尔斯基观点的实质为俄语标准语是独立发展的，即俄语标准语就其基本属性而言是"本土"的俄语，其中的教会斯拉夫语因素是第二性的。

（三）维诺格拉多夫（В. В. Виноградов）理论

同为沙赫马托夫的学生，维诺格拉多夫的观点又有所不同。他认为，教会斯拉夫语和古俄语同为当时的标准语，是一个标准语的两个不同类别，其研究成果集中体现在著述《古罗斯标准语形成和发展研究上的基本问题》（«Основные проблемы изучения образования и развития древнерусского литературного языка», 1958）中。

---

① Обнорский С. П. *Происхождение русского литературного языка старейшей поры.* Избранные работы по русскому языку. М.: Учпедгиз, 1960.

② Минералов Ю. И. *Введение в славянскую филологию.* М.: Студент, 2012. С. 42.

③ Обнорский С. П. *Очерки по истории русского литературного языка старшего периода.* М.: Л.: Изд-во АН ССС, 1946. С. 6.

维诺格拉多夫是俄语标准语研究领域的集大成者，他仔细研究了古罗斯时期的语言状况，对前人关于古代俄语标准语的观点进行了全面梳理和深入思考，得出了古罗斯时期有两种标准语的观点，并把它们分别称为"书面斯拉夫（книжно-славянский）语"和"民族文学（народно-литературный）语"① 显然，前者是教会斯拉夫语，而后者则是古俄语。维诺格拉多夫认为，这两种类型语言修辞上的区别特征在 11—12 世纪已经有所展现，它们用于不同的体裁和功能领域。维诺格拉多夫还指出，古罗斯时期这两种类型语言之间既互相作用，互相借鉴，彼此依赖对方丰富自己，有时也发生深刻的对立和冲突。而关于这两种类型语言之间互相关系、互相作用的路径和原则，维诺格拉多夫坦诚，"直到现在研究得还比较少"② 俄罗斯著名学者利哈乔夫院士赞同维诺格拉多夫的观点，他的表述更为直白。根据利哈乔夫的假设，在古罗斯时期存在两种标准语：一种是教会斯拉夫语，它是东斯拉夫、南斯拉夫以及罗马尼亚的通用标准语，另一种是古俄语标准语。③ 国内学界也都支持维诺格拉多夫的观点。李越常认为，沙赫马托夫理论和奥勃诺尔斯基理论都有失偏颇，无法反映出古罗斯标准语形成和发展的实际情况。前者夸大了古斯拉夫语对形成和发展标准语的作用，而后者对古斯拉夫语在标准俄语形成中所起的作用估计不足。④ 因此，相对折中的维诺格拉多夫理论在国内较为盛行，除李越常外，

---

① Виноградов В. В. *Избранные труды. История русского литературного языка.* М.: Наука, 1978. C. 134.

② 同上，第 135 页。

③ Лихачев Д. С. *Поэтика древнерусской литературы.* М.: Наука, 1979. C. 83.

④ 李越常：《略论古斯拉夫语对标准俄语的影响》，《外国语》，1990 年第 5 期，第 37 页。

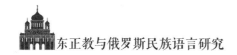

赵葆云 ①、马骊、王仰正 ② 等学者也都是该理论的支持者。

（四）索博列夫斯基（А. И. Собелевский）理论

早在 1899 年索博列夫斯基就对古代俄语标准语问题进行过深入研究，只是由于种种原因其代表作《俄语标准语历史》（«История русского литературного языка», 1980）直到 1980 年才得以问世。索博列夫斯基的核心观点是，教会斯拉夫语和古俄语都不是真正意义上的标准语，蒙古统治罗斯之前古罗斯没有形成自己的标准语。

在国内已有研究成果中，大多都将索博列夫斯基视为沙赫马托夫理论的支持者或追随者，例如，赵葆云在《从功能原则出发看古斯拉夫语与俄语标准语的互相关系》一文中指出 "А. И. Собелевский 则认为教会斯拉夫语就是古代俄国的标准语"③。由于 20 世纪 90 年代初我国学术规范尚未完全形成，引文可以不标注出处，加之该论文的参考文献中没有列出索博列夫斯基的任何作品，因此我们无法得知索博列夫斯基 "教会斯拉夫语就是古代俄国的标准语" 这一观点出自何方。马骊、王仰正转引俄罗斯学者的观点，指出索博列夫斯基 "认为古俄时期使用了两种语言，其中之一（指教会斯拉夫语）是标准语"④，该论文的参考文献中也没有出现索博列夫斯基的著述。我们认为，要准确了解索博列夫斯基关于古罗斯标准语问题

① 赵葆云：《从功能原则出发看古斯拉夫语与俄语标准语的互相关系》，《外语研究》，1990 年第 1 期，第 8-11 页。
② 马骊、王仰正：《从〈往年纪事〉探究古俄语标准语的若干问题》，《外语研究》，2012 年第 5 期，第 35-41 页。
③ 赵葆云：《从功能原则出发看古斯拉夫语与俄语标准语的互相关系》，《外语研究》，1990 年第 1 期，第 8 页。
④ 马骊、王仰正：《从〈往年纪事〉探究古俄语标准语的若干问题》，《外语研究》，2012 年第 5 期，第 36 页。

的主要观点，还是要从他本人的原著中寻找端倪。

索博列夫斯基通过对古代文献的研究发现，古罗斯时期的教会斯拉夫语和古俄语都不是统一的、全民性的语言，它们"在罗斯的不同时代不同地域具有不用的特点"[①]。这或许与古罗斯长期分裂，缺少突出的政治和文化中心有关。在弗拉基米尔和雅罗斯拉夫大公时期，基辅享有很高的政治地位，但在其后很快衰落。基辅罗斯分裂成几个独立的公国，事实上不受基辅的钳制，也不承认基辅的领导地位。索博列夫斯基认为，一直到蒙古统治之前，古罗斯都没有找到一种通用的标准语。这一时期有两种语言并用：一种是用于文学作品的教会斯拉夫语，而另一种是用于公文写作的纯俄语（即古俄语——引者注）。这两种语言中的每一种都在某种程度上被划分为次级的、地方性的语言，在古罗斯的不同地方它们之间有所差异。[②]可见，"全民性"或"通用性"是索博列夫斯基确认标准语的最重要的特征，从这一点出发，古罗斯时期的教会斯拉夫语和古俄语都没有资格成为标准语。索博列夫斯基的观点得到了伊萨琴科（А. В. Исаченко）的支持，后者认为现代意义上的俄语标准语产生于 18 世纪，在此之前不存在所谓的"标准语"[③]。

三、古代俄语标准语考辨

在探讨古代俄语标准语之前，必须明确标准语的定义及其基本特征。只有确定"标准语"与"非标准语"的界限，找到辨别标准与否的依据，

[①] Соболевский А. И. *История русского литературного языка*, Наука, 1980. С. 22.

[②] 同上，第 39 页。

[③] Исаченко А. В. *К вопросу о периодизации истории русского языка, Вопросы теории и истории языка*, ЛГУ, 1963. С. 153.

才能据此认定哪种语言为标准语。维诺格拉多夫曾指出，"'俄语标准语'这一术语在语言学文献中表达的不是统一的、确定的概念和内容。对于古罗斯时期而言，它（俄语标准语）经常被其同义词'书面语''书面文献语言''书面语言'来表示"①。显然，如果对古代俄语标准语的定义和基本特征无法达成共识，那么关于古罗斯时期标准语的争论将会永远持续下去。因此，有必要总结学者们对古代俄语标准语基本"标准"的研究。

列别捷娃（Т. Е. Лебедева）认为，对于古代（10—14世纪）俄语标准语概念而言，至今还没有一个确切的、被广为接受的定义，因此"我们总是有意或无意地在现代俄语标准语范畴基础上，分析古代俄语标准语。或许，目前还没有其他更好的途径"②。也就是说，在现有的条件和认知水平上，只能参考现代俄语标准语的"标准"去衡量古代标准语。

现代俄语标准语的基本特征当首推其规范性，这已成为共识。卡萨特金（Л. Л. Касаткин）等人指出："现代俄语标准语是完全成熟的交际系统，并继续从方言、俗语、行话中吸收各种表达方式——词汇、短语、句法结构。在这一过程中规范起到过滤器的作用，它将鲜活言语中有价值的表达纳入标准用法当中，而将一切偶然的、临时的表达排除在外。"③菲林（Ф. П. Филин）明确地将规范性视为俄语标准语的特征之一，认为规范性是指由全社会承认，并涵盖所有言语变体。④在我国俄语界，张家骅指出："标准语的一个重要特点是它的规范性。语言规范是有文化知识的人在语

① Виноградов В. В. *Избранные труды. История русского литературного языка.* М.: Наука, 1978. С. 79–80.

② Лебедева Т. Е. К проблеме определения литературного языка, *Вестник ЛГУ им. А. С. Пушкина*, 2013, № 4. С. 107.

③ Касаткин Л. Л. *Русский язык*, Академия, 2001, С. 113.

④ Филин Ф. П. *Истоки и судьбы русского литературного языка.* М.: Красанд, 2010. С. 175.

言交际过程中自觉遵循的发音、用词、造句等方面的普遍规则。"① 钱晓惠、陈晓慧也同样认为，"俄语标准语是俄罗斯全民语言的规范形式。它形成于历史，不断发展"。② 由此可见，规范与否是衡量是否为标准语的重要特征。

那么，用教会斯拉夫语或古俄语书写的文献哪些是规范性的呢？这个问题依然难以回答。现存最古老的文献主要有《奥斯特罗米尔福音书》("Остромирово евангелие", 1056—1057)、《特穆塔拉坎碑文》("Надпись на Тмутараканском камне", 1068)、《俄国法典》(1054 年汇编)、《伊戈尔远征记》(12 世纪) 和《往年记事》("Повесть временных лет", 12 世纪)。在考察古代俄语标准语时，应该视哪部作品为典范呢？没有学者能给出明确答案。以任何一部作品作为规范，似乎都有以偏概全之嫌。因此，伊萨琴科无奈地指出："既然我们没有能力从我国大量古代文献中区分出规范性作品，那么在谈论 18 世纪以前的笔语时，不应该使用'标准语'这一术语。"③ 可见，即便确定了标准语的特征，但由于无法从古代文献中划出规范性作品，依然无法断言哪种语言是标准语。

此外，语言学百科词典中一般认为规范性包括下列特征：使用广泛；公众认可；表达形式符合语言发展特定时期的标准语体系。④ 这样，规范性特征与标准语的确定互为前提、互为条件，使最初欲通过规范性特征确定标准语的想法难以实现。那么，古代俄语标准语到底有没有规范？列别

① 张家骅：《新时代俄语通论》（上），北京：商务印书馆，2006 年，第 2 页。
② 钱晓惠、陈晓慧：《俄语语言文化史》，北京：北京大学出版社，2015 年，第 5 页。
③ Исаченко А. В. *К вопросу о периодизации истории русского языка, Вопросы теории и истории языка*, ЛГУ, 1963. С. 153.
④ Ярцева В. Н. *Лингвистический энциклопедический словарь*, Советская энциклопедия, 1990, С. 338.

捷娃指出，有一些学者回避这个问题，大部分持如下观点："规范"这个概念不适用于古罗斯时期的标准语。[①]令人遗憾的是，适用于古罗斯时期俄语标准语的基本"标准"至今还没有确立。

尽管未能得到某种确定的结论，但对古代俄语标准语不同观点进行引介和考辨依然具有重要意义。正如尼古拉耶娃（Т. М. Николаева）所言："对俄语标准语历史未解之题进行深思，对各种不同观点进行评述，对历史—语言事实进行客观注解——这一切使得填补语言研究各个历史时期的空白成为可能，有助于促进语言的系统化认知过程，形成一幅清晰明了、符合逻辑的俄语标准语进化画卷。"[②]我们希望随着考古新发现的不断增加，对古代文献研究的不断深入，古代俄语标准语问题能够早日得到确切答案。

本研究的主要目的不在于探讨上述四种观点哪个更为正确，或更为合理，而在于基于俄文文献向国内学界介绍俄罗斯学者对古罗斯标准语问题的不同看法，尤其索博列夫斯基的观点，在国内还鲜有介绍。尽管上述四种观点针锋相对，各有主张，但它们也有共同之处：从南斯拉夫传入的古斯拉夫语在宗教活动中俄化形成教会斯拉夫语，其影响力逐渐超出宗教领域，在世俗活动中与当地的古俄语互相渗透、互相结合，对俄罗斯民族语言的最终形成产生了重要影响。我们认为，在没有最新证据证明哪种观点正确之前，与其争论不休，不如搁置争议，将关注的焦点放在维诺格拉多夫所倡导的研究教会斯拉夫语与古俄语互相关系、互相作用的路径和原则上来。

[①] Лебедева Т. Е. *К проблеме определения литературного языка*, Вестник ЛГУ им. А. С. Пушкина, 2013, № 4. С. 112.

[②] Николаева Т. М. *Нерешенные проблемы истории русского литературного языка*, Учен. зап. Казан. ун–та. Сер. Гуманит. науки, 2008, № 6. С. 274.

四、教会斯拉夫语的地位

通过上述研究可以发现，尽管学界对古代俄语标准语的争议颇大，但都无一例外地肯定了教会斯拉夫语的重要地位。利哈乔夫指出，许多权威语言学家甚至认为"对俄罗斯文学风格的形成而言，教会斯拉夫语是第一种的基础语言（后来在此基础上，逐渐形成了俄语俗语、俚语和多种方言）"[①]。1751年被认为是教会斯拉夫语新阶段的开端，也可以说是现代教会斯拉夫语的起点。这一年颁布了《伊丽莎白圣经》（1751年伊丽莎白女皇在位时期，对原有的教会斯拉夫语《圣经》进行了修订，故有此称），此后圣经文本实际上没有再进行过修订。时间荏苒，俄罗斯大地发生了翻天覆地的变化，但教会斯拉夫语作为礼拜和祷告语言的地位一直被广泛承认。1917年地区主教会议通过的决议明确规定，礼拜中的教会斯拉夫语是古代教会伟大的、神圣的精神遗产，因此应该作为礼拜使用的基本语言保持下去。[②] 今天，教会斯拉夫语仍然在宗教领域广泛使用，被视为俄罗斯民族语言中一种特殊的、有功能标记的语言状态。

第四节　教会斯拉夫语对俄罗斯民族精神的影响

民族语言是民族精神的载体和形象化表征，民族精神是民族语言发展的内驱力。在俄罗斯民族精神的形成过程中，教会斯拉夫语起着不容忽视的作用。虽然，学界对东正教与俄罗斯民族精神、东正教与俄罗斯民族语言的探讨，都取得了丰硕的研究成果，但对俄罗斯民族语言与俄罗斯民族

---

① ［俄］德米特里·利哈乔夫：《俄罗斯千年文化：从古罗斯至今》，焦东建、董茉莉译，北京：东方出版社，2020年，第10页。

② Балашов Н. прот. *На пути к литургическому возрождению*, М.: Культурно-просветительский центр «Духовная библиотека», 2001, С. 136.

精神关系的思考却很薄弱，尤其缺乏对教会斯拉夫语与俄罗斯民族精神关系的研究。探讨教会斯拉夫语与俄罗斯民族精神的关系不仅有助于我们更好地了解俄罗斯民族，而且更有助于理解宗教与语言、民族精神与民族语言之间错综复杂的关系。

一、俄罗斯民族语言与民族精神

20世纪末，东正教在俄罗斯得以回归和复兴，这再一次表明俄罗斯民族文化及民族精神的宗教性本质，而这一本质的表述毫无疑问是语言的表征。不仅东正教与俄罗斯民族精神密不可分，俄罗斯民族语言同样与俄罗斯民族精神存在千丝万缕的联系。东正教、俄罗斯民族语言和俄罗斯民族精神形成互相关联、互为依存的关系网，无论探究其中的哪一个元素，都离不开另外两个元素的参与。

民族语言（национальный язык）是一个社会—历史范畴，它指的是作为民族交际工具的语言，表现为口头和书面两种形式。民族语言与民族同时形成，一方面前者是后者产生和存在的先决条件；另一方面前者也是后者的结果和产物。民族语言与标准语（литературный язык）是两个不同的概念，不可混为一谈。民族语言可以呈现为规范的形式（这时即为标准语），也可以呈现为不同的地域或社会方言，每种具体的呈现方式都被称作民族语言的语言状态（языковое состояние）。

民族精神（ментальность, менталитет）① 是近年来俄罗斯人文社会科

---

① 术语 ментальность 和 менталитет 内涵是否完全一致、有无必要区分二者的差异，俄罗斯学界还有争议，本文对这两个术语未加区分。关于 ментальность 和 менталитет 的汉语译文，也未有定论，在不同语境下有不同的译法。对此感兴趣的读者，可以参阅学者的相关讨论。

学领域频繁出现的概念，学者们从不同领域、不同视角对此展开了研究，但对该概念的认识一直存在很大争议，至今仍然未能形成一个被广为接受的定义。在传统宗教哲学中，民族精神体现为斯拉夫主义、理想主义、人文主义、救世主义及爱国主义。[①]在语言学界，相对一致的观点是把民族精神视为母语范畴和形式中的世界观，蕴含着民族性格的典型表现和特征——理性、意志和精神品质。[②]

郑忆石认为："俄罗斯宗教哲学中的民族精神，还通过语言形式体现出来，具体体现为通过挖掘俄罗斯民族语言的潜力，表明俄罗斯文化的独特性。"[③]但由于民族精神概念的抽象性，学界直接探讨语言和民族精神关系的研究成果尚不多见。波列扎耶夫（Д. В. Полежаев）认为，民族精神在很大程度上是由社会条件决定的，表现在民族的语言特点和社会交际方式等方面。[④]卡里普巴耶夫（Б. И. Карипбаев）和伊西娜（Г. И. Исина）指出，民族精神是民族性格和民族特征的总和，包含了精神、经济、民族和历史发展的全部复杂性。语言是能够有助于深入民族精神内部的唯一手段，民族精神形成的特点也能够在语言中显现出来。[⑤]为了证明自己的观点，两位学者指出，使用英语和俄语表达同样的意思，英语所需的语句长度几乎只是俄语的一半，这反映了美国人性格中效率高的特点；类似地，根据德语的构词规则便可以看出德国人性格中的规整性、呆板性、系统性

---

① 郑忆石：《俄罗斯传统宗教哲学的民族精神论析》，《学术交流》，2015 年第 10 期，第 32 页。

② Маслова В. А. *Лингвокультурология*, М.: Академия, 2001, стр. 49.；Колесов В. В. *Русская ментальность в языке и тексте*, СПб.: Петербургское Востоковедение, 2006, С. 11.

③ 郑忆石：《俄罗斯传统宗教哲学的民族精神论析》，《学术交流》，2015 年第 10 期，第 33 页。

④ Полежаев Д. В. *Менталитет и язык: особенности феноменологического взаимодействия*, Известия Волгоградского государственного педагогического университета, 2009. № 5. С. 57.

⑤ Карипбаев Б. И, Исина Г. И. *Язык как этнодифференцирующий фактор ментальности*, Вестник Омского университета, 2011. № 3. С. 35–36.

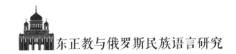
等特点。我们认为，这样的解释有待商榷，没有充分发掘出语言和民族精神之间内在的复杂关系。关于语言和民族精神二者关系的研究，学界更多的是通过文化观念（концепт）入手，揭示民族精神的内在结构，或者将语言世界图景（языковая картина мира）视为民族精神的反映。

　　学界对教会斯拉夫语与俄罗斯民族精神关系的研究，还相当不足，最有价值的成果当属瑙莫夫（С. А. Наумов）的研究。他从民族精神和民族语言的宗教成分、东正教文化映射在语言中的时间与永恒、教会斯拉夫语课堂上语言学材料与超语言学材料的互相关系、俄罗斯民族精神中的"弥撒"（литургия）与"共和"（республика）观念、教会斯拉夫语的书写形式五个方面论述了教会斯拉夫语和俄罗斯民族精神的互相影响。① 这是探讨教会斯拉夫语和俄罗斯民族精神较为翔实的一篇文献，尤其对民族精神结构的论述，为探讨语言与民族精神之间的关系提供了新的思路。但由于作者视域过于宽泛，对教会斯拉夫语与俄罗斯民族精神之间关系聚焦得不够。

---

① Наумов С. А. *Церковнославянский язык и русская ментальность: аспекты взаимодействия, Труды Санкт-Петербургского государственного института культуры*, 2006. № . 171. С. 134–179.

二、瑙莫夫的民族精神结构阐释

玛斯洛娃（В. А. Маслова）和科列索夫（В. В. Колесов）都将民族精神视为母语范畴和形式中的世界观，在这样的定义中，"世界观"是其中的关键词。与汉语不同，俄语中表示"世界观"的词语众多，玛斯洛娃和科列索夫在各自的定义中就分别使用了 миросозерцание 和 мировоззрение 两个不同的词语。在他们的研究基础上，瑙莫夫又引入了另一个"世界观" миропонимание，并提出了民族精神的结构，其构成和互相关系见图 1-3。①

意志	世界观（миропонимание）⇄ 语言	
	世界观（миросозерцание） （宗教） ------------------- 世界观（мировоззрение） （道德） （艺术） （科学） （法律）	语 ------------------ 言 状 态

图 1-3 民族精神结构示意

在瑙莫夫提出的民族精神结构中包含三个构成要素：世界观、意志（воля）和语言。为了更好地理解这个结构，首先需要厘清俄语中三个"世界观"的区别。《新时代俄汉详解大词典》对这三个词语的释义如下：

---

① Наумов С. А. *Церковнославянский язык и русская ментальность: аспекты взаимодействия, Труды Санкт-Петербургского государственного института культуры*, 2006. №. 171. C. 166.

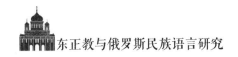

мировоззрение 世界观，宇宙观[①]；миропонимание 对世界的总的看法，世界观[②]；миросозерцание（旧）宇宙观，世界观（同 мировоззрение）[③]。显然，通过词典释义无法辨析这几个词的差异。按照瑙莫夫的看法，миропонимание 本质上包含了具体民族特有的世界图景；功能上是对世界的理解，即对世界认识的结果；结构上可以划分出 мировоззрение 和 миросозерцание 两个成分，мировоззрение 是"从内部"观察世界形成的看法，是民族精神中合理的（рациональные）、理智的（рассудочные）特征，миросозерцание 是"从外部"观察世界形成的直觉，是民族精神中理性的（разумные）、纯精神性的特征。[④] 显然 миропонимание 是属概念，表示各种类别世界观的总和，我们将它译为"世界观"；мировоззрение 是种概念，是"此世界"即"人世"的标志，在道德、艺术、科学、法律的基础上形成，我们将它译为"现实世界观"；миросозерцание 是与 мировоззрение 并列的另一个种概念，是"彼世界"即"天国"的标志，在宗教的基础上形成，我们将它译为"宗教世界观"。在崇尚东正教的俄罗斯民族看来，宗教世界观无疑是世界观的决定性因素。只要有相同的 миросозерцание，尽管 мировоззрение 可能不同，也都被认可在同样的民族精神框架内，属于"свои"（自己的）；一旦 миросозерцание 不再相同，则被认为背离了共同的民族精神，属于"чужие"（异己的）。

民族精神的第二个构成要素是意志。本质上它是一个民族对自己，对

---

① 黑龙江大学俄罗斯语言文学与文化研究中心辞书研究所：《新时代俄汉详解大词典》，北京：商务印书馆，2014 年，第 2958 页。

② 同上，第 2959 页。

③ 同上，第 2959 页。

④ Наумов С. А. *Церковнославянский язык и русская ментальность: аспекты взаимодействия*, Труды Санкт–Петербургского государственного института культуры, 2006. № . 171. С. 166.

自我意义、自我道路、自我目标的积极认知；功能上它是现实世界观和宗教世界观之间定位和聚焦的工具；结构上是由内容、力量和方向三条轴线构成的三维空间。[①] 一个人活着要有追求和志向，一个民族也是如此。民族的追求和志向，就是该民族的意志。鉴于本项目的研究重点，对这一部分不展开详细论述。

　　民族精神的第三个构成要素是民族语言，本质上它是该民族使用的一整套言语手段；功能上它是民族精神最重要的体现和传播工具；结构上借助三个参数表现出来：地域性、社会性和情境性。[②] 民族语言受地域性、社会性等因素的制约，表现为具体的语言状态，适用于不同的场合（情境），促进不同类型世界观的形成。格尔德（А. С. Герд）认为，对于民族学和社会学而言，分析语言的社会功能、区分并描写语言状态的各种不同形式是现代语言学极为重要的成就。[③] 他将语言状态的书面形式分为文学作品语言、民间文学语言、政论（报纸、杂志、广播、电视）语言、科技语言、公文文件语言、广告通知语言、书信尺牍语言和宗教语言。显然，宗教语言为宗教领域服务，是形成宗教世界观的基础，而上述其他语言形态为道德、艺术、科学和法律领域服务，是形成现实世界观的基础。瑙莫夫认为，民族语言的核心是宗教语言。[④] 这或许是因为宗教语言是表达宗教概念和宗教观念的主要手段，是认识精神世界的主要工具。因此，就反映民族精神的深度和广度而言，宗教语言在俄罗斯民族语言中占据首要

---

① 同上，第 166–167 页。

② Наумов С. А. *Церковнославянский язык и русская ментальность: аспекты взаимодействия*, Труды Санкт–Петербургского государственного института культуры, 2006. № . 171. С. 167.

③ Герд А. С. *Введение в этнолингвистику*, СПб.: Издательство Санкт–Петербургского университета, 2005, С. 17

④ Наумов С. А. *Церковнославянский язык и русская ментальность: аспекты взаимодействия*, Труды Санкт–Петербургского государственного института культуры, 2006. № . 171. С. 168.

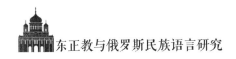

位置。

通过分析民族精神结构，可以总结出民族语言与民族精神之间的关系：民族语言既是民族精神的有机组成部分，也是民族精神的重要载体和外在显现。在民族语言基础上，形成现实世界和宗教世界的语言图景，折射出该民族特有的现实世界观和宗教世界观，进而塑造出独特的民族精神。从这个意义可以说，民族语言是透视民族精神的一面镜子，是打开民族精神之门的一把钥匙。具体对俄罗斯民族而言，其民族精神虽有多种表现形式，但其实质和核心在于崇高的精神性（духовность）。[①]朱达秋认为，重精神追求、轻物质享受是俄罗斯人占主导地位的价值取向：俄罗斯人"注重精神自由，追求信仰，追求最高层次的精神价值，对物质财富比较淡漠，在不利的条件下能够忍耐，能够自我牺牲"。[②]

三、教会斯拉夫语对俄罗斯民族崇高精神性的影响

在俄罗斯民族语言之中，最重要的宗教语言是教会斯拉夫语。作为俄罗斯民族语言的一种语言状态和认知结果，它是塑造俄罗斯民众宗教世界观的工具，在俄罗斯民族语言中地位特殊，对俄罗斯民族崇高精神性的影响作用巨大。

东正教在罗斯大地的出现和发展同教会斯拉夫语的形成、发展紧密相联。传播东正教、阐释教理教义、进行宗教礼仪活动等都离不开教会斯拉夫语的参与，教会斯拉夫语——"与上帝交流的语言"[③]——的功能早已在

① 朱达秋：《俄罗斯精神内核及其特征》，《四川外语学院学报》，2002年第3期，第135–138页；胡谷明：《大国文化心态·俄罗斯卷》，武汉：武汉大学出版社，2014年，第74页。
② 朱达秋、周力：《俄罗斯文化概论》，上海：上海外语教育出版社，2010年，第252页。
③ Дворцов В. В. *Возвращение церковнославянского языка в бытие нации*, *Журнал института наследия*, 2018. No . С. 4.

人们心中根深蒂固，难以被其他语言（如俄语标准语）所取代。教会斯拉夫语在俄罗斯民族崇高精神性形成和传承中的作用体现在以下四个方面。

第一，教会斯拉夫语契合东正教的特点。从宗教的角度看，东正教最突出的特点之一是它的保守性。雷永生指出："东正教较多地保留了早期基督教的传统，不像天主教那样受到理性主义的过多的冲洗，因而东正教也具有较浓厚的神秘主义因素。"[①] 使用教会斯拉夫语作为宗教语言，也是东正教的传统之一。"俄罗斯东正教非常重视在礼仪中使用传统的斯拉夫语，强调在神学和语言上与以往时代的连续性。"[②] 俄罗斯教会在纪念罗斯受洗 900 周年时，致其母教会——君士坦丁堡教会的感谢信中有这样一段话，也充分说明了东正教的保守性："只有东正教才能把上帝的话那甜蜜的源泉供给那来到东正教面前的人饮用，因为只有东正教保有了它所接受的神圣教义，并且将保持其不变，直到一切时代的终结，决不作些微的增加或删减，因为它是真理的柱石和基础，上帝的灵长驻在它体内，保护它不犯错误。"[③] 保守意味着不愿改变，不愿接受新事物。自基辅罗斯接受东正教起，《圣经》等宗教书籍就是用教会斯拉夫语撰写的，礼拜和祷告也是用教会斯拉夫语完成的，人们完全习惯了教会斯拉夫语。教会斯拉夫语已经紧紧地与东正教活动和仪式联系在一起，很难被其他语言取代。对俄罗斯民族而言，宗教性是崇高精神性的内核和决定性因素，教会斯拉夫语作为服务宗教的工具使俄罗斯民族崇高的精神性得以形成和确立。

第二，教会斯拉夫语具有重要的文化传承和道德教育意义。从文化的

---

① 雷永生：《宗教沃土上的民族精神——东正教与俄罗斯精神之关系探略》，《中国青年政治学院学报》，1998 年第 1 期，第 5 页。

② 张雅平：《东正教与俄罗斯社会》，北京：社会科学文献出版社，2013 年，第 28 页。

③ 赫克：《俄罗斯的宗教》，高骅译，香港：道风书社，1994 年，第 48 页。

角度看，"罗斯在翻译宣传基督教教义的同时，也把希腊悠久而发达的古老文化一并介绍进来，从拜占庭和保加利亚引进了大批宗教书籍，也包括一些世俗性著作，如历史故事、自然科学书籍等。这一切均大大开阔了人们的眼界，提供了丰富的艺术手法，也促进了本国文学的发展"①。只有掌握教会斯拉夫语，才能理解和继承古代文献保留下来的宝贵精神文化遗产。教会斯拉夫语肩负着文化传承的重任，是古希腊和拜占庭文化的继承者和传播者。此外，"东正教会从拜占庭带来了相当丰富的典章和律法，宗教界和所有神职人员均将这些文献作为生活和行为准则"②。可见，教会斯拉夫语也同时承载着道德教育的使命。利哈乔夫给予了教会斯拉夫语高度评价：这是崇高文化的语言，它里面没有污秽的词语，不可用粗鲁的腔调说这种语言，不可用这种语言骂人。③这是要求使用者具备一定道德文化的语言。因此，教会斯拉夫语不但对理解俄罗斯精神文化意义重大，其教育意义也尤为突出。如果教会斯拉夫语被拒绝在教会使用，或者被拒绝在学校学习，俄罗斯文化将会因此堕落。文化和道德是崇高精神性的保障，教会斯拉夫语的文化传承功能和道德教育功能，使俄罗斯民族崇高的精神性得以维持和延续。

第三，教会斯拉夫语富含指称精神性概念的抽象词汇。从词源的角度看，俄语从教会斯拉夫语中借用了大量词汇，主要表示宗教、哲学等抽象概念，如 воскресенье, творец, крест, святой, пророк, свет, просвещение, истина, благодать, власть, тьма, полнота, знание, вера, слава, вечность 等。

① 李明滨：《俄罗斯文化史》，北京：北京大学出版社，2013 年，第 16 页。
② ［俄］Т. С. 格奥尔吉耶娃：《文化与信仰：俄罗斯文化与东正教》，焦东建、董茉莉译，北京：华夏出版社，2012 年，第 52 页。
③ Лихачев Д. С. *Русский язык в богослужении и в богословской мысли, Избранное: Мысли о жизни, истории, культуре*, М.: Российский Фонд Культуры, 2006, C. 284.

它们绝大多数已扎根在俄罗斯民族语言之中，进而深入其民族意识之内。正是凭借这些词汇，俄罗斯民族对精神世界进行概念化和范畴化，形成该民族特有的反映精神世界的语言图景。俄语在自身发展进程中，一直汲取其他语言的营养，不断得到外来词汇的补充。特别是近年来，借自英语的外来词越来越多。但如果对比一下来自英语的外来词和来自教会斯拉夫语的外来词，那么就不难发现，前者主要是表示经济、技术、体育等方面的术语，或表示日常事物的名称，或社会政治活动的称谓，如 маркетинг、бюджет, вокзал, док, лазер, линолеум, баржа, яхта, спортсмен, футбол, свитер, кока-кола, виски, пиджак, лидер, митинг, парламент, бойкот 等。这些词汇既与心灵、精神无关，也不涉及生命意义的探寻；既与自身在世界中位置的思索无关，也不涉及表达自己的感受。而与精神探索和心灵诉求相关的词汇，大多来源于后者。在教会斯拉夫语中，众多指称精神性概念的抽象词汇，使俄罗斯民族崇高的精神性得以表达和传承。

　　第四，教会斯拉夫语词汇陪义充满庄严崇高的感情色彩。从语义的角度看，义位的义值由基义和陪义构成，基义是基本义值，陪义是附属义值，包括属性陪义、情态陪义、形象陪义、风格陪义、语体陪义、时域陪义、地域陪义、语域陪义、外来陪义和文化陪义。[①] 无法在两种语言或两种语言状态的词汇中找到基义和陪义完全相同的义位。лик（面容）是教会斯拉夫语词，对应俄语词 лицо（脸），可以用 лицо 代替 лик 同时丝毫不改变意义吗？答案显然是否定的。蕴藏在教会斯拉夫语词中的情感、态度和评价等情态陪义是俄语词无法反映的；包含在教会斯拉夫语词中崇高典雅、庄严郑重的风格陪义也是俄语词无法表现的。托尔斯泰认为，相对

---

① 张志毅、张庆云：《词汇语义学》（第三版），北京：商务印书馆，2012 年，第 36 页；Потебня А. А. *Мысль и язык*, Киев: СИНТО, 1999, С. 163—164.

于中性词来说，几乎所有教会斯拉夫语同义词都有附加的庄严、崇高的感情色彩。[①]除 лик-лицо 外，还有 уста-рот, чело-лоб, ланиты-щеки, очи-глаза, вежды-веки, зеницы-зрачки, глава-голова 等。教会斯拉夫语词庄严、崇高的感情色彩形成了俄罗斯民族语言中的崇高语体。语言是思维的工具，"语言每个细节对思维的影响都是独一无二的，不可替代的"[②]。崇高语体是崇高精神性的表达工具，教会斯拉夫语庄严崇高的感情色彩使俄罗斯民族崇高的精神性得以强化和凸显。

整合俄罗斯学者的观点，可以将瑙莫夫提出的民族精神结构进一步细化：将"世界观"明确区分为"宗教世界观"和"现实世界观"；将语言状态具体化为教会斯拉夫语、俄语标准语和方言等，对应两种不同的世界观。修改后的民族精神结构如图 1-4 所示。

	世界观⇄语言	
意志	宗教世界观 （宗教） ------------------------ 现实世界观 （道德） （艺术） （科学） （法律）	教会斯拉夫语 ------↑↓------ 俄语标准语 方言 ……

图 1-4　修改后的民族精神结构示意

教会斯拉夫语为东正教而生，它以其众多表示抽象概念的词汇和大量哲学、神学等术语，极大丰富和发展了俄罗斯民族语言，同时也使人们借

---

① Толстой Н. И. *Церковнославянский и русский: их соотношение и симбиоз*, Вопросы языкознания, 2002. № 1. С. 89.

② Потебня А. А. *Мысль и язык*, Киев: СИНТО, 1999, С. 163–164.

助教会斯拉夫语形成了特殊的东正教世界观，形成并维持了民族精神的内核——崇高的精神性。正如刘宏所言："不同的语言除了具有不同的语音体系和意义的不同物质外壳之外，还具有不同的意义划分方法和不同的接受世界、认知世界的方法。"①因此可以说，从表现俄罗斯民族精神方面审视，教会斯拉夫语在俄罗斯民族语言中居于核心地位，发挥着不可替代的作用。众多表示东正教概念和思想的词语使教会斯拉夫语充满了崇高的感情色彩，发挥了文化传承和道德教育功能，促进了俄罗斯民众宗教世界观的确立，进而对俄罗斯民族崇高精神性的形成和发展产生了潜移默化的影响。另外，需要特别说明的是，教会斯拉夫语绝不是俄罗斯民族精神形成的唯一要素，而只是诸多要素之一。从分析民族精神结构入手探索教会斯拉夫语对俄罗斯民族精神的影响，也仅是研究语言与民族精神关系的一次尝试，后续尚需进一步深入研究。

---

① 刘宏：《俄语语言文化与跨文化交际》，北京：外语教学与研究出版社，2018年，第92页。

第二章
俄罗斯民族语言中的东正教词汇研究

语言是社会交际的工具，随着社会的发展不断变化。在语言的诸多系统中，词汇是最活跃的，对社会变迁的反应最为敏感。近年来，语言学家对语言和宗教互相关系的研究表现出了浓厚的兴趣。在俄罗斯语言学界，与东正教相关的词汇越来越频繁地成为各个领域深入研讨的对象。这无疑与精神性在俄罗斯社会的回归、与民众对东正教历史和文化兴趣的增长紧密相关。总的来说，俄罗斯广大民众对东正教的关注持续升温，对东正教相关事件热情不减，因此东正教词汇必然成为学界研究的焦点之一。

第一节　历时视角的东正教词汇

"从 13 世纪起，注解经文的活动进入了新的阶段，出现了注解目录，或是人名注释表，或是符号及其意义详解表，或是古斯拉夫语和古俄语词汇对照表。这为以后辞书的编纂奠定了基础。"① 最早的东正教词汇汇编是 1282 年出版的《诺夫哥罗德法律规章汇编》(《Новогородская Кормочая книга》) 的附件 «Приложение к новгородской Кормчей книге»。

---

① 郑友昌：《俄罗斯语言学通史》，上海：上海外语教育出版社，2009 年，第 4 页。

《Кормочая книга》来源于6世纪君士坦丁堡大主教约安（Иоанн Схоластик）编写的《拜占庭东正教法典》，1225年在塞尔维亚被由希腊语翻译成教会斯拉夫语，后通过保加利亚传入罗斯。该法律规章汇编在罗斯出版时增加了世俗法律标准。诺夫哥罗德衰落以后，伊凡三世（Иван III）将该法典作为珍宝带到莫斯科，直至瓦西里三世时期在大主教马卡里（Макарий）的请求下才归还至诺夫哥罗德。在学术界首先提到《诺夫哥罗德法律规章汇编》的人是历史学家和文学家卡拉姆津（Н. М. Карамзин），他在东正教会事务会议图书馆看到了该法典并在自己的著作《俄罗斯国家历史》（《История государства Российского》1816）中对该法典有所提及。作为该法典的附件词典中共收录了来源于各方言的174个词汇，包括希腊语、教会斯拉夫语和古犹太语，甚至包括《圣经》中的专有名词。

直到四百年以后，俄罗斯才出现了收录较多词汇的词典，编写的原则更加系统化，并且按照字母表顺序呈现词条。这些词典基本上是教学词典和百科全书词典，因此对普通农民来说遥不可及。1596年，在俄罗斯出现的第一本印刷词典与东正教传教士拉夫连季（З. И. Лаврентий）的活动密切相关。拉夫连季是东正教教义和思想的保卫者和传播者，精通希腊文，是杰出的文学家和翻译家。可以说，作为传教士和神父的拉夫连季继承了基里尔和梅福吉的事业，在传教布道的过程中，从事将宗教文献从希腊语翻译成斯拉夫语的工作。16世纪80年代，他在罗斯西部的利沃夫教会协会学校接受了系统的教育，毕业后十年间他先后在利沃夫、布列斯特等教会协会学校任教，在西部罗斯上流社会家庭中担任教廷教师；1612年拉夫连季开始在戈尔茨城担任神父；1620年开始到基辅从事东正教研究工作，经历过一段安静的研究者生活。波兰人的入侵，破坏并摧毁了他开展研究的教堂和他本人居住的庄园。拉夫连季辗转来到莫斯科面见了沙皇和东正教大牧首并面呈自己的著作《教义问答手册》（«Большой Катехизис», 1627），该著作是从希腊文翻译成斯拉夫文的东正教教义。拉夫连季为传播和捍卫东正教做出杰出贡献，他把许多宗教教义和文献翻译成斯拉夫文，包括《我们圣父祈祷的注释》（«Толкование молитвы Отче Наш»）、《对圣人安德烈启示录的注释》（«Толкование на Апокалипсис св. Андрея Кесарийского», 1625）和《圣人兹拉托乌斯特关于圣徒巴维尔书信的谈话》（«Беседы св. И. Златоуста на послание апостола Павла», 1623）。

1596 年拉夫连季编撰并出版了《斯拉夫语法》（«Грамматика славянская»）一书，该书收录了祈祷文、斯拉夫词汇和第一部斯拉夫语语法。作为第一部斯拉夫语法，该书对后来的俄语标准语发展做出了巨大贡献。拉夫连季生活的时代，传教士和神职人员都是受教育水平最高的人，在社会上享有很高的威望。通过研究这部语法和作者，我们可以窥见早期东正教神职人员在俄罗斯社会语言教育领域所做的杰出贡献，发现东正教对俄罗斯民族语言形成和发展的影响。第一，该部语法中使用了大量的东正教词汇：аминь, бгъ, бжие, господе, заповедь, иерей, Илиа, Иоань, Исаакъ, Иаков, Мария, Марфа, спасс, христе；还有些词汇是在宗教活动中使用并具有一定评价意义的词汇：беззаконие, въскую, грешникъ, злоба, лицемеръ, лукавную, наветую, обличникъ, благо, благочинне, воистину, добродетель, добрый, достоить, истинный, любезно, милосердие, мужествень, подобасть, праведно, превелие。拉夫连季作为传教士和神父受过高水平的教育，对教会斯拉夫语的掌握是高水平受教育者的标志。教会斯拉夫语中的词汇充满庄严、隆重的色彩，并且是当时通用的书面语。因此，在第一部斯拉夫语法中除了大量语法术语以外，宗教词汇的比重占到第二的位置也就不足为奇了。第二，该部语法中使用了大量表示言语活动的词汇：возвышаю, возглашу, въпль, въпрошаю, глю, гласъ, глащу, изветую, молвлю, молю, обличаю, посрамляю, пою, просве, прославляю, прошущаю, славлю, хвалю, хулю 等。这部语法书的规模不大，但作者竭尽全力对相关言语和词汇表现出积极的评价态度。第三，该语法书作者赋予斯拉夫语与拉丁语和希腊语等古典语言同等的地位。作者在阐释斯拉夫语语法现象时，是按照拉丁语的语言模型进行描写的，使斯拉夫语在世界语言坐标中很快找到参照物。第四，该语法书体现了当代语言教育者的教学法技巧。拉夫连季作为传教士接受了当时最好的教育，具有跨学科知识体系，承担了启蒙教育的职责，因此在编写语法的过程中，他在叙述语法规则时考虑了作为接受者和学习者的感受。拉夫连季不仅书写语法规则，同时努力使语法规则能够被掌握：一是该语法书的语法叙事手段采取了问答的形式，简洁灵活，适合学习和掌握；二是书中用许多事例组合的方式强调斯拉夫语在某一领域的恒量存在；三是作者在叙述语法规则时采用两种语言，规则用斯拉夫语书写，解释部分用普通人使用的口语；四是语法理论讲述体现了作者高超的修辞能力，讲述的内容在容易被理解接受的前提下还很形象。

继拉夫连季之后，另一位非常活跃、对斯拉夫语法贡献巨大的宗教活动家是梅列季·斯莫特里茨基（Мелетий Смотрицкий）。他接受了很好的教育，一生都从事宗教活动。最初在东正教学校接受教育，精通教会斯拉夫语和希腊语。后有机会在国外学习语言、哲学和医学，成功获得医学博士学位。从 1601 年开始成为年轻的白俄罗斯大公索洛梅列茨基（Богдан Богданович Соломерецкий）的精神导师。两人同时赴国外大学学习哲学。1608 年回到圣三位一体修道院下属的东正教教会协会从事传教等工作，担任过教师，讲授科学和斯拉夫语等课程。1617 年他皈依修士大司祭列昂季（Леонтий）领导的修道院，1618—1620 年担任基辅教会协会学校的校长。在这期间他创作了《斯拉夫语法》（«Грамматики славенския правильное синтагма»）。

梅列季·斯莫特里茨基一生都从事宗教活动，因此他在该部语法书里收录了大量的宗教词汇，这些词汇可以分为：（1）对上帝和耶稣等的称呼：авва, Адонай, Богородица, Бог, Бог мой, Боже всесилне, Господь, Иисус, Мариа, Мессиа, Христос；（2）《圣经》中的名字：Авель, Адам, Ананиа, Архелай, Ева, Сарра, Михаил, Гавриил, Даниил, Елисей, Иеремиа, Илиа, Иоанн, Иоиль, Иона, Исаиа, Иуда, Кирилл, Левий, Марфа, Матфей, Моисий, Ной, Павел, Петр, Раав；（3）与信仰有关的概念：апокалипсис, артос, вериги, икона, евангелие, елей, гроб, дискос, заповедь, крест, миро, мощи, алтарь, попечение, потирион, псалом, тропарион, утренюю, церковь；（4）对神职人员的称名：вратарь, епископ, жрец, дефенсор, ипарх, пастырь, патриарх；（5）其他具有宗教语义的词汇：анафема, ангел, ангельский лик, благодарение, душа, заповедь, догма, святость, святыня, христианин 等。梅列季·斯莫特里茨基编撰的语法书中出现大量的宗教词汇，因为用于书写语法规则的斯拉夫书面语主要来源于教堂语言，即教会斯拉夫语。学习斯拉夫语的方式不是依靠多次学习经典范文，而是让学习者学习东正教日课经（Часослов）和圣经中的圣诗篇（Псалтырь），即通过东正教文本的学习来掌握斯拉夫语。在那个时代，只有教堂里的神职人员掌握教会斯拉夫语，该语言带有浓郁的庄重崇高色彩，一般用于书面语。从神职人员的经历来看，他们中的多数

人成为启蒙教育者，在传教的过程和翻译经文的过程中，引导普通人识字信教。梅列季·斯莫特里茨基作为一位博学的神职人员，同时也是一位出色的语言学家，在宗教方面的体验促进了他对语言的理解和认知。可以说，他是那个时代语言水平最高的人之一。在自己的语法书里，他很擅长表达自己对事物及现象的态度和评价，并具有很高的权威性。第一，体现在对待宗教和上帝方面：«Господи и владыко животу моему»；«Кто Бгъ велий яко Бгъ наш»；«Возлюбиши Гда Бга твоего всѣмъ сердцем твоим/и всею дшею твоею»；«един Бгъ/и едина вера едино крещение»；«Ни о чесом же толико радуется Бгъ/елико о члвческом исправлении и спсении»。第二，体现在对待人的品质方面：«безумие твое/презоръ/и гордость тяготна ми есть»，«Гневъ/ярость/и памятозлобие вредна суть»，«Сластолюбие есть удица диавола влекущая во погибель»，«Нищета/чистота/и послушание спасаетъ Иноки»，«хощу та житии животъ честенъ и блгочестивъ»，«Любве добродетель и в неверных/честно есть и похвално»。第三，体现在对待家庭的态度，包括单个词汇和展开语义的语句：ане псий, бракъ, братъ, вой, дитя, доилица, дщерь, жена, женище, матерь, отецъ, отчий, отроковица, отрокъ, порекло, свекровь, свойство, сердобола, сноха, сынъ, ужика и др., «Чти отца твоего/и матерь твою», «Отецъ и мати честна ми еста: и, Братъ/сестра/и чадо любезни ми суть», «Аще жена пуститъ мужа своего/и посагнет за инаго/прелюбы творит», «Чадо, заступи во старости отца твоего/и не оскорби его в животе его», «Чтый отца/очиститъ грехи, и яко сокровищуяй/прославляй матерь свою»。第四，对待人正面和负面品质的态度：«безумие твое/презоръ/и гордость тяготна ми есть»，«Гневъ/

ярость/и памятозлобие вредна суть», «Сластолюбие есть удица диавола влекущая во погибель», «Нищета/чистота/и послушание спасаетъ Иноки», «хощу та житии животъ честенъ и блгочестивъ», «Любве добродетель и в неверных/честно есть и похвално». 第五，对待友谊的态度：«Другъ известен в неизвестне вещи познавается», «Другу верну несть измены», «Другъ веренъ утешно есть и полезно». 第六，对待财富和贫穷的态度：«Лучше нищъ праведенъ/неже богатъ ложъ», «Кий миръ иене со псом и кий миръ богатому со убогим», «Аще хощеши совершенъ бытии/иди продаждь имения твоя/и даждь нищим, и имети будеши сокровище на нбси», «Богатство многимъ злом есть покровъ», «Нищету носити терпеливно, не коегождо/но мужа мудра».

　　梅列季·斯莫特里茨基作为博学多才的宗教人士，他非常擅长观察周围的世界并表达自己的情感和评价，这些评价使他获得了宗教领袖和语言学家的双重权威。应该说，梅列季·斯莫特里茨基在宗教领域的体验促进了他在语言研究方面的认知。在语法词典编写过程中，除了在以上六个方面表现出的评价态度，梅列季·斯莫特里茨基作为语法学家的语言个性在语言认知层面上表现出的明显特征是有着丰富的评价词汇。一是肯定性的评价词汇，例如：блгодать, великий, вящщий, гоже есть, гой, добродетель, добръ, достоинъ, дужий, законный, изрядный, истинно, красенъ, кроткий, крепко, лучший, лепо есть, леть есть, любезенъ, многообразне, мудрость, оплотъ, право, премудрый и др；二是否定性的评价词汇：безместно, беда, всуе, гибель, гнушаяйся, горший, жестокъ, злобожно, злодей, измена, клеветникъ, ласкатель, лстецъ, лукаво, любодей, пакощу, пияница, презорливъ, прелесть, прелюбодей, проклятый, сквернодей 等。除此以外，在该部语法书中也收录了大量表达情感的词汇，体现出斯拉夫语在语言形成过程中语义的丰富性：гневаюся, гордыня, горе, горчею, дерзость, дивлюся, дму, доволенъ, желаю, зависть, люблю, мщю, ненавистенъ, печаль, плачу, прощаю, радость, ревность, сверепею, скорбь, смеюся, страсть, стыжуся。

梅列季·斯莫特里茨基继承了拉夫连季在书写与分析斯拉夫语时的立场和方法，体现出作者作为语文学家的职业特点。第一，使用了大量的表示语言活动的词汇：величаю, вопль, воспеваю, витий, вещаю, глаголъ, глаголю, глашаю, зову, кликну, кличь, молвю, молчю, молюся, обличаю, поведаю, плищь, поношает ми, пою, прошу, реку, ругаюся, рыкну, славлю, увещаваю。第二，表示出对语言活动的评价："Верно слово и всякаго приятия достойно", "Сотове медовнии словеса добра, сладкость же ихъ исцеление дша", "Удержи язык свой от зла/и устне свое еже не глати лсти", "Слово изшедшее из устъ/возвратити несть мощно"。第三，坚持按照希腊语和拉丁语的模型进行斯拉夫语的描写，强调斯拉夫语与这两种语言的平等地位。梅列季·斯莫特里茨基语言个性的基本特征主要表现在三个层面：口头语义层面主要包括术语、宗教词汇和评价词汇；语言认知层面的基本评价要素为语言、信仰和家庭；语用层面的目的包括两个方面，一是作为传教士来传播知识，二是树立斯拉夫语在世界语言研究中的地位。

16世纪末17世纪初两位杰出的宗教人士撰写的《斯拉夫语法》为《俄语语法》的书写与问世奠定了坚实的基础。宗教人士的跨学科知识基础和在传教过程中对词汇意义的感悟均在两部斯拉夫语法中有所体现。两位语法学家、语文学家、宗教活动家书写的斯拉夫语法为人民的启蒙教育

做出巨大贡献，特别对于俄语语法体系中正字法、词法、句法及词源学等领域规则的建构具有基础性的指导意义。

僧侣团首领季亚琴科（Г. М. Дьяченко）神父编写了《教会斯拉夫语词典大全》（«Полный церковнославянский словарь»，1900）。该词典对用教会斯拉夫语和古俄语书写的手稿、书籍中的疑难词汇及短语进行了释义。这些手稿包括：一是圣经新旧约；二是教堂事务手稿和书籍；三是具有精神教育意义的手稿和书籍，如教会神父书写的序、训诫、教导、谈话和书信等；四是翻译过来和用教会斯拉夫语书写的教会规则手稿和书籍；五是10—18世纪的古罗斯经典文献，包括编年史、文集、法律文本、法令汇编、协议、壮士歌、民歌、谚语、古代文学中的诗歌及散文作品。

季亚琴科编写的《教会斯拉夫语词典大全》主要面向：一是中小学俄语和教会斯拉夫语教师；二是俄罗斯古代史研究者及从事俄语历史和词源学领域的研究者；三是教会服务人员和从事宗教教育的人员；四是教会语言和现代母语状况研究者。词典具有教育和释义两种意义，符合实践的需要，更符合时代的需要。作者本人提出以下三个任务：一是通过解释很少被人理解的《圣经》词汇和短语，能够阅读和理解斯拉夫文本；二是理解教会活动、教会实践的各种类型文本；三是借助该词典使所有俄罗斯历史研究者和考古研究者能够完整阅读古代斯拉夫及罗斯范畴内的文献。词典编撰者季亚琴科自己写道：解释10—18世纪《圣经》文本和教会活动文本中不为人知的教会斯拉夫语词汇和短语，解释宗教和世俗所有经典文献中生涩和重要的古俄语词汇及短语，这就是我们所面临的主要任务。

第二节　共时视角的东正教词汇

近年来对，俄罗斯学界对宗教词汇的研究呈现出百花齐放的态势。从研究视角看，有的从大众文化角度进行探讨，有的从宗教角度进行研究。从研究内容看，有的成果侧重宗教 – 说教语体（религиозно-проповеднический стиль）的功能方面，有的成果专门分析宗教观念，有的成果主要探讨宗教领域使用的成语，还有的成果关注宗教领域词汇词义的产生、发展和变化。

一、东正教词汇概述

20 世纪末，在俄罗斯出现了回归东正教信仰和原始传统的趋势。罗扎诺娃（Н. Н. Розанова）认为，教会参与了该国的社会和文化生活，他们通过媒体对广大听众的吸引力，积极地促使字典中的教会相关词语渗透俄罗斯人的日常语言中（如庙宇、教区、认罪、圣餐、礼拜等词），促进与宗教交流领域相关的某些仪式的确立（如在教堂节日之际的祈祷、认罪、讲道等）。[①] 因此，对宗教问题的研究引起了学者们的极大兴趣，且极具现实意义，其中就包括对东正教词汇的研究。

季莫费耶夫（К. А. Тимофеев）深入研究了宗教词汇（религиозная лексика），将其界定为表达宗教概念的词，彼此之间存在系统的联系，其总和表示宗教世界观。他将宗教词汇分为三类：一是表达所有一神教固有概念的词，如 Бог, душа, Символ веры, праведность, святость, грех,

---

① Розанова Н. Н. *Сфера религиозной коммуникации: храмовая проповедь. Современный русский язык: Социальная и функциональная дифференциация.* М.: Языки славянской культуры, 2003. С. 341.

молитва 等；二是表达所有基督教教派固有概念的词，如 Святая Троица，
Святой Дух, Спаситель, апостол, Евангелие, Церковь, исповедь 等；
三是表达特定基督教教派固有概念的词，如表示神职人员的 батюшка，
пастор, ксёндз, кюре 等，表示礼拜的 обедня, утреня, всенощная, месса,
лития, литания 等。[①] 按照季莫费耶夫的分类，东正教词汇显然属于上述
分类中的第三类，即表达东正教固有概念的词。需要说明的是，有些固有
概念不但为东正教所固有，而且为天主教和新教所固有，甚至为基督教以
外的宗教所固有，因此所谓的东正教词汇不是一个排他的、封闭的系统，
而是与其他词汇子系统存在交叉和重叠。

二、东正教词汇的主题类别

对东正教词汇主题类别的研究，实质上是对东正教词汇从词汇语义角
度进行分类的问题。由于没有统一的客观标准，对东正教词汇的分类也是
见仁见智。对该问题研究最深入的是马太（И. К. Матей），他将东正教词
汇分成了 12 个主题类别[②]。

表达宗教、圣礼基本概念和神学术语的词汇单位，如 вера, дух,
таинства, аскетизм, благодать, брак, воскресение, воцерковление,
гордость, грех, добро, догмат, добродетель, елеосвящение, зло,
крещение, любовь, миропомазание, причащение, покаяние,
священство, хиротония 等。

---

① Тимофеев К. А. *Религиозная лексика русского языка как выражение христианского мировоззрения.* Новосибирск, 2001. С. 3–5.

② Матей И. К. *Православная лексика в современном русском языке и языковом сознании его носителей.* Диссертация на соискание ученой степени кандидата филологических наук. Воронеж, 2012. С. 59–65.

反映基督教道德基本概念和教会生活的词汇单位，如 благочестие,
милосердие, смирение, благочиние, благоговение, благословение,
благотворительность, безбожие, жертва, милость, монастырь,
милостыня, прощение, целомудрие 等。

称名祈祷形式和种类的词汇单位，如 вечерня, евхаристия, молебен,
всенощная, литургия, лития, молебен, правило, проскомидия,
панихида, утреня 等。

表达祈祷用品的词汇单位，如 антиминс, дикирий, потир, дискос,
кадило, купель, лампада, просфора, свеча, святая вода, теплота,
хоругвь 等。

描述教堂建筑、绘画、器具、神职人员法衣的词汇单位，如 алтарь,
складень, фелонь, амвон, иконостас, икона, куколь, придел, притвор,
паперть, солея, царские врата, церковь 等。

表示教会等级名称和个人名字的词或词组，如 благочинный, диакон,
схимник, архиерей, архидиакон, архимандрит, викарий, епископ,
иеромонах, инок, иерей, игумен, митрополит, мирянин, протоиерей,
патриарх, экзарх, епиекоп Никон, Патриарх Московский и всея Руси
Алексий II 等。

专门表示上帝和圣母的词汇单位，如 Бог, Богочеловек, Сын Божий,
Сын Человеческий, Господь, Господь Иисус Христос, Троица,
Святой Дух, Спас, Спаситель, Христос, Отец Небесный, Творец,
Вседержитель, Богородица, Пресвятая Богородица, Матерь Божия,
Пречистая, Приснодева, Царица Небесная, Пресвятая Владычица 等。

表示圣象名称（包括各类上帝、圣母、圣经人物、神力和圣徒

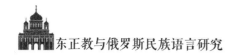

圣象）的词汇单位，如 Спас Вседержитель, Ветхий Деньми, Спас Нерукотворный, Спас на Престоле, Одигитрия, Оранта, Елеуса, Победоносица（Никопея）, Достойно Есть, Всецарица, Неупиваемая Чаша, Живоносный источник. Донская икона Божией Матери, Владимирская икона Божией Матери 等。

称名《圣经》、祈祷文及其使用方法的词或词组，如 Евангелие, Библия, Апостол и Псалтирь Четьи Минеи, Октоих, Служебник, Часослов, Триодь Постная, Триодь Цветная, Типикон, Ирмологий, Требник, Молитвослов, акафист, антифон, ирмос, кафизма, кондак, канон, псалом, распев, стихира, тропарь 等。

表示《圣经》人物、圣徒、神的谱系、知名人士个人名字和补充称名的词汇单位，如 ангел, апостол, архангел, архистратиг, великомученик, мученик, новомученик, праведный, пророк, святой, серафим, херувим, ангел-хранитель, архангел Гавриил, Андрей Первозванный, Антипа Валаамский, Антоний Сурожский, Григорий Богослов, Иоанн Богослов, Далмат Исетский, Евангелист Лука, Мария Египетская, Преподобный Серафим Саровский, Святой праведный Иоанн Кронштадский, Серафим Вырицкий, Тихон Задонский 等。

表示东正教节日和教会日历的词和词组，如 богослужебный круг, суточные богослужения, часы', Великий пост. Пасха, Рождество Господа и Спаса нашего Иисуса Христа, Сретение, Троица, Рождество, Усекновение главы Иоанна Предтечи, Рождество Пресвятой Богородицы 等。

表示圣地（圣所）、修道院、教堂、小教堂的词和词组，如 Афон,

Гефсимания, Елеонская гора, Иерусалим, Фавор, Воскресенскийскит,
Валаамский Спасо-Преображенский монастырь. Храм Покрова на
Нерли, Храм Христа Спасителя в Москве, Троице-Сергиева лавра,
Свято-Троицкая Александро-Невская лавра, Свято-Успеская Киево-
Печерская лавра 等。

　　这种划分主要以静词性词汇为主，未能穷尽所有的东正教词汇，表示
对东正教情感态度的词汇（如 богохульствовать, верить, кощунствовать）
和表示东正教相关活动的动词性词汇（如 исповедоваться, каяться,
молиться, поститься）都没有体现。

三、东正教词汇的词源研究

　　一种语言的词汇，就其来源而言，可以分为两大类：固有词和外来
词。俄语中的东正教词汇也是如此。东正教是从拜占庭引入的，因此东正
教词汇中外来词明显多于固有词。从现代俄语的角度看，东正教词汇中的
外来词主要源于希腊语、教会斯拉夫语（或古斯拉夫语)①、拉丁语和希伯
来语。

（一）源于希腊语的东正教词汇

　　Евангелие, от греч. εὐαγγέλιον, «благая, радостная весть» от греч.
εὖ —«добро, благо» и греч. ἀγγελία —«весть, известие».

　　Клирос, от греч. κλῆρος—удел, жребий, род служения (в том
числе церковного）.

---

① 古斯拉夫语是教会斯拉夫语的前身，教会斯拉夫语是古斯拉夫语的发展，本节将二者视为
同一种语言，关于二者的区别和联系详见第一章第三节。

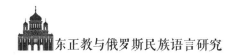

Лампада, от греч. λαμπάς（лампас）—факел, светильник.

同样来源的词还有 агиасма, агиография, баптистерий, дискос, епитрахиль, иерарх, иерей, ирмос, камилавка, кондак, литургия, лития, митра, монотеизм, паремия, потир, рипида, схизма, скит, триодь, тропарь, фелонь, хиротония, хиротесия, церковь, экуменизм, экзарх 等。

（二）源于教会斯拉夫语的东正教词汇

Благоверный, цслав. «исповедующий истинную веру, правоверный, православный»; постоянный эпитет князей, царей, епископов.

Блажённый, ст.-слав, блаженъ от блажити-«нарицать блаженным» (собственно «делать благим, хорошим»).

Мощь, ст.-слав. «сила, могущество».

同样来源的词还有 агнец, благоеестие, благодарение, богослов, боголюбивый, гордыня, добродетель, искушение, малодушие, молитва, обитель, покаяние, суеверие, суесловие, юродивый, юродствовать 等。

（三）源于拉丁语的东正教词汇

Алтдрь, altaría-лат. «возвышенный жертвенник».

Семинария, seminarium-лат. «рассадник, питомник, школа». seminarium-«место посадки»: semen-«семя».

Регент, regens-лат. «руководитель, управляющий». через польск. или нем. из лат. regens «правитель».

同样来源的词还有 конфессия, миссия, секта 等。

（四）源于希伯来语的东正教词汇

Аллилуя, hallelluyah —евр. «хвалите Яхве».

Осанна, hosa-na-евр. «спаси же (нас)! » аминь, атеп-евр. «истинно, верно».

Скрижали, lu h o t-евр. «плитки, таблички».

同样来源的词还有 Вавилон, Вифлеем, Гефсимания, Голгофа, Давид, Елеон, Иегова, Лука, Матфей, Назарет, Пасха, Синай, Иерусалим, Иуда, Фавор 等。

（五）俄语固有词

Вера-др.-русск., родственно авест. var-«верить».

Святой-др.-русск. святъ, родственно авест. spsnta «святой».

Смирение-др.-русск. сьмѣренъ, от съмѣрити «умерить, смягчить, подавить».

同样来源的词还有 любовь, хоругвь, свеча, вечерня, брат, звонарь, мирской, мясоед, насельник, обедня, угодник, отец отпевать, отпуст, подвиг, слава, сочельник, сын, творить триединый, утреня, чада 等。

东正教词汇，不仅是俄罗斯语言不可分割的组成部分，也是俄罗斯文化不可分割的组成部分，在很大程度上反映了俄罗斯民族语言和标准语形成的特点，反映了希腊语、教会斯拉夫语对现代俄语的影响。

四、东正教词汇的语义

东正教词汇用于宗教领域和非宗教领域，其语义有所不同。马太认为，大多数东正教词汇存在"宗教意义"和"非宗教意义"两种类型。①

---

① Матей И. К. *Православная лексика в современном русском языке и языковом сознании его носителей*. Диссертация на соискание ученой степени кандидата филологических наук. Воронеж, 2012. С. 71–72.

一般而言，宗教意义首先反映在专门性的百科词典中，而非宗教意义首先反映在一般性的语文词典中。当然，常见的宗教意义也会收录在一般性的语文词典中。即使同为宗教意义，在专门性的百科词典和一般性的语文词典中其注释也常常有所差异。前者主要从宗教神学视角进行阐释，而后者主要从语言学视角进行阐释。

我们以斯克利亚列夫斯卡娅（Г. Н. Скляревская）主编的《东正教文化词典》（《Словарь православной церковной культуры: более 2000 слов и словосочетаний》，2008. 以下简称"宗教词典"）和奥热果夫、什韦多娃（С. И. Ожгов, Н. Ю. Шведова）主编的《详解俄语词典》（《Толковый словарь русского яызка》，2008. 以下简称"语文词典"）作为语料来源，对比东正教词汇在两类词典中的释义，简要探讨东正教词汇的语义问题。分析两类词典中东正教词汇的不同释义，从词汇单位层级角度可以发现两类语义差别：词层面存在的语义差别；词位层面存在的语义差别。

（一）词层面存在的语义差别

词层面存在的语义差别，主要表现在词汇语义变体数量的差异。表示宗教意义的东正教词汇一般为单义词，只有一个义项，而表示非宗教意义的东正教词汇一般为多义词，有两个或更多的义项。

对 алтарь 一词，宗教词典和语文词典的注释分别如下。

Восточная часть православного храма, в которой находятся престол и жертвенник, отделенная от основного пространства иконостасом.[1]

---

[1] Скляревская Г. Н. *Словарь православной церковной культуры: более 2000 слов и словосочетаний.* М.: Астрель АСТ, 2008. С. 24.

（1）Восточная возвышенная часть христианского храма (в православной церкви отделённая от общего помещения иконостасом). (2)В старину: то же, что жертвенник. [1]

在宗教词典中 алтарь 只有"圣坛"一个义项，该词是单义词；而在语文词典中该词除了"圣坛"之义外，还有"天坛"（星座）之义，是多义词。

батюшка 一词的注释，体现得更加明显。

Обиходн. (Обычно в обращении) священник. [2]

（1）То же, что отец (в 1 знач.) (устар). По батюшке звать (по отчеству). (2)Фамильярное или дружеское обращение к собеседнику. (3)Православный священник, а также обращение к нему. Деревенский б. [3]

宗教词典中只有"教士的俗称"（通常用于呼语）一个义项。在语文词典中又补充了两个义项：（旧）父亲（表示尊敬）；对谈话对方的亲昵称谓。

（二）词位层面存在的语义差别

从语义学角度看，比词更小的单位是词汇语义单位（лексико-семантический вариант），其形式层面叫作词位（лексема）。[4] 词位层面存在的语义差别又可细化为两类，一类是宗教词典和语文词典中对同一词

---

① Ожегов С. И., Шведова И. Ю. *Толковый словарь русского яызка*. М.: ООО «ИТИ Технологии», 2008. С. 22.

② Скляревская Г. Н. *Словарь православной церковной культуры: более 2000 слов и словосочетаний*. М.: Астрель АСТ, 2008. С. 46.

③ Ожегов С. И., Шведова И. Ю. *Толковый словарь русского яызка*. М.: ООО «ИТИ Технологии», 2008. С. 38.

④ 张家骅：《俄罗斯语义学》，北京：中国社会科学出版社，2011 年，第 1 页。

位的注释完全不同，如对 благоверный 的注释：

Царь или князь, много способствовавшие укреплению православия и причисленные церковью к лику святых. ①

(разг. щутл.). Муж, супруг. Мой б. ②

宗教词典中将 благоверный 解释为"为加强东正教做出很多贡献的沙皇或国君，并被教会列入圣徒之列"，而语文词典中的释义为"（口，谑）当家的"（指丈夫），二者风马牛不相及。

另一类是宗教词典和语文词典中对同一词位的注释相近，但一般宗教词典更为具体，而一般语文词典相对抽象，如对 спаситель 的注释：

Рел. [С прописное] В христианстве: Бог Иисус Христос, спасающий душу и тело человека отвечной смерти. ③

(1)Тот, кто спас, спасает кого-что-н.(2)(С прописное). В христианстве и иудаизме: божественный избавитель человечества от его грехов. Пришестеие Спасителя. ④

同样对 спаситель 宗教意义的注释中，宗教词典直接将其特指为基督耶稣，而语文词典将其泛指为宗教中的拯救者，语义有所泛化。

---

① Скляревская Г. Н. *Словарь православной церковной культуры: более 2000 слов и словосочетаний*. М.: Астрель АСТ, 2008. С. 52.

② Ожегов С. И., Шведова И. Ю. *Толковый словарь русского яызка*. М.: ООО «ИТИ Технологии», 2008. С. 49.

③ Скляревская Г. Н. *Словарь православной церковной культуры: более 2000 слов и словосочетаний*. М.: Астрель АСТ, 2008. С. 368.

④ Ожегов С. И., Шведова И. Ю. *Толковый словарь русского яызка*. М.: ООО «ИТИ Технологии», 2008. С. 753.

第三节　东正教熟语的语言文化阐释 ①

东正教作为俄罗斯社会最主要的宗教意识形态，深刻影响着包括语言在内的整个俄罗斯文化。俄语中许多词汇都打上了东正教的烙印，在语言的精华——熟语中表现得尤为明显。时至今日，俄语熟语中依然包含众多带有东正教色彩的熟语，并仍在积极使用，这反映了东正教对俄罗斯日常生活的深刻影响，也表明俄语熟语背后隐藏着深厚的文化底蕴。

俄语学界对宗教与熟语关系的研究已有所涉猎：朱达秋从词源的角度对带有宗教色彩的熟语进行了总结，并介绍了俄语熟语具体反映出的宗教观点 ②；丁昕指出了东正教在俄语熟语中的反映，对与东正教教义、仪式等有关的熟语进行了简要阐释 ③；牟丽不仅较为细致地论述了熟语学与宗教的发展，分析了俄语熟语反映的文化内涵，还对宗教熟语的修辞特点进行了研究 ④。尽管国内学者对俄语熟语的起源、宗教因素进行了一定程度的词源分析，但是仍缺少对带有某一特定成素的东正教熟语的研究，缺乏深层次的文化阐释。

一、东正教熟语：东正教在语言世界图景中的映现

脱胎于"世界图景"理论的"语言世界图景"（языковая картина мира）是语言与文化研究领域的重要理论。"语言世界图景是世界图景在

---

① 本节部分内容体现在笔者指导的研究生姚佳明的硕士学位论文《俄汉熟语中神鬼形象对比研究》中，并发表在《牡丹江大学学报》（2020 年第 1 期）和《黑河学院学报》（2020 年第 4 期）上，在此统一说明，不再一一标注。

② 朱达秋：《俄罗斯宗教与俄语成语》，《四川外语学院学报》，1996 年第 4 期，第 52–56 页。

③ 丁昕：《俄语成语研究》，北京：军事谊文出版社，2001 年。

④ 牟丽：《俄语成语中的宗教因素》，对外经济贸易大学硕士学位论文，2007 年。

语言中的语言化、符号化、语义化表达，它是历史形成的，是某一语言社团对外部世界的朴素的观念认知的总和。"[1] 也就是说，语言世界图景蕴含着民族文化的渊源与内涵，体现一个民族的价值观、道德观、思维方式和行为方式等多方面的内容。而东正教熟语源于人们对宗教生活经验的总结，人们把在信仰宗教过程中形成的共同认知、历史和文化凝练在了熟语中。东正教熟语包含着俄罗斯民族的思想认识和对事物的看法评价，透过它可以窥见俄语语言世界图景中对东正教的认知。

东正教熟语数量众多，本节我们只将带有"Бог"和"черт"成素的熟语作为研究对象。语料来自《Фразеологический словарь русского языка》《Словарь фразеологизмов с компонентом "Черт"》《俄汉成语词典》《俄语成语语源词典》等词典。例句均来自俄罗斯国家语料库（http://www.ruscorpora.ru/）。

二、带有"Бог"成素熟语的语言文化阐释

查阅相关百科词典和语文词典可以发现：（1）"Бог"一词具有强烈的宗教意义，泛指各宗教中的"神"，在东正教语境下指的是上帝；（2）各类词典都指出了"Бог"的至高无上性，是世界的创造者和统治者；（3）"Бог"一词有许多固定的表达结构，但在口口相传中，"Бог"本身的含义发生了某些变化。

"上帝"一词在历史发展过程中始终与东正教密切相关，是一个典型的具有宗教特色的词。分析带有"上帝"成素的俄语熟语，可以揭示俄

---

[1] 吴国华、彭文钊：《论语言世界图景作为语言学的研究对象》，《外语与外语教学》，2003 年第 2 期，第 5-9 页。

罗斯民族对"上帝"的共同认知，还原固化在语言世界图景中的"上帝"形象。

（一）带有"Бог"成素俄语熟语的语言分析

1. 带有"Бог"成素俄语熟语的语义特点

熟语的语义一般具有整体性，这种整体性表现在两个方面：一方面，熟语的各组成部分作为一个整体来表示熟语的语义；另一方面，熟语的语义进一步引申，具有其独特的隐喻或形象意义。经过对带有"上帝"成素的熟语进行分析和统计，我们发现，带有"上帝"成素的熟语语义也具备这样的特征。根据带有"上帝"成素的熟语所表达的语义特征，本节将其分为两类：意义与"上帝"直接相关的熟语；意义与"上帝"间接相关，即具有隐喻、引申意义的熟语。

第一类，意义与"上帝"直接相关的熟语。这类熟语的意义大多可以直接从字面上理解，也就是说，熟语的实际意义与字面意义一致，同时保留了"上帝"的形象。例如，бог миловал（上帝保佑，上帝垂怜），да благословит тебя бог（愿上帝赐福你，祝你成功），сам бог велел（天赐命定，上帝安排），бог свидетель［上帝可以作证（以表白自己正确）］等。这些熟语的意义并不难理解，因为与熟语的字面形式相一致。同时，这里"上帝"都是做主语，是动作的施事者，也体现了由"上帝"做主的意思。但是，这种真正意义与字面意义完全一致的情况并不是很多，理解熟语的意义还需要考虑其来源、文化内涵、修辞语用等方面的因素。如 Бог знает，从字面上看，它是"天知道"的意思，但实际上是"对某种事物表示不满、愤怒的情绪"；Бог с тобой，字面意思是"上帝保佑你"，但它还可以表达惊奇、不同意等意思。因此，理解熟语的意义需要正确体

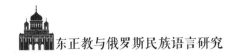

会修辞色彩，同时结合具体的语境。

第二类，意义与"上帝"间接相关的熟语。这类熟语大多具有隐喻意义，实际上是熟语意义的抽象化和概括化，使熟语所表示的意义向外引申。例如，бог в своём ремесле（本行的高手，精于本行），не гневи бога（天生的，有天赋的）。这里"上帝"喻指为拥有特殊能力的人，与其原义——宗教里至高无上地位的神灵不同。此外，还有бог обидел［生来就没有（某种本领，才能）］，богом убитый（天生傻子，脑袋不管用的家伙），等等。对这些熟语的理解不能停留在字面意义上，需要更进一步阐发其引申义。

2. 带有"Бог"成素俄语熟语的结构特点

带有"上帝"成素的熟语是语义和结构的统一体。结构有外部语法结构和内部语法结构之分，前者是熟语与其他词的语法关系，后者则着眼于各成素之间的关系。按照内部语法结构模式，带有"上帝"成素的熟语可以分为词组式和句子式两类，在搜集到的语料中有124条是词组式结构，有91条是句子式结构。

词组式熟语又分为简单词组式和复合词组式。简单词组式熟语中只有一种语法联系，分为支配联系、一致联系和依附联系。以动词为主导成素的支配联系的熟语数量相当多，如молить бога（替……祈祷，求神保佑……），почить в боге（死亡，升天）等；还有以前置词为主导成素、属于支配联系的熟语，如с богом（愿上帝保佑），от бога（天生的，有天赋的）等。需要指出的是，虽然大部分语言学家认为词组是两个或两个以上实词的组合，但也有人将熟语中的前置词＋名词组合视为词组的一种。本节采纳这种界定标准，将前置词＋名词的组合也视为词组，即前置词性熟语。①有依附联系的熟语，如 богом хранимый（受上帝保佑的）等。此外，属于一致联系的熟语也不少，如 бог правый（正义的上帝）等。

复合词组式熟语，指的是拥有两种及以上的语法联系。例如 перед истинным богом（敢在上帝面前发誓，千真万确）中 перед 和 бог 之间是支配联系，истинный 和 бог 之间是一致联系。

带有"上帝"的熟语多属于简单句结构。其中，简单句结构的熟语又分为单部句式和双部句式。单部句式结构的熟语中以确定人称句为主，如 под богом ходим（天有不测风云）；还有无人称句，如 слава богу（谢天谢地）。双部句式熟语占有相当大的比重，其中以动词性谓语主谓结构居多，如 бог знает（天晓得），бог дал（居然得到机会）等。此外，还有少量的复合句，如 живу пока бог грехам терпит（过得还顺当）。

除此之外，带有"上帝"成素的俄语熟语也存在着大量的变体现象，主要有三种情况。

形式变体。组成成素在形式上存在的变体，主要表现为不同语法形式的变化，如 боже мой/бог мой（天啊），богом хранимый/бог хранит（上帝保佑……平安无事），бог помиловал/бог миловал/бог милостив（上帝保佑一切顺利）。

词汇变体。某个组成成素可以被同义词替换，如 бог знает/бог весть（上帝知道），чем бог послал/чем бог обойтись（有什么就吃什么）。

混合变体。即同时包含形式变体和词汇变体，如 богом прошу/христом молю（祈求上帝），упаси бог/боже сохрани（为所欲为的统治者，主宰）等。

---

① 丁昕：《俄语成语研究》，北京：军事谊文出版社，2001 年，第 69 页。

可以发现，熟语中发生改变的成素大多是名词和动词，这或许是因为这两种词类变化形式复杂的缘故。

熟语能够根据各成素内部的语法关系产生新的变体形式，但内部结构是固定不变的，这种固定的结构不仅朗朗上口，更利于记忆和传播，在熟语代代相传的过程中发挥着重要作用。

（二）带有"Бог"成素俄语熟语的文化阐释

"俄语熟语是经过许多世纪提炼出来的定型的词句，可以言简意赅地表达各种思想和概念，具有鲜明的时代特点和民族色彩。"[1]带有"上帝"成素的俄语熟语在俄罗斯民族语言中具有丰富的象征意义，在不同程度上反映了俄罗斯民族语言世界图景中的"上帝"形象。我们认为，俄语熟语语言世界图景中主要存在三种"上帝"的形象。

第一，"上帝"是创世主，创造了世界并掌管着世界。例如，бог уродил（天赐丰收，有收成），бог по душу посылает（上帝要来招魂了，活不长了），бог прибрал（上帝叫去了，归天，死去），等等。

［1］Бог уродил, Бог людям угодил —экая благодать от земли! 上帝赐予丰收，上帝满足人民的愿望——这是上天的恩惠！（《Последний поклон》—Виктор Астафьев）

［2］Так как Михайло чует, что бог скоро пошлёт по душу, с этого дня он вверяет всё хозяйство Ларивону. 由于米哈伊尔觉得上帝很快就来招魂了，从那天起他将所有钱财委托给了拉里翁。（《Повесть о детстве》—Федор Васильевич Гладков）

例［1］出现在原文中的场景是，每次主人公的祖母去河边洗菜，主

---

① 武丁丁：《俄语熟语中的观念词"хлеб"》，《西伯利亚研究》，2016年第2期，第68页。

人公看着干净的蔬菜都很高兴，于是祖母说出了这句话，这表明在祖母心中，蔬菜是"上帝"赐予的，正是这种恩惠使孙儿感到快乐。这句话里"上帝"正是创世主的形象，人类赖以生存的物质基础由"上帝"创造，精神世界的变化也由"上帝"的行为牵引。例［2］中则是前文提到了米哈伊尔快死了，他觉得"上帝"要来招魂了，因为他相信是"上帝"决定了他的寿命。这些都表明在俄语语言世界图景中，人的收获与否和寿命长短都由"上帝"决定，"上帝"是世界的主宰，由于"上帝"在宗教中的至高无上性，教徒常常按"上帝"的旨意行事，认为自己的命运是"上帝"早就安排好了的。这种信仰在俗世生活中表现为对权力的膜拜。沙皇时期东正教成为维护政权的工具，人们认为王权来自神权，于是沙皇成了"上帝"的代理人，神圣不可侵犯，有这样的意识才使沙皇统治在俄罗斯存续许久。

第二，"上帝"是仁慈的父，十分庇护自己的子民。例如，бог миловал［上帝保佑，上帝垂怜（指一切都顺利）］，бог хранит［上帝保佑……平安无事（免遭祸害等）］，бог с тобой（愿上天保佑，愿一切顺利等）。

［3］Конечно, бывало, что обижали и моих детей. Хотя, Бог миловал, случалось это редко. 当然，我的孩子也曾经被别人欺负过。尽管上帝是仁慈的，但这种情况仍然偶有发生。（《Матушка》—Людмила Кодзаева）

［4］—Бог хранит, Григорий Пантелевич, живые и здоровые. 上帝保佑，格里戈里·潘捷列维奇，都还活着并且很健康。（《Тихий Дон》—Михаил Александрович Шолохов）

例［3］是在被问到自己的孩子受到别人的欺负，心灵受到伤害时，应当如何抚慰孩子。母亲答道虽然上帝仁慈，但这种事还是多少会发生，她会告诉孩子们善良的话语比拳头更有用，因此孩子们一直善待他人，因为他们都是"上帝"的信徒。例〔4〕也是在格里戈里问起自己的孩子们时，老人回答说受"上帝"的保佑，孩子们都很健康。在例〔3〕和例〔4〕中都反映出了"上帝"是一个保护者的形象。一方面，这些熟语反映了"上帝"保护自己的子民，是一个仁慈的父亲形象，信徒也在某种程度上按照"上帝"的仁慈来规范自己的行为；另一方面，也反映出俄罗斯民族笃信宗教，认为信教能使自己生活顺遂，尽管他们无法亲眼看见"上帝"，但是他们认为"上帝"一直守护在自己的身边，"上帝"在的地方就是安全的。

第三，"上帝"是公平正义的法官，明辨是非曲直。例如，*бог вам судья*（上帝会裁决您，自有上帝裁决），*как бог велит*（听凭上帝的意旨，听天由命），*перед исинным богом*（敢在上帝面前发誓！千真万确），*бог свидетель*〔上帝可以作证（以表白自己正确）〕，*бог шельму метит*（上帝给恶人作上记号，流氓骗子总要露出马脚）。

〔5〕—*Бог вам судья, господа честные, обманывать круглую сироту!* 老实说，上帝会审判你的，竟然欺骗一个孤儿！（*«Юрий Милославский, или Русские в 1612 году»* —*Михаил Николаевич Загоскин*）

〔6〕*Я не умею выражать свою любовь, признательность, благодарность... И ласкаться я также не умею... В этом я не виновата, бог свидетель тому.* 我不知道如何表达我的爱、欣赏、感激……而且我也不知道如何表示亲热……这不是我的错，上帝可以作证。（*«Вторая Нина»* —*Лидия Алексеевна Чарская*）

在例〔5〕中老妇人因为卖牛奶得到的钱少而如此说，这表明在她心中

"上帝"会帮助她讨回公道，反映出"上帝"是公平的法官形象。例［6］中，尼娜被质问不爱自己的父亲时，认为上帝可以替她作证，自己只是不会表达。这体现出在她心里上帝是值得信赖的，是明辨事理的形象。由此可见，在俄语语言世界图景中，"上帝"是公平公正的法官，不会放过坏人，也不会冤枉好人，在人们的心中"上帝"是权威的代表，是值得人信任的裁判者形象。"上帝"不会放纵坏人，会引导人们明辨是非。这也在一定程度上体现了俄罗斯人民认为自己的言行都受"上帝"的监控，做的坏事都逃不过"上帝"的法眼，"上帝"就是真理，也是人们生活的道德准则，人们对"上帝"更加坚信不疑。

三、带有"черт"成素熟语的语言文化阐释

俄语中 черт（鬼）主要有以下两种含义：（1）一种长着长角、长尾的人形怪物，邪恶的力量；（2）在某方面非常勇敢的人、聪明人。"鬼"在历史发展的过程中也始终与宗教关系密切，反映了俄罗斯民族世界观中的独特性。通过分析带"鬼"成素的熟语，可以揭示俄罗斯民众对"鬼"的认知，还原映现在语言世界图景中"鬼"的形象。

（一）带有"черт"成素俄语熟语的语言分析

1. 带有"черт"成素俄语熟语的语义特点

熟语的语义一般具有整体性，这种整体性表现在两个方面：一方面，熟语的各组成部分作为一个整体来表示熟语的语义；另一方面，熟语的语义进一步引申，具有其独特的隐喻或形象意义。带有"鬼"成素的熟语语义同样具备这样的特征。根据带有"鬼"成素的熟语所表达的语义特征，本节将其分为两类：意义与"鬼"直接相关的熟语；意义与"鬼"间接相

关，即具有隐喻、引申意义的熟语。

第一类，意义与"鬼"直接相关的熟语。这类熟语的意义大多可以直接从字面上理解，也就是说，熟语的实际意义与字面意义一致，同时保留了"鬼"的形象。例如，бегать как черт от ладана（像魔鬼见正神那样逃避），идти к черту（见鬼去），черт попутал（被鬼迷住了），черт знает（鬼知道），等等。这些熟语的意义并不难理解，因为与熟语的字面意思相一致。但是，与带有"Бог"成素的熟语一样，存在熟语实际意义与字面意义不符的情况，因此要正确理解熟语的意义还需要考虑语言习惯、语境等其他因素。

第二类，意义与"鬼"间接相关的熟语。这类熟语大多具有隐喻意义，与表面意义相距甚远，是熟语意义的抽象化和概括化。例如，черт на все（胆子很大），черт на правду（敢于大胆说真话），这里"鬼"喻指为大胆勇敢的人，与其原义——宗教里邪恶无比的魔鬼不同。此外，还有 у черта на рогах（在很偏僻边远的地方），до черта（到极点），等等。理解这些熟语不能停留在字面意义上，需要掌握其规约性。

2. 带有"черт"成素俄语熟语的结构特点

带有"鬼"成素的熟语是语义和结构的统一体。结构有外部语法结构和内部语法结构之分，前者是熟语与其他词的语法关系，后者则着眼于各成素之间的关系。按照内部语法结构模式，带有"鬼"成素的熟语可以分为词组式和句子式两类，在搜集到的语料中有80条是词组式结构，有70条是句子式结构。

词组式熟语又分为简单词组式和复合词组式。简单词组式熟语中只有一种语法联系，分为支配联系、一致联系和依附联系。以动词为主导成素的支配联系的熟语数量相当多，如 идти к черту（去你的吧），послать к черту（赶走，让……滚蛋）等；还有以前置词为主导成素、属于支配联系的熟语，如 до черта（到极点）等。此外，属于一致联系的熟语也不少，如 рогатый черт（畜牧学家，男挤奶员，被所有人欺负的犯人）等。复合词组式熟语，指的是拥有两种及以上的语法联系，如 ко всем чертям（滚蛋，见鬼去），к 和 черт 之间是支配联系，все 和 черт 之间是一致联系。

带有"鬼"的熟语多属于简单句结构。其中，简单句结构的熟语又分为单部句式和双部句式。单部句式结构的熟语中以泛指人称句为主，例如 черт возьми（活见鬼，岂有此理）；还有无人称句，如 одному черту известно（谁也不晓得，只有鬼知道）；以及称名句，如 вот черт（见鬼）。双部句式熟语占有相当大的比重，其中，以动词性谓语主谓结构居多，如 черт знает（鬼知道），черт дернул за язык（干吗要讲那些话呢，真不该讲那些话）等。

带有"鬼"成素的俄语熟语与其他熟语类似，部分熟语也存在变体现象，这些变体主要有三种类型。

形式变体。形式变体包括语音变化、语法转换等，带有"鬼"成素熟语的变体主要是语法形式的转换。如格的转换，за каким чертом/какого черта（为什么，干嘛）；数的转换，к чертям/к черту（见鬼去吧）。

词汇变体。词汇变体主要表现为同义替换。例如，черт не поймет/черт не разберет（谁也不知道），черт дернул/черт несет/черт догадал（鬼使神差地使……）。

混合变体。混合变体是指同时包含形式变体和词汇变体。例如，Бегать как черт от ладана/Бояться как черт ладана（像魔鬼见到正神一样害怕）。总体而言，这种形式的变体较少。

（二）带有"черт"成素俄语熟语的文化阐释

带有"鬼"成素的俄语熟语在俄罗斯民族语言中具有丰富的象征意义，不同程度上反映了俄罗斯民族语言世界图景中的"鬼"形象。通过统计和分析，我们认为，俄语语言世界图景中主要存在三种"鬼"的形象。

第一，"鬼"是邪恶的化身，是不纯洁的，是诱惑人走向罪恶和堕落的推手。如 черт попутал（让鬼迷住了），к черту（滚开，见鬼去吧），черт несет（鬼使神差地使……，鬼支使去……），等等。

［1］Пётр Григорьевич уехал во Псков и некоторое время честно держался. Поигрывал, но по маленькой—сто, двести рублей, однако в ноябре 1916 года черт попутал, он все же сел за крупную игру и проиграл девяносто шесть тысяч. 彼得·格里高利维奇去普斯科夫待了一段时间。他赌博，不过赌得小———一两百卢布，但在 1916 年 11 月他被鬼迷了心窍，玩了把大的，输掉了 96000 卢布。（«Из неопубликованного» —Владислав Михайлович Глинка）

［2］Когда я кончил, он покачал головою и сказал: «Все это, брат, хорошо; одно не хорошо; зачем тебя черт несет жениться? 当我讲完，他摇摇头说道："兄弟，所有这些都很好，只有一件事不好：你为什么要鬼使神差地结婚？"（«Капитанская дочка» —Александр Сергеевич Пушкин）

例［1］出现在原文中的场景是，格里高利维奇经常赌博，父亲帮他偿还了债务，他也答应父亲不再赌博，但是去了普斯科夫后，他仍旧赌小钱，有一次他赌大了，输掉了一大笔钱。这句话里认为格里高利维奇赌博的原因是被鬼迷了心窍，这表明"鬼"是罪恶之源的形象，人们正是受到了"鬼"的蛊惑，才做出了不好的事情。例［2］中则是彼得给祖林讲述自己惊险的奇遇，祖林听了他的事迹后唯独不赞成他结婚，因为他认为婚姻会毁了一个人，所以祖林认为彼得是受了"鬼"的驱使才结婚。这些都表明在俄语语言世界图景中，人们通常按照"上帝"的仁慈来规范自己的行为，而与受人尊敬的"上帝"不同，"鬼"经常做出伤天害理的事，因此，"鬼"在人们心中是一切罪恶的根源，俄罗斯民族认为任何违反常理、不合规矩的行为都是受到"鬼"的影响，反映在语言中，"鬼"通常带有贬义的色彩。

第二，"鬼"是不祥的象征，与之相关的一切都代表着厄运，并且受到人们的厌弃。例如，что за черт（真是见鬼！搞得什么鬼！表示莫名其妙，不满），на кой черт（干吗！何苦来呢！有什么用！），черт ногу сломит（乱七八糟得简直鬼来了也得把腿绊折，混乱）。

［3］Бояркин поднял к глазам часы. —Что за черт! Неужели у меня отстали? —И быстро вышел из дома. 博亚尔金把手表抬到眼前。——真见鬼！难道我被落下了吗？很快他走出了家门（«Белая береза» — Михаил Бубеннов）

［4］У меня готовка, стирка и вообще в квартире черт ногу сломит. 我做饭、洗衣服，通常房间里一团糟。（«В концертном исполнении» — Николай Дежнев）

例［3］是博亚尔金与别人交谈时，突然响起了枪声，战斗开始了，他需要马上回到队伍里，他看了表以后以为自己晚了，被队伍落下了，这句"真见鬼！"表达了自己的恼怒和不满，同时也表明在他心中"见鬼"表示着自己不好的遭遇。例［4］是安娜和玛莎在讨论感情的事，安娜跟玛莎说自己压抑着爱，并用经常给心爱的人做饭、洗衣服来证明自己的爱，并说他的房间乱七八糟得简直鬼来了也得把腿绊折，表达出房间里很混乱。在例［3］和例［4］中都反映出了"鬼"是一个不祥的形象。一方面，这些熟语反映了"鬼"会带来厄运，无论是见鬼倒霉，还是用鬼比喻混乱，都是不吉祥的；另一方面，也反映出俄罗斯民族对"鬼"十分厌恶，尽管他们无法亲眼看见"鬼"，但是他们仍旧认为是"鬼"致使自己生活不顺，对"鬼"的厌恶增强了他们战胜邪恶的信念。

第三，"鬼"也是勇敢的符号，代表了胆大和无畏，比"鬼"都厉害意味着勇敢程度之高。例如，черт на все（胆子很大），черт на правду（敢于大胆说真话），черт не брат（天不怕地不怕，毫无顾忌），чертям тошно［鬼也受不了，（搞得）太厉害，令人简直受不了］。正如段文娜所言，人们对"鬼"的态度很复杂，一方面认为它是邪恶的力量，迷惑人心；另一方面认为它又不那么可怕，以"鬼"为中心词反衬出俄罗斯人勇敢的性格。①

［5］Уж воля её величества, —сказал он соседу своему, —а я на правду черт. 这就是陛下的意志——他对自己身旁的人说——但我也敢说实话。（《Старая записная книжка》—Петр Андреевич Вяземский）

［6］Знаете, эдакой купеческий сынишка, франтик, соблазнитель, слушал где-то лекции и уж думает, что ему черт не брат. 您知道，这样一个商人的儿子，花花公子，生活放荡，在哪儿听了演讲，就认为自己天不怕地不怕了。（《Война и мир》—Лев Николаевич Толстой）

在例［5］中当女皇陛下对水手说，今天天气很冷，他回答说，不，今天天气很热。女皇一连说了三次，他仍旧这么回答。这表现了他不屈服

---

① 段文娜：《俄语中带有东正教色彩的熟语语言世界图景的分析与教学》，辽宁师范大学硕士学位论文，2009年，第34页。

于权力，不顺从于女皇的意志，敢于说真话。例［6］中，皮埃尔在等候伯爵接见时，见到了最近一起案件犯案者的商人父亲，其他官员说犯案者是一个无法无天的纨绔子弟，用"鬼"表示他胆子大。由此可见，在俄语语言世界图景中，"鬼"不仅是邪恶的、不纯洁的，同时由于人们对"鬼"的恐惧，也认为那些比"鬼"还厉害的人是胆子大的人。"鬼"的外表丑陋十分骇人，"鬼"的行为放肆经常害人，人们心中对"鬼"的恐惧越多，对"鬼"的不满就越多，战胜"鬼"或在某方面超过"鬼"就是非常了不起的事。受"上帝"约束的正直的俄罗斯人民会和邪恶的"鬼"进行斗争，决出胜负，这也体现了俄罗斯人民勇猛好强的性格特征。

通过分析带有"上帝"成素熟语的语言和文化特征，不难发现，在俄语语言世界图景中，"上帝"始终是独一无二、至高无上的存在，是俄罗斯民族意识中的创世者、保护者和审判者。通过分析带"鬼"成素熟语的语言和文化特征，可以发现在俄语语言世界图景中，"鬼"不仅是邪恶的、不祥的，同时也是勇敢的、无畏的，在这一点上与中国民众的认知有所不同。在俄语学习过程中，重视挖掘带"Бог""черт"成素熟语的文化内涵，再现俄语语言世界图景中"上帝"和"鬼"的形象，不但能够帮助学习者恰当运用东正教特色熟语，提高翻译和跨文化交际水平，而且可以加深对俄罗斯东正教文化的理解，进而对俄罗斯民族精神结构有更加深入的认识。

第四节　东正教谚语的语言文化阐释

东正教在俄罗斯的生根和发展，离不开语言的表征和传播，因此在俄语中留下了东正教的印记，尤其在谚语里表现得极为明显。谚语是民族语言和文化的精华，它们言简意赅，形象生动，感情色彩鲜明，反映了俄罗斯人民的日常生活、善恶观念以及对世界的认知。"对谚语、俗语中折透出来的语言世界图景进行深入研究，有助于我们更全面地认识俄罗斯民族及其文化内涵。"①

学者们对东正教谚语进行了深入探讨，赵荣、张宏莉认为，"东正教文化中包含上帝至上意识、对精神形而上学的追求、对数字'三''七'的偏好以及尚右忌左等思想。这些动机和思想都或隐或现地反映在俄语的谚语和俗语之中"②。众所周知，《圣经》是俄语谚语的重要来源。在宋传伟看来，"《圣经》中许多语句，短小精练，言近旨远，隽永和谐，是规范人们行为、给人以教益的至理箴言。它们被广泛收到俄语谚语宝库"③。

俄罗斯神职人员是东正教的传播者，《圣经》圣言的奉行者，伦理道德的坚守者。"文化学认为，神职人员是包含了社会结构、生产方式、哲学思想、宗教信仰、伦理观念等在内的特定文化所创造的特殊类型的人。"④由于神职人员的特殊性和重要性，他们的形象也反映在文学作品和语言单位中。目前，对神职人员形象的研究主要从文学角度展开。比亚奇科娃（В. А. Бячкова）将 19 世纪俄国作家列斯科夫（Н. С. Лесков）与英国作家特罗洛普（Anthony Trollope）笔下的教士形象进行了对比分析，认为宗教问题离不开道德问题。⑤科舍廖娃（А. И. Кошелева）从 19 世纪

---

① 王兰霞：《俄语谚语中的语言世界图景》，《中国俄语教学》，2002 年第 4 期，第 21–24 页。

② 赵荣、张宏莉：《俄罗斯谚语和俗语中的宗教文化色彩》，《西伯利亚研究》，2010 年第 5 期，第 55–58 页。

③ 宋传伟：《简论基督教对俄语的影响》，《中国俄语教学》，1996 年第 4 期，第 58 页。

④ 徐勇：《"人性"与"神性"——神职人员形象冲突的焦点》，南昌大学硕士学位论文，2009 年，第 1 页。

⑤ Бячкова В. А. *Образ священнослужителей в романах «Барчестерского цикла» Э. Троллопа и «Соборянах» Н. С. Лескова*//Филология и Культура, 2013, № 2, С. 80–84.

下半叶的宗教文学入手，指出教会神职人员在当时社会处于一种尴尬的地位：国家对其提出教化人民的要求，但群众对教会充斥着不满情绪。[①] 费久什娜（Г. А. Федюшина）对短篇小说《主教》中的彼得神父进行了分析，认为除了神性，神父也有人性的一面。[②] 探讨语言单位中神职人员形象的研究成果还不多见。

本节以达里（В. И. Даль）编纂的《俄语民谚》(«Пословицы русского народа», 1989）为语料来源，将含有东正教神职人员名称的谚语作为检索对象，经过筛选，剔除重复内容，共找到 256 条谚语。其中，具有正面色彩的 26 条、负面色彩的 47 条、中性色彩的 183 条。本节将具有褒贬色彩的前两类谚语（共 73 条）作为具体研究对象。厘清俄语谚语中东正教神职人员的形象，深入剖析这些形象产生的根源，一方面有助于正确理解和使用相关谚语，丰富俄语词汇教学；另一方面有助于深入了解东正教文化，明晰斯拉夫民族的宗教世界图景。

一、东正教神职人员等级序列

在正式论述之前，有必要了解东正教神职人员的构成。学者们的相关论述大体相近，略有不同。乐峰[③] 指出，俄罗斯东正教会设有以下一些教职：宗主教（牧首）、都主教、大主教、主教、大司祭、修士大司祭、修

---

① Кошелева А. И. *Образ православных священнослужителей в светской и церковной периодической литературе во второй половине XIX в.*//Известия высших учебных заведений, Поволжский регион, Гуманитарные науки, 2014, № 2, С. 14–21.

② Федюшина Г. А. *Образ священнослужителя в рассказе А. П. Чехова «Архиерей»*//Материалы региональной школы молодых ученых по филологическим наукам «Филологос». Елец, Елецкий государственный университет им. И. А. Бунина, 2016, С. 151–155.

③ 乐峰：《俄国宗教史》，北京：社会科学文献出版社，2008 年，第 245–246 页。

士大辅祭（大助祭）、辅祭（助祭）等。鲁班（Ю. Рубан）[1] 对东正教神职人员等级制度的情况做过详细介绍，参见下表。

表 2-1 东正教神职人员等级制度

等级	"白"神职人员[3]	"黑"神职人员
III 主教人员（епископат） 三级神职人员		宗主教 / 牧首（патриарх） 都主教（митрополит） 大主教（архиепископ） 主教（епископ）
II 神甫人员（иерейство） 二级神职人员	大神甫（протопресвитер） 大司祭（протоиерей） 神甫（иерей）/ 司铎（пресвитер）/ 牧师 священник）	修士大司祭（архимандрит） 修道院院长（игумен） 修士司祭（иеромонах）
I 辅祭人员（диаконат） 一级神职人员	大辅祭（протодиакон） 辅祭（диакон）	修士大辅祭（архидиакон） 修士辅祭（иеродиакон）

东正教的教会等级制度（Церковная иерархия）由三个级别构成，对应于全体神职人员。三级神职人员是教会最高的神品，主教人员按照资历分为宗主教、都主教、大主教和主教。宗主教是教会内的最高级主教，16 世纪俄罗斯东正教会宣布独立以后，宗主教惯称"牧首"。牧首管辖一个至几个大教区，享有召开主教会议、制定宗教法规以及任免各教区主教等权力。都主教是主要都市及其所属地区的主教称谓，地位仅次于牧首。大主教是对年长的、受尊敬的主教的称呼，有权监督其他主教、召集教区

---

[1] Рубан Ю. *Иерархия* // Вода живая: Санкт–Петербургский церковный вестник, 2007, № 5, С. 62.
[2] 表 2-1 中东正教神职人员有"白"和"黑"之分，"白"是指可以结婚的或已婚的神职人员，"黑"是指终身不婚的神职人员。

会议和任免所属主教，一般主管一个大主教区，地位略低于都主教，受牧首管辖。主教传称为使徒的继承人，意为监督者，是一个教区的负责人，有权祝圣神甫。同时，主教也是所有三级教职的总称。主教受到最大的"神赐"，可以主持所有圣礼和所有教堂礼拜。

二级神职人员教阶分两类。"白"神甫分为大神甫、大司祭和神甫。大神甫的称号比较特殊，一般作为奖励授予德高望重且有功勋的神职人员，通常是城市大教堂负责人。大司祭一般指该领域功绩卓越的首席神甫，常指主要教堂的负责人或一个教区的主管神甫。神甫也叫司铎、牧师、教士，是二等教阶中的普通神职人员，和前两者的差别在于资历和荣誉不同。"黑"神甫分为修士大司祭、修道院院长和修士司祭。修士大司祭地位仅次于主教，古时指一些享有盛誉的修道院首席神父，现在也用来称呼劳苦功高的修士，一般只有修士大司祭才有资格被选拔为主教。修道院院长也叫主持司祭，在许多地方教会中，包括 2011 年之前的俄罗斯教会，也被用作等级奖励，有时其地位相当于修士大司祭。修士司祭对应"白"神甫里的教士，是拥有二级教职的神职人员，如果被委任为其所在修道院的负责人，就会被授予修道院院长或更高的修士大司祭头衔。除了授职礼，二级神甫人员享有与主教一起祝福、主持教堂其他所有圣礼与礼拜的资格。

一级神职人员教阶最低，"白"辅祭分为大辅祭和辅祭，对应的"黑"辅祭分为修士大辅祭和修士辅祭。年长的辅祭尊称为大辅祭，年长的修士辅祭即为修士大辅祭。辅祭只能协助主教或神甫举行礼拜和完成圣礼，自己不能自行主持。除此之外，辅祭也不是礼拜中必须参与的人员。除三级神品外，教会里还有级别更低的职位，这里不再赘述。

二、俄语谚语中神职人员的正面形象及成因

（一）神职人员的正面形象

在含褒义色彩的 26 条谚语里，涉及信仰、勇敢、工作、忠诚、正义、追求真理等。其中，出现频率最高的是幸福、婚姻、爱情等主题，共计 8 条，约占总数的 1/3。如宣扬对婚姻的忠贞：Попу, раз оженившись, да на век закаяться（教士一结婚，便是一辈子），Трижды венчан, а жена одна—поп.（教士结婚三次，妻子同一个人）；告诫丈夫要爱护妻子：Как поп попадью бережет（像教士珍视妻子）等。神职人员的形象还被用来规劝人们努力工作：Поп не устал, что рано к заутрени встал（教士不嫌累，早起做晨祷）；诚信守约：Полюбовного договора и патриарх не отнимет（主教不会违反友好契约）；积极进取：Не уча в попы не ставят（不学成不了牧师）；待人诚恳：Поп Ваньку не обманет, а Ванька попу правды не скажет（牧师不会骗万卡，尽管万卡说假话）等。

（二）神职人员正面形象的成因

按照东正教的观点，上帝赋予神职人员在民间行使救赎大众的权利，同时又要求他们必须具备与其权利相应的职业素养和崇高道德，因此神职人员受到尊敬主要是由于上帝光环的加持以及自身道德品质的完善。

1. 神职人员行使教导功能

作为人们精神上的导师，神职人员不仅需要完成传布教义、引导信徒向善至诚的任务，还负责处理一般教会事务，如弥撒、晨祷晚课，以及私人事务，如为新生儿施洗、为亡者祷告等。因此神职人员在人们眼里具备敬业精神，该形象在谚语中用以教导人们做好本职工作，在其位尽其责。

［1］. Кому худо, Иван Савватеевич, так худо Прозоровскому. И Ржевскому ныне будет несладкое житье. Худее не бывает. —Пошёл в попы-служи и панихиды! —отозвался Рябов. —Каждому своё.(«Россия молодая» —П. Ю. Герман) 要说谁的情况不好, 伊万·萨瓦捷耶维奇, 可以说普罗佐罗夫斯基的情况不好。当然勒热夫斯基现在也不会好过。没有比他们再糟的了。"既然选择了, 就得要承担！"里亚博夫回答说: "每个人都有自己的使命。"

例［1］中谚语字面意思为"既然是牧师, 就得做礼拜"。上尉叶夫列夫因公受伤性命垂危, 一群士兵忧心上尉能否活过来, 里亚博夫以牧师的职责类比: 既然当了兵, 就得执行命令, 每个人都有必须完成的使命。可见, 神职人员恪尽职守的形象在人们心中根深蒂固。

［2］. Осёл не птица, он не горазд летать, однако ж для него не в первый раз хвастать, мычать, и род зверей всех уверять, что молодец и он летать…а Заяц тут: «Ну, ну-тка, полети! », «Ах, ты косой трусиха! ». Осёл рычит: «Летаю, как орлиха. Но не хочу! » —«Пожалуй, захоти! ». Так мудро Заяц отвечает, осёл бежит, скакает, и в яму —хлоп ! Не суйся в ризы, коль не поп ! («Осёл и Заяц»—И. А. Крылов) 驴子不是鸟, 根本不能飞, 但它不止一次向其他动物保证并吹嘘自己很擅长飞翔……兔子说: "好啊, 那你就飞起来试试啊, 别做懦夫！"驴子咆哮: "我能像鹰一样飞, 但我现在不想！""有本事就飞啊！"兔子激怒了驴子, 驴子纵身一跃, 扑通一声, 掉进了坑里。不能做的事, 千万别逞能！

寓言中的驴子吹嘘自己能像雄鹰一样翱翔, 逞能证明给兔子看却以失败告终。例［2］谚语的字面意思为"既然不是教士, 就不要穿法衣", 在这里教士代表专业的形象, 教导人们对自身能力要有清晰的认识, 力所不及的事情不去逞强，类似汉语的"没有金刚钻别揽瓷器活"。有时也用这句谚语奉劝人不要多管闲事。

2. 神职人员具有榜样作用

东正教的"白"神甫是可以结婚的。《圣经》规定，男人离开父母和妻子结合，二人成为一体，夫妻的盟约不仅是二人之间的立约，也是经过神见证的，打破婚姻这一盟约，就是背弃了信仰。在婚姻里"白"神甫必须是丈夫的典范和标准，不可以对妻子不忠，否则就违背了宗教原则，因此在一些谚语里神甫会以婚姻捍卫者的身份出现。

［3］. А когда, усевшись за стол, хозяин предложил выпить за здоровье новобрачных и в ознаменование третьей годовщины советской власти, Акатников поднял чашку и произнёс уважаемый пьяницами лозунг: —Дай бог—не последняя. —Последняя у попа жена, —ответила Спиридониха. 当主人在桌旁坐好，建议为新婚夫妇的健康和苏维埃政权成立三周年而干杯时，阿卡特尼科夫端起酒杯，说了一句酒鬼们爱听的口头禅："让我们尽情地喝吧！"斯皮里多尼哈回答说："这是最后一杯了。"①

例［3］中谚语的直译是"神甫的最后一任妻子"，寓意神甫不得再婚，一生只此一次。后来用在酒席上，声明是最后一杯，用以拒绝劝酒。此外，还有 Житье, что в раю...поп бережёт жену: другой не будет（就像活在天堂一样……牧师会爱护妻子：而别人则不会）的说法，因为妻子作为一生的伴侣，只有得到尊重和珍视，生活才会幸福。在这些谚语里都体现出了神职人员的榜样作用。

---

① 叶芳来：《俄汉谚语俗语词典》（修订版），北京：商务印书馆，2016年，第334页。

三、俄语谚语中神职人员的负面形象及成因

（一）神职人员的负面形象

含贬义色彩的共 47 条，多为带 поп 的谚语。поп 一词源于希腊语，意为"父亲（отец），神父（батюшка）"，是旧时神甫的口头称谓。带贬义色彩的谚语涉及嫉妒、贪婪、受贿、诱惑、偷窃、伪善、纵乐等，其中"贪婪、受贿、诱惑"类有 18 条，占比超过 1/3。有控诉神职人员对金钱的崇拜：Деньга попа купит и бога обманет（金钱迷惑教士欺骗上帝），Деньга и попа в яму заведет（金钱使教士掉入陷阱），Без рубля поп не похоронит（没钱教士不做丧礼），Не страшно жениться, страшно к попу приступиться（不怕结婚花得多，就怕神父要得多）；有对教士贪婪不诚信的嘲讽：Волчья пасть да поповские глаза —ненасытная яма（豺狼的嘴教士的眼，都是贪婪的无底洞），Утиного зоба не залечишь, поповского брюха не набьёшь（鸭子的嗉囊治不好，教士的肚子填不饱），Безмен не попова душа, не обманет（秤砣不偏差，教士会骗人）；有刻画神甫渴求权力的丑态：Поп хочет большого прихода, а сам ждёт не дождётся, когда кто помрет（神甫升教阶，翘首盼人死）；有对神甫懒散不团结的嘲弄：Три попа, а заросла в церковь тропа（三个教士住，教堂长满草）；还有对教士品行不端、资质平庸的怀疑：Голодный и патриарх хлеба украдет（饥饿的主教也会偷面包），Смелого ищи в тюрьме, глупого в попах（监狱有勇士，教士有蠢材）。

（二）神职人员负面形象的成因

有些神职人员的所作所为与其身份不符，与人们的认知形成了强烈的反差。神职人员功能异化，一些神职人员道德败坏，导致人们给这一群体

贴上了负面的标签。加之神职人员在群众心中作用弱化，负面形象在语言中生成也就不难理解了。

1. 神职人员功能异化

神职人员本是联系神和人之间的中介，却在皇权的压迫下沦为统治民众的工具。1764 年叶卡捷琳娜二世颁布关于教会财产国有化的诏书，各教区的主教和主教公会失去了世袭领地。"1764 年改革的主要结果从组织方面来说就是将教会完全变成了国家行政机关的一个部分，而将主教变成了官吏。"① 政权迫使神职人员服务于沙皇，最突出的例子就是利用神父在聆听教徒忏悔时窃取情报，神职人员成了沙皇的耳目，教堂成了情报机关。长此以往，教会和神职人员在民间威望渐失，人们对教堂、对神甫的态度不再像过去一样虔诚和尊重。

［4］. Во главе полка на жирной лошади медленно ехал командир полка полковник Мурман. Полный, уже сильно пожилой человек, лет за пятьдесят⋯он писклявым бабьим голосом подал команду: «Смирно! » —и подъехал с рапортом к Кондратенко. «Каков поп, таков и приход», —подумал Агапеев, глядя на мешковатую фигуру Мурмана. («Порт-Артур» —А. Н. Степанов) 在队伍的前面，中校穆尔曼骑着一匹膘肥体壮的马慢慢走来。他的身子圆滚滚的，已经中年人了五十多岁了⋯⋯他用女人般尖细的嗓音一声号令："立正——！"之后走到孔德拉坚科面前汇报。"兵熊熊一个，将熊熊一窝。"阿加佩耶夫看着穆尔曼笨重的体态想道。

---

① ［苏联］尼·米·尼科利斯基:《俄国教会史》，丁士超等译，北京:商务印书馆，2000 年，第 233 页。

例［4］中谚语直译为"有什么样的神甫，就有什么样的教区"。长篇小说《旅顺口》描写了1904—1905年的俄日战争。某次在日军偷袭俄军后，孔德拉坚科少将和士兵们被迫撤退，途中看到了新建的第28军团。一些新兵因为扛枪携弹，步履维艰，频频掉队，甚至累得坐在地上，整个队伍乱七八糟。当大腹便便的中校一出场，一切就得到了解释：长官什么样，手下人也就什么样，弱将手下无强兵。该谚语在此处表达对中校的嘲讽。

2. 神职人员道德下滑

神职人员成为政权的附庸只是因素之一，导致神职人员形象坍塌的主要原因是该群体自身道德出现了问题。"教会明确指出，不论是以前，还是现在，在东正教界有不少道德品质极其低下的人。很多传教士酗酒、调戏妇女、生活不检点。"① 亲其师，信其道。神职人员违反道德准则，违背东正教教义，造成了恶劣影响。如韦捷列夫所言："道德败坏的现象在某些情况下越来越严重，以至于传教士成为大家谈笑的话柄，甚至引起人们对他所做祷告的神圣性和真实性产生怀疑。"②

［5］．Император Александр I уделял в Вильне приемам и балам много времени… Глядя на него, и офицерство вело себя по пословице: «Игуменья—за чарку, сестры—за ковши». Офицеры волочились за кокетливыми польками, пили и играли в карты. («Суворов и Кутузов [сборник]»—Л. И. Раковский) 亚历山大一世皇帝在维尔诺（今维尔纽斯）花了不少时间举办招待会和舞会……看着他这样做，将士们也就有样

---

① 乐峰：《俄罗斯东正教的特点》，《世界宗教研究》，2004年第3期，第113页。
② 同上，第113页。

学样。军官们追逐着卖弄风情的波兰女人，喝酒，打牌。

例［5］中谚语的字面意思是"女修道院长用酒盅，修女们则用勺子"，寓意"上梁不正下梁歪"。据说在一次与拿破仑作战前夕，亚历山大一世非但没有整顿军队鼓舞士气，反而大肆举办酒会寻欢纵乐。这里把沙皇比作修道院院长，暗指上级不作为、破规矩，而下级将领们就像修道院里的修女一样，照葫芦画瓢，上行下效，败坏风气。文学作品中该类谚语的出现足见神职人员形象不佳对人们观念影响之深。

3. 神职人员作用弱化

"在东正教中，'上帝'是存在于'自我'之中的，也就是说，'我'就是'上帝'。因此，俄罗斯民族的'救赎'并不依赖于外部世界，而是根植于自身的。"① 在托尔斯泰看来，上帝就在人自己心中，忏悔、祷告并不需要去教堂通过仪式实现，"真正的信仰不需要教会"。② 在中篇小说《谢尔盖神父》中，就是通过谢尔盖神父形象的塑造而否定了宗教的修道主张，肯定了只要"道德自我完善"就可以实现救赎。作为声名远播的神父，即使谢尔盖能够一时以自虐的方式消除欲望，但最终还是犯下了奸淫的罪过。与其相反，谢尔盖的儿时伙伴帕申卡是一个带着孩子的寡妇，虽然生活坎坷，却没有消磨对上帝的爱。正是因为虔诚的信仰，帕申卡才能乐于承受苦难。二者相比，身为神父的谢尔盖并不能遏止内心滋生的罪恶，也无法自控不去犯罪。神职身份的加持并不是保护罩，最终还是要依靠坚守内心秩序、经过道德完善的方式实现自救自赎。③

俄罗斯民众对东正教神职人员的看法，与他们对现实生活的观察、体

---

① 张杰：《民族精神的铸造：东正教与俄罗斯文学》，《江海学刊》，2017 年第 4 期，第 193 页。
② ［俄］列夫·托尔斯泰：《生活之路》，王志耕译，北京：商务印书馆，2015 年，第 269 页。
③ 刘锟：《东正教精神与俄罗斯文学》，黑龙江大学博士学位论文，2004 年，第 132–134 页。

验和认知直接相关，并保留在谚语中。俄语谚语中的神职人员形象褒贬不一，反映出不同时代、不同地域和不同群体的人们对东正教神职人员的不同看法，也折射出人们宗教信仰、伦理观念的不同认识。在宗教语言世界图景里，神职人员的正面色彩仍然具有生命力，是忠诚的代名词，是"离上帝最近的人"，扮演着教化世人的角色。东正教重视婚姻，信徒的婚礼须在神父的主持下进行，神父见证即为上帝见证，神父秉承神意，象征专一、不可拆散和尊重生命。同时，我们也发现，固化在谚语中的神职人员形象也不乏负面色彩。东正教教义符合统治者需求，于是成为稳固政权的重要思想武器，教会和神职人员也逐渐向世俗化发展。神职人员功能的异化消解了自身的神圣性和崇高性，该群体出现道德危机便无法避免。加之有些信徒相信"天国在我心中"，否认教会存在的意义，神职人员的作用也被边缘化。总之，神职人员集神性和人性于一身，其形象也表现出互相矛盾的两个方面。神职人员的这些形象都以谚语的形式保留下来，成为今天我们研究语言、阐释文化、了解历史的一种依据。

第三章
基于东正教词汇联想场的语言意识研究

语言意识问题自提出以来，便迅速成为俄罗斯心理语言学界的研究焦点。语言意识将语言、文化、心理联系在一起，为探究三者之间的关系开辟了新的道路。不同民族认知世界的思维方式有所不同，因此语言意识具有鲜明的民族性。对于俄罗斯民族而言，东正教在其物质生活和精神生活中占据举足轻重的位置。东正教词汇是俄语词汇的重要组成部分，在俄罗斯人的言语活动中被频繁使用。使用东正教词汇对俄罗斯民众的语言意识进行研究，有助于了解这些词汇在俄罗斯民众语言意识中的呈现方式，了解不同年代俄罗斯人对这些东正教词汇产生的联想场的异同。

本章从联想词典中的东正教词汇着手，对东正教词汇刺激词联想场进行分析，探讨不同时代俄罗斯人的思维和文化对其语言意识的影响，以期从中发现俄罗斯民族语言意识中的独特性。

第一节　语言意识的一般理论问题与研究方法

"语言意识"（языковое сознание）一词经常出现在哲学、语言学、心理语言学、语言文化学、认知语言学和文化学研究的著作中。在 20 世纪中叶，语言意识的概念被引入结构语言学的科学著作中。语言意识的概念取决于具体的研究和对问题的不同看法，因此在语言科学的各个分支中被广泛使用。

随着心理语言学的发展，对语言意识的研究已经成为许多国家现代心理语言学研究的基础。对与语言意识有关问题的深入而彻底的研究揭示了不同民族国家形象中的一般性和特殊性。语言意识在一定程度上明确了该民族思维的特征，反映了文化共同体的认知活动的方式，表达了对世界的认识和理解，同时也表现出了心理和文化价值。

一、心理语言学范式中的语言意识

（一）语言意识定义

在心理语言学范式下，对语言意识的认识见仁见智，目前还没有一个明确而统一的定义。

在研究语言意识概念时，许多学者没有区分意识现象和语言意识现象。两种现象均被视为语言意识现象。在列昂季耶夫（А. А. Леонтьев）看来，"拥有意识就意味着掌握一门语言，掌握一种语言就意味着掌握其意义，意义具有意识的单位（意指语言，口头意思）"。[①] 在此观点看来，意识是具有意义的。换句话说，根据列昂季耶夫的观点可以发现，意识具有言语的本质特征。

鲁宾斯坦（С. Л. Рубинштейн）认为，"意识的出现是人类反映现实的一种特殊方式，它与语言有着千丝万缕的联系，语言是意识出现的必要条件。……语言是作为社会个体的人类意识的一种社会形式"[②]。

---

① Леонтьев А. А. *Языковое сознание и образ мира*. Язык и сознание: парадоксальная рациональность. М.: 1993. С. 16.

② 转引自 Куликова. Л. В. Психология сознания. Серия «Хрестоматия по психологии». СПб.: Питер, 2001. С. 50.

在斯捷尔宁（И. А. Стернин）看来，意识和语言意识不是同一种事物。他将意识看作一种心理机制：这种机制确保了人类的言语活动，保留了人类在产生、感知和储存言语信息时的意义。按照斯捷尔宁的观点来看，联想实验是研究语言意识非常独特而且有效的方法。通过实验，许多科学家对语言单位在意识中的作用进行了深入而细致的研究，并且探索了语言与意识在相互理解作用过程中的特点。因此，斯捷尔宁指出："语言意识是意识（认知意识）的一部分，它为语言（语音）活动提供了一种机制。认知意识的组成部分，负责人类语音活动并确保语音操作。"[1]

波波娃（З. Д. Попова）和斯捷尔宁指出："意识仅在语言的参与下形成，该语言的意义在意识中形成图像（概念）的过程中充当物质支持，但是，语言中的意识在行使其功能时是不需要的，而是在通用规则上实现的。"[2]

同时，也有许多研究者认为语言意识是外在意识。换句话说，人们使用外部言语表达意识。莫斯科心理语言学派学者塔拉索夫（Е. Ф. Тарасов）同意这一观点。塔拉索夫为语言意识概念的研究做出了巨大贡献。他指出："意识形象通过语言来实现：独立的词素、词组、成语、文本、联想场以及作为联想场集合的联想词库。语言意识形象中包含在语音交流过程中产生的思维知识，以及加工从感官获取的感觉信息时产生的感觉知识[3]。"

乌沙科娃（Т. Н. Ушакова）将心理学和语言学相结合，研究语言意

---

① Стернин И. А. *Коммуникативное и когнитивное сознание. С любовью к языку: сборник научных трудов*. Воронеж, 2002. С. 41–45.

② Попова З. Д., Стернин И. А. *Когнитивная лингвистика*. М.: АСТ: Восток–Запад, 2007. С. 43.

③ Тарасов Е. Ф. *Актуальные проблемы анализа языкового сознания. Языковое сознание и образ мира*. М.: 2000. С. 27.

识问题。她认为，语言意识的概念具有两个主要特征：动态特征，言语形式的意识状态的表达，借助言语对意识的影响；结构特征，由主体的心理经验及其意识作用到其语言结构。因此，"语言意识"一词的特征是强调意识、思想、人的内心世界与人的外部语言活动合为一个整体。[①] 通过对"语言意识"概念的回顾，可以发现，语言意识强调语言学和心理学这两个学科之间的紧密联系。语言意识强调在使用语音进行言语表达时，心理状态在意识中的作用和重要性。

（二）语言意识及其民族性

当前，世界不同国家的人们希望在政治、经济、文化、教育等各个领域相互了解。但是由于国家之间在语言意识上的差异，当今的交流与合作可能并不总是能够有效地开展。因此，心理语言学和民族心理语言学领域的学者致力于研究导致这种结果的原因。许多研究人员认为，在考虑语言意识差异的原因时，首先必须确定语言、意识和文化之间的关系。当人们使用自己的语言进行交流时，交流的特征就表现在：语音流是根据其本民族的语法规则形成的，并且语言中所具有的语言意识形象带有本民族的文化特性。因此，为了使不同国家的人民能够相互理解，就需要了解其国家的语言以及蕴含在其中的语言意识形象。换句话说，对于跨文化交流，必须阐明这个国家的意识形象。"对语言意识的研究可以揭示不同国家的语言文化特征和思维方式，帮助我们更有效地学习外语并进行跨文化交流。"[②]

---

① Ушакова Т. Н. *Языковое сознание и принципы его исследования.*//Языковое сознание и текст: теоретические и прикладные аспекты. М., 2003. С. 13–23.

② 赵秋野：《从俄语面部器官词联想场看语言意识的民族文化特点》，《中国俄语教学》，2013年第 4 期，第 39 页。

在研究语言意识的民族文化特征的过程中，不少学者致力于研究语言意识不等同现象。塔拉索夫认为："在影响一个人的过程中，世界被打开，并以心理图像的形式显示在他的脑海中，这些图像有组织地整体构成了世界图景，这是一个人的定向生活手段。"[1]

众所周知，列昂季耶夫在探索心理活动的研究方法时，首先提出了"世界形象"一词。列昂季耶夫认为，"意识有深度，世界形象是多维的，就像世界本身是多维的一样"[2]。该术语显示了人与世界之间的关系，阐释了语言意识在特定文化和民族中的作用。我们认为，世界形象不仅是世界本身的形象，更是主要表达了我们对世界的看法。换句话说，世界形象表明人们如何对待其他人和世界，世界形象是蕴含我们对文化和世界体验感的形象。简而言之，世界形象积极参与到了不同文化载体的社会文化行为中去。

此外，列昂季耶夫还提出了共性世界形象和个性世界形象的概念。列昂季耶夫认为，"共性世界形象是一个抽象模型的系统，描述了不同人类看待世界时的共同特征"[3]。换句话说，世界形象不变的原因在于人们生活在自己的国家中，在这些国家中具有特定的社会规范。对于整个国家以及某些民族文化群体来说，世界形象是唯一的。当提及个性世界形象，列昂季耶夫认为，"个性世界形像是在个人受到的思想教育的影响下形成的，个体所在的特定社会群体具有单一的'核心'而共性世界形象与民族文化

---

① Тарасов Е. Ф., Тарасова М. Е. *Исследование ассоциативных полей представителей разных культур*//Ментальность россиян(Специфика сознания больших групп населения России)М.: Имидж–Контакт, 1997. С. 254

② Леонтьев А. А. Основы психолингвистики. М.: Смысл, 1997. С. 269.

③ 同上，С. 273.

和民族心理的特征相关"①。

根据上述的介绍，我们认为，在某种程度上世界形象可以被认为是在语言意识中研究和掌握民族文化的规则和规范的过程。世界形象在民族文化的协助下得以形成，无法独立存在。

探索"世界形象"概念时，许多科学家指出，形象是意识结构的一部分，意识也是由不同民族的形象组成的。因此，为了深刻而普遍地理解"语言意识"的概念，应该考虑其世界形象。显然，在这种情况下，对语言意识的民族文化特征的探索成为一个热门且具有现实意义的研究方向。

与此同时，很多学者探讨了语言意识具有民族文化特性的原因。他们认为，世界形象差异的原因在于，在很大程度上，文化差异在交流过程中比语言更重要。总之，在研究过许多语言学家的观点后，我们可以得出结论：语言的民族文化特殊性取决于世界形象的独特性。不同民族之间为了进行交流，人们努力学习对方的文化规范、规则和类型。而学者们也致力于探索研究语言意识的方法。

二、语言意识的研究方法

（一）自由联想实验

联想实验是研究语言意识的最活跃、最有效的方法之一。心理语言学家认为，联想实验一方面是研究蕴含在不同文化世界形象中的规则规范，另一方面，联想实验是一种工具，可以帮助研究人类世界内部形象的机制和原理，确定单词间的联系与词语的特性，而这些语言特性，不同民族的人们会运用在其语言表述过程中，以表达他们对世界的看法。

---

① Леонтьев А. А. Основы психолингвистики. М.: Смысл, 1997. С. 25.

乌菲姆采娃（Н. В. Уфимцева）认为，"研究语言意识外在化的方法之一是联想实验，而由母语者的反应词形成的联想场能够描述出该民族意识形象的特质。通过这种实验获得的特定刺激词的联想场不仅是一个人的言语记忆的一部分，而且是这个或另一个种族群体的世界形象的一部分，这表现出特定文化的'平均'持有者的意识、动机和价值观念。通过联想实验并在此实验的基础上构建出某个特定文化群体的语义网络，可以揭示特定文化承载者系统性的世界形象，从而可能发现其带有民族特性的文化定型系统"①。

波波娃（Т. В. Попова）认为，"联想实验的方法很简单：受试者必须毫不犹豫地根据刺激词想出其对应的反应词。因此，它是在刺激词（S）和反应词（R）的基础上进行实验的；刺激词是实验者向受试者介绍的单词，反应词是受试者对言语刺激词做出反应的单词"②。

当涉及联想实验的类型时，在心理语言学的框架下，有如下几种类型的联想实验。

1. 链式联想实验

邀请受试者对刺激词做出反应，他们应该在短时间内对一个刺激词产生几个联想词。例如，在 10 秒内想出 5 个反应词。

2. 定向联想实验

受试者回答的反应词必须属于某个特定的语法或者语义类别。例如，回答出与刺激词相搭配的形容词。

---

① Уфимцева Н. В. *Русские: Опыт еще одного самопознания*//Этнокультурная специфика языкового сознания. М.: Ин-т языкознания РАН, 1996. С. 144.

② Попова Т. В. *Ассоциативный эксперимент в психологии: учеб. Пособие*. М.: Флинта: МПСИ, 2006. С. 10.

3. 自由联想实验

不限制受试者对刺激词的反应，任何联想词都可以。

本章通过自由联想实验来研究俄罗斯人的语言意识。自由联想实验是通过收集受试者的反应词，研究不同国家语言意识的民族性的一种简单有效的方法。这种类型的联想实验是研究心理语言意义的一种方式，它显示了不同时代或不同国家的人对同一词的不同心理反应。

在戈罗什科（Е. И. Горошко）看来，"自由联想实验是所有联想实验中最简单的，同时也是非常有效的实验方法。实施该计划的主要条件是根据研究目的和任务选择刺激词，确定信息对象的构成（定量和定性：性别、年龄、专业、社会背景）以及研究形式（口头或书面）；制定组织实验的细则很重要。自由联想实验需要集中精力，准备好对刺激词做出反应"①。

口头联想的特点在于：联想词中蕴含这世界形象且与受试者的意识以及思维紧紧联系在一起。格里金娜（Т. А. Гридина）认为："口头联想的本质也是双重的，正如单词的本质一样：它既基于现实现象的联系，即基于实物（超语言）系列，又基于符号（词汇单位）之间的联系，在语言的主语系统中代表了该实物系列。"②

列昂季耶夫致力于联想实验优点的研究，他认为联想实验的优点在以下 4 个方面："第一，联想实验给出的结果不是随机性的，而是依据大量的实验，这使得其可以用作语言学和心理语言学信息的来源……；第二，由于联想实验统计的数据具有'可信赖性'，很容易进行数据处理；第三，

① Горошко. Е. И. *Интегративная модель свободного ассоциативного эксперимента*. Харьков: Ра–Каравелла, 2001. С. 320.

② Гридина, Т. А. *Ассоциативный потенциал слова и его реализация в речи（явление языковой игры）: автореф. дис. ... д-ра филол. Наук*. М., 1996. С. 36.

重要的是，联想实验以非常方便的形式给出特定语言和文化刺激词的'联想概况'；第四，联想实验是社会学和社会心理学研究的强有力工具。"① 正是借助于联想实验的这些优点，本章才能够研究俄罗斯民族的语言意识及其特点。

联想是语言意识的一部分，是人类意识活动的重要基础。联想实验是一种非常有效而且具有现实意义的研究方法。在弗鲁姆金娜（Р. М. Фрумкина）看来，"联想是基于我们个人的主观经验的某些对象或现象之间的联系"②。总之，现如今自由联想实验是研究语言意识的最重要的实证方法之一。

（二）联想词典

俄罗斯第一部联想词典诞生于 1977 年，该词典由列昂季耶夫等人在分析近 200 个刺激词的基础上编纂而成。在心理语言学界，为了归纳和分析在联想实验基础上收集的数据，出版了俄语联想字典，其中描述了不同单词之间的正向关系（从刺激词到反应词）和逆向关系（从反应词到刺激词）。

从 20 世纪 90 年代初期开始，以卡拉乌洛夫（Ю. Н. Караулов）为首的一批俄罗斯学者利用"刺激—反应"理论，进行了一系列的联想实验，用"刺激词汇"来获得"反应词汇"，从而利用联想实验的所得语料，编写了反映俄罗斯语言意识动态发展过程的《俄语联想词典》。③

乌菲姆采娃认为，"联想词典的材料之所以精确，是因为它们不是随机

---

① Леонтьев А. А. *Основы психолингвистики*. М.: Смысл, 1997. С. 16.

② Фрумкина, Р. М. *Психолингвистика*. М.: Академия, 2003. С. 189.

③ Караулов Ю. Н. и другие. *Русский ассоциативный словарь*. Том1. Прямой словарь: от стимула к реакции. Том2. Обратный словарь: от реакции к стимулу. М., 1994.

性实验而是大规模实验的结果，这使它们可用作语言学和心理语言学信息的来源。选择的受试者应该参照以下标准：他们应该属于整个语言群体的不同言语代表，这样我们就可以忽略针对某些言语代表的非典型性特征"①。

作为联想词库的重要组成部分，自由联想词典的作用如下。

第一，它有助于研究"一般"俄语母语者的语言意识的结构和特征；

第二，在俄语联想词典的帮助下，语言学、哲学、心理学、心理语言学和社会学领域的科学家重新理解了如何掌握语言、语言意识的本质、不同民族词汇的结构和功能；

第三，俄罗斯自由联想词典是一种新方法，它在研究不同文化语言意识的民族文化特征，不同语言的言语流的规范和规则，语义、词法和句法的规则的过程中起到很大的作用。

俄罗斯自由联想词典不同于其他联想词典的独特之处如下。

第一，在俄罗斯自由联想词典中存在两个方向，换句话说，俄罗斯自由联想词典中包括两部分：正向词典（从刺激词到反应词）和反向词典（从反应词到刺激词）。俄罗斯自由联想词典中包含 1277 个刺激词，这些刺激词是在人们日常生活中使用的最低词汇量。

第二，以俄语为母语的俄罗斯大一到大三的学生是联想实验的受试者。

第三，俄罗斯自由联想词典中的结构如下：首先，标题词是刺激词；其次，对该刺激词产生的反应词，在反应词之后是反应的频率。

简而言之，俄语联想词典是探究语言意识有效且独特的材料。俄语联想词典是研究不同文化交流过程中意识功能的新来源；为研究世界形象差

---

① Уфимцева Н. В. *Русские: Опыт еще одного самопознания. Этнокультурная специфика языкового сознания*. М.: Ин-т языкознания РАН, 1996. C. 144.

异的方式提供了新的素材；为分析语言在民族意识形成中的作用，以及探求语言与文化的紧密联系方面做出了巨大贡献。

第二节　基于东正教词汇的联想实验

众所周知，自由联想实验是在获取资料的基础上研究不同时代或不同文化语言意识的一种积极有效的方法。借助联想实验，不仅可以对特定语言意识的内容和结构进行具体而深入的研究，而且可以发现不同时代或不同文化载体世界形象的独特性。在本章中，我们基于东正教词汇在俄罗斯大学生中进行自由联想实验，分析和描述在 20 世纪 90 年代和当代俄罗斯人中收集到的自由联想场。

毋庸置疑，每种文化都有其自身的特殊性，特定文化的语言意识互不相同。本节借助在不同高校学生之间进行的自由联想实验，描述、分析和对比了本实验和卡拉乌洛夫联想词典中收集到的数据。其目的是：首先，描述 20 世纪 90 年代与当代学生联想场的结构和内容；其次，比较和分析代际俄罗斯人的联想场，从不同角度识别其语言意识的差异；最后，解释所收集到的数据，研究俄罗斯民族语言意识的民族文化性。

在对当代俄罗斯大学生进行联想实验的过程中，我们选用了卡拉乌洛夫的联想字典进行选取材料。在卡拉乌洛夫联想字典的第一卷中，我们挑选出了所有的东正教词汇共 30 个单词。在联想实验开始之前，我们要求受试者（共 410 名俄罗斯学生）根据 30 个词语的重要性选择前 10 个词语。最后，根据获得的调查结果，我们确定了这些刺激词作为实验的对象：дар, творец, ангел, спать, истинный, тайна, чадо, кружка, воскресение, икона. 在本节中我们分析了这 10 个词语的联想场，以下是实验结果。

表 3-1　当代俄罗斯大学生联想实验结果

刺激词	得到反应词数量	按反应词数量排位
ДАР	321	1
ТВОРЕЦ	312	2
АНГЕЛ	306	3
СПАСАТЬ	288	4
ИСТИННЫЙ	286	5
ТАЙНА	280	6
ЧАДО	275	7
ВОСКРЕСЕНИЕ	235	8
КРУЖКА	223	9
ИКОНА	212	10
АД	205	11
СТРАДАНИЕ	200	12
СУДЬЯ	186	13
БОГ	173	14
СТАРЕЦ	143	15
ВОСКРЕС	139	16
ЛИК	124	17
ХРАМ	116	18
БОГОРОДИЦА	114	19
СУББОТНИК	112	20
КРЕСТ	104	21
БОЖИЙ	95	22
ТВАРЬ	90	23
ХРИСТОС	90	23
БЕЗБОЖНО	89	24
ДЬЯВОЛ	89	24
КОЛОКОЛ	86	25
ТРЕЗВОНИТЬ	85	26
ИИСУС	62	27
ХРИСТИАНСКИЙ	32	28

在选择受试者时，我们参照了如下标准。

国籍——俄罗斯人。我们只选取了俄罗斯族的大学生。

受试者的数量——共410人。本次实验分析了400个有效问卷数据。卡拉乌洛夫提出了联想场的黄金分割原则，作为"掌握语言的单位"的联想场最佳数量是400~500个反应词，当反应词达到500时反应词之间的相互关系趋于平稳。该实验有410名参与者，我们收到了400份有效问卷，因此，我们的实验基本符合该标准，总而言之，该实验的结果具有可信度。

受试者的年级。我们实验中的所有受试者都是俄罗斯大学生，测试对象的年龄分布与卡拉乌洛夫联想实验中年龄分布相对应。下表是受试者的年级分布。

表 3-2 受试者年级分布

年级	人数（人）	占比（%）
一年级	112	28
二年级	64	16
三年级	36	9
四年级	30	7.5
研究生	158	39.5
	400	100

大学和专业。在我们的实验中，我们选择了15所大学的在校俄罗斯学生作为受试者。此外，鉴于专业可能对实验结果产生影响，我们没有选择学习外语的学生。

本次实验主要分析了当代与20世纪90年代学生联想场的异同。因此，我们采用了描写法、对比法和数据分析法来分析收集到的数据。

我们的实验时间是 2019 年 1 月至 2019 年 12 月。[①] 为了研究俄罗斯人的语言意识，我们向受试者提供了包含 30 个刺激词的纸质问卷。首先，受试者必须根据重要性程度选择 10 个单词。其次，不需要思考写下出现在脑海里的第一个单词（词性不受限制，名词、动词、形容词、副词等都可以）。收集到所有有效的调查表后，我们将根据频率对所有反应词进行排序，并在每个单词后标记出反应的数量，每个联想场末尾都有 4 个数字，分别表示反应词的总量、不同反应词的数量、拒绝反应对象的数量、反应频率为 1 的反应词的数量。

由于反应词的数量比较多，在本次实验中，我们不考虑频率为 1 的反应词。与此同时，其余的反应词被划分在单独的联想区域：что1（предмет, ценности, эмоции）, что2（синоним）, что3（антоним）, как, какой, кто, действие/состояние, время, словосочетание/выражение, прочее.

Что1-Это те слова-реакции, которые обозначают предметы, ценности и эмоции.（например, дар, счастье, яблоко, автомат）

Что2（синоним）-Это те слова-реакции, которые являются синонимом этого слова-стимула.（например, тайна, секрет, загадка）

Что3（антоним）-Это те слова-реакции, которые являются антонимом к этому слову-стимулу.（например, истинный-ложь）

Как-Это те слова-реакции, которые являются наречиями.（например, ангел-добро, хорошо）

---

① 笔者指导的硕士研究生李颖参与了实验的全过程，实验数据和结果体现在其撰写的硕士学位论文《基于东正教词汇联想场的俄罗斯语言意识分析》（词汇来源于卡拉乌洛夫联想词典）中，在此统一说明，不再一一标注。

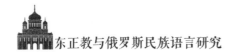

Какой-Это те слова-реакции, которые являются прилагательными. (например, ангел-чистый, белый, святой, ангельский)

Кто-Это те слова-реакции, выражающие персоналии. (например, чадо-ребёнок, дитя, сын, малыш)

Действие/состояние-Это те слова-реакции, которые являются глаголами или отглагольными существительными.

Время-Это те слова-реакции, которые выражают отрезок времени. (например, воскресение-праздник, суббота, день недели)

Словосочетание/выражение-Это те слова-реакции, которые являются фразеологизмами, пословицами и др. (например, тайна-за семью печатями)

Прочее-Это те слова-реакции, которые являются абстрактными существительными. (например, истинный образ, лик)

第三节 基于10个出现频率最高的东正教词汇的联想场分析

本节我们对所选取的（出现频率最高的）10个东正教词汇的联想场进行分析，探究其相同与不同之处。

Дар

表 3-3 当代俄罗斯人联想场

Слово-стимул	Зона	Реакция	Всего	
Дар	Что 1 (предмет, эмоции, ценности)	счастье（40）−12.9% чудо, речи（8）−2.58% ясновидение（3）−0.97% яблоко, автомат（2）−0.65%	63	20.32%
	Что 2 (антоним)		0	0
	Что 3 (синоним)	подарок（60）−19.35% талант（51）−16.45% способность（6）−1.94%	117	37.74%
	Как	свыше（19）−6.13% рад, супер（2）−0.65%	23	7.42%
	Какой	Божий（57）−18.39% богов（4）−1.29%	61	19.68%
	Кто	Гадалка（4）−1.29% бог, вундеркинд（3）0.97%	10	3.23%
	Действие/Состояние	умение（6）−1.94%	6	1.94%
	Словосочетание/ выражение	подарок судьбы（25）−8.06% от бога（3）−0.97% получить автомат（2）−0.65%	30	9.68%
	время		0	0
	прочее		0	0
Всего			310	100%

表 3-4　20 世纪 90 年代俄罗斯人联想场

Слово–Стимул	Зона	Реакция	Всего	
Дар	Что 1（предмет, эмоции, ценности）	речи（14）–26.42%, природа（9）–16.98%, праздник（2）–3.77%	25	47.17%
	Что 2（антоним）		0	0
	Что 3（синоним）	подарок（2）–3.77%	2	3.77%
	Как		0	0
	Какой	божий（17）–32.08% бесценный（3）–5.60% богатый（2）–3.77%	22	41.51%
	Кто	волхвов（2）–3.77%	2	3.77%
	Действие/Состояние		0	0
	Словосочетание/ выражение	от Бога（2）–3.77%	2	3.77%
	время		0	0
	прочее		0	0
Всего			53	100%

表格 3-3 呈现的是当代俄罗斯人对于刺激词 Дар 产生的联想场。表 2 中是该词在 20 世纪 90 年代俄罗斯人中产生的联想场。

表 3-3 中"幸福"一词占受试者的 12.9%。显而易见，该词在 Что1 这一栏中是频率最高的。换句话说，对于当代俄罗斯人来讲，从别人那里收到礼物是一种"幸福"。在当代俄罗斯人中 0.65% 的人希望收到汽车作为

考试的礼物。在 20 世纪 90 年代的俄罗斯人中，речь 一词在 Что1 这一栏中排名第一（26.42%），而在当代俄罗斯人中占据第三名（2.58%）。对于当代俄罗斯人来说，дар речи 一词出现的频率较低。дар 一词在表 3-4 中与 праздник 联想出现的频率是 3.77%，而在表 3-3 中 праздник 是缺失的。在表 3-3 中 чудо 占据 2.58%，ясновидение 为 0.97%，яблоко 为 0.65%，автомат 为 0.65%，而上述这些词在表 3-4 中是不存在的。可以得出的结论是，Что1 这一栏在表 3-3、表 3-4 中差异是十分明显的。

表 3-3、表 3-4 Что3（синоним）这一栏中有且只有一个共同的联想词 подарок。而当代俄罗斯人还联想到了下列这些词：подарок（19.35%）、талант（16.45%）、способность（1.94%）。需要指出的是 подарок 一词在当代俄罗斯人联想场中占据中心位置（19.35%）。

有趣的是，表 3-4 Как 这一栏中没有任何联想词。而当代俄罗斯人将 дар 与这些副词联想在一起：свыше（6.13%）、рад（0.65%）、супер（0.65%）。

20 世纪 90 年代和当代俄罗斯人在 Какой 这一栏中将 дар 视为来自上帝的礼物。但需要指出的是，在 20 世纪 90 年代的联想场中 божий 一词占据 32.08%，并且是该联想场的中心。同样地，在表 3-4 中还出现了下列反应词：бесценный 为 5.66%，богатый 为 3.77%。

表 3-3、表 3-4 Кто 这一栏反应词是完全不同的，在表 3-4 中 дар 紧紧地和 волхв 联系在一起，而在表 3-3 中出现了 гадалка（1.29%）、бог（0.97%）、вундеркинд（0.97%）这些词。

在最后 Словосочетание/выражение 一栏中，20 世纪 90 年代俄罗斯人的联想场里出现了词组 от бога，而且该词在表 3-4 中出现的频率要高于在表 3-3 中的频率。表 3-3 这一栏里还出现了词组 подарок судьбы

（8.06%），一些当代俄罗斯人还将 дар 与 получить автомат（0.65%）一词联系在一起。与此同时，这些词在 20 世纪 90 年代俄罗斯人的联想场中没有出现。

Обсуждение и анализ результатов

表 3-5 刺激词 Дар 产生的联想场语义区域对比

Стимул	Зона	Современные русские	90-ые русские
Дар	Что1（предмет, эмоции, ценности）	20.32%	47.17%
	Что2（антоним）	0	0
	Что3（синоним）	37.74%	3.77%
	Как	7.42%	0
	Какой	19.68%	41.51%
	Кто	3.23%	3.77%
	Действие/Состояние	1.94%	0
	Словосочетание/выражение	9.68%	3.77%
	время	0	0
	прочее	0	0
Всего		100%	100%

表 3-5 呈现了不同语义区域的数据结果。通过这个表格我们可以清晰地发现，20 世纪 90 年代和当代俄罗斯人针对刺激词 дар 产生的联想场在结构和内容方面都有所不同。

从整体来看，在 время 和 прочее 这两栏中没有出现联想词。但表 3-3、3-4 中其他各栏的联想词却差异十分明显。第一，Что 1 这一栏在

20世纪90年代俄罗斯人联想场中占据47.17%，而在当代俄罗斯人的联想场占据20.32%。显而易见，Что 1 这一栏在20世纪90年代俄罗斯人联想场中出现的频率要远高于当代俄罗斯人联想场中的频率。

第二，Что 3 一栏在表3-4中占据3.77%，而在表3-3中该栏的数据是表3-4的10倍。而且当代俄罗斯人联想场 Как 和 действие/состояние 两栏中存在联想词，而在20世纪90年代俄罗斯人联想场中这两栏是缺失的。分析 Что 3 和 Как 这两栏我们可以发现，20世纪90年代和当代俄罗斯人的价值观念有本质的区别。价值观念对俄罗斯人的语言意识以及语言世界图景产生了很大的影响。对于当代俄罗斯人来讲，дар 意味着 подарок, талант, способность。有趣的是，对于一些当代俄罗斯人来讲，дар 意味着 получить автомат。当代俄罗斯人认为收礼物是极大的快乐，是一件超棒的事。

第三，在 Какой 这一栏表3-4联想词的比重要高于在表3-3中的比重。（表3-3中的比率是19.68%，表3-4是41.51%）。需要指出的是，尽管该栏在每个表中占据的比重是不一样的，但是这一栏中的某些联想词是一样的。与此同时，表3-3、表3-4 словосочетание/выражение 一栏中有同一个词组，该词组是由 бог 构成的。在任何时期俄罗斯人都认为 дар 是上帝赋予的，бог 在俄罗斯人的语言意识中占据非常重要的位置。

第四，Кто 一栏在当代俄罗斯人和20世纪90年代俄罗斯人的联想场中没有本质的区别。两代俄罗斯人都将 дар 与神话魔法相关的词汇联系在一起。

综上所述，我们发现，20世纪90年代和当代俄罗斯人针对 Дар 产生的联想场是非常不同的。20世纪90年代的俄罗斯人经常喜欢将 Дар 与形容词联想在一起，而当代俄罗斯人喜欢将 Дар 与名词联想在一起。我们发现，当代俄罗斯人的联想场中有更多的联想词，东正教也对现代人的生活产生了很大的影响，在其语言意识中 бог 经常出现。

Творец

表 3-6 当代俄罗斯人联想场

Стимул	Зона	Реакция	Всего	
Творец	Что1（предмет, эмоции, енности）	Искусство（28）-9.0% Творчество（14）-4.5% Жизнь（6）-1.93% деталь, идеи（2）-0.64%	52	16.72%
	Что2（антоним）		0	0
	Что3（синоним）		0	0
	Как		0	0
	Какой	Творческий（6）-1.93% гуманитарный（2）-0.64%	8	2.57%
	Кто	Создатель（81）-26.05% Художник（60）-19.29% бог（48）-15.43% Человек（8）-2.57% Строитель（3）-0.96% гений, я（2）-0.64%	204	65.59%
	Действие/ Состояние	Создать（36）-11.58% создание（4）-1.29%	40	12.86%
	Словосочетание/ выражение	создатель мира（4）-1.29% творческая личность（3）-0.96%	7	2.25%
	время		0	0
	прочее		0	0
Всего			311	100%

表 3-7　20 世纪 90 年代俄罗斯人联想场

Стимул	Зона	Реакция	Всего	
Творец	Что 1（предмет, эмоции, енности）	Мир（6）–9.83% жизнь, природа（5）–8.20% дворец（3）–4.92%	19	31.15%
	Что2（антоним）		0	0
	Что3（синоним）		0	0
	Как		0	0
	Какой	мироздания（3）–4.92% Искусства, счастья（2）–3.28%	7	11.48%
	Кто	Бог（14）–22.95% художник（7）–11.48% Гений, создатель（4）–6.56% Всевышний, мудрец（2）–3.28%	33	54.1%
	Действие/ Состояние		0	0
	Словосочетание/ выражение	своего счастья（2）–3.28%	2	3.28%
	время		0	0
	прочее		0	0
Всего			61	100%

表 3-6 显示了当代俄罗斯人针对刺激词 Творец 产生的联想词语义区。表 3-7 显示了 20 世纪 90 年代俄罗斯人针对刺激词 Творец 产生的联想词。

在当代人联想场 Что 1 这一栏中出现了联想词 искусство（9.0%），该词是这一栏中频率最高的词，而在 20 世纪 90 年代的联想场中出现频率

最高的是联想词 мир（9.83%）。两个时代俄罗斯人的联想场中都有一个共同的联想词 жизнь（1.93% 和 8.2%）。对于当代俄罗斯人而言，他们经常将 творец 与 творчество（4.5%）、идеи（0.64%）联系在一起。在当代人的语言意识中 идея 是创造的源泉。而老一辈的俄罗斯人认为 Бог 是世界和自然万物的缔造者。与此同时，20 世纪 90 年代俄罗斯人的联想场中还出现了联想词 дворец（4.92%）。

　　两个表格 Какой 这一栏中的联想词有很大的不同。表 3-6 中出现了联想词 творческий（1.93%）和 гуманитарный（0.64%），而在表 3-7 中这些词是不存在的。20 世纪 90 年代的联想场中出现了联想词 искусство（3.28%）、мироздание（4.29%）和 счастье（3.28%）。20 世纪 90 年代俄罗斯人将 творец 与 счастье 紧密联系在一起，这意味着，在那个时代 счастье 是俄罗斯人语言意识中非常重要的存在。

　　表 3-6、表 3-7 在 Кто 这一栏很多联想词是一样的。如联想词 создатель、бог、художник、гений 既出现在 20 世纪 90 年代俄罗斯人的联想场中，也出现在当代俄罗斯人的语言意识里。但需要明确的是，尽管生活在不同时代的俄罗斯人的语言意识里出现了同样的联想词，但是出现的频率是不同的。当代俄罗斯人 Кто 这一栏中联想词 создатель（26.05%）出现的频率是最高的，而在 20 世纪 90 年代这一栏中 бог 占据更大的比重。与此同时，15.43% 的当代俄罗斯人将 творец 与 бог 联想在一起。Гений 在表 3-7 Кто 这一栏中占据 6.56%，在这一栏中还有联想词 всевышний（3.28%）和 мудрец（3.28%），而这些词在当代俄罗斯人的联想场里是不存在的。我们发现，在当代俄罗斯人的联想场中出现了 я，由此可见，在当代俄罗斯人的语言意识中自我意识变得越来越重要。当代俄罗斯人认为：Я сам создатель свой судьбы。

表 3-7 Действие/состояние 这一栏中没有任何联想词，而表 3-6 这一栏中出现了联想词 создать（11.58%）和 создание（1.29%）。由此可见，当代俄罗斯人想要通过自己的双手创造未来。

在 Словосочетание/выражение 这一栏中，当代俄罗斯人将 творец 与 создатель мира（1.29%）和 творческая личность（0.96%）联想在一起，而在表 3-7 中这些词汇是缺失的。20 世纪 90 年代的俄罗斯人中只有两人将 творец 与 своё счастье 联想在一起。

Обсуждение и анализ результатов

表 3-8　刺激词 творец 产生的联想场语义区域对比

Стимул	Зона	Современные русские	90-ые русские
Творец	Что1（предмет, эмоции, ценности）	16.72%	31.15%
	Что2（антоним）	0	0
	Что3（синоним）	0	0
	Как	0	0
	Какой	2.57%	11.48%
	Кто	65.59%	54.1%
	Действие/Состояние	12.86%	0
	Словосочетание/выражение	2.25%	3.28%
	время	0	0
	прочее	0	0
Всего		100%	100%

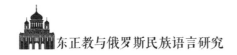

表 3-8 中呈现了不同时代俄罗斯人针对 Творец 产生的联想词语义区域的对比结果。经过对该表格数据的分析和对比，可以具体地发现两代俄罗斯人语言意识的异同点。

第一，在表 3-8 中可以发现，Что2、Что3、Как、Время 和 Прочее 这些栏在两个表格中都是缺失的。

第二，将注意力放到 Кто 这一栏中，我们发现，这一栏中受试者占据的比重在两个联想场中都是最大的，当代俄罗斯人占据的比重高于 20 世纪 90 年代的俄罗斯人。

第三，在 Что 1 和 действие/состояние 这些栏中存在本质上的差别。Что 1 在 20 世纪 90 年代俄罗斯人的联想场中占据的比重是 31.15%，而在当代俄罗斯人的联想场中占据的比重只有 16.72%。借助上述分析，我们发现，价值观念对俄语产生了影响，俄语随着时间推移出现了很大的变化。当代俄罗斯人将 творец 视为 идеи 和 его творчество。действие/состояние 这一栏在两个表格中是完全不一样的。在当代俄罗斯人的联想场中该栏占据 12.86%，在 20 世纪 90 年代俄罗斯人的联想场中这一栏是缺失的。当代俄罗斯人认为需要用自己的双手创造未来，я 是自己命运的主人。

第四，Словосочетание/выражение 这一栏在两个表格中的差距不是特别明显。这一栏在当代俄罗斯人的联想场中占据 2.25%，而在 20 世纪 90 年代的联想场中占据 3.28%。

综上所述，俄罗斯的语言意识在很多方面都发生了改变。现如今，自我意识在当代俄罗斯人的语言意识中占据很重要的位置，并且成为其价值观念的一部分。当代俄罗斯人想要成为自己命运的主人，通过自己的努力，让自己的生活变得幸福。

Ангел

表 3-9　当代俄罗斯人的联想场

Стимул	Зона	Реакция	Всего	
АНГЕЛ	Что1（предмет, эмоции, ценности）	крылья（75）–24.27% свет（15）–4.85%, чистота（9）–2.91% нимб（3）–0.97%, ложь（2）–0.65%	104	33.66%
	Что2（антоним）		0	0
	Что3（синоним）		0	0
	Как	добро（6）–1.94%, хорошо（3）–0.97%	9	2.91%
	Какой	белый（35）–11.33% чистый（3）–0.97% ангельский, светлое, святой（2）–0.65%	44	14.24%
	Кто	дьявол（60）–19.42% хранитель（20）–6.47% демон, мама（6）–1.94% божество, бог（3）–0.97% спаситель（2）–0.65%	100	32.36%
	Действие/Состояние	спасение（2）–0.65%	2	0.65%
	Словосочетание/выражение	во плоти（3）–0.97% святой дух（2）–0.65%	5	1.62%
	время		0	0
	прочее	рай（45）–14.56%	45	14.56%
Всего			309	100%

表 3-10　20 世纪 90 年代俄罗斯人联想场

Стимул	Зона	Реакция	Всего	
АНГЕЛ	Что1（предмет, эмоции, енности）	крылья（9）–12.86% свет（3）–4.29%	12	17.4%
	Что2（антоним）		0	0
	Что3（синоним）		0	0
	Как		0	0
	Какой	белый, мой, небесный（5）–7.14%	15	21.43%
	Кто	хранитель（27）–38.57% Дьявол（2）–2.86%	29	41.43%
	Действие/ Состояние	смерти（5）–7.14%	5	7.14%
	Словосочетание/ выражение	во плоти（6）–8.57%, с крыльями（3）–4.29%	9	12.86%
	время		0	0
	прочее		0	0
Всего			70	100%

　　表 3-9，表 3-10 中分别呈现了当代和 20 世纪 90 年代俄罗斯人针对刺激词 Ангел 所产生的联想词。

　　通过分析两个联想场 Что 1 这一栏我们发现，在两个联想场中这一栏没有很大的差别。两个表格中都有这些联想词：крылья 和 свет。原因在于，这些属性都与天使的形象有关。крылья 在当代俄罗斯人的联想场中出现的频率更高，为 24.27%，而在 20 世纪 90 年代俄罗斯人联想场中出现的频率是 12.86%。而单词 свет 在两个表格中出现的频率几乎是一样的。表 3-9 中还有其他联想词 чистота（2.97%）、нимб（0.97%）和 ложь（0.65%）。在表 3-10 中这些词是不存在的。当代俄罗斯人将 Ангел

视为洁白的象征。但是我们也应该注意到，还有些当代俄罗斯人将 Ангел 与 ложь 联系在一起。

在 20 世纪 90 年代联想场 Как 这一栏中不存在联想词，而在当代俄罗斯人的联想场中有联想词 добро（1.94%）和 хорошо（0.97%）。当代俄罗斯人将 Ангел 与这些词联系在一起，他们认为 Ангел 是美好和善良的象征。

在不同时代俄罗斯人的联想场 Какой 这一栏中有很多不一样的联想词，但是有一个共同的联想词 белый。在表 3–9 中该词出现的频率更高，为 11.33%，而在表 3–10 中出现的频率是 7.14%。而且在表 3–10 中还出现了联想词 мой（7.14%）和 небесный（7.14%）。需要指出的是，мой ангел 这种表达不仅出现在 20 世纪 90 年代俄罗斯人的日常生活中，还出现在其文学作品以及电视剧中。而这些词在当代俄罗斯人的联想场中是不存在的，但是当代俄罗斯人将 ангел 与 чистый（0.97%）、светлый（0.65%）和 святой（0.65%）这些词联系在一起。

Кто 这一栏在两代俄罗斯人的联想场中都占有很大的比重，6.47% 的当代俄罗斯人和 38.6% 的 20 世纪 90 年代的俄罗斯人都认为 Ангел 是自己的守护者。дьявол 这一联想词在表 3–9、表 3–10 中同时存在，但是该词在表 3–9 中占据的比重更高（19.42%），在表 3–10 中占据 2.86%。在 20 世纪 90 年代俄罗斯人的联想场中只存在这两个联想词，但在当代俄罗斯人的联想场中还出现了联想词 демон（1.94%）、божество（0.97%）和 бог（0.97%）。与此同时，还有一部分当代俄罗斯人将 Ангел 视为 мама（1.94%）和 спаситель（0.65%）。

在 Действия/состояние 这一栏，两代俄罗斯人的联想场中出现了反义词，在表 3–9 中出现了反应词 спасение（0.65%），而在表 3–10 中出现了反应词 смерть（7.14%）。

20 世纪 90 年代俄罗斯人的联想场中出现了词组 во плоти（8.57%），而该词组在当代俄罗斯人的联想场中也占据 0.97%。Ангел во плоти 这种表达经常出现在 20 世纪 90 年代俄罗斯人喜爱的文学作品中，例如在屠格涅夫（И. С. Тургенев）的文学作品《叶尔莫莱和磨坊主妇》（«Ермолай и мельничиха»，1847）中就出现过这个短语。与此同时，在当代俄罗斯人的语言意识里他们也将 Ангел 与 святой дух（0.65%）联想在一起，而 20 世纪 90 年代俄罗斯人的联想场中则出现了词组 с крыльями（4.29%）。

表 3-10 中 прочее 这一栏是缺失的，而在表 3-9 这一栏中出现了单词 рай（14.56%）。这一栏在当代俄罗斯人的联想场中占据第三位。

Обсуждение и анализ результатов

表 3-11　刺激词 Ангел 产生的联想场语义区域对比

Слово–Стимул	Зона	Современные русские	русские 90-х
Ангел	Что1（предмет, эмоции, ценности）	33.66%	17.14%
	Что2（антоним）	0	0
	Что3（синоним）	0	0
	Как	2.91%	0
	Какой	14.24%	21.43%
	Кто	32.36%	41.43%
	Действие/Состояние	0.65%	7.14%
	Словосочетание/выражение	1.62%	12.86%
	время	0	0
	прочее	14.56%	0
Всего		100%	100%

表 3-11 中呈现了两代俄罗斯人针对刺激词 Ангел 所产生的联想场的
对比结果。从中可以看出，两个联想场在结构和内容方面既存在相同之
处，又存在不同点。

第一，让我们关注一下其相同之处。两代俄罗斯人的联想场中都缺少
Что 2、Что 3 和 время 这些语义区域。

第二，两组受试者产生的联想词在 Что 1 这一栏存在很大的差异。在
当代俄罗斯人的联想场中 Что 1 这一栏占据首位，其比重是 33.66%；而
在 20 世纪 90 年代俄罗斯人的联想场中该栏占据的比例较低，为 17.14%。

第三，两个联想场在 Как 这一栏中也存在差异。该栏在当代俄罗斯人
的联想场中占据 2.91%，而在另一个联想场该栏中没有联想词。俄罗斯人
的语言意识出现了改变，在当代俄罗斯人的意识里 ангел 是善良的象征。

第四，两个联想场在 Кто 和 Какой 这两栏中也存在比重上的差别。
Кто 这一栏在当代俄罗斯人的联想场中占据的比例是 32.36%，而 Какой
是 14.24%，与此同时，这两栏在另一联想场中占的比重分别是 41.43% 和
21.43%。现如今，一些俄罗斯人会将上帝与 ангел 联想在一起。

第五，Действие/состояние 和 Словосочетание/выражение 这两栏在
比重和组成成分上也存在显著差别。这两栏在 20 世纪 90 年代俄罗斯人的
联想场中占据的比重要高于另一个联想场的比重，而且这两栏在不同联想
场中的成分也有所不同。

综合上述的分析和对比，可以得出结论：两代俄罗斯人在针对刺激
词 ангел 产生的反应词方面没有太大的差别。但是我们发现，价值观念和
东正教对俄罗斯人的语言意识产生了很大的影响。现如今，Ангел 对于一
些俄罗斯人来讲是母亲一样的存在，而且他们还将 Ангел 与 спасение 和
доброта 联想在一起，这些观念在东正教教义里都是极其重要的。更重要

的是，在当代俄罗斯人的语言意识里不仅出现了更多的联想词，而且其中包括很多东正教词汇，如 демон、бог、хранитель、дьявол 等。由此可见，东正教词汇经常出现在当代俄罗斯人的日常生活中。

Спасать

表 3-12　当代俄罗斯人联想场

Стимул	Зона	Реакция	Всего	
Спасать	Что 1（предмет, эмоции, ценности）	душу（12）–3.75%, круг（8）–2.5% море（3）–0.94%, мир（2）–0.63%	25	7.81%
	Что2（антоним）		0	0
	Что3（синоним）		0	0
	Как		0	0
	Какой	благородный（2）–0.63%	2	0.63%
	Кто	людей（45）–14.06%, утопающего（18）–5.63%, утопащий（15）–4.69%, герой（4）–1.25%, спасатель（3）–0.94%, человек（2）–0.63%	87	27.19%
	Действие/ Состояние	помогать（68）–21.25%, помощь（50）–15.63%, оберегать（30）–9.38%, оберег（27）–8.44% жертвовать, сохранять（6）–1.88%, жить（4）–1.25%, спасение（3）–0.94%, не ведать, тонет, падать（2）–0.63%	200	62.5%
	Словосочетание/ выражение	рука помощи（2）–0.63%	2	0.63%
	время		0	0
	прочее	МЧС（4）–1.25%	4	1.25%
Всего			320	100%

表 3-13　20 世纪 90 年代俄罗斯人联想场

Стимул	Зона	Реакция		Всего
Спасать	Что1（предмет, эмоции, ценности）	вода（4）–6.25%, жизнь（3）–4.69%, круг, мир, море, подвиг, пожар（2）–3.13%	17	26.56%
	Что2（антоним）		0	0
	Что3（синоним）		0	0
	Как		0	0
	Какой		0	0
	Кто	утопающего（13）–20.31%, человека（8）–12.5%, людей（5）–7.81%, друга（4）–6.25%, утопающий（3）–4.69%, употающих, ребёнка, себя（2）-3.13%	39	60.94%
	Действие/ Состояние	Положение, помогать, тонуть（2）–3.13%	6	9.38%
	Словосочетание/ выражение	спасательный круг（2）–3.13%	2	3.13%
	время		0	0
	прочее		0	0
Всего			64	100%

　　表 3-12、表 3-13 中分别呈现了当代俄罗斯人和 20 世纪 90 年代俄罗斯人针对刺激词 Спасать 所产生的所有联想词。

　　Что 1 这一栏在两代俄罗斯人的联想场中存在很大的差异。在当代俄罗斯人的联想场中该栏中的联想词占据的比重是 7.81%，而在另一个联想场中该栏占 26.56%。两代俄罗斯人都将 Спасать 与这些词联想在一起：мир、круг、море。但是在 20 世纪 90 年代俄罗斯人的联想场中存在 спасательный круг 这样的表述。在表 3-12 中 душа 在 Что 1 这一栏占据首位，为 3.75%；而这个联想词在表 3-13 中没有出现。但是在表 3-13 中出现了联想词 подвиг（3.13%）。有趣的是，20 世纪 90 年代的俄罗斯人将 спасать 与 вода（6.25%）、жизнь（4.69%）和 пожар（3.13%）等词联想在一起。众所周知，在 20 世纪末俄罗斯发生了很多火灾和溺水事件。例如，1991 年 2 月 23 在 Ленинград 发生了火灾，16 人死亡，其中 9 人是消防队的工作人员。

在表 3-13 Какой 这一栏中没有联想词，而在表 3-12 中存在联想词 благородный（0.63%）。在当代俄罗斯人看来，спасение 是一件非常神圣的事情。

两组受试者在 Кто 这一栏中的联想词没有很大的差别，但是其比重差异很大。该栏在 20 世纪 90 年代俄罗斯人的联想场中占据的比重最大（60.94%），而在当代俄罗斯人的联想场中占据 27.19%。但是表 3-12、表 3-13 在这一栏中存在同样的联想词：утопающий、человек、люди。在表 3-12 中出现了联想词 бог（4.69%）、герой（1.25%）、спасатель（0.94%）和 Христос（0.63%），这些词在表 3-13 中不存在。但是表 3-13 中存在联想词 друг（6.25%），сам（3.13%）和 ребёнок（3.13%）。

Действие/состояние 这一栏在两个联想场中存在着差别。该栏在当代俄罗斯人的语言意识中占据首位（62.5%），而在另一组受试者中该栏所占的比重是 9.38%。20 世纪 90 年代俄罗斯人的联想场在该栏中只出现三个联想词：положение、помогать、тонуть（3.13%），而在当代俄罗斯人的联想场中不仅出现了联想词 помогать（21.25%）、помощь（15.63%），还有联想词 оберегать（9.38%）；оберег（8.44%）；жертвовать 和 сохранять（1.88%）；жить（1.25%）；спасение（0.94%）；не ведать、тонуть、падать（0.63%）。

在两个联想场中 Словосочетание/состояние 这一栏出现联想词的频率不是很高。在当代俄罗斯人的联想场中出现了词组 рука помощи（0.63%），而在另一个联想场中出现了联想词 спасательный круг（3.13%）。

прочее 这一栏只在当代俄罗斯人的联想场中出现了词语 МЧС（俄罗斯联邦民防、非常局势与救灾事务部）。

Обсуждение и анализ результатов

表 3-14　刺激词 Спасать 产生的联想场语义区域对比

Слово-Стимул	Зона	Современные русские	русские 90-х
Спасать	Что1（предмет, эмоции, ценности）	7.81%	26.56%
	Что2（антоним）	0	0
	Что3（синоним）	0	0
	Как	0	0
	Какой	0.63%	0
	Кто	27.19%	60.94%
	Действие/Состояние	62.50%	9.38%
	Словосочетание/выражение	0.63%	3.13%
	время	0	0
	прочее	1.25%	0
Всего		100%	100%

通过表 3-14 我们可以清晰地发现两组受试者联想场的异同点。

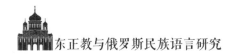

第一，Что 2、Что 3、Как 和 время 这些栏在两组受试者的联想场中是缺失的。

第二，让我们将关注点放在两个联想场的不同之处。Что 1 这一栏在当代俄罗斯人的联想场中占据 7.81%，而在另一个联想场中占据 26.56%。这两栏在内容方面也存在差别，Словосочетание/состояние 这一栏在比重和内容方面也有所不同。在表 3–12 中该栏占据 0.63%，而在表 3–13 中该栏占据 3.13%。

第三，Кто 这一栏在 20 世纪 90 年代俄罗斯人的联想场中出现的频率最高，占据所有联想词的 60.94%，而在当代俄罗斯人的联想场中占据 27.19%。尽管该栏在表 3–12 中出现的频率较低，但是两栏在内容方面并没有很大的差别。

第四，Действие/состояние 这一栏在两个联想场中存在显著差别，在当代俄罗斯人的联想场中这一栏占据首位，为 62.5%；而在另一联想场中该栏只占据 9.38%。

与 20 世纪 90 年代联想场不同的是，Какой 和 прочее 这两栏只有在当代俄罗斯人的联想场中存在联想词。

综上所述，我们发现，两代俄罗斯人的联想场在某些方面存在着差别。当代俄罗斯人将关注点放在救援行动上，他们可以帮助溺水者，帮助贫穷的人摆脱困境。有趣的是，一些当代俄罗斯人将关注点放在"英雄主义"上，他们把 спасать 与 герой 和 подвиг 联想在一起。总之，俄罗斯人的语言意识发生了改变。另外，当代俄罗斯人将 спасать 与 бог 和 Христос 联想在一起。现如今，俄罗斯人经常说：спаси тебя бог（Христос）。由此可见，在俄罗斯人的语言意识中东正教占据很重要的位置。

Тайна

表 3-15　当代俄罗斯人联想场

Стимул	Зона	Реакция	Всего	
Тайна	Что1（предмет, эмоции, ценности）	скрытность（6）–1.96% ложь, секретность（2）–0.65%	10	3.27%
	Что2（антоним）		0	0
	Что3（синоним）	секрет（74）–24.18%, загадка（60）–19.61%, секреты（2）–0.65%	136	44.44%
	Как		0	0
	Какой	сокровенная（27）–8.82%, страшная（19）–6.21%, явная（8）–2.61%, личная, заветная, секретная（2）–0.65%	60	19.64%
	Кто		0	0
	Действие/ Состояние	молчание（42）–13.73%, молчать（40）–13.07%, скрыть（10）–3.27%, открыть（2）–0.65%	94	30.72%
	Словосочетание/ выражение	за семью печатями（6）–1.96%	6	1.96%
	время		0	0
	прочее		0	0
Всего			306	100%

表 3-16　20 世纪 90 年代俄罗斯人联想场

Стимул	Зона	Реакция	Всего	
тайна	Что1 （предмет, эмоции, ценности）	жизнь （4） –10%	4	10.0%
	Что2 （антоним）		0	0
	Что3 （синоним）	секрет （10） –25%	10	25%
	Как		0	0
	Какой	военная （6） –15% страшная （5） –12.5% большая （4） –10% вклада, моя, океана, сокровенная （2） –5%	23	57.5%
	Кто		0	0
	Действие/ Состояние		0	0
	Словосочетание/ выражение	покрытая мраком （3） –7.5%	3	7.5%
	время		0	0
	прочее		0	0
Всего			40	100%

在表 3-15 中包括了当代俄罗斯人针对 тайна 产生的联想词，而在表 3-16 中展现了 20 世纪 90 年代俄罗斯人针对 тайна 产生的联想场。

Что 1 这一栏在两个联想场中占据的比重不是很高。在 20 世纪 90 年代俄罗斯人的联想场中出现了联想词 жизнь （10%），而当代俄罗斯人将

тайна 和 секретность（0.65%）和 ложь（0.65%）联想在一起。在俄罗斯人们经常这么说：Дело требует скрытности。скрытность 这一联想词在该栏中占据 1.96%。

Что 3 这一栏在当代俄罗斯人的联想场中占据首位（44.44%），而在 20 世纪 90 年代俄罗斯人的联想场中占据 25%。在表 3-16 中出现了联想词 секрет（25%），而在表 3-15 中该联想词占据 24.18%，同时表 3-15 中还存在联想词 секреты（0.65%）和 загадка（19.61%）。

Какой 这一栏在 20 世纪 90 年代俄罗斯人的联想场中占据 57.5%，而在另一联想场中占 19.61%。在这两个联想场中存在同样的联想词 страшная 和 сокровенная（страшная 在表 3-15 中占 6.21%，在表 3-16 中占 12.5%；сокровенная 分别占 8.82% 和 5%）。在当代俄罗斯人的联想场中还存在联想词 явная（2.61%）、личная（0.65%）、заветная（0.65%）和 секретная（0.65%），这些词语在表 3-16 中是不存在的，在 20 世纪 90 年代俄罗斯人的联想场中存在联想词 военная（15%）、большая（10%）、вклад（5%）、моя（5%）和 океан（5%）。

Действие/состояние 这一栏在 20 世纪 90 年代俄罗斯人的联想场中是缺失的，在当代俄罗斯人的联想场中存在下列联想词：молчание（13.73%）、молчать（13.07%）、скрыть（3.27%）和 открыть（0.65%），而且需要指出的是，该栏在当代俄罗斯人的联想场中占据第二位。

在当代俄罗斯人的联想场 Словосочетание/выражение 这一栏中出现了词组 за семью печатями（1.96%），而在 20 世纪 90 年代俄罗斯人的联想场中出现了词组 покрытая мраком（7.5%），这些词组经常出现在俄罗斯人的日常生活和文学作品中。

Обсуждение и анализ результатов

表 3-17 刺激词 Тайна 产生的联想场语义区域对比

Стимул	Зона	Современные русские	90-ые русские
Тайна	Что1（предмет, эмоции, ценности）	3.27%	10%
	Что2（антоним）	0	0
	Что3（синоним）	44.44%	25%
	Как	0	0
	Какой	19.61%	57.5%
	Кто	0	0
	Действие/Состояние	30.72%	0
	Словосочетание/выражение	1.96%	7.5%
	время	0	0
	прочее	0	0
Всего		100%	100%

在表 3-17 中呈现了 20 世纪 90 年代俄罗斯人和当代俄罗斯人针对 тайна 所产生联想词的对比结果。

第一，两个联想场的相同点在于：在 Что 2、Как、Кто、время 和 прочее 这些栏中不存在联想词。

第二，Что 3 这一栏在当代俄罗斯人的联想场中占据第一位（44.44%），而在 20 世纪 90 年代俄罗斯人的联想场中占据 25%。与此同时，在 20 世纪 90 年代俄罗斯人联想场中占据首位的是 Какой 这一栏（57.5%），而这一栏在另一个联想场中占据 19.61%。

第三，Что 1 这一栏在表 3-15 和表 3-16 中占据的比重分别是 3.27% 和 10%。Словосочетание/выражение 这一栏占据的比重分别是 1.96% 和 7.5%。

当代俄罗斯人在 Действие/состояние 这一栏中存在联想词，而在另一栏中没有联想词的存在。

综上所述，我们发现，两组受试者的联想场在很多方面差距很大。有趣的是，对于当代俄罗斯人来说，他们认为应该学会保守秘密。而且我们发现，在当代俄罗斯人的联想场中存在联想词 святые。众所周知，святые тайны 是东正教最重要的礼仪。由此可见，当代俄罗斯人非常重视东正教礼仪，东正教在现代俄罗斯占据很重要的位置。

Чадо

表3-18 当代俄罗斯人联想场

Стимул	Зона	Реакция	Всего	
Чадо	Что1（предмет, эмоции, ценности）	чудо（23）–7.57%, семья（16）–5.26% душа（4）–1.32%, счастье（3）–0.99% радость, любовь（2）–0.66%	50	16.45%
	Что2（антоним）		0	0
	Что3（синоним）		0	0
	Как		0	0
	Какой	милое, моё（8）–2.63% непослушное（4）–1.32% дорогое, малое, неугомонное（2）–0.66%	26	8.55%
	Кто	ребёнок（72）–23.68%, дитя（46）–15.13%, дети（38）–12.5%, дите（25）–8.22% малыш, родителей（9）–2.96% сын, отец, мать（4）–1.32% дочь, детище（3）–0.99% младенец, дитятко, отпрыск（2）–0.66%	223	73.36%
	Действие/Состояние	не надо（2）–0.66%	2	0.66%

续表

Стимул	Зона	Реакция	Всего	
Чадо	Словосочетание/ выражение		0	0
	время	детство（3）−0.99%	3	0.99%
	прочее		0	0
Всего			304	100%

表 3-19　20 世纪 90 年代俄罗斯人联想场

Стимул	Зона	Реакция	Всего	
чадо	Что1（предмет, эмоции, ценности）	чудо（14）−3.73% дым, чад（2）−0.53%	18	4.8%
	Что2（антоним）		0	0
	Что3（синоним）		0	0
	Как		0	0
	Какой	моё(68)−18.13%, любимое(42)−11.2%, наше（14）−3.73%, Милое（9）−2.4%, ненаглядное（8）−2.13%, динственное（6）−1.6%, избалованное, неразумное（5）−1.33%, дорогое, малое, непослушное, матери, родителей, родительское（4）−1.07%, луковое, маленькое, мамино, непоседливое, русское, своё（3）−0.8%, бестолковое, горемычное, неугомонное, родной, твоё, ужасное, чудное, чужое（2）−0.53%	215	57.33%
	Кто	ребёнок（62）−16.53%, дитя（24）−6.4%, дите（12）−3.2%, сын（8）−2.13%, дети（6）−1.6%, дитятко（4）−1.07%, дочь（3）−0.8%, дурак, малыш, сестра（2）−0.53%	125	33.33%

续表

Стимул	Зона	Реакция	Всего	
чадо	Действие/Состояние	надо（3）-0.8% любить, не надо, растёт（2）-0.53%	9	2.4%
	Словосочетание/выражение	ты моё（8）-2.13%	8	2.13%
	время		0	0
	прочее		0	0
Всего			375	100%

表3-18、表3-19中分别展现了当代和20世纪90年代俄罗斯人针对刺激词чадо产生的反应词。

在当代和20世纪90年代俄罗斯人的联想场中出现了同一个联想词чудо（7.57%和3.73%）。需要指出的是，20世纪90年代俄罗斯人联想场Что 1这一栏中还出现了联想词дым（0.53%）和чад（0.53%）。那个时代的俄罗斯人将чадо和дым、чад联想在一起，主要是因为某些年轻人爱吸烟。而且在俄罗斯还有这样的表述：Чадо с дымом боролось, это говорят о нерасторопном, непригодном к делу человеке。在当代俄罗斯人的联想场中还出现了这些联想词：семья（5.26%）、душа（1.32%）和любовь（0.66%）。而且他们将чадо和счастье（0.99%）以及радость（0.66%）联想在一起。对于他们来讲，孩子的出生对于整个家庭来讲是巨大的开心和幸福。

Какой 这一栏在20世纪90年代俄罗斯人联想场中占据首位（57.3%），在当代人联想场中占据8.55%。而且在两个联想场中存在很多一样的联想词，如милое（在20世纪90年代联想场中占据2.4%，在另一个联想场中

占据 2.63%；还有 моё（18.13%、2.63%）、непослушное（1.07%、1.32%）、
дорогое（1.07%、0.66%）、малое（1.07%、0.66%）、неугомонное（1.07%、
0.66%）。在 20 世纪 90 年代俄罗斯人的联想场中还有以下词汇：любимое
（11.2%）、наше（3.73%）、ненаглядное（2.13%）、единственное（1.6%）、
избалованное（1.33%）、неразумное（1.33%）、мать（1.07%）、
родители（1.07%）、родительское（1.07%）、луковое（0.8%）、
маленькое（0.8%）、мамино（0.8%）、непоседливое（0.8%）、русское
（0.8%）、своё（0.8%）、бестолковое（0.53%）、горемычное（0.53%）、
родной（0.53%）、твоё（0.53%）、ужасное（0.53%）、чудное（0.53%）、
чужое（0.53%）。我们发现，生活在 20 世纪的俄罗斯人更愿意将 чадо 与
孩子的性格联系在一起。

　　Кто 一栏在当代俄罗斯人的联想场中占据的比重最高，为 73.36%，而
在另一个联想场中占据 33.33%。在 20 世纪 90 年代俄罗斯人的联想场中
出现了以下词汇：ребёнок（16.53%）、дитя（6.4%）、дите（3.2%）、сын
（2.13%）、дети（1.6%）、дитятко（1.07%）、дочь（0.8%）、малыш（0.53%）
和 сестра（0.53%），这些词都是 чадо 的近义词。而在当代俄罗斯人联想场
中出现了另一些词汇：родители（2.96%）、отец（1.32%）、мать（1.32%）、
детище（0.99%）、младенец（0.66%）、отпрыск（0.66%）。20 世纪 90 年代
的俄罗斯人没有对这些词汇产生联想，但是在其联想场中出现了词汇 дурак
（0.53%）。

　　当代俄罗斯人联想场 Действие/состояние 这一栏中出现了联想词
не надо（0.66%），而在 20 世纪 90 年代俄罗斯人的联想场中该词占据
的比例是 0.53%，同时 20 世纪 90 年代俄罗斯人还将 чадо 与 любить
（0.53%）、надо（0.8%）、расти（0.53%）这些词汇联系在一起。

在 Словосочетание/выражение 这一栏中，当代俄罗斯人的联想场中不存在联想词，而在 20 世纪 90 年代俄罗斯人的联想场中出现了词组 ты моё。在 время 这一栏中当代俄罗斯人将 чадо 与 детство 联想在一起。

Обсуждение и анализ результатов

表 3-20 刺激词 **Чадо** 产生的联想场语义区域对比

Стимул	Зона	Современные русские	90-ые русские
Чадо	Что1（предмет, эмоции, ценности）	16.45%	4.8%
	Что2（антоним）	0	0
	Что3（синоним）	0	0
	Как	0	0
	Какой	8.55%	57.33%
	Кто	73.36%	33.33%
	Действие/Состояние	0.66%	2.4%
	Словосочетание/выражение	0	2.13%
	время	0.99%	0
	прочее	0	0
Всего		100%	100%

表 3-20 中呈现了 20 世纪 90 年代和当代俄罗斯人针对刺激词 чадо 所产生的联想词的对比结果。

第一，Что2、Что3、Как 和 прочее 这些栏在 20 世纪 90 年代和当代俄罗斯人的联想场中不存在联想词。

第二，在 20 世纪 90 年代俄罗斯人的联想场中 Какой 一栏占据第一位（57.33%），而在当代俄罗人联想场中占据 8.55%。在当代俄罗斯人联想场中占据第一位的是 Кто（73.36%）这一栏，而这一栏在 20 世纪 90 年代联想场中占据第二位。

第三，Что 1 这一栏在当代俄罗斯人的联想场中的比重要高于在 20 世纪 90 年代联想场中的比重。Действие/состояние 这一栏在不同联想场中是有很大差别的。它在当代俄罗斯人的联想场中占据 0.66%，而在另一联想场中占 2.4%。

第四，在 Словосочетание/выражение 和 время 这些栏中存在明显的区别。Словосочетание/выражение 这一栏在当代俄罗斯人联想场中是缺失的，而在 20 世纪 90 年代俄罗斯人联想场中 время 这一栏是缺失的。

综上所述，可以得出结论：两组受试者中得到的联想词存在很大差别。当代俄罗斯人将 чадо 与其同义词联想在一起，对于当代俄罗斯人来讲，孩子的诞生是整个家族最大的快乐和幸福。对于 20 世纪 90 年代俄罗斯人来讲，孩子是 избалованный、неразумный 和 неугомонный。俄语在不断地发展，内容变得越来越丰富。

Истинный

表 3-21　当代俄罗斯人联想场

Стимул	Зона	Реакция	Всего	
Истинный	Что1（предмет, эмоции, ценности）	Правда（45）–13.6% вера（4）–1.21% крест, закон（3）–0.91% истина, справедливость, наука（2）–0.6%	61	18.43%
	Что2（антоним）	ложь（2）–0.6%	2	0.6%
	Что3（синоним）		0	0
	Как	правдива（16）–4.83%	16	4.83%

续表

Стимул	Зона	Реакция	Всего	
Истинный	Какой	Настоящий（75）–22.66% правдивый（56）–16.92% верный（38）–11.48% правый（16）–4.83% ложный（8）–2.42% правильный（7）–2.11% реальный（4）–1.21%, чистый（3）–0.91% единственный, честный （2）–0.6%	211	63.75%
	Кто	друг（24）–7.25%, клоун, Христос（2）–0.6%	28	8.46%
	Действие/ Состояние	верить（3）–0.91%	3	0.91%
	Словосочетание/ выражение		0	0
	время		0	0
	прочее	образ（8）–2.42% лик（2）–0.6%	10	3.02%
Всего			331	100%

表 3-22　20 世纪 90 年代俄罗斯人联想场

Стимул	Зоны	Реакции	Всего	
истинный	Что1（предмет, эмоции, ценности）	путь（5）–8.33%, крест（2）–3.33%	7	11.67%
	Что2（антоним）		0	0
	Что3（синоним）		0	0
	Как		0	0

续表

Стимул	Зоны	Реакции	Всего	
истинный	Какой	ложный（3）–5%, верный（2）–3.33%	5	8.33%
	Кто	друг, патриот（13）–21.67% ариец, джентльмен（5）–8.33% герой, дурак（3）–5% борец, воин, человек（2）–3.33%	48	80%
	Действие/ Состояние		0	0
	Словосочетание/ выражение		0	0
	время		0	0
	прочее		0	0
Всего			60	100%

在表 3-21、表 3-22 中分别展现了当代和 20 世纪 90 年代俄罗斯人针对刺激词 истинный 产生的反应词联想场。

Что 1 这一栏在当代俄罗斯人的联想场中占据第二位（18.43%）。правда 一词在该栏中是出现频率最高的，占据 13.6%，同样该栏中还包括词语：вера（1.21%）、закон（0.91%）、истина（0.6%）、справедливость（0.6%）和 наука（0.6%）。两个联想场在这一栏有一个共同的词汇是 крест（该词在当代联想场占据 0.91%，在另一联想场占据 3.33%）。在 20 世纪 90 年代联想场中还有一个联想词 путь，该词在该栏中出现的频率很高，为 8.33%。

Что 2、Как 这两栏只存在于当代俄罗斯人的联想场中，而且两栏中都有且只有一个联想词 ложь（0.6%）和 правдива（4.83%）。

Какой 这一栏在两个联想场中是存在差别的。两个联想场中存在一些同样的联想词 верный（11.48%、3.33%）和 ложный（2.42%、5%）。但是当代俄罗斯人还将刺激词 истинный 与以下词汇联想在一起：настоящий（22.66%）、правдивый（16.92%）、правый（4.83%）、правильный（2.11%）、реальный（1.21%）、чистый（0.91%）、единственный（0.6%）、честный（0.6%）。总之，上述这些词汇都在意义方面与 истинный 有相同之处。

Кто 这一栏在 20 世纪 90 年代俄罗斯人的联想场中是频率最高的，占据该联想场的 80%；而该栏在当代俄罗斯人联想场中占据 8.46%。这一栏在两个联想场中有一个共同的联想词 друг。20 世纪 90 年代俄罗斯人的联想场中还存在这些联想词：патриот（21.67%）、ариец（8.33%）、джентльмен（8.3%）、герой（5%）、дурак（5%）、борец（3.33%）、воин（3.33%）、человек（3.33%）；而在另一个联想场中出现了下列联想词：бог（0.60%）和 Христос（0.6%）。

在当代俄罗斯人联想场中还包含下列联想词：верить（0.91%）、образ（2.42%）和 лик（0.6%）。Истинный образ 和 лик 这些都是与东正教相关的。

Обсуждение и анализ результатов

表 3-23　刺激词 Истинный 产生的联想场语义区域对比

Стимул	Зона	Современные русские	90-ые русские
Истинный	Что1（предмет, эмоции, ценности）	18.43%	11.67%
	Что2（антоним）	0.6%	0
	Что3（синоним）	0	0

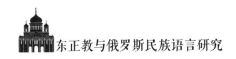
续表

Стимул	Зона	Современные русские	90-ые русские
Истинный	Как	4.83%	0
	Какой	63.75%	8.33%
	Кто	8.46%	80%
	Действие/Состояние	0.91%	0
	Словосочетание/выражение	0	0
	время	0	0
	прочее	3.02%	0
Всего		100%	100%

表 3-23 中呈现了 20 世纪 90 年代和当代俄罗斯人针对刺激词 истинный 产生的反应词联想场的异同。

第一，两个时代俄罗斯人的联想场存在相同之处：Что 3、Словосочетание/выражение 和 время 这些语义区域在两个联想场中都是缺失的。

第二，Что 2、Как、Действие/состояние 和 прочее 这些栏在两个联想场中是有很大差别的。在当代俄罗斯人的联想场的这些栏目中都存在联想词，但是在 20 世纪 90 年代的联想场中这些栏目是不存在的。

第三，在当代俄罗斯人联想场中占据首位的是 Какой 这一栏，这一栏中包括各种不一样的联想词，而且这些词都是刺激词 истинный 的近义词。在 20 世纪 90 年代俄罗斯人联想场中频率最高的是 Кто 这一栏。那个时代的俄罗斯人总是将 истинный 与战争相关的词汇联想在一起：борец、воин、патриот 和 герой。

第四，Что 1 在两个联想场中没有很大的差别，当代俄罗斯人的联想场比 20 世纪 90 年代的联想场存在更多的联想词。

综上所述，两个时代的联想场在内容方面是存在区别的。当代俄罗斯人的联想场相比 20 世纪 90 年代存在更多的联想词。当代俄罗斯人喜欢将 истинный 与形容词联系在一起，而 20 世纪 90 年代的俄罗斯人喜欢将其与战争有关的词汇联想在一起。世界的形势以及所接受的教育对俄罗斯人语言意识产生了很大的影响。在现如今俄罗斯人的语言意识中存在很多与东正教相关的词汇，如 крест、бог、христос，而且在俄罗斯人们经常说 перед истинным богом。由此可见，东正教在俄罗斯人语言意识中起到重要的作用。

Кружка

表 3-24　当代俄罗斯人联想场

Стимул	Зона	Реакция	Всего	
Кружка	Что1 (предмет, эмоции, ценности)	чай (63) -17.5%, вода (50) -13.89% кофе (45) -12.5% ложка, напиток (35) -9.72% тарелка (20) -5.56% ручка (17) -4.72% вино, чаша (6) -1.67% чая (4) -1.11% молоко, радость, пиво, кваса, пива (3) -0.83% керамика, ёмкость, кухня (2) -0.56%	302	83.89%
	Что2 (антоним)		0	0
	Что3 (синоним)	стакан (20) -5.56%, чашка (12) -3.33% бокал (6) -1.67%, сосуд (4) -1.11%	42	11.67%
	Как		0	0

续表

Стимул	Зона	Реакция	Всего	
Кружка	Какой	железный（4）-1.11%	4	1.11%
	Кто		0	0
	Действие/Состояние		0	0
	Словосочетание/выражение	с чаем（4）-1.11%	4	1.11%
	время		0	0
	прочее	жидкость（8）-2.22%	8	2.22%
Всего			360	100%

表 3-25　20 世纪 90 年代俄罗斯人联想场

Стимул	Зона	Реакция	Всего	
Кружка	Что1（предмет, эмоции, ценности）	пива（40）-55.56% пиво（7）-9.72% молока（5）-6.94%, воды（4）-5.56% чая（3）-4.17% сока（2）-2.78%	61	84.72%
	Что2（антоним）		0	0
	Что3（синоним）	стакан（3）-4.17%	3	4.17%
	Как		0	
	Какой	железная（4）-5.56% эмалированная（2）-2.78%	6	8.33%
	Кто		0	0
	Действие/Состояние	пить（2）-2.78%	2	2.78%

续表

Стимул	Зона	Реакция	Всего	
Кружка	Словосочетание/ выражение		0	0
	время		0	0
	прочее		0	0
Всего			72	100%

表 3-24、表 3-25 中呈现的是 20 世纪 90 年代和当代俄罗斯人针对刺激词 кружка 产生的联想场。

Что1 这一栏在两个联想场中没有本质的区别。Что 1 在 20 世纪 90 年代联想场中占据首位，其比重为 84.72%；而在当代联想场中占据 83.89%。在表 3-24 这一栏中 чай 一词是最普及的，而在表 3-25 这一栏中 пиво 占的比重最大。由此可见，当代的俄罗斯人更加注重自己的健康。与此同时，在 20 世纪 90 年代俄罗斯人的联想场中还存在以下联想词：молоко（6.94%）、вода（5.56%）、сок（2.78%）。这些联想词在当代俄罗斯人的联想场中同样存在，除此之外，还存在以下联想词 кофе（12.5%）、напиток（9.72%）、квас（0.83%）、керамика（0.56%）、ёмкость（0.56%）、чаша（1.67%）。当代俄罗斯人还将 кружка 与厨房用具联想在一起，例如，ложка（9.72%）、тарелка（5.56%）、ручка（4.72% 和 кухня（0.56%）。

Что 3 这一栏在两个时代俄罗斯人的联想场中占据的比重是有很大区别的。在 20 世纪 90 年代联想场 Что 3 这一栏中只存在一个联想词 стакан，所占比重为 4.17%；而在当代联想场中这一栏占据 11.67%。当代俄罗斯人还将 кружка 与下列词语联想在一起：чашка（3.3.%）、бокал

（1.67%）、сосуд（1.11%）。

20 世纪 90 年代俄罗斯人将 кружка 与 железная 联想在一起，其所占比重为 5.56%，与此同时还存在联想词 эмалированная（2.78%）。

Действие/состояние 这一栏在当代俄罗斯人的语言意识中是不存在的，20 世纪 90 年代俄罗斯人的联想场中存在联想词 пить，其所占比重为 2.78%。

当代俄罗斯人将 кружка 与 с чаем 联想在一起，而在 20 世纪 90 年代俄罗斯人的联想场中 Словосочетание/выражение 这一栏是不存在联想词的。

当代俄罗斯受试者的联想场在 прочее 这一栏中存在联想词 жидкость，而在 20 世纪 90 年代俄罗斯人联想场中不存在联想词。

Обсуждение и анализ результатов

表 3-26　刺激词 Кружка 产生的联想场语义区域对比

Стимул	Зона	Современные русские	90-ые русские
Кружка	Что1（предмет, эмоции, ценности）	83.89%	84.72%
	Что2（антоним）	0	0
	Что3（синоним）	11.67%	4.17%
	Как	0	0
	Какой	1.11%	8.33%
	Кто	0	0
	Действие/Состояние	0	2.78%
	Словосочетание/ выражение	1.11%	0

续表

Стимул	Зона	Современные русские	90-ые русские
Кружка	время	0	0
	прочее	2.22%	0
Всего		100%	100%

在表 3-26 中呈现了当代俄罗斯人和 20 世纪 90 年代俄罗斯人联想场的对比结果，接下来我们将讨论其异同点。

第一，Что 2、Как、Кто 和 Время 这些栏在 20 世纪 90 年代和当代俄罗斯人的联想场中是不存在的。

第二，Что 1 一栏在两个联想场中所占的比重差不多，但是在内容上存在差别。

第三，Что 3 一栏在当代俄罗斯人的联想场中占据 11.67%，而在 20 世纪 90 年代俄罗斯人的联想场中占据 4.17%。

第四，Какой 一栏在 20 世纪 90 年代俄罗斯人的联想场中占据的比重要高于当代俄罗斯人联想场中的比重（8.33% 和 1.11%）。

Словосочетание/выражение 和 прочее 这两栏在 20 世纪 90 年代俄罗斯人的联想场中是不存在的，而在当代俄罗斯人的联想场中不存在 действие/состояние 这一栏。

分析完表 2-24、表 2-25 和表 2-26 中所有的数据我们发现，两代俄罗斯人的联想场在某些方面是存在差别的。显而易见，当代俄罗斯人的生活方式对其语言意识产生了很大的影响。当代俄罗斯人喜欢喝茶，而不是啤酒；喜欢喝格瓦斯而不是伏特加。由此可见，当代俄罗斯人非常注重养生。而且我们发现，在当代俄罗斯人的语言意识里还出现了与东正教相关

的词语 церковная。众所周知，церковная кружка 经常出现在教堂里。由此可见，东正教对俄罗斯人的语言意识产生了很大的影响。

Воскресение

表 3-27　当代俄罗斯人联想场

Стимул	Зона	Реакция	Всего	
Воскресение	Что1（предмет, эмоции, ценности）	обряд（8）–2.48%	8	2.48%
	Что2（антоним）		0	0
	Что3（синоним）		0	0
	Как		0	0
	Какой	выходной（78）–24.15%, пасхальное（2）–0.62%	80	24.77%
	Кто		0	0
	Действие/ Состояние	спасение（8）–2.48% событие, покаяние（3）–0.93% переродиться, оживление（2）–0.62%	18	5.57%
	Словосочетание/ выражение	начало недели（3）–0.93%	3	0.93%
	время	день（46）–14.24%, праздник（38）–11.76%, понедельник（25）–7.74%, день недели（14）–4.33%, суббота（9）–2.79%, рождество（8）–2.48%, День свободы, вознесение（4）–1.24% Пасха, пост, воскресенье（2）–0.62%	154	47.68%
	прочее	отдых（60）–18.58%	60	18.58%
Всего			323	100%

表 3-28　20 世纪 90 年代俄罗斯人联想场

Стимул	Зона	Реакция	Всего	
воскресение	Что1（предмет, эмоции, ценности）	Группа（2）–2.70%	2	2.7%
	Что2（антоним）		0	0
	Что3（синоним）		0	0
	Как		0	0
	Какой	Выходной（16）–21.62% Христа（15）–20.27% Кровавое, праздничное（2）–2.70%	35	47.3%
	Кто	Иисус（3）–4.05%, Толстой（2）–2.7%	5	6.76%
	Действие/ Состояние		0	0
	Словосочетание/ выражение		0	0
	время	Понедельник, Христово（4）–5.41% деньнедели, суббота, день（3）–4.05% выходной день, Господне, праздник（2）–2.7%	23	31.08%
	прочее	Отдых（9）–12.17%	9	12.17%
Всего			74	100%

　　在表 3-27、表 3-28 中分别展示了当代和 20 世纪 90 年代俄罗斯人针对刺激词 воскресение 所产生的联想词的结果。

Что 1 这一栏在两个联想场中占据的比例是很小的，而且两栏的比例差不多是一样的。Что 1 在当代俄罗斯人的联想场中占据 2.48%，而在 20 世纪 90 年代的联想场中占据 2.7%。在表 3-27 这一栏中有且只有一个联想词 обряд，在表 3-28 中也只有另外一个联想词 группа。

Какой 在当代俄罗斯人的联想场中占据第二位（24.77%），而其在 20 世纪 90 年代俄罗斯人的联想场中是出现频率最高的一栏。两组受试者都将 воскресение 与 выходной 联想在一起，выходной 在这两表同栏中都是出现频率最高的联想词（24.15% 和 21.62%）。当代俄罗斯人还将 воскресение 与 пасхальное（0.62%）联想在一起。与此同时，在 20 世纪 90 年代俄罗斯人的联想场中还出现了下列词语：Христос（20.27%）、кровавое（2.7%）、праздничное（2.7%）。

在当代俄罗斯人联想场 действие/состояние 这一栏中出现了下列联想词：спасение（2.48%）、событие（0.93%）、покаяние（0.93%）、переродиться（0.62%）、оживление（0.62%）。

当代俄罗斯人在 Кто 这一栏没有将任何词语与 Воскресение 联系在一起，但是 20 世纪 90 年代俄罗斯人将 Воскресение 与下列单词联想在一起：Иисус（4.05%）和 Толстой（2.7%）。众所周知，Л. Н. Толстой 有一部著名的小说名为《Воскресение》。在 20 世纪 90 年代联想场 словосочетание/выражение 这一栏中没有出现联想词，而在当代俄罗斯人的联想场中出现了联想词 начало недели，所占比重为 0.93%

время 一栏在当代俄罗斯人的联想场中占 47.68%，两个联想场在这一栏有四个共同的联想词：день、праздник、суббота 和 понедельник。显而易见，俄罗斯人喜欢将 воскресение 与 понедельник 联想在一起。众所周知，在俄罗斯，人们在周末庆祝 воскресение。对于俄罗斯人来讲，周一是一周的开始。而对于当代不信教的俄罗斯人来讲，воскресенье 是休息日。因此，当代俄罗斯人将 воскресение 与 день недели（4.33%）、день свободы（1.23%）、воскресенье（0.62%）这些词联想在一起。与此同时，在 20 世纪 90 年代俄罗斯人的联想场中出现了下列联想词：выходной день（2.70%）、Господне（2.70%）。当代俄罗斯人还将 воскресение 与东正教相关词汇联想在一起：рождество（2.48%）、вознесение（1.23%）、пост（0.62%）и Пасха（0.62%）。

最后一栏在两个联想场中都有且只有一个共同的联想词 отдых，该词在当代俄罗斯人的联想场中占据 18.58%，而在另一联想场中占据 12.17%。

Обсуждение и анализ результатов

表 3-29 刺激词 Воскресение 产生的联想场语义区域对比

Стимул	Зона	Современные русские	90-ые русские
Воскресение	Что1（предмет, эмоции, ценности）	2.48%	2.7%
	Что2（антоним）	0	0
	Что3（синоним）	0	0
	Как	0	0
	Какой	24.77%	47.3%
	Кто	0	6.76%
	Действие/Состояние	5.57%	0
	Словосочетание/выражение	0.93%	0
	время	47.68%	31.08%
	прочее	18.58%	12.17%
Всего		100%	100%

表 3-29 中展现了当代和 20 世纪 90 年代俄罗斯人两个联想场中语义区域的对比情况，通过该表格，我们可以清晰地认识到两组受试者语言意识的异同点。

第一，Что 2、Что 3 和 Как 这些栏在两个联想场中是不存在的。

第二，Что 1 这一栏在两个联想场中所占的比例几乎是相同的。

第三，Какой 这一栏在 20 世纪 90 年代俄罗斯人的联想场中占据第一位，而在当代联想场中占据第二位。而且在两个联想场中所包含的联想词也是不同的。

第四，словосочетание/выражение 和 действие/состояние 这两栏在 20 世纪 90 年代俄罗斯人的联想场中是不存在的。время 和 прочее 这两栏在两个联想场中是同时存在的，但是需要强调的是，время 这一栏在当代俄罗斯人的联想场中占据的比重是最高的。

综上所述，我们发现，两个时代俄罗斯人的联想场是存在差别的。20 世纪 90 年代非信教的俄罗斯人将 воскресение 视为节假日，是可以休息的日子。价值观念对 20 世纪 90 年代俄罗斯人的语言意识有很大的影响。但是当代大部分的俄罗斯人将 воскресение 与下列东正教相关词汇联系在一起：вознесение、пасхальное、переродиться、оживление、рождество、вознесение、пост 和 Пасха 等。由此可见，东正教传统的习俗在当代俄罗斯人的语言意识中占据非常重要的位置。

Икона

表3-30　当代俄罗斯人联想场

	Зона	Реакция	Всего	
Икона	Что1（предмет, эмоции, ценности）	картина（54）–17.53% церковь（42）–13.64% храм（6）–1.95% спас, рамка（3）–0.97% иконопись, крест, распятие（2）–0.65%	114	37.01%
	Что2（антоним）		0	0
	Что3（синоним）	лик（24）–7.79%, образ（18）–5.84%, изображение(6)–1.95%, портрет(3)–0.97%	51	16.56%
	Как		0	0
	Какой	святое, святая（20）–6.49% искусственный（12）–3.90%	52	16.88%
	Кто	Христос（6）–1.95% богородица, бог（2）–0.65%	10	3.25%
	Действие/ Состояние	молитва（35）–11.36%	35	11.36%
	Словосочетание/ выражение	святой богородицы（2）–0.65%	2	0.65%
	время		0	0
	прочее	искусство（22）–7.14% вера（16）–5.19% троица（6）–1.95%	44	14.29%
Всего			308	100%

表 3-31　20 世纪 90 年代俄罗斯人联想场

Стимул	Зона	Реакция	Всего	
Икона	Что1（предмет, эмоции, ценности）	церковь（19）-32.76% картина, крест, угол(2)-3.45%	25	43.1%
	Что2（антоним）		0	0
	Что3（синоним）		0	0
	Как		0	0
	Какой	старинная（6）-10.34% старая（4）-6.9% красивая, святая, дорогая, древняя, Рублева（2）-3.45%	20	34.48%
	Кто	Божей Матери（7）-12.07% Богоматери（2）-3.45%	9	15.52%
	Действие/Состояние	молитва（2）-3.45%	2	3.45%
	Словосочетание/выражение		0	0
	время		0	0
	прочее	вера（2）-3.45%	2	3.45%
Всего			58	100%

　　表 3-30、表 3-31 分别展现了当代和 20 世纪 90 年代俄罗斯人针对刺激词 икона 产生的联想词。

　　Что 1 在当代和 20 世纪 90 年代俄罗斯人的联想场中占据第一位。Что 1 在表 3-31 中占据 43.1%，而在表 3-30 中占据 37.01%。但是，在当代俄罗斯人联想场 Что 1 出现了更多不一样的联想词。两个联想场中共同的联想词有：картина 和 крест。当代俄罗斯人的联想场中独有的词汇有：храм（1.95%）、спас（0.97%）、рамка（0.97%）、иконопись（0.65%）、распятие（0.65%）；而在 20 世纪 90 年代俄罗斯人的联想场中出现了联想词 угол（3.45%）。

Что 3 在 20 世纪 90 年代俄罗斯人联想场中是缺失的，而在当代俄罗斯人的联想场中占据第三位。当代俄罗斯人将 икона 与下列近义词联想在一起：лик（7.79%）、образ（5.84%）、изображение（1.95%）、портрет（0.97%）。

Какой 这一栏在两个联想场中是完全不一样的。两栏在结构和内容方面有很大的差别。该栏在表 3-31 中占据 34.48%，而在表 3-30 中占据 16.88%。当代俄罗斯人经常将 икона 与下列词汇联想在一起：святая（6.49%）和 святое（6.49%）。而 20 世纪 90 年代俄罗斯人联想场中 старинная（10.34%）一词出现的频率在 Какой 这一栏中是最高的。与此同时，20 世纪 90 年代俄罗斯人的联想场中还出现了下列词汇：старая（6.9%）、красивая（3.45%）、святая（3.45%）、дорогая（3.45%）、древняя（3.45%）和 Рублева（3.45%）。当代俄罗斯人的联想场中 искусственный 为 3.90%。

在当代俄罗斯人联想场 Кто 这一栏中出现了下列词汇：Христос（1.95%）、богородица（0.65%）、бог（0.65%），而 20 世纪 90 年代俄罗斯人将 икона 与 Божей Матери（12.07%）、Богоматери（3.45%）联想在一起。

两个联想场在 действие/состояние 这一栏中存在同样的联想词：молитва。该词在当代俄罗斯人联想场中占 11.36%，在 20 世纪 90 年代联想场中占 3.45%。

在 словосочетание/выражение 这一栏中当代俄罗斯人将 икона 与
святая богородица（0.65%）联想在一起。

在两个联想场中 прочее 这一栏中存在一个同样的联想词：вера。除此
之外，在当代俄罗斯人的联想场中还有下列联想词：искусство（7.14%）
和 троица（1.95%）。

Обсуждение и анализ результатов

表 3-32　刺激词 Икона 产生的联想场语义区域对比

Стимул	Зона	Современные русские	90-ые русские
Икона	Что1（предмет, эмоции, ценности）	37.01%	43.1%
	Что2（антоним）	0	0
	Что3（синоним）	16.56%	0
	Как	0	0
	Какой	16.88%	34.48%
	Кто	3.25%	15.52%
	Действие/Состояние	11.36%	3.45%
	Словосочетание/выражение	0.65%	0
	время	0	0
	прочее	14.29%	3.45%
Всего		100%	100%

表 3-32 中呈现了两个时代俄罗斯人联想场中语义区域的对比情况，
通过该表格我们可以清楚地发现不同时代俄罗斯人语言意识的异同点。

Что 2、Как 和 время 这些栏在当代和 20 世纪 90 年代俄罗斯人的联

想场中是缺失的。

第二，Что3 和 Словосочетание/выражение 在当代俄罗斯人的联想场中是存在的，在另一个联想场中是缺失的。

第三，两代俄罗斯人都喜欢将 икона 与名词联想在一起，Что 1 这一栏在当代和 20 世纪 90 年代俄罗斯人联想场中占据第一位。

第四，Какой 和 Кто 在 20 世纪 90 年代俄罗斯人的联想场中占据的比重相对较高。Какой 一栏在 20 世纪 90 年代占据 34.48%，在当代占 16.88%，与此同时，Кто 这一栏在当代占据 3.25%，在 20 世纪 90 年代占 15.52%。当代俄罗斯人将 икона 与 бог 联想在一起，而 20 世纪 90 年代俄罗斯人将 икона 与 богоматери、божей матери 联想在一起。Прочее 这一栏在两个联想场中存在同一个联想词，但是这一栏在 20 世纪 90 年代俄罗斯人的联想场中占据 3.45%，而在另一个联想场中占 14.29%。

通过对表 3-30、表 3-31 中联想词的分析，我们发现，东正教在当代俄罗斯人的语言意识中占据很重要的位置，因为在当代俄罗斯人的联想场中出现的联想词多与东正教有关。由此可以看出，东正教已成为当今俄罗斯人生活中不可缺少的一部分。

第四节　20世纪90年代和当代俄罗斯人语言意识的对比

上一节中我们分别分析了 10 个东正教词汇在 20 世纪 90 年代和当代俄罗斯人心中产生的联想场。可以发现，这些联想场在结构和内容方面存在异同之处。本节我们将揭示当代和 20 世纪 90 年代俄罗斯人语言意识的特点。

表 3-33　10 个东正教词汇在每个语义区域的占比

Зоны	Современные русские	место	русские 90-ых	место
Что1（предмет, эмоции, ценности）	24%	1	27.9%	3
Что2（антоним）	0.06%	10	0	10
Что3（синоним）	11.04%	5	3.29%	4
Как	1.52%	9	0	9
Какой	17.8%	3	28.77%	2
Кто	21.34%	2	29.59%	1
Действие/Состояние	12.72%	4	2.52%	7
Словосочетание/выражение	1.88%	8	3.27%	5
время	4.87%	7	3.11%	6
прочее	5.39%	6	1.56%	8
	100%		100%	

表 3-33 中展现了 10 个东正教词汇每个语义区域在 20 世纪 90 年代和当代俄罗斯人的联想场中的平均比重。

两个时代俄罗斯人的联想场在结构和内容方面存在异同。相同之处在于，在当代和 20 世纪 90 年代俄罗斯人的联想场中占据比重较大的是这些栏：Что 1、Кто 和 Какой。而 Как 和 Что 2 这两栏在两个联想场中占据的比例较少。

两个时代俄罗斯人的联想场中以下语义区域存在差别：

第一，Что 1、Кто 和 Какой 这些栏在 20 世纪 90 年代和当代俄罗斯人联想场中出现的频率都较高。Что 1 在当代俄罗斯人联想场中占据首位，比重为 24%，而在 20 世纪 90 年代俄罗斯人的联想场中占据 27.9%。在当代俄罗斯人的联想场中占据第二位的是 Кто 一栏，然后是 Какой 一栏。

而在 20 世纪 90 年代俄罗斯人的联想场中占据第二位的是 Какой 一栏，第一位为 Кто。

第二，在当代俄罗斯人的联想场中占据第四位的是 Действие/состояние 一栏，而在 20 世纪 90 年代是 Что 3 一栏。需要指出的是 Что 3 在 20 世纪 90 年代联想场中占据 3.29%，在另一联想场中占据 11.04%。Действие/состояние 在当代俄罗斯人的联想场中占据的比重是 12.72%，Словосочетание/выражение 在 20 世纪 90 年代俄罗斯人的联想场中占据 3.27%。

第三，其余区域的平均比重几乎相同。在当代俄罗斯人联想场中占据第六、第七、第八位的分别是 прочее、время 和 Словосочетание/выражение 这些区域；与此同时，在另一联想场中占据第六、第七、第八位的是 время、Действие/состояние 和 прочее。

通过数据分析，以及两个时代联想场内容和结构方面的对比，可以得出结论：两个时代俄罗斯人的语言意识有很大的差别。

第一，Предметы 在当代俄罗斯人的语言意识中占据很重要的位置，他们喜欢将刺激词与 Предмет 联想在一起。例如，Что 1 在刺激词 кружка 产生的联想场中占据 83.89%，而 чай 一词也在 Что 1 这栏中占据第一位。在 20 世纪 90 年代该刺激词的联想场 Что 1 这栏中 пиво 出现的频率最高。由此可见，日常习惯、文化和对健康生活方式的追求都对俄罗斯人语言意识的改变产生了很重要的影响。

第二，在 20 世纪 90 年代俄罗斯人的语言意识中，человек 起到很大的作用。человек 在那个时代非常重要。例如，那个时代超过一半的受试者都将 творец 与 человек 联想在一起。

第三，现如今，价值观念对俄罗斯人的语言意识产生了很大影响。通过对当代俄罗斯人每一个联想场 Что 1 一栏的分析，我们发现下列这些词汇占据其中心位置：счастье、радость、любовь 和 вера。还可以发现，Как 这一栏在当代俄罗斯人的联想场中占据 1.52%，而在 20 世纪 90 年代这一栏是不存在的。而且当代俄罗斯人将刺激词与以下词汇联想在一起：свыше、рад、супер、добро、хорошо 和 правдиво。可以说，现如今在俄罗斯，人们注重对幸福、快乐、爱情和善良的追求。

第四，当代俄罗斯人的语言意识具有语义对称的特点。例如，某些俄罗斯人将 истинный 与 ложь 联想在一起。而 20 世纪 90 年代俄罗斯人并没有将刺激词与其反义词联想在一起，相反，他们更习惯将刺激词与其近义词联想在一起。

第五，现如今，人们更加注重行动。Действие/состояние 在当代俄罗斯人联想场中占据 12.72%，而在另一个联想场中占据 2.52%。例如，当代俄罗斯人喜欢将 тайна 与表示行动的动词联想在一起，他们更致力于守护秘密。

第六，东正教对现代俄罗斯人的语言意识产生了很大的影响。在当代俄罗斯人的联想场中有很多与东正教相关的词汇，例如 бог、божий дар、дар от бога、дар богов 等词就经常出现。而且当代俄罗斯人还将 Ангел 与 бог 联系在一起。在当代俄罗斯人的语言意识中，Ангел 是非常重要的存在，对于他们而言 Ангел-это их хранитель с святым духом。而且在针对刺激词 Истинный 的联想场中，有很多关于东正教的词汇：крест、Христос、образ、лик，等等。由此可见，东正教在当代俄罗斯人的语言意识中起到很重要的作用，而且融入其现实生活中。总之，东正教深刻影响了当代俄罗斯人的语言意识。

需要指出的是，虽然当代和 20 世纪 90 年代俄罗斯人的思维方式有所不同，但是他们的语言意识在某些方面也存在共性。

第一，俄语是屈折语的代表，俄罗斯人的语言意识中也反映了这一特点。俄罗斯人的思维偏向组合联想，习惯性地将刺激词与形容词、名词以及副词联想在一起，俄罗斯大学生致力于描述事物的本质以及特点。例如，在面对刺激词 чадо 时，俄罗斯人运用了很多形容词来对其进行描述。孩子在俄罗斯人的语言意识中是 дорогой、ненаглядный、так же непоседливый、неугомонный 和 непослушный。

第二，俄罗斯人强调自我意识和独立性。下列这些联想词可以证实这一观点：моё и своё чадо、спасать себя。而且在刺激词 творец 的联想场中出现了联想词 я。由此可见，在俄罗斯人的语言意识中具有很强的自我意识。

第三，俄罗斯人的语言意识中具有语义相近性。通过对表 3-33 的分析发现，俄罗斯人喜欢将刺激词与其近义词联想在一起。Что 3 近义词这一栏在当代俄罗斯人的联想场中占据 11.04%，比 Что 2（0.06%）反义词这一栏占据的比例要高很多，而在 20 世纪 90 年代俄罗斯人的联想场中 Что 3 占 3.29%，Что 2 则是缺失的。

第四，俄语中有很多谚语俗语。这些固定表达经常出现在俄罗斯人的日常生活和文学作品中。例如：дар от бога、ангел во плоти、спасательный круг、тайна。

总之，自由联想实验是研究不同时代语言意识的一种积极有效的方法。在本章中，我们借助东正教词汇在俄罗斯大学生中进行了自由联想实验，描述并分析了在 20 世纪 90 年代和当代俄罗斯人中产生的东正教词汇联想场。研究发现，一方面，20 世纪 90 年代和当代俄罗斯人的语言意识有很大的不同；另一方面，二者也存在相同之处。价值观念、文化、生活

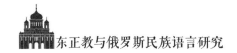

方式，尤其是东正教，对俄罗斯人的语言意识以及语言世界图景的变化都有影响。

语言意识具有民族性，借助东正教词汇联想实验研究语言，不仅可以帮助我们清晰和具体地研究当代和 20 世纪 90 年代俄罗斯人语言意识的特征，而且可以帮助我们研究整个俄罗斯民族语言意识的特性。

第四章
语言文化学视域下的东正教观念域研究

  语言不仅是一个民族交流的工具，还是一个民族认知的媒介和手段，是"一个民族进行思维和感知的工具"①。人对外部世界的认知最终以语言世界图景单位的形式固定在语言中，实际上以知识的形式存在于各种文本中。② 文艺文本作为一种特殊的文本形式，反映了民族心智的典型特征、特定时期文化背景下不同民族的语言世界图景，同时也反映了作家独特的世界观。对于一个民族来说，文艺文本作为一种独特的文化形式，其丰富的语言生成并固定大量反映民族共同认知结果的文化观念，这些文化观念除了包含本身的词典意义和全民族认知语义之外，还包含了作家独特的人生体验和经历、独特的人生价值观及认知世界的方式，这些构成了作家本身独特的文艺世界图景。语言世界图景的创造者是整个民族，具有共通性，得到全民族认可的文艺世界图景成为民族语言世界图景，文艺文本随之参与民族认知世界过程，文艺文本中作家塑造的文化观念也成为民族文化观念系统的组成部分。作家本人对社会生活的感触、观察和价值观都凝

---

① 姚小平：《洪堡特——人文研究和语言研究》，北京：外语教学与研究出版社，1995年，第135页。

② 彭文钊：《关于语言文化学研究的基本单位问题》，见《俄语语言与文化研究新视野》，王松亭、熊友奇、崔卫主编，哈尔滨：黑龙江人民出版社，2011年，第87页。

缩在文艺文本中，作家的情感世界和文化观念域越丰富，文艺文本中展现的语言世界图景和文化观念就越丰富。

俄罗斯学者玛丝洛娃（В. А. Маслова）首先在诗学文本中利用了语言文化学的方法。学者利用语言文化学分析诗学文本时研究了语言符号蕴含的文化语义特征，从语言、文学、文化和符号学角度来阐释诗学文本语言符号之间的相互联系。[①]在对文艺文本中蕴含的观念进行语言文化学分析时，根据文本中各个文化观念的组合和聚合关系对所有的观念进行层级划分，构建能够体现作家核心文化观念系统的语言文化场，形成作家的文化观念域，从而揭示作者本身的语言个性和独特的文艺世界图景。

第一节　作为文学文本研究理论基础的观念域

近年来，"观念"一词广泛用于语言学研究。它属于认知语言学、心理语言学、语言文化学、语义学等领域的研究对象。它是语言世界图景的主要单位，同时也是观念域的基本单位。语言世界图景和观念域相互关联，但是它们的概念又彼此不同。首先，"观念域"的概念比"语言世界图景"的概念更清楚地体现了人类中心主义的思想；其次，在"观念域"这个概念中，人在语言中的作用占首位，而在语言世界图景这个概念中，语言在人认知世界过程中起重要作用。最后，在研究语言世界图景时，我们更加关注语言单位，在研究观念域时，我们更加关注观念的意义。

---

① Маслова. В. А. *Русская поэзия ХХ века: лингвокультурологический взгляд*. М. Изд. «Высшая школа», 2006. с. 256.

一、观念：观念域研究的基础

在俄罗斯学界，观念（концепт）作为术语最早由阿斯科尔多夫（С. А. Аскольдов）提出。1928 年，《俄罗斯言语》（«Русская речь»）杂志发表了他的《词与观念》一文，在文章中他解释了观念的替代功能、含义和特征。观念是在语言学的不同方向上研究的，形成了对观念的不同表示形式和理解。当前，在语言学中广泛使用两种主要的理解和解释概念的方法：语言文化学方法和认知方法。

根据《语言术语词典》的界定，观念（拉丁语即概念、思想、理解）被定义为：（1）观念的语义内容，其数量是该概念的对象（意指）；（2）在认知语言学中：记忆、心理词汇、观念系统和大脑的操作性信息单位。[①]

"对于观念的理解来说，语言认知和语言文化方法并不是相互排斥的：观念作为个体意识中的心理教育是社会观念域，归根结底也就是文化的出口，作为文化单元的观念是对集体经验的固定，成为个体的财富。"[②]从语言文化学角度，观念，也就是文化观念，被认为是主要的文化单位，是文化的浓缩。观念是人类精神活动的产物。一个人的精神活动受文化和宗教的影响，不同文化背景下的观念有不同的表示形式、世界观和价值观。

根据库布利亚科娃（Е. С. Кубрякова）的说法，观念是"我们意识中的精神或心理资源和信息结构的单位，反映人类的知识和经验；是有效的记忆单位、心理词典单位、观念系统和大脑语言的单位，以及反映在人类

---

① Жеребило Т. В. *Словарь лингвистических терминов*. Изд. 5–е, испр. и доп. Назрань: Изд–во ООО «Пилигрим», 2010. С. 165.

② Карасик В. И. *Языковой круг: личность, концепты, дискурс*. Влг: Перемена, 2002. С. 97.

心理上的世界图景的单位"。① 观念出现在人类的意识中并根深蒂固于语言，这是观念存在最重要的特征。在意义上观念是抽象的，利用语言手段传达其内容，丰富了语言世界图景。对观念的深入研究有助于语言能力的发展。

"观念具有一定的结构，它不是僵化的，而是组成观念域以及进入观念域的先决条件。观念内部是根据语言场原则进行组织的，包括感官形象，信息内容和阐释领域。"② 因此，观念具有以下特征：结构性、现场性、民族文化性。

卡拉西克（В. И. Карасик）和斯雷什金（Г. Г. Слышкин）总结了语言文化观念的十个基本特征：（1）存在的复杂性；（2）心理性；（3）价值性；（4）条件性和模糊性；（5）可变性；（6）意识局限性；（7）三重性（价值、形象和概念。）；（8）可聚性；（9）多维性；（10）方法的开放性和多类别性。③ 一些观念通过语言符号直接体现出来，其他则通过特殊形式，如形象、提纲或图片等间接表示出来。文化观念不仅是思想和认知结构，也是扎根于语言的文化结构。

文化观念的实质表达是单词或短语，但它们并不是语言中观念的唯一载体。观念还使用以下手段：（1）词汇和成语单位；（2）自由短语；（3）文本和文本集合。语言单位的集合组成语言的语义空间。

鉴于以上所述，我们可以得出结论：观念属于人类意识的范畴，利用

---

① Кубрякова Е. С. *Концепт*//Краткий словарь когнитивных терминов. М: Филол. ф-т МГУ им. М. В. Ломоносова, 1997. С. 90.

② Попова З. Д., Стернин И. А. *Введение: некоторые направления современнойконцептологии*. Карасик В. И., Стернин И. А. Антология концептов. Т. 1. Влг: Парадигма, 2005. С. 9.

③ Карасик В. И., Слышкин Г. Г. *Базовые характеристики лингвокультурных концептов*. Карасик В. И., Стернин И. А. Антология концептов. Т. 1. Влг: Парадигма, 2005. С. 13–15.

语言手段反映人类意识活动。观念的形成不仅基于词汇意义，更基于个人和民族的文化经验。观念是民族意识的基本单位，具有民族性和文化性。在语言文化方法的帮助下对观念进行全面研究，即综合语言问题、人的意识和文化，有助于我们从新的角度了解思维、语言、文化和现实之间的关系。

二、观念域的概念和内容

利哈乔夫院士是第一个提出该术语的学者，在他的论文《俄语的观念域》中第一次出现"观念域"（концептосфера）这一术语。根据利哈乔夫的观点，观念域的意思是"一个人的词汇储备以及整个语言中的潜能总和"①。利哈乔夫认为，民族语言观念域的丰富程度与民族文化丰富程度呈正相关，包括文学、民俗、视觉艺术、科学。观念域与所在国家的所有历史经验，特别是宗教密切相关。

利哈乔夫强调文学与民族文化观念域的相关性。作家、诗人和民间文学创造者构建了一个虚幻的艺术世界，反映了现实生活和社会客观现象。当在人类的思想中诞生文化观念时，人们主要是在自己的文化经历中寻找共鸣，尤其受典型的通俗寓言、情境、故事、文字和文学作品人物形象的影响。因此，甚至是作品的名称也可以进入文化的观念域。

在"领域"这个观念中，从内涵和有限的"空间""环境"角度看，主要语义是"全面""包罗万象"。后者表示"领域"具有边界、极限。一些观念是独立存在的，而其他观念是基于相似特征联系在一起的。由于观

---

① Лихачев Д. С. Концептосфера русского языка. Нерознак В. П. Русская словесность: от теории словесности к структуре текста. Антология. М: Academia, 1997. C. 282.

念上的相似性，观念组进入特定的观念域中。人因不同背景和文化经验差异，对观念有不同的理解。

观念域具有民族、社会和个人的特点，它可以确定一个人是否属于某个社会或者民族。观念的产生取决于个人和民族文化经验，但并非所有人都拥有参与创建观念域的能力。作家、诗人以及其他特定领域职业的工作者发挥着巨大作用，为丰富民族语言观念域做出了巨大贡献。

语言的观念域是文化观念域的基础。研究观念域有助于我们理解语言和民族文化之间的紧密联系，包括语言与文学作品的联系。一言以蔽之，观念域作为文化的集合使我们能够理解——语言是文化的容器。

观念域整合了语言、意识和文化问题。利哈乔夫院士把语言词汇分为四个层次：（1）词汇库（包括成语）；（2）词汇类型的含义；（3）观念——一些隐藏在"替代"文本中的某些含义的替换，一些与人类、民族、文化、职业、年龄等其他经验紧密相关含义的"潜在意义"；（4）相互依赖的不同含义的词语观念组成了趋近完整的集体，我们将其定义为观念域。[①]在从语言单元的词汇含义到观念，从观念到观念域的过程中，语言、思维与文化之间发生了复杂的联系。语言中体现了文化和精神价值、民族文化的丰富和多样性。

许多语言学家对观念域的问题很感兴趣，如学者斯捷潘诺夫（Ю. С. Степанов）。他在《常量：俄罗斯文化词典》（Константы. Словарь русской культуры，1997）中引入"观念化区域（领域）（语言和文化）"（концептуализированная область/сфера）这个概念。在某种意义上，他的观念化领域类似于利哈乔夫的观念域，因为二者都是从语言文化方法出

---

① Лихачев Д. С. Концептосфера русского языка. Нерознак В. П. Русская словесность: от теории словесности к структуре текста. Антология. М: Academia, 1997. С. 283.

发来阐释观念域的概念的。

　　关于"观念域"这个概念，首先，有必要考虑"域"的特征。学者普罗霍罗夫（Ю. Е. Прохоров）详细阐释了"域"的特征：（1）域是一个封闭的结构，具有中心和外围；（2）"有些开放的、无限制的封闭单元的集合构成了我们的知识，以及实践此知识的规则和方法。"[①]他还建立了一个模型来有逻辑地展示观念域的形成过程，强调了语义和符号在此过程中的重要地位。"位于相互联系的空间中的语义领域和符号领域的集合为更高级别的领域——观念域的出现创造了条件。"[②]他认为观念域也建立在域的原则上，即具有中心和外围，"它既是离散的也是牢不可破的"。在争论语义、符号和观念的相互作用时，他总结道："观念域的集合创造了观念空间。语义、符号和观念空间构成了一个民族的语言世界图景。"[③]因此，观念域的特征是系统性，观念域内部分为核心观念和外围观念。

　　根据波波娃的说法，观念域的一部分是语言的语义空间，即"不是组合，不是义素的罗列，而是由众多结构性组合的交叉和交织点组成的复杂系统，被'包装'成链条、集合，像树一样分支，形成具中心和外围的场"。[④]它全面描述了语义空间中义素的关系与观念域中观念的关系的相似之处。

　　总结以上内容，我们需要记住观念域有着有序性的特征。根据观念上的相似性、接近度和相互联系，一些观念组构成了观念域。在构成观念域

---

① Прохоров Ю. Е. *К проблеме «концепта» и «концептосферы»*. Красных В. В., Изотов А. И. Язык, сознание, коммуникация. Вып. 30. М: МАКС Пресс, 2005. С. 77.

② 同上，С. 79.

③ 同上，С. 92.

④ Попова З. Д. *Семантическое пространство языка как категория когнитивной лингвистики*. Вестник ВГУ. Сер. 1. Гуманитарные науки, 1996. № 2. С. 65.

的观念之间体现出系统性。观念域不仅体现民族和文化，还体现职业、年龄、宗教和个人等特征。

三、语言世界图景和艺术世界图景

语言学中的"世界图景"概念来自物理学和哲学领域。通过人类中心主义范式传播，这个概念正逐渐成为语言学各个领域的重点。术语"世界图景"最早出现在物理学中。德国物理学家赫兹（G. Hertz）创造了这个名词。他通过外部对象的内部形象的总和来理解它。他相信借助逻辑方法研究内部形象，可以得到有关外部对象行为的信息。

18 世纪末 19 世纪初，现代语言世界图景理论在"德国传统"的基础上，即基于德国哲学和语言学研究上形成。洪堡特是第一个明确提出"语言世界观"这个术语的语言学家。毫无疑问，他是语言世界图景理论的奠基人之一。①洪堡特对语言和人类思维的内容很感兴趣，并认为"语言世界观"是思维与现实之间的"中间世界"。

当谈到世界图景时，首先应该指出它的主要组成部分——形象或形象系统。在人类意识中存在许多形象，语言在人类意识的表达中起着重要作用。通过形象可以理解语言和意识的关联。因此，许多语言学领域开始研究世界图景。在语言文化学中，研究人员在研究语言、人和文化之间的相互作用时，是通过作为心理和意识单位的观念来进行研究的。"世界图景是一个复杂的形象系统，可以反映集体意识中的现实。"②因此，我们认为观念是语言世界图景的主要单位。

---

① 赵爱国：《语言世界图景理论》，《外语与外语教学》，2014 年第 11 期，第 2 页。

② Карасик В. И. *Языковой круг: личность, концепты, дискурс.* Влг: Перемена, 2002. С. 74.

每种语言都有自己的语言世界图景，世界图景主要靠语言表达。"在
人类和世界的相互关系中，人的思维和思维方式起着相当重要的作用，而
语言是人进行思维的工具，对人的思维方式有重大影响。"① 因此，研究语
言世界图景有助于理解一个民族的心理特征和思维方式。

　　语言世界图景的研究吸引了许多俄罗斯语言学家的注意，有人将语言
世界图景视为幼稚不成熟的世界图景。语言世界图景类似于外部世界在某
种语言中的集中表现，但不能反映每个区域的现实和意识元素。并非每个
观念都可以用语言表达。有学者指出："从真理的角度来看，不成熟的语
言世界图景并不逊于科学：它更灵活，建立在实践知识的基础上，更贴近
人的日常生活。"② 还有学者全面详细地定义了语言世界图景（ЯКМ），即
"这是一个民族在自身发展的某个阶段对现实表达的总和，是反映在语言
符号及其含义上的现实体现"③。

　　语言世界图景反映了意识、语言、思维与接受和理解世界之间的关
系。它的特点如下：（1）语言世界图景是主观的，它包括人对外部世界理
解的总和，人作为主体从创造性的角度而不是从机械的角度来认识世界。
（2）语言世界图景具有民族特征，尽管有时不同民族从相似的角度了解
外部世界，但从本质上讲，其文化渊源、传统、习俗、行为习惯等彼此不
同。民族的语言个性和独特的民族思维反映在语言中，因此形成了民族语
言世界图景，反映了一个民族对世界的主观理解。（3）从历时特性出发，
语言世界图景是动态的，随着社会和文化的变化与发展，人们对现实的看

---

① 吕莉:《语言世界图景与俄语教学》,《辽宁广播电视大学学报》, 2003 年第 4 期, 第 27 页。

② Карасик В. И. *Языковой круг: личность, концепты, дискурс.* Влг: Перемена, 2002. С. 74.

③ Попова З. Д., Стернин И. А. *Когнитивная лингвистика: учеб. издание.* М: АСТ: Восток-Запад, 2007. С. 38.

法也发生了变化。在过去半个世纪全球化和一体化的发展趋势下，不同国家和民族之间的文化交流越来越多，在其他国家和民族的文化影响下，民族世界图景正在逐渐发生变化。（4）从共时特性出发，语言世界图景具有通用性和普遍性，不同民族可以通过翻译媒介相互理解，这意味着它们在对于世界的思考和知识方面存在相似性，即存在语义相似性。（5）从当前时刻来看，语言世界图景具有稳定性。在相当长的一段时间内，语言世界图景会稳定维持原状。[①]语言世界图景是抽象的和理想的，是民族的也是个体的。个人世界图景是根据一个人的亲身经历而形成的，然后出现在个体意识中，在许多方面并没有超出集体意识。应当指出的是，个人世界图景也展现出社会、个人的观点和世界观。

从作者的角度来看，艺术世界图景是个体的，和语言世界图景一样是次要世界图景。有语言学家相信，艺术世界图景"会在读者感知到艺术作品时在他们的意识中浮现"[②]。当然，艺术世界图景与读者有联系，但与文学作品的创作者关系更为密切。在谈到文学文本的特征时，我们已经指出了作者使用语言工具的特点。作者可以选择特定的语言单位来表达对世界和人的独特态度、思想和个性，因此在艺术世界图景中可以找到作者的个体观念。简而言之，艺术世界图景是艺术文本作者的世界图景的体现。

艺术文本的观念域由个人或社会对外部世界的艺术观念组成。一些艺术观念不符合逻辑也不具备理性的特点。这种观念经常表现出精神世界、意识、情感、情绪和人的感觉。一些艺术观念本质上是社会性的，表达社会评价并描述社会结构和人的社会地位。还有一些艺术观念有着民族文化

---

① 刘宏：《俄语语言文化与跨文化交际》，北京：外语教学与研究出版社，2018年，第90–98页。

② Попова З. Д., Стернин И. А. *Когнитивная лингвистика: учеб. издание.* М: АСТ: Восток-Запад, 2007. С. 40.

特征。艺术世界图景展现了民族世界图景的特点。

有学者认为，艺术世界图景的功能主要是净化功能。一件真正的艺术作品的主要目标是从道德上净化一个人，这是由于人们对杰作产生的情感动荡的力量。[①]艺术世界图景的其他功能是情态功能、道德功能、情感评估、聚集和传播功能。这些功能取决于艺术观念和艺术文本信息的组成。

在此基础上，俄语语言世界图景的研究对于揭示俄罗斯民族心理和思想的特殊性具有重要意义。在艺术世界图景中，其功能、作者的思想、主旨、立场和观点成为研究和解释观念和观念域的关键因素。下两节我们将从东正教的角度来研究俄罗斯民族语言世界图景的特点以及对艺术世界图景的认识。

第二节 《复活》中的"东正教"观念域

托尔斯泰的宗教道德观念在他的第三部也是最后一部长篇小说《复活》中得到了更清晰的体现。这部小说是对其思想的概括，是托尔斯泰创作发展的成果。他对当时社会体制的尖锐批评以及对精神生活的渴望，通过小说《复活》中主人公的精神复活而得以再现。可以说，在小说《复活》中，托尔斯泰的宗教思想得到了更清晰的体现，也就是说这部小说与他的哲学及宗教思想有着紧密的关系。

---

① Миниханова Л. К., Фаткуллина Ф. Г. *Художественная картина мира как особый способ отражения действительности*. Вестник Башкирского университета, 2012. Т. 17. № 3(I). С. 1627.

一、小说《复活》中的艺术世界图景

当读者理解一部艺术作品时，脑海中就会浮现出一幅艺术的世界图景。文艺文本中的世界图景是通过语言手段创造的，同时又在作者的脑海中反映出世界的个别图景并体现出来：首先，在艺术作品内容要素的选择上；其次，在语言手段的选择上——使用各种语言单位的某些固定话题分组、增加或减少独立单位及其单位组的频率、独创的语言手段等；最后，在形象化手段的单独使用中（转喻体系）。

也就是说，在艺术的世界图景中可以发现只存在于该作者世界感知中的一些概念，即个体概念。

（一）列·尼·托尔斯泰的创作意图

小说《复活》是托尔斯泰的最后一部长篇小说，因此这部小说才被认为是作者创作生涯的总结性作品。小说《复活》的创作正处于打破乡村俄罗斯所有"老基础"的时期，这是工业无产阶级政治意识快速发展的时期，是马克思主义思想在俄罗斯传播的时期。但同时，也是资本主义发展以及随之而来的农民失地和贫穷的时期，是一个自发反抗地主剥削和资产阶级奴役的农民群众人数增长的时期。正是在如此艰难的形势下，托尔斯泰作为俄国百万农民要求民主的代言人出现，渴望"彻底清除国教会、地主和地主政府，摧毁所有旧土地所有制的形式和规定，清理土地，在警察式的阶级国家建立一个自由平等的小农社会……"①。

通过这部小说，我们看到了俄罗斯整个社会的状况，看到了许多类型的人物，从沙皇帝国的最高官僚——参议员、部长、州长，到法律的维护

---

① Ленин В. И. *Лев Толстой, как зеркало русской революции*. М.: Издательство политической литературы, 1983, C. 6.

者——监狱长。《复活》这篇小说思想深刻，出版后便立即引起轰动，影响了不少知识分子以及同时代的人，并被译成多种外语。然而一些敏锐的话题，如娼妓的命运，却激怒了东正教教会。教会也表明了对这部小说及对托尔斯泰观点的态度，即决定将他逐出教会。

在小说《复活》中，托尔斯泰从新的角度向我们展示了俄罗斯的全部现实以及俄罗斯的整个国家和社会结构。这篇小说是托尔斯泰的最后一部长篇小说，我们也可以认为，它是 19 世纪所有俄国文学的最后一部重要小说。

（二）小说的思想内容及情节发展

小说《复活》这一名称具有深远的象征意义。它反映出作者在小说里描写的主人公们的所有情况和感受。小说分为三个部分，每一部分都将聂赫留朵夫带到一个更广阔的对生活的理解的视野范围内。

小说的第一部分可以命名为"审判"。小说女主人公卡秋莎·玛丝洛娃是一个纯朴的女孩，她的生活相当平凡。玛丝洛娃的母亲生病去世时，她才 3 岁。之后女地主索菲亚姐妹把她带回家做女仆并抚养她。玛丝洛娃 16 岁的时候，村子里来了一位贵族——女地主的侄子聂赫留朵夫。他是一个天真的年轻人，还是个学生。渐渐地，玛丝洛娃爱上了聂赫留朵夫。

几年后，聂赫留朵夫在去服兵役的路上，顺路又去了女地主家，他在姑母家住了四天。临走的前一晚，聂赫留朵夫诱奸了玛丝洛娃。第二天他塞给玛丝洛娃一百卢布，便到部队去了。之后玛丝洛娃怀孕了，但不幸的是她的孩子夭折了。后来她被驱赶出去并被迫从事一项肮脏的生意——沦为妓女来养活自己。聂赫留朵夫年轻时犯下了一个错误——他诱奸了年轻的玛丝洛娃然后抛弃了她。结果就是这个错误的行为招致了许多不幸，导

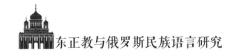

致玛丝洛娃成为被告。

小说的第二部分可以称为"悔改"。命运再次将年轻的聂赫留朵夫与玛丝洛娃联系在一起。当聂赫留朵夫得知，因为他，那个无辜的女孩身陷这样的处境时，他感到非常羞愧。他想为自己的罪行赎罪，获得她的宽恕，甚至想同她结婚。但是玛丝洛娃已经失去了对生活的希望，也没有宽恕他。

第三部分可以命名为"原谅"。多亏了聂赫留朵夫的帮助，这个善良的女孩终于原谅了他并找到了自己的爱人——西蒙松。玛丝洛娃对聂赫留朵夫重新燃起的爱情，与简单、诚实、友善的人的交流——所有这些都帮助玛丝洛娃开始新的生活。她重新获得了对自己的信心、对变得更好的信念。小说的标题反映出基督的复活、自然的复苏、灵魂的重生的思想。

（三）托尔斯泰小说《复活》的东正教情结

小说《复活》被认为是托尔斯泰的宗教体系观点的体现，是关于生与死、悔与赎、过与赦、罪与罚、神与人之间关系的思考。这部小说考察了托尔斯泰宗教体系中所包含的《圣经》要素的假设，并且这些假设在《复活》中都有所体现。这些要素涉及《圣经》的主题、《圣经》的参考文献以及《圣经》的语言。

如果从语言学的角度分析小说的宗教思想与《圣经》中各要素之间的联系，那么我们会发现《圣经》的文本是作者宗教思想的主要来源。也就是说，托尔斯泰的宗教体系是主题设定的基础。可以认为，托尔斯泰的东正教价值观与伦理道德价值观相同。但是他不承认世俗社会的基督教价值观，在托尔斯泰看来，这些价值观是虚假且不干净的。

小说《复活》中最基本的主题是罪人的悔改。作者强调在道德的自我完善中赎罪，也就是在对东正教理想有了新的理解的基础上的赎罪，而不是在正式的东正教教堂中的悔改和祷告。托尔斯泰认为，世界上根本不需要教会仪式甚至是专门的教会组织。为了领悟上帝，人们必须努力净化灵魂，多做善事。只有这样才能够遵循上帝的旨意。因此，托尔斯泰认为，忏悔罪过是自我完善之路的第一步，精神上的悔改比监狱里的惩罚更重要。

在东正教思想中，人类通过赎罪而悔改。在这本小说中，作者还为赎罪的男主人公制定了一条故事线。主人公聂赫留朵夫努力赎回自己在玛丝洛娃身上犯下的罪过——帮助玛丝洛娃改变她的判决、照顾她，甚至允诺要娶她。他所做的这一切都是为了弥补自己的过错。在聂赫留朵夫身上我们看到了他的悔改、赎罪和道德上的自我完善。同时，女主人公玛丝洛娃向我们展示了她的宽恕。在东正教的圣训中，宽恕的思想居于首位。那么，什么是宽恕呢？

宽恕是东正教博爱的第一阶段。它教导我们要无条件原谅所有曾用言语或行为冒犯我们的人。因此，无论别人对我们的指责是正确的还是纯属冤枉，宽恕意味着我们要完全原谅自己的敌人。"请原谅，您会得到回报的"——《圣经》中这样写道。小说中的宽恕思想在玛丝洛娃的行为中显而易见。尽管她备受痛苦，但她仍然宽恕了对她犯下罪行的人。托尔斯泰通过对玛丝洛娃的外貌描写和逼真的肖像塑造——一条白色的围巾、一件白色的短衫和一张灰白的脸，向我们展示了女主人公的圣洁形象，就像天使一样。

在小说《复活》中我们看到，托尔斯泰竭力确立正统真理的真相，而且福音的结尾在逻辑上涵盖了小说的整个道德路线。

二、小说《复活》观念域的核心——"复活"观念

小说《复活》这一名称具有深远的象征意义。《复活》中关于灵魂复活的学说居于主导地位。复活这个词是"灵魂"概念的重要组成部分。在《俄语详解词典》中，它有两个意思：（1）根据各种宗教信仰，即死者复活；（2）内在的更新，重生。这两个意思准确地反映出复活一词在东正教内与在托尔斯泰小说中含义的差异。

（一）东正教视域下的"复活"观念

首先，让我们从东正教的角度来看"复活"的含义。可以说，对耶稣复活的信仰是东正教的中心观念之一。据学者研究，在《旧约》中耶稣的死而复生被提及至少 333 次，而在《新约》中超过 175 次。通常认为耶稣的复活是东正教信仰的起点和使命。耶稣的复活不仅被视为真实的历史事件，还被视为具有重要神学意义的信仰基石。因为耶稣的复活能表明他是上帝的儿子，这证实了他的神性。正是基督替人类背负罪行被钉在十字架上，那些负有原罪的人才能被救赎。

就像使徒保罗说的那样，"如果没有死者复活，那么基督就不会复活。如果基督没有复活，那么我们的宣讲就是徒劳的，我们的信仰也是徒劳的"［摘自《圣经》，第 14 页］。因此可以看出，东正教的信仰基于耶稣复活。然而，由于现实生活的不可逆性，历史上这一最重要的基本神学思想一直存在着极大的争议。托尔斯泰不承认一个人格化的上帝的存在。没有人类自然属性的上帝自然不会有人类的"死亡"。正是这样，基督教义中神性的"复活"也就无法讨论。托尔斯泰也不承认灵魂在另一个世界里是不朽的。他对"复活"的理解也与东正教信仰不同。宇宙、物质、时间、运动和数字概念难以应用到超越灵魂的时间、空间或神的出现。提到上帝

的时候，不能说他是一个或三个（数字），而应该说一个灵魂，也不能说这个灵魂还将存在于未来或存在于另一个世界中。因此，我们认为托尔斯泰所说的"复活"不同于东正教中对神学的理解。

托尔斯泰晚年的时候对"生命"和"死亡"的永恒问题进行了深思，并感叹道："如果死后没有复活，那么生命是所有骗子中最残酷的。"但是，在对死亡问题进行了长期的研究之后，他终于意识到，对死亡的解释应该回到对生命问题的理解上。就像小说里一样，托尔斯泰创造了这样一个过程：小说的主人公不断地按照上帝的旨意进行道德上的自我完善。

托尔斯泰强调，人们通过"道德上的自我完善"实现"神的复活"。他认为，在人类中有两个对立面：神性和兽性。托尔斯泰通过聂赫留朵夫的行为表明了这一含义：和在所有人体内一样，聂赫留朵夫体内也存在着两个人。一个是精神的人，他所寻求的是对别人也是幸福的那种幸福；另一个是兽性的人，他所寻求的仅仅是他自己的幸福，为此不惜牺牲世界上一切人的幸福。①

复活的过程是精神的人与兽性的人之间的斗争。当精神的人击败了兽性的人时，复活就完成了。"但是那种自由的精神的存在，一种真实的、强大的、永恒的存在，已经在聂赫留朵夫体内唤醒了。"② 在这个过程中，聂赫留朵夫犹豫了，不知道该怎么办。"毕竟，我已经尝试过改善和变得更好，但终究一无所获"，一个诱惑者的声音在他心中说道。

当聂赫留朵夫软弱又优柔寡断时，他祈祷着，祈求上帝帮助他并进入他的心中，除去他身上的所有污垢。祷告后，他的祈求立刻被满足。他感受到上帝的存在，感受到自由、勇气和善良的全部力量。由于神灵的不断

---

① Толстой Л. Н. *Воскресение*. М.: Изд. Художественная литература, 1984. С. 53.

② 同上，С. 102.

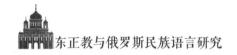

维护和改善，人们可以抵抗物质财富的享受，并最终实现持续的自我完善。这就是托尔斯泰给我们指出的复活之路。

（二）小说《复活》中的"复活"观念

小说中"复活"观念的内容不仅通过直接的语言手段来表达，而且通过小说各人物的情感、感觉和形象的深度及多样性来表达。这部小说中有两个主要的形象——男主人公聂赫留朵夫和女主人公玛丝洛娃。

托尔斯泰以浪子的形象塑造了聂赫留朵夫。有关浪子的寓言是《圣经·新约》中最著名的故事。这个故事讲的是一个有两个儿子的男人。长子总是和父亲待在一起，从事耕作，安分守己。小儿子却没这么老实。起初，他要求父亲将自己的财产分出来给他，收到财产后他立即离开了家。之后，他整天在狂欢和挥霍中度过，很快他就没钱了。幸运的是，这个小儿子及时悔改并认罪，回到家后他的父亲并没有责怪他，而是杀了一头家畜来庆祝。父亲还说服长子原谅弟弟。误入歧途的浪子准备悔改时，总是会得到上帝的宽恕和恩典。

从这个意义上说，托尔斯泰通过小说的主角体现了永恒的主题"浪子回头"。遭受肉体折磨和精神考验的聂赫留朵夫，终于走上了"复活"的道路。由此我们可以得出结论，虽然小说的主角起源于圣经中的"浪子"，有着俄罗斯人的特点，但是，仍然可以看到圣经典故中具有象征主义的原型对托尔斯泰作品的影响。

现在介绍女主人公玛丝洛娃。女人的形象通常有两种类型：第一种是《旧约》中的夏娃，她偷了禁果，使人们陷入了原罪；第二种是圣母玛利亚，在《新约》中她生了救世主耶稣。在俄罗斯文学传统中，女人的罪过与其天生的圣洁总是并存的。在托尔斯泰的小说中，某些女性的形象正是欲望的缩影，最终走向破灭（如安娜·卡列尼娜）。然而，有些女性可以通过复活来拯救自己的灵魂（如玛丝洛娃）。

小说《复活》始于对堕落成妓女的玛丝洛娃的审判。多年后，当男主人公聂赫留朵夫在法庭上见到玛丝洛娃时，他感到非常羞愧。现在，玛丝洛娃已经堕落得如此严重，以致她根本没有因为自己的罪恶而感到羞辱。相反，她认为自己是一个非常重要的人，甚至拒绝任何救赎。聂赫留朵夫和玛丝洛娃间真正的爱情始于多年前的一场教堂活动。正是这场宗教仪式在他们心中形成了鲜明而难忘的记忆。

当时的玛丝洛娃是圣洁的体现。当玛丝洛娃亲吻乞丐时，她就像一个天使。她纯洁的爱不仅是对他——他知道这——而且是对所有人和所有事物，不只是爱世界上仅有的美好的事物，也爱她所亲吻的那个乞丐。[①]这个时候聂赫留朵夫对玛丝洛娃的爱是纯洁的，没有情欲。在此期间，精神上的人和兽性的人相互搏斗。最后，兽性的人赢了。

玛丝洛娃被诱奸之后又被抛弃，在小说的开始，玛丝洛娃是一个受害者。当她的堕落变得不可原谅时，托尔斯泰仍然给了她复活的机会。可以看出，托尔斯泰极其欣赏聂赫留朵夫为了让玛丝洛娃的灵魂复活进而赎罪的行为。在前往圣彼得堡之前，聂赫留朵夫这样写道："卡秋莎不想让我作为牺牲品，而只想牺牲自己。她赢了，我也赢了。我对她那种内在的变化感到满意——不敢相信——正发生在她身上的变化。我不敢相信，但是我觉得，她重生了。"[②]

玛丝洛娃曾经是一个堕落的女人。但是后来她成为一个道德素质很高的人，向别人献出自己最诚挚的爱。在小说的结尾，玛丝洛娃接受了政治

---

① Толстой Л. Н. *Воскресение*. М.: Изд. Художественная литература, 1984. С. 82.

② 同上，С. 326.

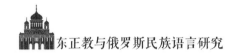

犯西蒙松柏拉图式的爱。

三、小说《复活》观念域的次核心观念

在分析观念域的核心观念后，我们需要指出，托尔斯泰艺术世界图景中"复活"概念的内涵比我们所定义的内容更宽泛。因此，现在我们把次核心观念放到小说的观念域中研究。对于研究次核心观念来说，最为重要和迫切的是研究"忏悔""宽恕""自我牺牲""爱""自我完善"的概念，它们使"复活"概念内涵具有特殊的区别性语义特征。

（一）"忏悔"的观念

在词典中"忏悔"一词具有三种含义。第一，自愿承认自己犯下的错误；第二，忏悔，在神甫面前向信徒们认罪；第三，革命前法院对某些罪行的惩罚，包括强迫和监督下的祷告。也就是说，忏悔属于良心发现，且这个人不再犯罪。这是忏悔需要达到的目标，也是完成"复活"的必要手段。

托尔斯泰利用小说《复活》中对玛丝洛娃的审判，不断扩大他对社会的批评范围。一开始，我们看到的法院、黑暗的监狱、贫穷的村庄、腐朽的贵族社会和不负责任的政府机构。托尔斯泰很好地描述了聂赫留朵夫形象的变化。实际上，托尔斯泰在开始时就已经暗示了这一变化，当时聂赫留朵夫因为继承了土地而感到非常沮丧。这种描述以某种方式保证了聂赫留朵夫和其他贵族在生活态度上有很大的不同。这表明他的潜意识中仍然有一丝光芒，也就是随后灵魂的觉醒和复活。为了使这种"忏悔的贵族"形象更有说服力，托尔斯泰多次描述了玛丝洛娃被引诱后聂赫留朵夫的精神活动，以及在某些时候聂赫留朵夫在良心上受到无法遏制的谴责。这也为聂赫留朵夫后来在法庭上见到玛丝洛娃做好了铺垫。精神层面和肉体上的人相互斗争，这提供了"净化灵魂"的可能性。在法庭上认出玛丝洛娃之后，所表现出的震惊，正是他真正的精神复活和觉醒的重要组成部分。

悔改的主题包含两个层次的含义：一方面，罪人在罪恶感的基础上悔改并进行"灵魂的清洗"，然后继续提升自己的道德水平；另一方面，罪人在爱的影响下继续悔改并最终获得救赎。正因如此，"自从聂赫留朵夫意识到他自己是愚蠢的、令人厌恶的，他就不反感别人了"①。在按照上帝的旨意对其他罪人的救赎和宽恕中，聂赫留朵夫也感受到了"上帝的爱"的力量。他消除了各种疑虑，并且有了全新的感觉，他感受到爱的力量是无敌的。因此，聂赫留朵夫明白了，"不能扔下玛丝洛娃不管，要帮助她，要做好一切准备向她赎罪"。当他把爱传递给其他罪犯时，他从中得到了一种幸福和平静的状态。不管玛丝洛娃作何反应，他对她的爱并没有改变。聂赫留朵夫不是为了自己爱她，而是为了上帝爱她。

"守卫走近他们，不等守卫训斥，聂赫留朵夫就与玛丝洛娃告别，离开了。他体会到前所未有的平静的喜悦、安详和对所有人的爱。聂赫留朵夫意识到马丝洛娃的任何举动都无法改变自己对她的爱，这一点让他感到高兴，备受鼓舞。尽管玛丝洛娃与医士调情，但这是她的事，他爱她不是为自己，而是为她和上帝。"②

在托尔斯泰看来，忏悔是灵魂、思想的改变与突破，是人类进步道路上，即不断自我完善道路上的决定性一步。关于悔恨的认识，托尔斯泰更欣赏个人独立意识的想法，即使这种意识的内容和结果具有神学意义。这与东正教意义上的悔改精神不同。这再次证实了托尔斯泰的宗教思想受到

---

① Толстой Л. Н. *Воскресение*. М.: Изд. Художественная литература, 1984. С. 119.

② 同上，С. 308–309.

启蒙思想家的深刻影响。托尔斯泰倾向于削弱宗教的神学意义，甚至放弃宗教神秘主义，他更加注重道德上的自我完善和生活中的幸福。

主人公聂赫留朵夫的形象包含了托尔斯泰从自我否定到否定整个阶级的精神思想。通过"认罪""赎罪"和最终的"复活"三个过程来完成这种思考。这三个过程也是贵族阶层实现复活的唯一途径。聂赫留朵夫精神意识的重大变化来自两个方面。一方面，尽管聂赫留朵夫是贵族的典型代表，但在他的潜意识中，仍然存在着人道主义的倾向。因此，人性中的"善"与"恶"始终处于激烈的斗争之中。最后，在玛丝洛娃赎罪后，他获得了彻底的"复活"。另一方面，玛丝洛娃的痛苦和不幸暴露了聂赫留朵夫心中最黑暗的角落，使他意识到自己犯了罪。

因此，聂赫留朵夫的精神复活的形象不仅是个人的形象，也是托尔斯泰本人的代表。此外，我们可以假设"复活"是一种理论，俄罗斯人民懊悔自己的内在罪恶，并寻求道德上的自我完善。

（二）"宽恕"的观念

［马太福音，5：21–26］第一条戒律就是人不仅不可杀人，而且不可对弟兄动怒，不可轻视别人，骂人家是"废物"。倘若同人家发生争吵，就应该在向上帝奉献礼物以前，也就是祷告以前同他和好。[①]这是托尔斯泰在复活小说结尾引用的五诫之一。被玛丝洛娃拒绝后，聂赫留朵夫很犹豫，他想在福音书中找到答案。这条戒律来源于圣经中的一段话：

你们听见古人吩咐说："不可杀人"，又说："凡杀人的，难免受审判。"只是我告诉你们，凡向弟兄动怒的，难免受审判。凡骂弟兄是废物的，难免公会的审断；凡骂弟兄是傻瓜的，难免地狱的火。所以你在祭坛上献礼

---

① Толстой Л. Н. *Воскресение*. М.: Изд. Художественная литература, 1984.C. 444.

物的时候、若想起弟兄向你怀怨，就把礼物留在坛前，先去同弟兄和好，然后来献礼物。［马太福音，5：21-37］

这种教导的实质是要教育人们宽恕他人的罪恶，正如上帝宽恕我们一样。托尔斯泰还引用了小说题词中的圣经内容：

［马太福音，18：21-22］那时彼得进前来，对耶稣说："主啊，我弟兄得罪我，我当饶恕他几次呢，到七次可以吗？"耶稣说："我对你说，不是到七次，乃是到七十个七次。"

在小说的开头和结尾处的两段戒律表明，托尔斯泰非常重视这一诫命。它反映了东正教的基本思想之一，那就是罪恶不可避免和宽恕罪人。在小说中，托尔斯泰最强调"宽恕"的概念。

"宽恕"一词意味着彻底原谅，忘记欺辱。如上所述，一个人若要悔改，就会得到上帝的恩典。

在小说的开头，托尔斯泰还引用了圣经的一段经文：［约翰福音8：7］你们当中没有罪的人，就可以先拿石头打她。

这句话的上下文是这样的，一个女人因为通奸被抓，她被带到耶稣那里。根据摩西旧约律法，她将被处乱石砸死。人们问耶稣应该如何惩罚这个女人。耶稣说了上述一席话。人们感到自己有罪，都离开了，只剩下耶稣和这个女人。耶稣告诉她，他不审判她的罪，只是她不应该再犯罪。这意味着没有人可以说他在上帝面前是无罪的。因此，正如耶稣宽恕我们一样，我们不该谴责他人的罪过，而必须原谅其他罪人。

在上帝面前，所有人都是有罪的。那最大的罪过是什么？这就是一个人不想承认自己的罪过。第二句题词证明了这一点：

［马太福音7：3］为什么看见你弟兄眼中有刺，却不想自己眼中有梁木呢？圣经中"梁木"的隐喻教导人们思考自己的罪过，而不是关注他人

的缺点。聂赫留朵夫听说玛丝洛娃与监狱医院的一名男子关系不寻常时，他感到厌恶。然后，他开始考虑自己对她的罪过，聂赫留朵夫说："只要我们一直看到眼中的光芒，我们就会变得更仁慈。"①

聂赫留朵夫已经清楚地知道："他找不到的答案，原来就是基督对彼得说的那段话：要永远饶恕一切人，要无数次地饶恕人，因为世界上没有一个无罪的人，可以惩罚或者纠正别人。"②

因此，这一"第一条戒律"连同小说开头的引言一起反映了托尔斯泰对"犯罪和宽恕"的态度。聂赫留朵夫、玛丝洛娃、托尔斯泰或我们每个人，在上帝面前都是罪人。只有我们彼此原谅，才会有"人间天堂"。

（三）"自我牺牲"的观念

小说"复活"带有自传体特点。像聂赫留朵夫一样，托尔斯泰本人也曾荒淫无度，享受着上流社会的生活。但是，当主人公的灵魂苏醒并寻求"复活"的过程时，出现了自我牺牲的话题。

"自我牺牲"概念的含义很容易理解，就是为了他人的利益牺牲个人利益。老年时的托尔斯泰，切实履行了自己的精神信条。他选择吃素，穿着粗布的衣服，并像农民一样在田间劳作。此外，托尔斯泰决定放弃所有私有财产。托尔斯泰认为，他必须签署赠予契约。如果不这样做，他将陷入罪恶。"罪"在这里是指对金钱的贪婪，这在圣经中有描述。

当《圣经》谈到神与金钱的选择时，说："你们不能又侍奉神，又侍奉财利。"［马太福音，6：24］金钱本身不分好坏。重要的是，人们如何对待金钱。那些相信上帝的人不能同时爱金钱和上帝。对物质和金钱的

---

① Толстой Л. Н. *Воскресение*. М.: Изд. Художественная литература, 1984. С. 326.
② 同上，С. 443.

渴望将不可避免地影响精神进步。因此，"你的钱在哪里，你的心就在哪里"。"人若赚得全世界，却丧失了自己，赔上自己，有什么益处呢？"〔路加福音，9: 25〕。

在这本小说中，托尔斯泰通过提及聂赫留朵夫的财产表达了他对自我牺牲的看法。聂赫留朵夫第一次尝试"精神净化"后，他向阿格拉费娜宣布他放弃拥有房屋的权利。他放弃了庄园的土地使用权，并将土地无偿分配给农民。他离开了豪华的家，想改变旧的生活方式，尝试过普通人的生活。

小说第二部分的前九章描述了聂赫留朵夫在土地和财产方面采取的措施。他亲自拜访了农民并进行了土地改革。这些措施和变化均基于自我牺牲规则。

小说描述了聂赫留朵夫如何与他的妹妹就他第一次进行的农村改革进行的争论。然后，聂赫留朵夫前往西伯利亚，监狱生活将不可避免地花费大量金钱、劳动力和物质资源。但是，聂赫留朵夫知道他必须"做这一切"，"如此坚定的信念使他感到高兴"。这种信念就是"自我牺牲"。

在去西伯利亚的路上，聂赫留朵夫和工人、农民一起坐在火车的三等车厢，聂赫留朵夫还给他们让座。他改变了偏见，开始同情政治犯，并意识到政府让他们被逼无奈使用暴力。可以说，他的世界观发生了很大变化。聂赫留朵夫改变了他对政治、上流社会的生活和国家法律制度的看法，并希望在福音中为国家找到出路。至此，聂赫留朵夫基本完成了"复活"。他说："我的良心需要我做什么，我就去做什么"，"我的良心要我牺牲自由去赎罪。"①

---

① Толстой Л. Н. *Воскресение*. М.: Изд. Художественная литература, 1984. С. 306.

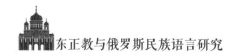

如此，在对上帝的精神追求和当下世界的物质享受之间进行选择时，聂赫留朵夫可以毫不犹豫地抛弃后者而选择前者。这确实向我们证明了自我牺牲的精神。因此，聂赫留朵夫决定与玛丝洛娃结婚，希望达到道德上的满足。

"今天上午，为了道德满足而牺牲一切并娶她的想法尤其使他感动。"这里"道德满足"指的是跟随上帝对人类灵魂的召唤，并按照《圣经》的教导生活。这种神圣的自我牺牲不仅发生在聂赫留朵夫身上，还发生在女主人公玛丝洛娃身上。在玛丝洛娃"复活"时，她坚决拒绝聂赫留朵夫娶她并陪她去西伯利亚流放的想法。她没有接受聂赫留朵夫的牺牲。正如聂赫留朵夫在日记中所写的那样："卡秋莎不需要我的牺牲，只要她自己的牺牲。她赢了，我也赢了。"我们认为，这两个人在自我牺牲以后都重生了，都赢了。双方彼此相爱并且准备好了牺牲，但牺牲的出发点有所不同。其中一个考虑彼此生活的幸福；而另一个则考虑牺牲自己以拯救自己的灵魂，已经变成了对自我牺牲的爱。对于托尔斯泰来说，这是人类情感中最崇高的形式。

（四）"爱"的观念

爱是一种文化上的精神概念。爱对于人类来说是一种个人忠实的感情体验。这是一种对人或者对物的感情，如对上帝、对祖国、对父母、对生活、对科学、对金钱、对艺术、对权力、对荣誉、对自己等。在小说《复活》中托尔斯泰强调"爱亲人，也爱你的仇敌"。

第五条戒律［马太福音，5:43—48］是，人不但不可恨仇敌，打仇敌，而且要爱仇敌，帮助仇敌，为仇敌效劳。

以下这些话来自《圣经》：

你们听见有话说"当爱你的邻舍，恨你的仇敌"。只是我告诉你们，要爱你们的仇敌，为那逼迫你们的祷告。这样，就可以作你们天父的儿子。因为他叫日头照好人，也照歹人；降雨给义人，也给不义的人。[马太福音，5: 43-45]

这条原则要求人在任何条件下先爱亲人。这样一来，不仅是爱自己，爱亲人，爱同事，还爱那些和自己没有任何关系的人，甚至爱罪人和恶人。

"爱上帝，爱仇敌，爱邻舍"这是《新约》的宗旨。"爱亲人"也是托尔斯泰晚年时期的宗教思想之一。他得出这样的结论：只有人们彼此相爱，才能实现"人间天堂"的想法。在书的最后一章作者强调了这些基督教准则，是为了和小说开头的引言相呼应。

在小说《复活》中作者允许主人公聂赫留朵夫爱亲人。聂赫留朵夫为过去的罪恶向玛丝洛娃请求原谅，他采取了许多行动，如上诉、陪玛丝洛娃去西伯利亚流放、希望和玛丝洛娃结婚等。所有的这一切是为了将"恶"转化为"善"。除此之外，在小说中聂赫留朵夫不仅关心玛丝洛娃，还替不认识的政治犯说情，甚至他继承的土地也以不同的形式转送给了农民，试图改变农民凄惨的生活条件。身为贵族，他将许多陌生人视为兄弟的动机是什么？这是爱的精神和表现，是善的觉醒。这是耶稣精神的召唤。宗教的力量可以改变人类。东正教理论对托尔斯泰和他的主人公聂赫留朵夫产生的影响是无法低估的。

值得一提的是，在现实生活中托尔斯泰像聂赫留朵夫一样努力实现关于爱的想法。托尔斯泰认为，消除贵族和农民之间隔阂的唯一方法是一切从"爱"开始。一方面，地主应减少对农民的剥削，少收地租，放弃私有财产；另一方面，农民应该明白"不以暴力抗恶"。这样一来，他们可以

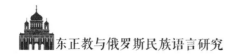

彼此和谐相处。托尔斯泰在晚年所写的小说《复活》完全说明他从贵族立场转向宗法农民立场的观点。

小说的第二章探讨了聂赫留朵夫解决"土地"问题的办法，聂赫留朵夫的各种政策方案没有得到有效实施，人们也无法理解他的工作。但是在这个过程中托尔斯泰明白了，农民贫穷的原因是唯一能够养活他们的土地被地主夺走了。这里托尔斯泰深刻揭示了土地所有制的本质，他试图在爱的基础上解决贵族和农民之间的矛盾。

除此之外，托尔斯泰还试图促使人们进行自我完善和在爱的基础上原谅所有罪恶。

（五）"自我完善"的观念

在词典中单词"自我完善"的意思是有意识地发展自己任何积极的（主要是道德的）品质、能力和技能。在这本小说中"自我完善"的内容是指道德的自我完善。这是一个从忏悔、赎罪到宽恕一切、爱亲人的过程。

在俄罗斯，人民的世界观指的不是传统意义上的人道主义，而是基督教的人道主义。在托尔斯泰主义中，此基督教的人道主义表现为"道德的自我完善"。

在《复活》中托尔斯泰写道："一个是精神的人，他所追求的是那种对人对己统一的幸福；一个是兽性的人，他一味追求个人幸福，并且为了个人幸福不惜牺牲全人类的幸福。"

托尔斯泰认为，道德的自我完善在于放弃自私并致力于利他主义。人，如果只为自己而活，甚至剥夺了他人幸福的权利，这是不诚实的人，而且没有找到生活的意义。生活的真理在于为他人牺牲。如果你想成为一个具有道德自我完善能力的人，那么你需要承受许多考验。因为在人的内心中那个兽性的人将不断地起身并且试图把温柔的性格隐藏起来。这样一来，当我们认识到灵魂的双重性时，我们必须常常进行道德的自我完善。

在这里我们注意到"自我"这个词，也就是说，道德完善不是来自外部，而是来自自身。马太福音书中的教导不能帮助我们成为一个好人，因为《圣经》中所有的告诫都应该与内心的上帝或者内心的人有关。爱会促使人们看见内心的上帝的珍贵，忏悔同样使人们看见内心的上帝的珍贵。天国就在自己心中，这也反映了托尔斯泰的一贯主张。

在该小说中，两位主人公聂赫留朵夫和玛丝洛娃都进行过灵魂上的自我完善。这一点已经在上文阐述过了。在聂赫留朵夫为改变玛丝洛娃的处境而极力帮助她时，聂赫留朵夫看到了皇权下法院、监狱和教会的黑暗和腐败，看到了上层阶级腐败的灵魂和利用宗教玩弄百姓的丑恶一面。聂赫留朵夫对玛丝洛娃的关心和对自己行为的悔过，让玛丝洛娃从内心和行为上对聂赫留朵夫有所改观。她的本性开始回归，并逐渐爱上聂赫留朵夫。这就是玛丝洛娃在灵魂上的"复活"。玛丝洛娃因误判被流放到西伯利亚，聂赫留朵夫毅然决定陪她共渡此难。他拒绝了和富家女的婚约，变卖所有资产。在去西伯利亚的路上聂赫留朵夫内心异常平静。这时他明白了，人们内心的幸福和痛苦与外部的生活方式、自然条件和国家文明程度无关。这些变化向我们展示了聂赫留朵夫内心的自省和灵魂的自我完善的过程。

我们也能从玛丝洛娃身上看到她的自我觉醒、自我完善。在流放到西伯利亚的路途中，她结识很多工人阶级的赶路者。她以前认为，所有的人都是为了自己的利益而活。而现在看来，这一切恰好相反——有这么一些人，他们将自己的幸福与其他人的命运紧密相连。尤其是当她与政治犯西蒙松结识之后，她的内心状态发生急剧变化。她渐渐改变自己轻浮的作风。小说《复活》对玛丝洛娃进行了非常生动的刻画——帮助政治犯打扫房间。即使玛丝洛娃依然爱着聂赫留朵夫，但她还是毅然拒绝嫁给聂赫留朵夫，选择成为西蒙松的妻子。她认为，聂赫留朵夫决定娶她只是为了让自己的良心更好过一点。这不是爱，而是怜悯。最终玛丝洛娃完成了内心的"复活"，收获了爱情和全新的生活，实现了灵魂的自我完善。

四、《复活》文化观念域的外延

"誓言"和"不反抗"是研究小说《复活》文化观念域的两个重要概念。研究这两个概念域外围的概念，能够进一步延伸"复活"这一概念的内涵。很显然，延伸的领域不但丰富了小说本身概念域的内涵，也增加了列夫·托尔斯泰小说的艺术性。

（一）"誓言"的观念

根据词典中对"誓言"一词的解释，俄语母语者对该词有固定的理解："非常正式的承诺，信任。"也就是说，对别人发自内心的话和行为表示信赖。

第三圣训［圣经，5: 33–37］就是人不要轻易承诺。

托尔斯泰在小说结尾引用第三圣训，目的是为了解释"我们不要轻易承诺"这一观点。我们应该坦诚相待，不要做一些虚伪的事情。托尔斯泰多次在自己的小说中以不同的方式阐述该圣训。例如，在法院审判厅中牧师让犯人跪在福音书前，而福音书是禁止人们下跪的。

"同样，在审判过程中困难的，就是让犯人在福音书前发誓，因为在福音书中禁止发誓行为。"① 这反映出托尔斯泰对于谎言和东正教会的不公的不满。托尔斯泰反对教会并坚信教会用各种仪式改变了福音书的灵魂。托尔斯泰详细描述了宣誓仪式的场景：神职人员平静地站着，实际上毫无敬意。他们不停地祷念和祈祷，但其实对上帝毫无真心和尊重。他们甚至都不明白他们自己说的东西，也不知道如何与耶稣进行灵魂沟通。这些神职人员只是用这些神秘的宗教仪式，来展现信仰的重要性。

"应该相信这一信仰……因为完全忘记了该信仰教条的本质，只知道是为了和谐的氛围，为了理解，为了时间……"② 令托尔斯泰极其厌恶的是，学习福音书那些庄重仪式的人，并不知道福音书的本质内涵。作为上帝代表的神职人员都不能理解他们以《圣经》的名义的行为，这简直是对《圣经》的侮辱。

"在场的所有人都认为，在这里做的这些事完全是对神的侮辱，对耶稣的嘲笑，而这种行为是十分常见的。"③ 教会的无知和无力不仅体现在复杂的宗教仪式上，也体现在对全社会的独裁专制上。教会与国家政权相联合，这样就能应用国家机器和禁锢人们的思维来剥夺人们的自由。当时法律荒谬地规定：

"流放的意义不在于距离远，而在于过程艰苦，要是对这种审判结果没有依据，那就去翻看福音书，要是福音书给出的解释与此有冲突，那就由教会进行解释。"④ 为了揭露教会的虚伪面孔，托尔斯泰用"禁止发誓"这一圣训做例子。此后，在托尔斯泰看到教会虚伪一面的同时，他提议用

---

① Толстой Л. Н. *Воскресение*. М.: Изд. Художественная литература, 1984. С. 29.
② 同上，С. 138.
③ 同上，С. 137.
④ 同上，С. 238.

新的宗教取代目前的宗教。新的宗教的意义在于学习福音书中的耶稣，而不是依靠教会和神职人员。

（二）"不反抗"的观念

在《复活》中，托尔斯泰以聂赫留朵夫为引，逐渐阐明他就一些问题的观点。在陪伴玛丝洛娃一同流放的路上，他同西蒙松以及其他的革命者结识。聂赫留朵夫（也就是托尔斯泰本人）明白了他们的"暴力倾向"。但是在道德层面聂赫留朵夫对他们中的大多数人表示尊重，但是他对"暴力革命"总是持有另一种态度。这就体现了作者的"不反抗"观点。

什么是不反抗呢？这个词意味着"对于恶势力不采取积极的应对态度，用服从、消极、息事宁人的方式反抗它"。也就是说，不反抗恶势力。在陪伴玛丝洛娃流放的路上聂赫留朵夫看尽了随处可见的邪恶。他尽全力反抗所有的恶人恶事。在整个过程中，俄罗斯现实社会从不同方面被表现得淋漓尽致。但是作者对于社会改革有自己独到的见解和看法。

"……革命不在于摧毁整个大厦，而是要改变这个完美、坚固、热情和古老的大厦的内部结构……"①小说描述到，在世界上，邪恶导致很多悲惨的结果——女人的堕落、贫穷、不幸、不自信等。那么，我们怎样和恶人恶事做斗争？最简单的办法就是"以牙还牙"，也就是用正义力量消灭邪恶力量。

"第四教义在于［圣经，5: 38-42］，人们不仅应该以牙还牙，而且要展现出另外一面——在打击恶势力时，应当用宽容和妥协来惩罚他们……"托尔斯泰的后来者将"不反抗"与"自我完善"视为"托尔斯泰主义"的核心内涵。托尔斯泰认为，利用暴力革命推翻现有的国家体系是

---

① Толстой Л. Н. *Воскресение*. М.: Изд. Художественная литература, 1984. С. 138.

不明智的。"以牙还牙"并不是不合逻辑，也不是无效的。如果我们用邪恶的手段惩治邪恶，这就相当于承认善良在邪恶面前的无可奈何。托尔斯泰的"不反抗"出自基督教。东正教对托尔斯泰的影响可见一斑。

以上分析了托尔斯泰的个人艺术世界图景，我们选择了一个核心观念"复活"，五个构成小说《复活》次核心观念域的观念——"忏悔""宽恕""自我牺牲""博爱""自我完善"，以及"誓言"和"不反抗"这两个构成小说的边缘观念区域的观念进行分析。这些观念构建成小说的观念域，凝结成作者的艺术世界图景。

托尔斯泰是一位深受《圣经》原型影响的作家。他对《圣经》和神学概念的了解反映在他的许多作品中。这在《复活》中尤其明显。小说《复活》汇集了托尔斯泰的宗教思想，即托尔斯泰的宗教和哲学思想。他利用文学创造力来表达对俄国历史的看法、社会状况的批判以及对未来的展望。基于自己的思想体系，托尔斯泰认为，社会可以建立在"爱邻人"和"不以暴力抵抗邪恶"的基础上，然后实现"道德上的自我完善"，这被称为"托尔斯泰主义"。该想法反映在他的许多作品中。

作为具有强烈社会责任感的作家，托尔斯泰始终高度重视他的思想。托尔斯泰的深刻反思在很大程度上反映了他的宗教研究。这在他的小说《复活》中表现得尤为明显。对这些观念的分析为重新理解小说提供了新视角。

第三节 《美狄亚和她的孩子们》中的"东正教"观念域

文化观念构成文化的观念域。观念属于意识范畴，是理解民族思维、思想活动和行为的关键。每个民族都有自己的文化观念域，这源于个人、集体和民族的自身经验。某些观念根据特定的属性进入观念域，本节将艺

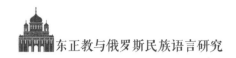

术文本《美狄亚和她的孩子们》中的观念域作为研究对象，从东正教角度，将根据宗教观念特征对观念进行分类，研究此作品中主要的典型观念及作品主旨。

一、小说《美狄亚和她的孩子们》中的东正教精神与艺术世界图景

俄罗斯精神对于外国人甚至俄罗斯人自己来说都难以理解。它具有神秘和难以理解的特点，这与俄罗斯的文化、宗教、环境等因素有关。许多学者认为俄罗斯文化主要是基督教文化。基督教文化渗透俄罗斯人民的日常生活和灵魂深处，并且极大地影响着文艺创作者的世界观。在俄罗斯作家和诗人的作品中或多或少都包含了东正教主题。因此，俄罗斯文学与基督教有着千丝万缕的联系。

文化、文学和宗教作为创造俄罗斯人民价值观和世界观的三大因素，相互影响、共同发展、互为补充。对于大多数俄罗斯人来说，东正教精神是精神世界不可分割的一部分。在小说《美狄亚和她的孩子们》中，有许多反映东正教重要观念的宗教词汇。东正教精神渗透在俄罗斯文学作品中。从语言文化学角度对具有宗教特征的观念进行研究，有助于我们确定文化中的宗教成分如何反映民族语言世界图景并形成民族文化观念域。

（一）小说《美狄亚和她的孩子们》中的东正教主题

1. 克里米亚作为俄罗斯文化根源的象征

小说《美狄亚和她的孩子们》反映了探寻俄罗斯文化和精神起源的思想。女主人公的居住地、女主人公的家庭出身、大量的宗教词汇，以及这本小说的东正教主题都体现了这一思想。

　　女主角美狄亚是东正教信徒，一生都住在克里米亚。小说里提道：
"尽管这个地区越来越衰落，她也不愿搬迁到其他任何地方去。她一生中
只有两次离开过克里米亚，加起来总共有 6 个星期。"[①]实际上，她三度离
开克里米亚：第一次，与妹妹桑德拉一起去莫斯科，帮助姐姐在莫斯科安
顿下来并照顾新生婴儿；第二次，在得知丈夫和妹妹桑德拉背叛自己后，
她去了塔什干；第三次，她去莫斯科参加玛莎的葬礼。作者详细记录了美
狄亚离开克里米亚的天数，是为了向读者展示美狄亚对这个地方的深爱。
对于女主人公来说，克里米亚是养育她和家人的土地。"克里米亚的大地
对美狄亚向来是慷慨款待的，把自己的稀有财宝统统拿出来赠送给她。"[②]
美狄亚对克里米亚这片土地充满感激，爱她像爱自己的母亲一样，因此战
争期间，即克里米亚动乱时期，她就算很饥饿也没有离开。小说中的克里
米亚是所有人的精神家园，是俄罗斯文化起源的象征，对俄罗斯人来说有
许多意义。

　　弗拉基米尔大公于 988 年在赫尔松涅斯受洗。赫尔松涅斯现位于塞瓦
斯托波尔，是古代城邦。罗斯与拜占庭之间的关系经历了许多阶段：贸
易、外交、联姻、战争。拜占庭的东正教来到罗斯时，高度发达的拜占庭
文化、先进的政治制度、扎实的理论传统，以及关于世界的知识，也随着
宗教从古代世界和拜占庭传到了罗斯。拜占庭的东正教及其附属品帮助罗
斯成为文明国家。因此，东正教为俄罗斯文明的发展和繁荣做出了贡献。
重要的是，克里米亚作为罗斯受洗地在引入东正教一事上起着重要作用。
克里米亚将罗斯与发达的拜占庭联系起来。这促使罗斯逐渐从一个没有强
烈信念的半野蛮无知国家转变为一个有坚定信念的、文明的、智慧的国

①　Улицкая Л. Е. *Медея и ее дети*. М.: ACT, 2016. C. 7.
②　同上。

家。因此，克里米亚象征着俄罗斯文化和文明的起点。

2014 年，俄罗斯总统弗拉基米尔·普京在联邦会议上发表年度致辞时说道，在克里米亚，"存在着多元但团结的俄罗斯民族以及中央集权的俄罗斯国家的精神源泉"。"对于俄罗斯来说，克里米亚、古代科尔松、赫尔松涅斯、塞瓦斯托波尔都具有极大的文明和神圣意义。"他强调，东正教作为一种精神力量，使俄罗斯民族团结一体。目前，克里米亚被正式定义为俄罗斯文明的起源和俄罗斯东正教精神的起源。

在小说《美狄亚和她的孩子们》中，克里米亚象征着东正教精神的守护者，它赋予居民力量、对未来的信心和希望。小说描述了在克里米亚近一个世纪的故事。历史上，克里米亚"先后属于西徐亚人、希腊人、鞑靼人，现在又属于国营农场"[1]。20 世纪在俄罗斯，包括克里米亚，发生了第一次世界大战、十月革命、农业集体化、伟大的卫国战争、饥荒和克里米亚鞑靼人向中亚迁徙等重大历史事件。这些在克里米亚发生的历史事件构成了克里米亚的文化空间。经历了这些困难，没有任何困难和阻碍可以打败俄罗斯人民，特别是克里米亚居民。

克里米亚经历了许多困难时期，它至今仍扮演着养育和保护所有居民的母亲角色。小说多次提到美狄亚和格奥尔吉爱克里米亚及其山脉、土地和植物。小说写道："格奥尔吉对这些山充满了热爱，犹如一个人爱母亲的脸、爱妻子的身一样。"[2] 他们感激克里米亚就像感激自己的父母。小说中的主人公们对克里米亚的热爱体现了俄罗斯人对其精神和文化渊源的特别关注。

西诺普里一家是希腊人的后代，而他们住在克里米亚，这个对俄罗斯

---

① Улицкая Л. Е. *Медея и ее дети*. М.: АСТ, 2016. С. 20.

② 同上，С. 23.

文化的形成和发展具有重要意义的地方。这向我们表明，她的家人就像一个文化枢纽，将希腊文化和拜占庭东正教与俄罗斯文化和宗教联系在一起。她的家人就像希腊文化和传统的继承者。在小说结尾，玛莎的葬礼是在希腊教堂，而不是在俄罗斯教堂举行的。美狄亚及其家人的生活在某种程度上与希腊世界息息相关。

在这些所谓的希腊文化继承者中，美狄亚占据着中心位置，她扮演着母亲的角色并密切关注她的孩子们。"无子女的美狄亚把人数众多的侄子、外甥及侄孙女等召集到自己位于克里米亚的房子里""亲戚们季节性的来访高潮""每年到克里米亚朝圣""缄默寡言、膝下无子女的美狄亚……心中却经常纳闷，她这座被烈日烤煳、被海风吹透的住房为什么会这样吸引不同民族的形形色色的人们，使他们从立陶宛、格鲁吉亚乃至中亚纷纷来到此地"。

事实上，亲戚们认为，美狄亚总是像母亲一样悉心照料每个家人。从精神生活层面来讲，她像圣母一样，始终保持着理想、高尚和完美的内心道德。因此，美狄亚的亲戚们认为她是道德的典范，而她克里米亚的家是精神价值的来源，是一种文化标志。每年，她的亲戚从不同地方相聚于克里米亚，并不仅是为了享受美景，在某种程度上他们的克里米亚之旅更像一次朝圣。因此，在小说《美狄亚和她的孩子们》中克里米亚被赋予了神圣的意义。

2. 小说《美狄亚和她的孩子们》中的宗教特征

小说《美狄亚和她的孩子们》遵循俄罗斯古典文学的传统，并带有宗教色彩，同时也表现出东正教思想主题，该思想赋予俄罗斯人精神力量，帮助他们克服困难，经受住疾病、痛苦、灾难、折磨、悲剧、死亡等磨难。

小说中明确地展现出了宗教印记。具体来说，主要表现为以下方面：（1）东正教和神学术语的基本概念（Бог, Господи, Божья Мать, ангел, Царство, христианский, православный, верующий, крещенный, праведница）；（2）基督教道德语汇（вера, верность, любовь, грех, наказание, прощение, добро и зло, смирение, жертва, терпение, милость）；（3）圣礼、教堂仪式和宗教活动的名称（крещение, покаяние/исповедь, брак, молиться, служба, отпевание, паломничество）；（4）教堂用具和物品（крест, свечка, икона, церковный ящик）；（5）教堂节日（Лазарева суббота, Вербное воскресенье, Великий пост, Пасха）；（6）寺庙和神职人员（церковь, храм, монастырь, иеромонах, священник, старец）；（7）《圣经》及《圣经》人物的藏书（книги Пятикнижия, Псалтирь, Левит, Исход, Заповеди Блаженства, Товий, Сепфора, Иаков）；（8）成语和词组（слава богу, ради бога, дай бог, с богом, боже мой, по Божьей милости）等。

由此，我们可以得出结论，东正教思想已经像空气、水和面包一样渗透俄罗斯人生活的方方面面，成为俄罗斯人的精神支柱，并促进其道德价值观与世界观的形成。

东正教主题主要通过文学作品中主人公的行为和心理活动得以表现。俄罗斯性格的一个特征是对内部精神需求而非外部物质需求的极度渴望。同时，俄罗斯人越来越重视信仰和精神生活。在小说《美狄亚和她的孩子们》中描述了这样一个故事，祖父哈尔兰皮很难拥有自己的孩子，他结过两次婚，两任妻子连续六次生下的都是死婴。最后，他的第二任妻子生下了美狄亚的父亲。祖父认为，这是第二任妻子的功劳，因为她"遵循誓言来到基辅"。美狄亚的祖母非常感谢上帝赐予了他们这个健康的婴儿，"她毕生都心存感恩"，"这个家庭真是太幸运了"。[①] 在生命晚年时期，哈尔兰皮破产了，也放下了对金钱的执念，而一切都好起来了，他有了越来越多的孙子。作为虔诚的信徒，美狄亚的祖母严格遵循东正教准则；而祖父虽不是行为上的虔诚信徒，但经历了内心精神的重生。当他遗失物质财富时，并没有抱怨；相反，他是善良而平静的。东正教的思想观念转向对人类内心世界的探索。要从内心深处消除痛苦、不幸、罪恶、背叛、欺骗等负担，不能仅依靠善行，还要经历内心的重生。

小说中也展现了许多东正教概念，例如"圣母""爱情""善良""耐心""忠诚""自我牺牲""痛苦""恐惧""死亡"等。透过宗教观念，可以看出俄罗斯人的宗教文化、语言和思想的相互联系。

（二）小说《美狄亚和她的孩子们》中的世界艺术形象

一些学者将世界艺术形象解释为理想的本质，形成于读者阅读和感知文学内容的过程。通常，在读者群体中，个人、集体、社会和国家的世界形象都会被创造出来。而其他学者认为，作者的思想、生活经历、世界观、立场、价值观及创造力对世界审美观念化进程有着深刻影响。在某种程度上，作者被赋予了独特的个人形象。如果仅从单方面的角度考虑，我们无法获得世界艺术形象的完整内容。因此，必须从读者和作者双方的角度来共同看待该形象。

小说《美狄亚和她的孩子们》的作者是柳德米拉·乌利茨卡娅，她是一位俄罗斯作家，在国内外享有盛名。她是 2001 年俄罗斯"布克奖"、2007 年和 2016 年"大书奖"的获得者，还屡次获得国际奖项，其中包括"美第奇奖"（1996 年，法国）、"阿切尔比奖"（1998 年，意大利）等。

---

① 　Улицкая Л. Е. *Медея и ее дети*. М.: АСТ, 2016. С. 8–9.

她是最著名和最受欢迎的现代俄罗斯作家之一，其作品已被翻译成超过 25 种语言。

乌利茨卡娅创作了许多关于女性的优秀作品。在俄罗斯当代女性散文中，其作品内容极为丰富和复杂，充分体现了多样化的特征。该领域的创造力主题可以分为三个主要部分：生存（生命）、死亡和爱情。①

至于小说《美狄亚和她的孩子们》的主要思想，可以从上述提到的三个方面来理解。

无论在 20 世纪还是现在，生存主题都存在着现实意义。在小说中，我们了解到女主人公生存的社会历史环境是由革命、战争、饥荒及艰难岁月这些因素构成的。在这样的社会背景下，美狄亚的父母早逝，离开了这个大家庭。她 16 岁便肩负起家庭重担，含辛茹苦地抚养妹妹桑德拉和弟弟康斯坦丁、德米特里，牺牲了自己的黄金时间，年近三十才嫁人。当她的丈夫塞缪尔患重病时，美狄亚无微不至地照料他。但丈夫去世后，她却发现了丈夫和妹妹桑德拉的私情，一开始她非常痛苦，但最终原谅了他们。从美狄亚的行为和心理活动中，可以看出小说中所表现出的东正教思想：爱情、仁慈、宽恕、自我牺牲、坚持不懈等。小说中表现出主人公对社会现实和人们日常生活的态度。乌利茨卡娅认真观察主人公在家庭生活中的行为举止，全面地展现了主人公遭受家庭变故打击时的真实反应和状态，其中揭露了一些丑陋行为。

死亡主题通常出现在现代女性的散文中。作者在小说中多次描写了死亡。作者通过叙述死亡情节来反思生命的意义和死亡缘由。人们可能会死于意外、战争、疾病、谋杀、自杀等。小说讲述了死于战争的兄弟、死于

---

① 国晶：《文学修辞学视角下的柳·乌利茨卡娅作品研究》，北京：北京大学出版社，2017 年，第 43 页。

疾病的美狄亚丈夫、死于车祸的玛莎父母，以及自杀去世的玛莎等。死亡有时被视为一种消除悲伤和罪恶的方式。从东正教观念来看，人类迟早会消逝，但是人类的精神和思想是永恒的，是不会被夺去的。可以借虔诚忏悔来摆脱悲伤和罪恶，而不是自杀。

爱情主题是整个人类永恒的主题。在女性散文中，这个主题占有重要地位。女人比男人更温柔、敏感、主观、脆弱。因此大多数情况下，女人比男人更看重爱情。该小说中描述了夫妻、情人之间的爱。玛莎、妮卡和布托诺夫之间的三角恋关系酿成了玛莎的悲剧。丈夫塞缪尔和妹妹桑德拉的背叛对美狄亚造成了严重的精神打击。实际上，爱情可以给人们带来积极影响，但若超出宗教和道德规范的范围，则恰恰相反。

乌利茨卡娅根据自己的经历、见解和世界观，从生存、死亡和爱情三个方面描绘了"家庭爱情"。主人公的大家庭是由许多小家庭构成的。乌利茨卡娅在小说中把美狄亚塑造成理想、高贵和圣洁的形象，因此美狄亚是整个大家庭的精神支柱。作为一种精神象征，她将来自不同地方的家庭成员聚集在一起，互相交流融合情感和精神观念。

二、小说《美狄亚和她的孩子们》观念域的核心

（一）"圣母"观的概念结构和主要内容

观念是反映世界语言形象和民族文化概念领域的精神单元。概念本身既属于文化，同时又影响着对文化的认知和文化的发展。

"圣母"这一观念是世界俄语语言画卷的组成部分，也是东正教观念域的主要构成单位。东正教是基督教三个分支之一，并且在全世界广泛传

播。其特点是"对圣母、圣像画、神力的高度崇拜与尊敬"①。我们将在基督教观点下研究"圣母"这一概念的内容。

首先，我们要弄清楚东正教中"圣母"的观念。在斯克里亚列夫《东正教文化词典》中对"圣母"一词有以下解释：（1）圣母——耶稣之母的名称（一般用于非宗教文体）；（2）圣母——圣母玛利亚，基督耶稣之母；（3）上帝之母——圣母（多用于祷文、圣像画及教堂名称）。②这三个词用于不同情况及文体中，但本质上讲意思相同。

在该词典中还有以下词语和词组也表示"圣母"的意思：圣母玛利亚、玛利亚、神圣的母亲（玛利亚）、天上的女王等。

"公元431年第三次普世会议确立了尊敬圣母的教条……在东正教和基督教世界中，对于圣母有一种普遍的尊敬，其被视为所有信徒的母亲、苦难中的救世主、辩护者。"③基督教确立了圣母在其教条中的崇高地位。

当谈到圣母时，东正教中的耶稣之母圣母玛利亚具有重大意义。按照《圣经》的说法，玛利亚曾是木匠约瑟夫的未婚妻，但两人并未结婚。圣母从圣灵处怀上了耶稣，并且在牲畜圈诞下了他。希律王听说新生的耶稣将成为犹太人之王，就想方设法想杀死他，因此玛利亚和约翰就带着耶稣去了埃及。直到希律王去世，他们才回到拿撒勒。

在东正教中，玛利亚被视为圣母，并且占据着重要地位，其地位比所有圣徒和天使都高得多。问题在于，玛利亚是上帝之子的母亲，并且她还生育了耶稣，她陪伴了耶稣很久，同其一起度过了艰难且危险的时光。东

---

① Скляревская Г. Н. *Словарь православной церковной культуры: более 2000 слов и словосочетаний.* М.: Астрель: АСТ, 2008. С. 300.

② 同上，С. 64、67、75.

③ 同上，С. 67.

正教教堂尤其将圣母视为人类的代表。[1] 东正教将圣母看作连接上帝与人类的中间人，因为圣母被看作人类在上帝面前的说情者。圣母兼有神性与人性。圣母的神性表现在其对人类高尚、普遍、神圣的爱上，表现在其圣洁纯净、慈悲、宽恕等方面。圣母的人性反映在其女性气概和母性中。

东正教教徒经常向圣母祷告，他们赞美她，并且希望可以从她那获得祝福和帮助。在俄罗斯，有圣母玛利亚的圣像画最受尊敬。在东正教中，复活节之后，人们会庆祝最具意义的 12 个大节，这其中有 4 个节日都是为了纪念圣母。

接下来，我们将从俄罗斯文化的角度研究"圣母"这一概念的特点。

从古至今，俄罗斯文化都推崇对于圣母的尊敬。社会底层民众的东正教和社会中高级人士的东正教并不一样。在农民或普通民众的意识中，对圣母的崇拜与其现实生活息息相关，并且能够满足他们的精神需求。在古罗斯，受语言文化影响，对大地母亲等女性和母亲的极度崇拜就已经很流行了。当人们把东正教带到罗斯时，语言文化中的一些崇拜现象，包括对伟大母亲形象、大地形象、土地母亲形象、基督教圣母形象的崇拜，融合进了"圣母"这一概念的统一概念性结构中。

"基督教文化中的女性起源观点完全表现在东正教教堂中。"[2] 俄罗斯东正教教堂中，圣母作为最高尚的女性标志，被视为俄罗斯大地及其居民的守护者与安慰者。东正教和宗教哲学学者高度评价女性的神圣理想。因此，在民众宗教及日常生活中，圣母占据着更高地位。所有关于女神、母亲、完美且神圣女性的概念，都融合进了"圣母"这一形象中。

---

[1] 乐峰：《东正教史》，北京：中国社会科学出版社，1999 年，第 20 页。

[2] 梁坤：《俄罗斯传统文学中女性崇拜的宗教文化渊源》，《中国人民大学学报》，2006 年第 7 期，第 140 页。

圣母象征着永恒且绝对的爱。"她的爱是完美的。她非常爱上帝和自己的儿子，但她也用其伟大的爱爱着人民。"①每个人，包括犯人与罪人，都可以指望从圣母那里获得帮助和救赎。

俄罗斯文化传统中将母性置于第一位。许多学者认为，在民族意识中圣母是俄罗斯大地及其住民的守护者。圣母"住在天上，并且不断看到上帝的荣耀，但没有忘记我们这些可怜人，并且她用自己的仁慈护佑着整片大地和所有子民"②。在俄罗斯民族意识中，圣母给予人民普遍的爱，并且像保护自己孩子一样保护着俄罗斯及其住民。人们带着一种天然的亲近和完全的信任靠近圣母，因此，圣母的形象和话语轻易就影响着人们的行为，并且打动他们的心灵。对于圣母的崇拜意味着对母亲之爱的尊敬。

圣母，是完美女性的象征，其身上表现出某些崇高的道德品质，比如女性的纯洁、宽容、牺牲精神、大度等。

我们将从东正教和俄罗斯文化角度，在俄语语言世界图景视野下分析"圣母"这一概念，它由三个主要平行次概念："爱""母亲""女性"构成，表现了俄语语言世界图景理解"圣母"概念的主要方向。接下来，我们将对作品《美狄亚和她的孩子们》中"圣母"概念的结构进行解释。

（二）"圣母"观念在小说《美狄亚和她的孩子们》中的体现

在小说《美狄亚和她的孩子们》的观念域中，我们将"圣母"这一观念放至了第一位。这是因为小说主人公美狄亚的形象完全体现了许多高尚品质：爱人之心、忠诚、耐心、自我牺牲精神、谦卑、勇敢、宽容、虔诚

---

① ［俄］索福罗尼：《俄罗斯精神巨匠：长老西拉》，戴桂菊译，上海：华东师范大学出版社，2007年，第347页。

② 同上，第350页。

等，这些品质属于"圣母"一词的概念层次。美狄亚被看作其大家族甚至其村镇上的神。对于当地居民来说，美狄亚已经成了风景的一部分，"海湾及海边的石头，有过许多名字，但最近十年中它们最经常被称为美狄亚海湾或美狄亚之石"[①]。美狄亚已成为小说中的一个文化及精神符号。

1."圣母"观念在美狄亚形象中的体现

形象是艺术类文本的主要符号之一。从语言学文化角度来说，研究艺术文本中的形象有助于我们弄清在艺术类文本和语言中概念是怎样体现的。

乌利茨卡娅小说中的美狄亚一角来自希腊，住在和古代世界相关的克里米亚，除此，她和古时的美狄亚同名。所有这些因素都让人们将古希腊神话中的美狄亚和乌利茨卡娅小说中的美狄亚联系起来。古希腊神话中的美狄亚因为丈夫出轨而杀死了自己的几个孩子，以报复丈夫。古希腊神话中的女主人公对待爱情怀有极大的激情。当她得知丈夫对其的爱已经消失，或者丈夫已不再相信她时，其激情与爱意就转化成了一种狂怒和一股具有破坏性的复仇力量。古希腊神话中的美狄亚只想着实现自己的个人意志，因此犯下了杀人的罪行。

美狄亚也遇到了同样的令人悲伤的情况，即其也被自己的丈夫背叛了。对于美狄亚而言，丈夫和妹妹是其最亲近的人，因此他们之间的爱情让她十分难过。在读完桑德拉给丈夫的信，并且得知两人的关系及他们有孩子后，美狄亚"一开始突然被一种无人知晓的精神上的黑暗所笼罩"[②]，她在圈椅中一动不动地坐了很久。晚上，美狄亚没有睡觉，第二天一早就

[①]　Улицкая Л. Е. *Медея и ее дети*. М.: АСТ, 2016. С. 89.

[②]　同上，С. 224.

动身前往塔什干的女友叶莲娜（叶莲娜是其嫂子）家。去往塔什干的路对于美狄亚来说长又难。从村庄到费奥多西亚，从费奥多西亚到刻赤，从刻赤到塔甘罗格，从塔甘罗格到顿河畔罗斯托夫，从顿河畔罗斯托夫到塔什干，美狄亚搭过大巴、货船、火车。但比起丈夫和妹妹带给自己的痛楚，美狄亚觉得路途中的困难与痛苦微不足道。

在从塔甘罗格到顿河畔罗斯托夫的路上，美狄亚遇到了一个善良的小男孩和他哥哥，他们把美狄亚带到了顿河畔罗斯托夫的火车站。尽管小男孩和他哥哥的行为令美狄亚感动，她还是因那封信而感到一种心灵上的黑暗在压迫着自己。小男孩和他哥哥的高尚行为让美狄亚感到一股暖意，她将他们视为宝贵的天使。同时，她感到自己在向上帝靠近。美狄亚自言自语道："上帝呀，感谢您没有堵住我所有的出路，并且给我送来了自己的一些宝贵天使，如脱维亚""上帝呀，感谢您所有的恩赐，感谢您送来的一切，毫不犹豫地让我包容一切"。[①] 当她来到塔什干，见到叶莲娜，她想起了叶莲娜的命运，并且开始为其感到可惜，"沉重的石头在美狄亚的心底慢慢翻滚"[②]。因为丈夫和妹妹对自己的背叛，美狄亚很长一段时间都深陷痛苦，但她没向任何人提起过这件事，最后多年过去，她已经在心底原谅了丈夫和妹妹的行为。

小说中这个情节对塑造美狄亚的完美形象具有重要作用。与古希腊神话主人公不同，在解决丈夫的出轨问题时，美狄亚选择了一种和平方式。美狄亚就像东正教中的虔诚信徒，按照东正教教规思考并行动。东正教学说已经渗入其生活、思维和世界观中了。当"她被丈夫羞辱，被妹妹出卖"，她向上帝祷告，并且感恩上帝所送来的一切。在美狄亚眼中，这件

---

① Улицкая Л. Е. *Медея и ее дети*. М.: АСТ, 2016. С. 231–232.

② 同上，С. 244.

事就像上帝所给予的特殊形式的恩赐，是上帝的一种考验形式。美狄亚的形象具有神性和人性的特点，就像圣母形象所具有的一样。不管遇到什么困难和不幸，美狄亚总是学习保持耐心，并且向上帝祷告，不抱怨，不复仇，不失去希望。信任人类和上帝，忍受所有苦涩的委屈，带着一颗宽恕的心接受发生的一切，这些使美狄亚变得神圣。

　　"美狄亚——一个有女神光环的女人。小说中对其外貌进行了描写，其中一个词是'希腊的'，还有一个是'圣像画的'。"[①]美狄亚经常给人一种神圣而高尚的感觉。圣像画是上帝、圣母、圣者的象征，它并非用作享乐之途，而是用于祷告。圣像画是对众神的完美复制，它要求人们在祷告时表现得恭顺、尊敬、崇拜。在俄罗斯东正教中，崇拜圣母是一件严肃的事，因此圣像画中圣母的形象也很庄严，它并不像天主教圣像画中的圣母形象总趋向美丽。小说中如此描绘美狄亚的外貌："她圣像画般的脸庞……没有为她带来追求者。"[②]美狄亚的长相好不好看，有没有吸引力，并不重要。在俄罗斯传统文化中，心灵纯净善良比外在的一切都重要。可以说，美狄亚的外表在很大程度上很像圣母的形象，因为美狄亚的外貌特征就包括严肃和神圣，就像圣像画一样。

　　在对美狄亚及其服饰进行描述时，最经常用到一些带有"黑色"义项的词，如"黑色美狄亚""黑色的蜡像""黑色的面部""穿着黑衣服""戴着一身黑色（饰物）""一切都是黑色""黑色的披巾""黑色的头巾""黑色臂章"等。在俄罗斯文化中黑色有许多含义，其中之一就是其象征着隆重庄严。东正教教堂中的僧侣都穿着黑色的僧侣服，即黑色的僧侣法衣，它代表着东正教中的神秘，是"忏悔、因罪恶而悲痛、失去的天堂之乐的

---

①　陈芳：《当代俄罗斯女性小说研究》，北京：中国人民大学出版社，2007年，第114页。

②　Улицкая Л. Е. *Медея и ее дети*. М.: АСТ, 2016. С. 105.

象征"。小说中写道：美狄亚穿着黑衣裳，戴着黑头巾，以保持对"寡妇形象"的忠诚。从主人公的黑色衣裳中可以看出，小说作者把美狄亚塑造成一个虔诚的修女形象，以展现其对生活和信仰的认真唯一的终极态度。

必须指出，美狄亚身上表现出一种高尚的仁慈品质。俄罗斯东正教教堂中的圣母是一个在基督面前为全人类祷告的人。在一定程度上，美狄亚就像大家庭中的圣母，因为她就像一个为家庭成员和周围的人祈祷的人。"可怜的苏珊娜，请原谅她，上帝，她所干的可怕愚蠢的事情，让她的心变软，让她看到因为她妮诺奇卡多么痛苦……帮帮妮诺奇卡吧，她矮小又有耐心，赐予她力量吧，上帝……将妮卡从所有罪恶中释放出来吧，这么善良闪耀的小女孩走着很危险的，开导一下她吧，上帝……"[1] 在小说中，美狄亚对妮娜的心情表现出一种深深的同情：妮娜的母亲疯了，并且她长得像"充满愤怒和偏执的忠诚的单眼的怪物"[2]。除了妮娜，美狄亚也十分担心妮卡。因为妮卡的草率行为和举止像亚历山大，导致了许多罪恶的发生。美狄亚为亲近的人向上帝祷告，希望帮助他们摆脱罪恶和成为正派人。

通过对美狄亚形象的分析，我们明显地看出"圣母"这一概念在行为举止、心理活动、思维方式、世界观，女主人公的日常生活形象中都得到了体现。我们认为美狄亚的形象具有宗教、忠诚和普世的爱的特点。

上文中我们划分出"圣母"观念域结构中的三个主要观念，分别为：爱、母亲以及女人。"圣母"是该观念域的核心观念，而"爱""母亲"和"女人"则作为围绕核心观念的外围观念共同构成该观念域。下面我们将从宗教和文化的角度解读这三个观念。

---

① Улицкая Л. Е. *Медея и ее дети*. М.: АСТ, 2016. С. 302–303.
② 同上，С. 302.

2."爱"观念

"爱"这一观念在人类文化中占有基础地位。从宗教的角度来看，爱被包含在大多数信仰的教义中，因为它对创建和谐与和平的社会具有积极的影响。在《美狄亚和她的孩子们》的观念域中，"爱"是"圣母"观念的组成部分。

在俄语中"爱"具有多种含义。乌沙科夫（Д. Н. Ушаков）在《现代俄语详解词典》（«Толковый словарь современного русского языка»，2013）中详细解释了"爱"的含义，我们对其进行整理和简化后得出"爱"具有以下几个基本含义：（1）基于共同利益且理想的依恋感；（2）基于心理上产生的同情及亲密的感觉；（3）一种本能的感觉；（4）一种基于性欲的感觉。[①] 从这些解释中可以明显看出，"爱"具有情感、感觉、主观性、神性和抽象性的特点。一般而言，根据不同的受体，爱可以分为两种类型：人与人之间的爱，以及人对事物、行为、品质、规范、真理和客观世界其他事物的爱。

宗教词典将爱定义为"基督教的主要美德之一"。[②] 从基督教的角度来看，爱被分为"世俗的爱"和"宗教的爱"两种。世俗群体的爱包括以下6种类型：（1）恋人之间的爱；（2）夫妻之间的爱；（3）长辈对晚辈的爱；（4）兄弟之爱；（5）人与人之间的爱；（6）对敌人的爱。[③] 在一个宗教团体中，爱基本上有两种类型：人们对上帝的爱和上帝对人们的爱。

通过分析我们了解到，爱是人的情感和感觉，是人与人之间的关系，

① Ушаков Д. Н. *Толковый словарь современного русского языка*. М.: Аделант, 2013.

② Скляревская Г. Н. *Словарь православной церковной культуры: более 2000 слов и словосочетаний*. М.: Астрель: АСТ, 2008. С. 209.

③ 梁工:《圣经百科辞典》，沈阳：辽宁人民出版社，2018年，第12–13页。

同时也是一种美德。当我们将爱视为圣母观念的组成部分时，我们将美德视为爱的基础。爱有多种类型和表现方式，但爱的本质在于美德。这里要强调的是爱对于提升神性和道德与它之于人性的作用同样重要。

在俄语语言世界图景中爱情可分出两个层级。

第一，爱是一种人性化的感受；基础层面来说爱是有限的；人们不会爱上所有的人，而是只爱他们想要爱的人。这种爱通常是世俗群体的一部分。

第二，爱是最高级的美德；最高级的爱具有普遍性；这种爱通常属于一个宗教团体。基督教的教义指出，人们不仅应该爱自己和亲人，甚至应该爱他们的邻居、敌人、陌生人，甚至罪人和邪恶的人。

我们已经详细描述了爱的类型，下面我们来对"爱"的基本功能进行剖析。

爱具有统一功能。此功能通常适用于家庭生活。家庭成员聚在一起，彼此了解并互相帮助，出于对母亲、父亲、兄弟、姐妹和其他家庭成员的爱，将他们的时间、精力、感觉、财富献给家庭。因此，家庭之爱表现出一种自我奉献和自我牺牲精神。此外，家庭之爱是维持家庭成员之间亲密关系的核心。在俄罗斯文化中，家庭作为社会凝聚力的基本单位，在与战争、社会动荡、饥饿和其他灾难的斗争中发挥着重要作用。家庭之爱将家庭中所有成员凝聚在一起，以此为基础，它可以发展成为对国家的爱。

爱具有协调作用。人们通常将爱视为和平解决人际关系问题的一种方式。当人与人之间发生冲突和摩擦时，人与人之间的爱能在一定程度上使人相互理解和体谅。借助这种爱的社会功能，可以减少冲突、犯罪，甚至战争，从而使我们的社会变得更加和谐与和平。

爱具有启发作用。当一个人感受到父母、亲密朋友、老师、甚至是陌生人等的爱时，会有一种来自灵魂深处的力量产生，这能够让他对自己充满信心，从而增强对正义的信任。精神力量和自信心使人们能够为正义和真理而奋斗，并按照道德原则积极行动。

爱具有救赎和净化道德的功能。从这个意义上讲，爱具有宗教性。爱的关怀为人们带来温暖与和平、幸福与希望。爱需要人们学会宽容、宽恕，并具有耐心。当人们出于对他人的爱来与犯下罪行的人沟通时，后者将更容易悔改，从而获得心灵上的救赎。在东正教的教义中，圣母的爱在人们的道德净化和救赎中发挥着巨大作用。从东正教的角度来看，爱被包含在圣母的结构概念中。圣母对人有绝对的、深刻的、普世的爱；有对苦难、软弱、贫穷、罪人的怜悯，帮助他们并拯救他们，使人变得美好、知悔改、爱亲人甚至陌生人。

一言以蔽之，这种爱的功能使人们感到快乐、友善、高贵和圣洁。作为一种人性或美德的爱，修饰并丰富了我们的生活。

在《美狄亚和她的孩子们》中，乌利茨卡娅主要向我们展示了不同的关于家庭爱情的故事。在这部作品中，它主要体现了包括配偶、父母以及兄弟姐妹等家庭成员之间的爱，乌利茨卡娅写下了这种发生在家庭当中的"家庭之爱"。

通过阅读这本小说，可以看到美狄亚在她的家庭生活中表现出最崇高的爱。"萨穆伊尔在生命邻近终结时变得沉默寡言。夫妻俩就静静地坐着，享受着对方的存在，享受着安谧，享受着现在已是纯洁无瑕的爱情。"[1]从美狄亚的角度来看，她把纯洁的爱情放在了崇高的地位。夫妻之间的爱情应该是真诚、纯洁、无私的。这就是美狄亚对爱情的态度。当她发现丈夫

---

① 　Улицкая Л. Е. *Медея и ее дети*. М.: АСТ, 2016. С. 105.

和妹妹桑德拉之间的关系时，她很难接受这个事实，作者在小说中称这是一种痛苦的怨恨。美狄亚用了很多时间来原谅他们的行为，宽恕是美狄亚的主要高贵品质之一。女主人公的宽恕使桑德拉感到羞耻和懊悔，尽管美狄亚没有对桑德拉提到那封信，但桑德拉已经猜到了。25年来，桑德拉和美狄亚从未见过面。玛莎去世后，她们再次相见于莫斯科，之后渐渐恢复联系，并准备每年都在克里米亚见面。在美狄亚人生最后的时间里，桑德拉和她的丈夫去探望了美狄亚。美狄亚如同圣母般的宽恕和人性感动了桑德拉，并使她从罪恶中得到救赎。桑德拉到晚年时更加信仰东正教。

美狄亚对她的大家庭表现出了深切而无私的爱。美狄亚的父母在她16岁时去世，她牺牲了自己的青春和精力来抚养年幼的弟弟和妹妹，一个人承担了家庭责任。弟弟和妹妹桑德拉长大后离开了美狄亚，冬天美狄亚会备感孤独，而到了夏天当家人重新聚在家里的时候，她才会高兴些。对于美狄亚以及多数俄罗斯女人来说，爱是一种责任和义务，爱是无私的。

美狄亚的职业是护士，她的工作任务是挽救生命，治疗患病和受伤的人。美狄亚在整个战争期间都担负着这种责任，因为当时除了她村里没有其他的医务人员。爱的内涵从美狄亚的行为中得到了体现，爱是帮助他人、怜悯那些不幸的人、拯救一个人的生命和灵魂。

小说的结尾告诉读者美狄亚将自己的房子交给拉维尔·尤苏波夫，她不是美狄亚的亲戚，而是卡特·尤西姆的孙女。美狄亚的侄子由于不认识拉维尔而感到惊讶。侄子乔治从她的信中领悟到美狄亚遗嘱中的意义。司机尤西姆于1918年底将艾琳娜（乔治的母亲）和她的母亲带到了狄奥多西。艾琳娜为表感激将蓝宝石戒指给了卡特。在饥荒时期，拉维尔的母亲用戒指换了一磅面粉。拉维尔的家人经历了很多：他们因战争而受苦，祖父尤西姆和拉维尔的父亲相继去世，只剩下拉维尔的母亲和她的孩子维持生活，他们还被从克里米亚驱逐到了中亚。小说中写道，对于当地克里米亚居民来说，拉维尔家族的故事很普通。当时，在大多数俄罗斯家庭中都有男人在前线阵亡，妇女独自抚养孩子承担家庭责任的情况。这证明了妇女对家庭的爱。卡特的孙女拉维尔拜访了美狄亚，并告诉她自己想返回克里米亚的愿望。美狄亚之所以将房屋交给拉维尔是因为她感谢司机对自己家痛苦的经历表示出的关爱和同情，并感受到他希望他们能够重返克里米亚，回到自己的家园的真诚。这里能够体现出美狄亚给予他人的爱不仅建立在自己的亲人上，同时也给予了没有任何血缘关系的陌生人。美狄亚在小说中所散发出的爱，如同圣母般具有普世性。

综上所述，从正教的角度来看，"爱"这一观念被完全体现在其所属的观念域中。爱是人类情感永恒的主题，它在丰富人类的精神世界中发挥着重要的作用。

3. "母亲"观念

母亲在人类发展史中扮演着重要的角色，她是生活之源、家庭精神之源，也是国家文化和传统价值观的捍卫者。

在《现代俄语详解词典》中，乌沙科夫解释了"母亲"一词的含义：（1）和她的孩子有关的妇女，有孩子的妇女；（2）和幼崽有关的雌性；（3）转义，能从此汲取力量、精力和活力的生命源泉；（4）对老年妇女的称呼；（5）和修女姓氏或名字有关的称呼。[①]

根据以上定义，我们重点关注"母亲"一词的第一个含义和第三个转义，来分析"母亲"观念。需要指出，一般从生物学的角度来看，母亲是

---

① Ушаков Д. Н. *Толковый словарь современного русского языка*. М.: Аделант, 2013. С. 291.

生育孩子的女人。

现实生活中，领养孩子已经是一件普遍的事情了。在法律和道德层面上，养母也是母亲，因为养母要对孩子负责，养育并爱护他们。如果家庭成员在家庭生活中彼此相爱，那么他们很少强调母亲是养母还是生母。

现在人们对待婚姻也不如过去人们那么认真了。现代社会中离婚不再是一件新鲜事，而是很普遍了。父母离婚影响着孩子的成长和他们的正确价值观和世界观的形成。孩子的父母离婚后和别人重建家庭，便出现了继父和继母。如果继母履行了作为母亲的职责，孩子也尊重她，那么一定程度上继母也是母亲。这与社会学定义相符，即母亲是养育和教育孩子的女人。在小说中，乌利茨卡娅描写了一位养母的形象。例如，舒里克的养母叶琳娜。舒里克的生母是流放的德国人，战后去世。叶琳娜的丈夫在孤儿院见到了小男孩并把他带回了家。叶琳娜告诉美狄亚，"他（舒里克）就是我的亲生孩子"。作者创造了一个善良的养母形象。

不管母亲亲生与否，在俄语语言世界图景中我们都会着眼于母亲所扮演的角色、功能、责任和义务。

第一，"母亲"观念的实质在于母性。

母性是母亲的本能和女人的使命。女人的母性首先体现在自我牺牲、自给自足、关心和照顾孩子中。母亲爱护孩子、保护孩子是一种本能的行为。在俄罗斯家庭中，女性在维护家庭关系中所扮演的角色要比男性重要得多。

过去在困难时期父母离世，往往会留下很多孩子。于是姐姐或哥哥便承担起了照顾弟弟妹妹的责任。这时哥哥姐姐便扮演了父母的角色。美狄亚在家庭中便是这一角色。她的角色决定了她要做什么和牺牲什么。

乌利茨卡娅创造了美狄亚这样一个伟大母亲的形象。小说名为《美狄亚和她的孩子们》，而事实上，美狄亚并没有孩子。美狄亚照顾的是她的弟弟妹妹、众多侄子及其子女，并对他们表现出了母爱。"美狄亚用手抚摸着数十个小孩子的身体……她的手已经熟悉了每个孩子的体重变化。"①这样一来，就可以理解为什么作者把小说命名为《美狄亚和她的孩子们》了。作者赋予了美狄亚母亲的形象。

桑德拉生了谢廖沙之后，美狄亚便成了谢廖沙的教母。美狄亚照顾一个新生儿，体验着"失败的母爱"。作为一个女人，美狄亚也想拥有自己的孩子。因此，她把母爱给了这个大家庭的孩子们，尤其是生病的孩子。"美狄亚尤其向着维塔利斯。"②维塔利斯是个病恹恹的小男孩。美狄亚同情他，并且格外关注他。

在这篇小说中，不仅仅美狄亚有伟大的母爱，妮卡也对孩子们表现出母爱，尤其是对侄女玛莎。"已经有卡佳的妮卡向亚历山大坦白说，很显然她对侄女玛莎倾注了她自己的首份母爱。"③妮卡也非常关心第一任丈夫的孩子。"妮卡嫁给了卡京的父亲（导演）……多年来，她一直带着笨拙的男孩米沙，这是她第一任丈夫的孩子……妮卡爱抚并关心他，在他们离婚后……也继续独自抚养小男孩。"④尽管妮卡有很多风流韵事，但她始终充满母爱的光辉，贴心地照顾自己的孩子和她前夫的孩子。因此，可以发现，母性是女人天性中最为鲜明的特征之一。

第二，母亲是家庭的保护者，是家庭和民族文化传统的领路人。

家庭是社会体系中的基本单位。其中母亲在家庭中起着重要作用，肩

---

① Улицкая Л. Е. *Медея и ее дети*. М.: АСТ, 2016. С. 269.

② 同上，С. 270.

③ 同上，С. 184.

④ 同上，С. 60.

负着团结家庭成员，照顾家庭，喂养、抚养和教育孩子的责任。母亲通常被赋予世世代代传递文化传统和民族精神遗产的作用，因为母亲的思维方式、对世界的了解和知识储备都极大地影响着儿童童年时期价值观的创造。

美狄亚把散落各个地区和国家的侄子和侄孙聚集在克里米亚。作为家庭的保护者，美狄亚使家人团聚，给予家人充分的温暖和关怀。美狄亚的父母去世后，她的大家庭在感情和家庭成员之间的关系上并没有分裂。这有必要归功于美狄亚家族的团结。

第三，母亲是一个家庭的靠山。

母亲庇护的功能来源于天然的母爱。母亲在孩子心目中占有很高的地位。在日常生活中，母亲会花很多时间陪伴孩子、保护他们，并在孩子面前树立一个无所不能和权威的形象，因此，在母亲的照顾下，孩子会形成对母亲的敬畏之情。崇拜母亲是崇敬圣母的基础。

小说中写道，"在上学前的那个夏天，父母一定把准中学生带到克里米亚，以便美狄亚照顾"[①]。侄子把自家的孩子带给美狄亚，就意味着在这个大家庭中美狄亚有很高的权威。侄子们尊重她，视她为无所不能的和聪慧的。

第四，母亲具有女性的特质。

女人的天性是温柔、端庄、亲切、敏感、善良、充满爱心。一方面，母亲可以表现出勇气、力量、决心、坚毅和其他的男性气质；另一方面，女性气质又给予了她柔软的力量。在这种柔软力的帮助下，孩子们更容易接受母亲的价值观和世界观。

---

① Улицкая Л. Е. *Медея и ее дети*. М.: АСТ, 2016. С. 269.

第五，母亲的精神特点是圣洁和永恒，并通过其崇高的行为举止表现出来。

俄罗斯的精神传统将圣洁理解为自我牺牲的精神，以便深刻理解苦难。[①]母亲对苦难、困难的态度表明了圣洁与永恒。当一位母亲和家人遭受饥饿和寒冷、怨恨和痛苦、贫困和匮乏以及其他困难时，她不会放弃自己的孩子和家人，而是牺牲自己来养家糊口。在这种情况下，她仍然保持高贵的品质，保持自己的信念和价值观。这揭示了母亲精神的圣洁和永恒。

在小说中，美狄亚的姐姐阿内利亚也和美狄亚一样没有自己的孩子。阿内利亚照顾妹妹阿纳斯塔西娅，抚养丈夫的两个侄子——妮娜和吉姆尔。阿内利亚的丈夫没能熬过那段困难时期，患病而死，她便自己艰难拉扯孩子长大。阿内利亚去世后，妮娜才被亲生母亲照顾。[②]妮娜和生母在一起过得很艰难，但还是跟了她12年。妮娜有两个母亲，养母和生母。养母照顾、养育非亲生的妮娜，给予妮娜母爱和关怀，因此在这种情况下，养母的精神特点便是圣洁和永恒。

4."女性"观念

女性在社会和家庭生活中发挥着重要的作用。在俄罗斯文学史上，作家和诗人创造了一系列不同的女性形象，构成了俄罗斯女性形象的画廊。

俄罗斯古典文学具有深刻的思想内涵。女性形象是作家和诗人的关注焦点。作家和诗人非常重视出于爱、敏感的女性心灵、高尚的行为对内在体验的描述。在女性形象中可以发现，女性真的很想解决有关生活意义及

---

① 金亚娜：《充盈的虚无——俄罗斯文学中的宗教意识》，北京：人民文学出版社，2003年第25页。

② Улицкая Л. Е. *Медея и ее дети.* М.: АСТ, 2016. С. 302.

其在社会中的价值的问题，她们对人和周围环境表现出仁爱的态度。例如，普希金描绘了塔季扬娜的美丽形象，其特点是真诚、温柔、勇敢、忠诚和仁爱。

在俄罗斯文学中，农民妇女和十二月党人妻子的形象体现了俄罗斯妇女固有的坚定、毅力、长久的耐心和奉献精神。作者描绘了很多理想的女性形象，以不同角度展示女性的美丽。从这个意义上说，女性具有审美功能。作者希望通过作品中的"女性"之美拯救世界。此外，艺术世界图景有其自身的主观性，这取决于作家的思想和立场以及在日常生活中的功能。

"女性"观念有丰富的内涵，在俄语世界图景中反映了俄罗斯人的心智。

在小说《美狄亚和她的孩子们》中，乌利茨卡娅遵循俄罗斯古典文学的传统，创造了一系列女性形象，这些形象大体上可以分为两种对立的类型：像圣母一样的女性和像夏娃一样的女性。像圣母一样的女性形象特点是心灵纯洁、忠诚、仁爱、大度、自我牺牲、具有宗教精神和圣洁。像夏娃一样的女性形象表达了许多世俗的欲望，致力于物质上的东西，对爱情和婚姻的态度轻浮。从东正教的角度来看，这类女性容易因其轻率的行为而犯罪。

因此，得出结论如下，在俄语世界图景中，女性观念有着对立的统一性，它是由爱—恨、善良—邪恶、忠诚—背叛、奉献—自私、勇敢—胆怯、坚强—软弱等组成的。

接下来看一下"详解词典"中的"女性"。乌沙科夫把女性理解为：

（1）性别与男性相反的人；（2）和女孩相比是年长的。[①]

从女性的第一个含义可以看出，生理学意义上男性和女性处于对立的位置。乌利茨卡娅在小说中也描写了区别于女性的男性形象。这使女性的理想形象更加鲜明。

"女性"观念包括：（1）母性和母爱。这取决于女性的本能和她在家庭中的角色。（2）女性气质是女性性格的核心成分，其特点是柔软、温柔、优雅、敏感、外表美和心灵美。（3）理想性。这与在俄罗斯文学传统中追求理想的女性形象有关，并且与俄罗斯宗教哲学中的永恒女性气质有关。（4）虔诚、圣洁和神性来自女性崇拜、对圣母和正统意识形态的尊崇。

在乌利茨卡娅的小说中，美狄亚对自己的丈夫就像对孩子一样。自从她知道了塞缪尔在童年、少年和青年时期的故事，便开始珍惜和爱护他。她的丈夫神经衰弱，身体经常虚弱令人担忧。作者在对塞缪尔的描述中经常出现"虚弱""胆怯""恐惧"这一类词。"和美狄亚结婚，他展示出他的男性气概，隐藏起无休止的恐惧。"[②]美狄亚之所以爱她的丈夫，是因为她丈夫内在的胆怯。美狄亚与丈夫的关系是女性天性中的母性表现。

在丈夫的眼中，美狄亚虔诚、高尚而圣洁。他认为美狄亚是唯一真正遵守任何法律的人。塞缪尔认为"她始终坚持抚养孩子、工作、祷告、坚守职位……自愿承担责任，执行早就被人废除的法律"[③]。美狄亚是东正教的虔诚信徒，她做祷告，去教堂并斋戒。她已经成为东正教精神、俄罗斯文化传统和习俗的守护者。

[①]　Ушаков Д. Н. *Толковый словарь современного русского языка.* М.: Аделант, 2013. С. 138.

[②]　Улицкая Л. Е. *Медея и ее дети.* М.: АСТ, 2016. С. 214.

[③]　同上，С. 219.

在小说中，作者多次使用"圣洁"一词来描述美狄亚。在桑德拉写给塞缪尔的一封信中，桑德拉说姐姐美狄亚是圣洁的，她自己则是十分愚蠢的。当桑德拉的第三任丈夫告诉她，两个姐妹都是遵守教规者的时候，桑德拉否认说，其中只有一个是遵守教规者。在她的大家庭成员的眼中，美狄亚的形象是圣洁的。

从《圣经》中基督教的角度来看，妇女的角色和任务不仅是照顾家庭、生育孩子、照顾和抚养孩子。在上帝面前，妇女和男人一样也有自己的价值和荣誉，因为这些都取决于对上帝的信仰。①

《圣经》中讲述了夏娃的原罪。夏娃的形象象征着女人的罪过。圣母的形象象征着赎罪和对女人的救赎。在基督教的意识形态中，女人自出生便是有罪的，是人类不幸的罪魁祸首。②在东正教的意识形态中，女性也是有罪的，因此女性就应该受苦，而对于她们来说，摆脱罪过的方式是在痛苦面前长久地忍耐、真诚地祈祷和在上帝面前忏悔。在小说《美狄亚和她的孩子们》中正是表达了这一观点。美狄亚一边忍受着生活的艰辛与压力，一边精心地照顾着孩子们，她牺牲了自己的青春和活力，最后换来的却是：孩子不是自己亲生的，同时遭到了丈夫无情的背叛。她认为，相信上帝是赎罪的正确方式。当她遭遇不幸，她总是向上帝祈祷，并从容地忍受疼痛和痛苦。在不幸面前她信仰上帝，因为她是透过东正教这面三棱镜来认知眼前的这个世界的。

因此可以得出这样的结论，"爱情""母亲""女性"的观念组成了"圣母"这一观念的观念结构。从神的视角来看，圣母是乐善好施、宽以待人、拯救苍生的爱神。从人类的视角看，圣母的特征是母性和女性，是

---

① 邱业祥：《圣经关键词》，北京：宗教文化出版社，2009 年，第 205 页。
② 刘锟：《东正教精神与俄罗斯文学》，北京：人民文学出版社，2009 年，第 191 页。

所有人的母亲，是理想的女性形象。在《美狄亚和她的孩子们》这部小说的所有女性形象中，美狄亚的形象最能体现出圣母高尚和神圣的一面。

三、小说《美狄亚和她的孩子们》观念域的亚核心

上文从东正教的视角研究了小说《美狄亚和她的孩子们》观念域的核心部分。接下来分析小说观念域的亚核心区域。在文学世界图景中作者在小说《美狄亚和她的孩子们》所构建的观念"忍耐"与"忠诚"展现了在俄语语言世界图景中揭露俄罗斯民族心智的现实性。亚核心区域并不与小说观念域的核心脱离，且两者之间存在相互联系。

在亚核心区域分出"忠诚"与"忍耐"观念，因为该小说的观念域中的亚核心区域属于道德层面，在这一层面人们致力于实现道德的自我完善。道德的自我完善是人在完善精神世界的过程中实现由人性到神性飞跃的一个途径。神性体现在观念域的核心中，它是精神高度完善的最高层面。忍耐和忠诚作为人的正面品质是在合乎道德和伦理的前提下实现完善目标的方式，通过这一途径最终达成精神层面的神性。借助这些品质，人们忍受身体和精神的双重打击，经受道德的检验，仍保留对信念的真诚，只有这样，人们才能更接近神性。

（一）"忠诚"观念

"忠诚"这个词作为观念是俄罗斯文化中的一个常量。"忠诚"这个词的意义与它的形容词形式联系紧密。在《现代俄语详解词典》中，乌沙科夫对该词的形容词形式"忠诚的"下了这样的定义：（1）在完成自己的义务时完全忠诚，绝不改变自己的感受、态度；（2）不改变与之相关的，行动要依据（习惯、规范、责任、原则）；（3）可靠的，坚固的；（4）正确

的，真诚的，不脱离现实。①

"忠诚"观念的内容是极其丰富的，包括夫妻间的忠诚、对祖国的忠诚、对事业和真诚的忠诚、对上帝的忠诚等。在小说《美狄亚和她的孩子们》的文学世界图景中，把夫妻间的忠诚和对上帝的忠诚放在第一位，因为在这部"家庭性质的小说"中乌利茨卡娅花费了大量的篇幅来描写夫妻间的关系、家庭内部的关系、爱情，以及主人公间的忠诚关系。小说的作者向读者们展示了主人公们对待婚姻、爱情和忠诚的不同态度。

夫妻间的忠诚在东正教中占据着极其重要的作用。从人类繁殖的观点来看，基督教认为，婚姻是必要的。婚礼是东正教教会七个圣礼中的一个。男人和女人在结婚的时候需要交换忠诚于对方的誓言。丈夫与妻子间留存一份忠诚，即向上帝表达爱。婚姻和家庭在宗教生活中占据着主要的位置，因此东正教也肯定夫妻忠诚的意义。

夫妻间的忠诚涉及男人与女人。本节从基督教的角度更关注女性在夫妻忠诚方面的作用。依据女性贞洁的程度在基督教中被划分为以下三类：处女、寡妇和妻子。②处女——基督教禁欲的终极状态，寡妇的贞洁也同样值得称赞。女性贞洁的标准不仅涉及肉体还关乎心灵的纯洁。女性一生忠贞，从基督教神学的角度来说是理想的女性。关于心灵纯洁的问题是更为重要的。处女的状态——是对上帝的至高无上的爱的表达。也正是这样，寡妇直到生命的尽头能一直保持忠贞，那么就可以被视为是神圣的。

在小说《美狄亚和她的孩子们》中，体现了美狄亚对丈夫和上帝的忠诚。接下来对美狄亚的生活进行分析。美狄亚的生活可以分为三个阶段：

---

① Ушаков Д. Н. *Толковый словарь современного русского языка*. М.: Аделант, 2013. С. 55.

② 刘文明：《上帝与女性：传统基督教文化视野中的西方女性》，武汉：武汉大学出版社，2003年，第87页。

第一阶段——30 岁之前的处女时期，第二阶段——与丈夫 20 年的婚姻生活，第三阶段——长达将近 30 年的寡妇生活。美狄亚的寡妇阶段比夫妻生活的时间还要长。她在处女、婚姻和寡妇时期都没有放弃对忠诚的坚守。她总能在内心深处保留着处女般的纯洁，正如虔诚的信奉者。

　　乌利茨卡娅在小说中塑造了一些与美狄亚形象形成鲜明对比的人物形象。桑德拉、妮卡、玛莎——这些人物都是与美狄亚形成最鲜明对比的角色。这三代人对待婚姻与爱情都是轻浮的、不严肃的。小说中数次使用"轻浮的"这个词对桑德拉进行描写。美狄亚认为，轻浮会导致不幸和悲剧，她一边尝试着让桑德拉意识到轻浮的后果，一边又尝试着将她从罪孽中拯救出来，并迫使她走上正确的道路。但是桑德拉想的却是另一回事，对于她而言，快乐不仅来自"更换很快就让她乏味的男人，还来自不停地改变职业"。桑德拉结过三次婚。她年轻时就曾有过很多情人。她与第一任丈夫离婚是出于她的不忠。更令人发指的是，她和姐姐的丈夫生下了女儿妮卡。他们的背叛给美狄亚的内心造成了不可磨灭的创伤。美狄亚和桑德拉完全是两个不同的人：一个像圣母一样饶恕所有的罪过，而另一个却像夏娃，破了诸条戒律。

　　妮卡和玛莎是桑德拉的女儿和孙女。玛莎是桑德拉儿子的女儿。妮卡对待这个外甥女，就像对待妹妹一样。妮卡和玛莎如桑德拉一般同样轻浮地对待婚姻和爱情。可以这样说，妮卡和玛莎遗传了桑德拉的性格、品性和命运。玛莎在诗中讨论了关于夫妻忠诚的问题。她在诗中这样写道：

　　　　忠诚是多么令人蔑视啊：

　　　　连呼吸都带着沉重的责任，

　　　　多么诱人的背叛的机会啊。

　　　　一份爱情是经受不住变化的，

自己没有被誓言和流言蜚语所束缚，

也不需要任何回报。①

根据玛莎丈夫的观点，玛莎需要罗曼史来进行创作。玛莎和她的丈夫没有交换关于忠诚的誓言，他们都很清楚，他们都会有属于自己的罗曼史。他们认为，忠诚对于他们来说是桎梏，是义务，只因他们都浪荡不羁爱自由。他们在追逐自由的路上完全不受道德的束缚。这种现象在当今也是普遍存在的。

三角关系发生在桑德拉、美狄亚和美狄亚的丈夫之间。在妮卡、玛莎和布多诺夫之间也是同样地存在着三角关系。玛莎由于这样的三角关系而感到困扰，因为她和妮卡没有遵守道德准则。玛莎与桑德拉和妮卡不同，她不仅追求爱情的自由、生活的愉快，还追求心灵的宁静和高于普通生活的高尚的美好的事物。因此，这种三角关系让玛莎感到羞愧和不体面。"玛莎感到一种深深的罪恶感。但同时又感到无比幸福。"② 这体现在玛莎内心的矛盾中：是选择能够给予快乐和幸福的不体面的关系，还是选择会造成羞愧和不安的礼节。三角关系使玛莎美好的富有诗意的梦破碎。最终在她身上发生了悲剧。她终结了自己的生命。

在小说中，作者展示了对待婚姻和爱情两个对立的关系。美狄亚是忠于婚姻的代表。桑德拉、妮卡和玛莎则属于对婚姻不忠这一阵营的典型代表。当美狄亚见到深夜幽会的年轻人和年轻情侣之间的欺骗后，她在心里问自己，对于他们而言夫妻间的忠诚究竟意味着什么。在美狄亚眼中，夫妻间的忠诚在夫妻生活中占据着非常重要的位置。她曾是一辈子只属于一个人的妻子和寡妇。

---

① Улицкая Л. Е. *Медея и ее дети*. М.: АСТ, 2016. С. 289.

② 同上，С. 324.

从东正教教会的视角来看，婚姻是神圣的象征。东正教教会禁止乱伦和出轨，并推崇忠诚的婚姻。因此在东正教的影响下，美狄亚认为夫妻间的忠诚是最为重要的。夫妻间的忠诚是人道德自我完善的一部分，并使人更接近信仰。

当下出轨的现象是比较普遍的。这也同样被视为当代的社会问题。作者乌利茨卡娅在文学作品中描写这一现象，是为了剖析这一现象的消极影响。她塑造了遵守道德准则、俄罗斯民族传统和习俗、东正教准则的美狄亚这一理想的形象，她向读者展示对待婚姻、爱情和信仰的正确态度。总之，从东正教的视角来看，忠诚最重要的思想在小说中表现为人达到精神的神性。

（二）"忍耐"观念

"忍耐"观念表现了俄罗斯个性的特点，是解码俄罗斯心灵的一把重要的钥匙。在"详解词典"中对"忍耐"一词的解释为，该词与它的动词形式在很大程度上是相似的。

《现代俄语详解词典》（2013）对"忍耐"一词做了如下定义：（1）不反抗，不抱怨，逆来顺受，忍受灾难、困难和不幸；（2）不反抗，经受，忍受，屈服于未来的变化、结果；（3）经受，遭到（不幸、困难等）。[1]从该解释中能够发现，在俄语语言世界图景中，"忍耐"意味着忍受身体、内在和精神，甚至是道德上的痛苦的能力，能够克制、获得心灵的平静和在适当的时间达到某目标和结果的能力。

从基督教的视角来看，忍耐是"美德，在于将每个人生活中不可避免的麻烦、悲伤和不幸内化为善意。上帝就是上帝，忍耐即宽慰。耶稣是所

---

[1]　Ушаков Д. Н. *Толковый словарь современного русского языка*. М.: Аделант, 2013. С. 675.

有信仰者眼中的忍耐的最高境界"①。在基督教中，忍耐的特点是恭顺、顺从，对感情和痛苦善意地、真诚地等待帮助或是上帝的救赎。这种思想在俄罗斯谚语中也有所体现，例如，"忍耐即拯救""没有忍耐就得不到拯救"。在东正教的影响下，拯救的概念也属于观念"忍耐"的内容之中。

因此，在俄语语言世界图景中观念"忍耐"具有多层级性。首先，忍耐表现在面对不幸、困难和痛苦时的动作和行为。忍耐有两个界限：一个类型是人在外部环境中成为奴隶，屈服于艰难和残酷的环境，且不尝试向好的方向改变；另一个类型是人带着尊严忍受艰难的环境，虽然他在短期内没有取得任何成果，但是行为积极，不屈服，仍带着希望工作。其次，忍耐表现在内心层面。忍耐需要来自人内心的平静、沉着、镇静、顽强、克制，对于变化和实现既定目标的能力的信心。最后，忍耐表现在精神层面，信仰者应平静地、和善地、耐心地面对痛苦，对待爱情和上帝。痛苦面前长时间的忍耐表现出对上帝的信任。忍耐被视为对智慧和心灵的磨炼的过程。

在俄语语言世界图景中，忍耐是俄罗斯民族所珍视的品质。自古以来，俄罗斯大地和俄罗斯民族经受住了很多痛苦和艰难的时期。俄罗斯居民能够经受住这种种磨难，是因为他们在痛苦面前永远是积极乐观的。对于俄罗斯人而言，忍耐是克服困难的方式，是赎罪的方式。在"忍耐"一词的意义组成中有"不反抗"的义素，向我们展示的是面对困难时展现的消极态度。忍耐不意味着放弃或失败。实际上忍耐恰恰体现的是面对困难时的积极态度。这是俄罗斯民族伟大的智慧所在。当人们遇到劲敌、反对者和凛冽的气候时，应自我控制，在适当的时间为了赢取胜利而积蓄

① Никифор А. *Библейская энциклопедия. 3-е изд.* М: ЛОКИД–ПРЕСС; РИПОЛ классик, 2005. С. 636.

力量。

《美狄亚和她的孩子们》中，玛莎在诗中写道，"接受高于标准的事物，即好上加好……像所有的事物一样，与我们都不相符……"[①] 玛莎的诗展现了俄语语言世界图景中的观念"忍耐"。当生活中发生不幸，我们需要以一颗忍耐与宽容的心接受它。需要耐心地与恐惧、失败、罪过和邪恶抗争。在生活的打击面前，需要耐心地继续生活，不要放弃信念和希望，永远都不要屈服于命运，长久地、顽强地、坚定地达到既定的目标。在生活中玛莎无法接受她和妮卡的情人是同一个人的事实，她们的关系不符合道德准则，就像《圣经》中的一对姐妹同时嫁给了雅各。最终她亲手结束了自己的生命。玛莎的诗很好地表达了忍耐的概念，但她选择了其他的方式来解决这个问题。

在小说中，女主人公美狄亚的特点是长时间的忍耐。她作为姐姐拉扯大了弟弟和妹妹桑德拉，她作为妻子照顾生病的丈夫，她作为医生管理战争期间的小医院。"所有生活中发生过的不幸——父母的过世、生病的丈夫，所有的这些都加剧了身体和精神上的压力。"[②]"在长久的生命中他们习惯于死亡。"[③] 从这几句话中能够发现，美狄亚承受了太多。当她同女朋友叶莲娜一起走进教堂的时候，她的女朋友因美狄亚的命运、她的孑然一身、她的孤家寡人、她被欺骗和背叛的不幸遭遇而哭泣。美狄亚却从未抱怨过命运对自己的不公。她接受所有的痛苦，并感激地忍耐它们。她总是给人们带来快乐和幸福，而从不抱怨、不绝望、不忧伤。无论任何情况，她都顽强地、坚定地完成唯一的事业——作为信仰者对上帝的绝对忠诚。

---

① 　Улицкая Л. Е. *Медея и ее дети*. М.: АСТ, 2016. С. 259.

② 　同上，С. 238.

③ 　同上，С. 341.

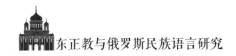

长时间的忍耐使美狄亚对信仰更加坚定，她的灵魂也变得更加高尚。

四、小说《美狄亚和她的孩子们》观念域的外延

在小说《美狄亚和她的孩子们》的观念域中，我们将"苦难"和"死亡"的观念归于小说观念域核心和临近核心区的外延之中。"苦难"和"死亡"的观念处于外延区域，是由其概念特征及其在观念域中的结构决定的。外延区域是小说《美狄亚和她的孩子们》观念域中不可或缺的组成部分。"苦难"与"死亡"的观念同"忠诚"和"忍耐"的观念有所关联。苦难和死亡就像孕育出忠诚和忍耐的土壤；一方面，苦难和死亡的考验教会了人们要有忍耐和忠诚；另一方面，苦难和死亡被理解为罪孽和邪恶作用的结果，而忍耐和忠诚可以帮助人们赎罪，使其心灵受到净化，良心得以慰藉。

（一）"苦难"观念

"苦难"的概念是在俄语语言世界图景中形成的，与东正教的教义和俄罗斯人的精神特质息息相关。在《现代俄语详解词典》中，乌沙科夫对"苦难"一词的含义进行了解释，"苦难"一词的意思包含"折磨、身体或精神上的痛苦"[1]。在俄语语言世界图景中，苦难表示着人在身体、内部心灵、道德或精神上感到痛苦。苦难、折磨、痛苦和受罪在俄语语言世界图景中是同义词。在东正教的观念中，苦难也被称为烈士们的殉难。

在小说《美狄亚和她的孩子们》中，作者写道："有些人削弱了苦难，而另一些人则用某种方式夸大了它。"[2]这反映了俄罗斯人对苦难、不幸、

---

① Ушаков Д. Н. *Толковый словарь современного русского языка*. М.: Аделант, 2013. С. 658.

② Улицкая Л. Е. *Медея и ее дети*. М.: АСТ, 2016. С. 181.

悲痛和哀伤的态度。在俄罗斯的民族意识中，人们认为经历苦难时，会诞生精神力量、爱、信仰、宽恕、救助、赎罪以及其他高尚的美德。俄罗斯人对苦难有着独特的理解。俄罗斯人民认为，苦难既是救赎之路也是神圣之路。在痛苦、折磨和不幸发生时，一个人性格里的软弱、恐惧、脆弱、优柔寡断、自私自利以及其他的缺点都会显现出来，人们会因此而意识到自己的缺点，并开始消除它们，使自己变得更好。这就显示了苦难的作用，即对心灵的净化。苦难考验着一个人的意志力及对信仰的忠诚。苦难使人们开始思考并选择自己的价值观：选择标准更低的或更高的。苦难给予了俄罗斯人民深刻的灵魂、卓越的思想以及伟大的智慧。

在东正教文化的影响下，俄罗斯人民更加关注精神上的痛苦，而不是身体上的痛苦、事业上的失败、贫困或生活上的贫乏。根据别尔嘉耶夫（Н. А. Бердяев）的说法，"苦难是存在的最深层本质，是所有生命的基本法则"①。从东正教的观点来看，"苦难"的概念具有双重性。一方面，苦难是人为之罪的结果；另一方面，苦难是人的救赎之道。当人们在安居乐业时，身体的痛苦、情绪的困扰、身体上的疾病以及亲人的死亡总是伴随着他们。东正教强调关注苦难的积极作用，要考虑到其净化灵魂和使精神重生的作用。避开所有的折磨及痛苦不是解决问题的正确方法，用勇气和忍耐来应对不可避免的苦难是对待其的正确态度。在忍耐的过程中，产生了赎罪和被拯救的可能。

俄语语言世界图景中的苦难意识，源自《圣经》中所记载的耶稣基督被钉在十字架上的情节。因此，俄罗斯人民认为，这种苦难也是一种神圣的行为。没有经受过苦难和贫穷的考验，就没有被宽恕和被拯救的机会。

---

① ［俄］尼古拉·别尔嘉耶夫：《论人的使命：神与人的生存辩证法》，张百春译，上海：上海人民出版社，2007年，第123-124页。

　　在小说《美狄亚和她的孩子们》中，乌利茨卡娅描绘了两个对立的女性形象以及两种不同类型的命运。一类妇女像烈士般承受着生活的严峻考验，而另一类妇女享受着自由的幸福与快乐。当美狄亚看到阿尔东娜正因孩子生病和自身贫穷而受苦时，美狄亚想"苦难和贫穷究竟为何存在？……是残酷无情之人所臆构的与罪孽相适的惩罚法则的崩溃吗？因为上帝是不会让这种惩罚落在无辜的婴儿身上的"①。这反映了俄罗斯人民对苦难、罪孽和惩罚之间关系的想法。在俄罗斯的民族意识中，苦难是对罪孽或犯罪的一种惩罚。美狄亚认为，上帝会惩罚那些有罪之人，而无辜者承受的苦难则源自不怀好意的、邪恶之人对罪孽相适惩罚法则的破坏。从东正教的教义来看，有时邪恶势力支配着苦难，因此善良和无辜的人会受难，但最终公正的上帝会惩罚邪恶的人，善良之人则会得到回报。

　　我们已经分析了"苦难"概念的宗教渊源和东正教对其的观点。接下来，我们将考察一个人如何面对日常生活中的苦难。当不幸发生时，苦难就出现了，人们应该谦卑地接受所发生的事情，冷静而慷慨地承受，而不是抱怨。要在上帝面前真诚地对自己的过错、罪孽进行忏悔。这是俄罗斯人民在面对苦难时的典型行为。在俄罗斯人民虔诚的灵魂中，常常有一种意识，以至他们习惯在遇到失败和不幸时指责自己，而将取得的胜利、成功以及幸福归功于上帝。

　　在小说《美狄亚和她的孩子们》中，作者以 20 世纪的俄罗斯社会为背景，描写了许多不幸的家庭、不幸的人。"这就是与我们密不可分的生活，它自己本身在迅速地变化着——因为革命、政权更迭，这里有红军、白种人、德国人、罗马尼亚人，其中一些人被驱逐了，而其他人，那些外

---

① 　Улицкая Л. Е. *Медея и ее дети*. М.: АСТ, 2016. С. 270.

来的、无根基的人，是他们赋予了美狄亚坚毅性，像树根一样的可以扎根于坚硬土地的力量。"[1] 俄罗斯 20 世纪的历史不仅反映了人民个体经历的苦难，也反映了当时整个国家所经受的考验。俄罗斯人民度过了艰难的时期，经历过深深的苦难，这使俄罗斯人民及其国家变得神圣。这就是为什么在俄罗斯国歌中，俄罗斯被称为圣国，因为苦难是人获取精神圣洁的必经之路。

（二）"死亡"观念

我们经常可以在俄罗斯文学及哲学作品中找到有关死亡的主题。"死亡"的概念，在俄语语言世界图景中反映了俄罗斯民族对生命本质及其价值的看法。在《现代俄语详解词典》中，乌沙科夫对"死亡"一词进行了定义，即生命的消逝、肉体的死亡以及器官的萎缩。[2]

从基督教的角度来看，"死亡是双重的，即身体上和精神上的双重死亡"[3]。"死亡"的概念与俄罗斯民众心中的苦难意识以及其对罪恶的看法有关。在东正教教义中，苦难被理解为一种惩罚罪孽和犯罪的方式。

关于末世论，基督教末世论声称上帝将在世界末日时对每个人进行审判。无罪的好人将升入天堂，而邪恶之人将被打入地狱。基督教宣称，人在死后会得到对立的结果：去天堂或地狱，这是为了强调生命中善良和悔改的含义，因为死亡不是净化罪恶的方法。在某些情况下，基督教并未完全否认死亡的含义。值得一提的是，"基督教为人类开辟了通向死亡的拯

① Улицкая Л. Е. *Медея и ее дети*. М.: ACT, 2016. С. 270.

② Ушаков Д. Н. *Толковый словарь современного русского языка*. М.: Аделант, 2013. С. 633.

③ Никифор А. *Библейская энциклопедия. 3-е изд.* [M]. М: ЛОКИД-ПРЕСС; РИПОЛ классик, 2005. С. 605.

救及复活之路"①。因此，我们可以说，东正教对死亡的定义，使得人们在生活中变得善良、纯洁、慈善且虔诚。

从哲学层面上来看，死亡的特征就是其悲剧性。亲戚或亲近之人的死亡给人们带来悲伤、折磨以及心灵冲击。乌利茨卡娅在小说《美狄亚和她的孩子们》中描述了许多有关死亡的故事：（1）美狄亚的父亲死于军舰爆炸；（2）美狄亚的母亲死于生孩子；（3）叶莲娜的儿子亚历山大死在了前线；（4）美狄亚的两个兄弟在内战中丧生；（5）海伦的孙子溺水死了；（6）玛莎的父母死于车祸；（7）美狄亚的丈夫塞缪尔和弟弟德米特里因病去世；（8）玛莎的自杀。

在小说的艺术世界图景中，作者向读者展示了各种各样原因，有客观的，有主观的。根据死亡原因的不同类型，总体上可将死亡分为三类：（1）自然死亡（因年老死亡）和病理性死亡（因疾病死亡），这种死亡与人体的健康状态有关；（2）遇难，即死于暴力、事故、自然灾害，包括谋杀和自杀，这种死亡与人体状态无关，而与外界因素和人不健康的精神状态有关；（3）死亡作为对犯罪、罪孽、邪恶的一种惩罚，这个含义来自基督教的意识形态。

小说《美狄亚和她的孩子们》中，与死亡有关的故事的特点是故事本身的悲剧性，这种悲剧性能够唤起读者悲伤的情绪。生命是如此脆弱，因而当下，对于人们来说，如何正确地生活以及为什么而活是更为重要的问题。

当塞缪尔身患重病时，他想到"致命的疾病同样可以使人从恐惧中得到解脱"②。当塞缪尔的生命即将走到尽头时，他十分感激美狄亚，面对死

---

① 陈芳：《当代俄罗斯女性小说研究》，北京：中国人民大学出版社，2007年，第84页。

② Улицкая Л. Е. *Медея и ее дети*. М.: ACT, 2016. C. 214.

亡他是无畏而冷静的。

在小说中，玛莎的死唤起了人们的同情心，使人们思考道德原则及规范在建立和谐家庭、和谐社会中所起的作用。

在小说的结尾，作者写道，牧师拒绝了在基督登山变容节时为玛莎在教堂举办葬礼，原因是自杀意味着逃避痛苦。在东正教的概念里，自杀被认为是最严重的罪过。这就解释了为什么牧师拒绝为玛莎在教堂举办葬礼。从东正教的角度来看，赎罪和从罪孽中得到救赎应当是通过忏悔而不是通过自杀。

从前述可以得出如下结论，在东正教中"死亡"这一概念有着复杂性的特点。对于普通百姓来说，东正教对待死亡的态度会影响他们的生活观以及他们对生活的理解。

小说《美狄亚和她的孩子们》中的观念域，体现了许多东正教精神的要素。在本节中，我们从东正教的角度考察了小说《美狄亚和她的孩子们》的概念领域，以揭示语言与文化、宗教之间的联系。小说《美狄亚和她的孩子们》的观念域核心是"圣母"这一概念，它包含三个平行的概念，即"爱""母亲""女性"。之所以用"圣母"的概念来代替核心，是因为小说的主要思想是由女主人公美狄亚提出的，而美狄亚的形象是对"圣母"这一概念的体现。美狄亚住在克里米亚，弗拉基米尔大公也是在那受洗的，因而克里米亚被认为是俄罗斯文明的起源。

美狄亚的居住地和其希腊血统在一定程度上赋予了这一人物形象圣洁、神圣的意味。"圣母"的概念是"爱""母亲""女性"三者概念的统一。在异教文化的影响下，圣母的概念还包含对母亲的崇拜、大地的崇拜、地球母亲的崇拜以及对妇女的崇拜。圣母的特征是其神性（博爱的象征）和人性（体现了母性和女性化的特征）。在人们眼中，圣母是绝对爱的象征，是所有人伟大母亲的象征，是理想和圣洁女人的象征。

在核心区中，我们选择了"忍耐"和"忠诚"的观念。"忍耐"和"忠诚"反映了俄语语言世界图景中俄罗斯人的特征。在我们的生活中，总是发生不幸、灾祸、悲剧或其他苦难。那么我们该怎么看待苦难呢？这个问题对俄罗斯人民来说很重要，因为俄罗斯人民遭受了许多的苦难：战争、饥荒以及严峻的自然环境条件等。东正教认为，一个人应该谦卑温顺地忍受痛苦、折磨和苦难。这一点显示出了俄罗斯民族的伟大智慧，因为忍耐意味着对良好结果和成功的期盼。"忠诚"的概念有着丰富的内涵，例如对家园的忠诚、对事业的忠诚、对婚姻的忠诚以及对上帝的忠诚。在道德生活中，忠诚在本质上是指"婚姻忠诚"，在基督教中则指对上帝忠诚。忠于婚姻被理解为接近信仰，因此忠于婚姻与忠于上帝有着密切的关系。

在观念域的外延区域，我们选择了"苦难""死亡"这两个观念。在俄罗斯人的思想中，对苦难有着根深蒂固的认识。苦难是对罪恶的一种惩罚；同时，它也是一种被拯救和赎罪的方式。死亡的情节在小说《美狄亚和她的孩子们》的艺术世界图景中是很重要的。从东正教的角度来看，死亡是罪恶和邪恶的结果。自杀则被视为东正教中的严重罪孽。

在对小说《美狄亚和她的孩子们》观念域的概念结构进行分析时，可以发现在这种结构中存在三个层次：第一层——精神层次；第二层——道德层次；第三层——攸关生命的层次。这个概念性的结构显示了一个人灵性发展的过程：从第三层下层世俗的人性到第一层上层圣洁的、神圣的神性。中间的那层被称为道德，因为从人类到神性的发展过程必须经过道德层，即道德的自我完善、人性的转变。当一个人遭受亲人逝世的痛苦和悲伤时，一个人的良心和灵魂会得到洗涤，而此时他若仍能温顺谦卑地忍受苦难，保持对信仰的虔诚，遵守道德标准，那么这样的人就可以在精神上达到神性的状态。

在该结构的第三层和第二层之间存在概念上的联系。在东正教中，苦难和死亡被理解为罪恶和邪恶的结果，与此同时他们获得的救赎及所受到的惩罚也得到了肯定。痛苦与死亡能够检验一个家庭的忠诚度及信念。人们在面对痛苦和死亡时需要忍耐。当人们面对苦难、经历苦难时，他们的灵魂也将更加纯洁、圣洁，越发接近神性。

因此，小说《美狄亚和她的孩子们》的观念域特征在于它的宗教性，这取决于小说作者的个人经验。这一观念域，同时也反映了俄语语言世界图景的一部分。从东正教的视角对小说《美狄亚和她的孩子们》的观念域进行研究，有助于解答关于生命意义、社会价值、道德标准的重要意义、婚姻和家庭的态度等方面的问题。乌利茨卡娅在小说中描绘了两种截然对立的女性形象，旨在向读者展示对待爱情、婚姻忠诚、痛苦和死亡的不同态度。第一种类型的女性，正如美狄亚，经受着生活的压力和不幸，但在她的灵魂中，她寻求信仰并获得内心的平静。另一种类型的女性，如桑德拉，则享受生活的乐趣，但遭受良心谴责。与桑德拉相比，美狄亚的形象则更加圣洁。通过美狄亚的形象可以发现，俄罗斯宗教和道德传统的价值体现在创建和谐的家庭和社会中。

从东正教的视角对小说《美狄亚和她的孩子们》的观念域进行分析，有助于揭示俄语语言世界图景中俄罗斯民族精神的宗教性特点。该研究成果有助于研究语言、文化、文学和东正教之间的相互关系，并促进跨学科研究。小说《美狄亚和她的孩子们》的观念域分析模式能够为后续艺术文本中东正教观念研究提供经验与视角。东正教视角下对小说《美狄亚和她的孩子们》观念域的研究成果，可应用于俄罗斯文学和文化教学、语言文化学研究、宗教哲学和文化学研究。

第五章
宗教观念学视域下的东正教文化观念研究

宗教与语言有着天然而密切的联系。《圣经·约翰福音》和合本中说道：太初有道，道与上帝同在，道就是上帝。其英文版钦定本原文为："In the beginning was the Word, and the Word was with God, and the Word was God. "它的另一种译文可以是："一开始就是话语，话语与上帝在一起，话语就是上帝。"

道即 Logos，是永恒的话语、真理，构成了基督教创世之初的语言中心主义。从基督教神学的角度，上帝是真理的创造者，同时也是真理的言说者。上帝创世，按照自己的形象造人，并赋予人以语言，即赋予人通过语言认识真理也就是上帝的天赋能力。人的语言性包含着神性与人性的统一，人的世界认知由话语推动和建构：人类通过语言认识自然、社会与人自身，在基督教看来，人只能通过话语才能认识上帝及其真理，通过话语世界得以构造，生命在话语之中。真理遮蔽不在场，而话语在场可显现，Logos、Word、道同时包含着真理和言说的双重含义。从人类中心论范式下的语言学立场，我们可以通过在场的话语揭启不在场的作为真理载体的观念认知。

俄罗斯学者波斯托瓦洛娃（В. И. Постовалова）① 提出，可以尝试在人文科学领域，在神学语言学（теолингвистика）框架下，建立一门宗教观念学（религиозная концептология）或神学观念学（теоконцептология）。这样，探讨东正教与俄罗斯语言的相互影响，除了俄语语言史的历时角度，还可以从观念分析的共时角度，从凝结在语言中的核心宗教观念入手，运用神学语言学、语言文化学、观念学相关理论与方法，通过观念（域）分析、文本分析、话语分析、内容分析、场性分工、关键词分析等分析方法，揭示和解释俄罗斯东正教世界图景的某些趋向性特征。

第一节　宗教观念学：理论与方法

一、宗教观念学与宗教观念

宗教观念学可被视为神学语言学与观念语言学之间的交叉学科。神学语言学建立在神学、宗教人类学和语言学的交叉点上，旨在基于宗教多样性表现形式，研究语言与宗教之间的相互联系与相互作用。作为一门综合学科，神学语言学同样关注作为个人存在基础要素的世界感知、意识、文化和作为精神生活的宗教信仰在语言中的折射和映现。观念语言学（лингвоконцептология）研究人意识中的观念构成及其在语言中的范畴化、语言化、语义化实现。观念语言学一般可以分为认知观念学（когнитивная коцептология）和语言文化观念学（лингвокультурная концептология）两大流派，但两大流派之间的理论界限并不十分分明，

---

① Постовалова В. И. Религиозные концепты в православном миросозерцании（опыт теолингвистического анализа）//Критика и семиотика. 2014. № 2.

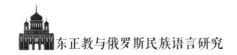

在研究中理论与方法经常相互借鉴，并且有趋于整合的趋势，这与观念自身具有的认知性和语言文化性是相一致的。[①]

随着观念研究方法论的进一步深入发展，观念语言学与其他人文科学领域的观念学，如观念符号学、观念文艺学、观念哲学等分支学科逐渐交叉融合，向着建立独立的、统一的多学科交叉观念研究的观念学迈进。作为观念语言学的一个独立分支，宗教观念学的提出可望在洪堡特人类学语言学框架下，基于人的先验的宗教立场，整合观念语言学与神学观念学的相关理论与方法，致力于研究宗教观念及其在人类精神世界中的意义。宗教观念学还可细分为不同的研究方向，分别研究宗教世界观及其教义多样性表征中的宗教观念。

俄罗斯东正教信仰体系下宗教观念学的研究对象，是东正教世界观中的宗教观念。在最宽泛的意义上，观念通常被视为一种价值认知和世界认知的最小语义常量，它以凝缩的形式将人对其在世存在状态最重要的世界认知刻画其中；观念在人的意识中产生，是人对作为原初存在的自然、人及神的形象创造性思维成果最大程度的归纳、抽象与凝练。上述文化形象的形成基于人的生活经验，分为两种不同类型：一是日常感性的自然形象，二是精神层面宗教神秘的超自然形象。观念作为世界认知方式及其成果，还被认为是意识的民族心智构成，是一种"人意识中存在的民族心智现象，是某一语言形式的内容部分"[②]。

在宗教观念学视域下，以俄罗斯东正教宗教观念为对象，观念研究

①　Постовалова В. И. Религиозные концепты в православном миросозерцании（опыт теолингвистического анализа）//Критика и семиотика. 2014. № 2. С. 127–129.

②　Фещенко В. В. К истокам русской концептологии: от Ю. С. Степанова к С. А. Аскольдову// Вопросы филологии. 2010. № 3. С. 111–119.

被纳入人、现实与上帝的内在对话探索领域。有学者认为，宗教观念学
中的观念作为精神的本体论现实有其神学人类学前景。他将上帝启示
（боговдохновенность）作为观念的本质特征之一，认为"观念作为一种
精神含义表达，不仅具有宇宙的、内在的自然性，还具有超自然的神性。
从'道'到话语的道路经过不同层次的存在，是对'真'之启示的独特模
式。观念是上帝与人之间交往形式的独特形式：这一交往形式呈现为同心
圆，从一个含义层走向着更高的层次，从实质到实质"。在以上帝之名的
本体论学说中，观念的全部意义属于人之名 / 上帝 / 绝对。①

二、宗教观念域的构建与宗教观念阐释法

宗教观念学的核心概念是神学世界观（теологическое мировоззрение）。
世界观在俄语中有不同表达方式，如 миропонимание（直译为"世界理
解"）、миросозерцание（直译为"世界感知"）、мировидение（直译为
"世界认知"）等。神学世界观是语言、文化、宗教及其他人的活动领域之
间的中介项。弗洛连斯基对这一神学世界观的认识，表达了语言、宗教、
文化相互联系的层级系统"信仰决定祭祀，祭祀决定世界观，文化继而生
成"，人的活动本质是话语的。②

宗教观念蕴含的神学世界观的丰富含义，只能在宗教观念学框架下才
能得以揭示。这样，对宗教观念的描写和解释可以在哲学阐释学意义上的
三个层面上进行，分别运用不同的分析方法。要知道，哲学阐释学的前身

① Степаненко В. А. Слово/Logos/Имя – имена – концепт – слова（сравнительно-типологический анализ концепта «Душа. Seele. Soul» на материале русского, немецкого и английского языков）. Иркутск, 2006. С. 205–213.

② Флоренский П., свящ. Соч.: В 4 т. М.: Мысль, 1994. Т. 1. С. 799.

古典阐释学就是对宗教、法律文献进行的文本理解与解释的方法论。考虑到宗教观念分析的现实性和可操作性，按照循序渐进、由表及里、从描写到解释的一般顺序，可以从以下三个层次对宗教观念进行描写和解释：（1）语言学分析层面，运用词汇—语法分析手段对宗教观念进行构词学、词源学、词汇语义学分析；（2）语言文化学分析层面，运用语言文化学分析法对宗教观念的历史、社会、文化含义进行描写和解释；（3）神学观念学层面，运用宗教释义分析法对宗教观念蕴含的神学世界观的精神文化含义进行文化阐释。这样，精神世界观层面的宗教观念的深层释义，就从人的活动领域进入了人与神的互动领域，要以神学世界观为基准进行描写和解释。

以神学世界观为核心，探讨俄罗斯东正教观念学，首先需要构建东正教世界观观念域。

神学语言学对宗教观念内在的神学世界观的描写，以基督教教义与宗教经验为基础。东正教观念系统正是对东正教教义及其世界观的神学观念学阐释。这一神学观念阐释诉诸东正教教义、圣徒事迹、教会传统、教会经典等。正如弗洛连斯基所言，宗教就是"我们与生活在上帝中，而上帝在我们之中"。宗教就是"这样一些行为和经验体系，它给灵魂以拯救"①。

宗教观念学认为，神学世界观超越了由人创造的文化范围，进入宗教—神话源头，亦即一种具体的宗教世界观。这一宗教世界观由那些基础的宗教观念进行表征、表现和表达。对此，布尔加科夫（С. Н. Булгаков）论道："文化的使命在于神人的事业，亦即世界的人化和人的神化。"教会真理"不是对象性的，当人在真理中的时候，他不是作为认识主体和认识

---

① Флоренский П. А. Собр. соч.: В 2 т. М.: Правда, 1990. Т. 1（Ⅱ）: Столп и утверждение истины. С. 493–839.

客体相分离和对立的，而是和客体相统一的"①。

基督教的根本问题在于寻求人与神、世界与天国之间的道路。与天主教重知识的启示之路不同，东正教的神启是一条东方的直觉之路。正如别尔嘉耶夫所说，"东正教首先不是学说，不是外部组织，不是外部行为方式，而是精神生活，是精神体验和道路"。东正教的教义神学和宗教实践，其许多特点都出自这种精神直觉。而精神直觉是一种非知识性、凌驾于理性之上的内在心灵体验，它不是经验上可证实的中介形式，而是对上帝三位一体存在本质的悟性思维和直觉经验。

东正教教义是东正教观念系统的核心，"构建任何一种世界观——尤其是基督教世界观——的方法都要通过教义"②。虽然在实践中，神学世界观不能归结为表达这一世界观的宗教观念的总和；但对宗教观念的省思能够让我们通过对某一特定宗教观念域及其个别宗教观念的描写，把握东正教教义在其神学世界观中的地位、功能和作用。东正教世界观观念域的构成包括:（1）东正教神话成素——观念（концепты-мифологемы［реалии］），表达东正教最重要的宗教宇宙现实，如 Царство Небесное、Парусия（Второе пришествие）;（2）东正教概念——观念（концепт-понятие），表达东正教教义关于上帝、人与世界关系的最重要的那些概念，主要包括:①东正教教义概念，如 откровение, грехопадение, спасение, обожение, святость 等;②神秘——苦行修行概念，如 страсти и добродетели, грех, смирение, терпение, кротость 等;③东正教价值概念，如 вера, любовь, истина, добро, красота, милосердие 等。

---

① Булгаков С. Н. Догматическое обоснование культуры//Булгаков С. Н. Соч.: В 2 т. М.: Наука, 1993. Т. 2: Избранные статьи. С. 637–643.

② Флоренский П. А. свящ. Соч.: В 4 т. М.: Мысль, 1994. Т. 1. С. 799.

三、东正教观念场的构建与场性分工分析法

波斯托瓦洛娃认为，可以分别在宗教、文化历史及语言三个层面对东正教核心观念进行研究，对其中蕴含的神学世界观进行多层级知识系统的建构，同时对蕴含在语言单位中的宗教观念进行逐级分析。这一分析虽然细致入微，但其分类标准的个人化和分析过程的体验化，使其难以复制。

我们认为，可以在宗教观念学框架下，以俄罗斯东正教为核心，以东正教世界观描写和阐释为目标，建立不同层次的宗教观念场。如果俄罗斯东正教观念场为总场，则在其项下，可以包括不同层次的观念分场和子场，如教会真理、教会之善、上帝之美。一个宗教观念场又可以分成实体（现实）层（神话化的宗教现实）、伦理规范层（东正教道德训令、律法与律条）、宗教思想层（东正教教义及其宗教哲学思想）。这样，宗教观念构成中的各层次个体观念就可以在场内各安其位，运用观念（域）分析、关键词分析、文本分析、内容分析、话语分析、阐释学分析等综合分析方法，可望对特定宗教哲学观念，如爱、忍耐、谦卑、牺牲等，进行上述三个层面的全面描写、分析与阐释，揭示蕴含其中的东正教世界观的某一片段。我们认为，俄罗斯东正教（русское православие）作为俄罗斯宗教观念场总场核心或场名，是俄罗斯性（русскость）＋宗教性（религиозность）＋聚和（соборность）的合取项命名。凡符合该三项合取特征的东正教观念进入中心场，而与该三项式任一项相关但不完全符合的宗教观念进入边缘场。这样一个由核心、中心结构和边缘结构构成的俄罗斯东正教观念场就建立起来了。其他分场和子场结构与总场相同。

下一节我们以俄罗斯东正教核心宗教观念之一的 соборность 为例，提出建立俄罗斯东正教宗教观念场及其分场的理论设想与基本框架。

第二节　"聚和性"宗教观念及其宗教观念场的建构

一、"聚和"概念的语言学探源

（一）"соборность"的译名问题

"соборность"是俄语中特有的一个词，是俄罗斯东正教与斯拉夫主义学派的核心术语，因其复杂的含义很难确切地翻译为相应的外语词，国内学界至今尚无统一的汉语译名。从我们掌握的资料看，"соборность"一词的汉译集中在以下四种情况：[①]（1）精神共性；（2）聚议性，会同性，共议性；（3）教会集体性（集体性），集体原则，集体意识；（4）聚会，共同性。贾泽林教授认为，"它所蕴含的正是俄罗斯宗教和哲学的内在特点，即强调'个别'在不失掉自己特性的条件下统一成'一般'（一般与个别的有机统一）"。

基于对"соборность"一词多所指性的综合考察，本书将其译为"聚和"，意为具有共同（东正教）信仰的人的精神与肉体的统一体。分析表明，"聚和"作为一种对异文化现象的特定称名含，有以下几层含义：（1）最初，它是社会成员以教会（церковь）/教堂（собор）、米尔（мир）为基本单位的组织形式，集合（群）性、统一性是它的最大特征。这是聚和的实体化表现，是为"聚"，取"聚集、聚会、团聚、聚合"等意；（2）聚和共同体内的每名成员自觉追寻信仰基督、爱和真理，他们相信"只有在统一各种意识的机构中，在众人的互爱中，真理才是可以企及

[①]　译者分别为徐凤林（弗兰克《俄国知识人与精神偶像》，1999 年），贾泽林（洛斯基《俄国哲学史》，1999 年），杨德友（叶夫多基莫夫《俄罗斯思想中的基督》，1999 年），雷永生等（别尔嘉耶夫《俄罗斯思想》，1996 年）。

的"①。"聚和性"体现了社会成员一致的价值判断及对共同价值观的普遍认同，因此是具有精神共性的人的自主联合。这是"聚和性"的内在统一性，是为"和"，取"和合、和众、和平、合意、共议、共同"等意；（3）个体在聚和共同体内不是被动的服从关系，而是个人精神性与超个体组织（собор/церковь；мир/артель）的统一性的内在和谐。②成员个体与聚和组织之间不存在森严的等级秩序和利益冲突等矛盾；相反，它们是"自我"与"我们"的统一：这里"自我的特性和自由并未被否定；相反……自我只有在相互联系的整体中才能实现这种特性和自由"③。

分析表明，соборность 概念是以下三种所指的统一：（1）соборность（聚和思想）作为一种俄罗斯思想和一种宗教哲学学说；（2）соборность（聚和共性）作为俄罗斯人的一种传统生存方式和思维方式；（3）соборность（聚和精神）作为一种俄罗斯精神性的主导特征。

（二）"соборность"的词源学分析

分析表明，собор 由 сбирать（旧）及 собирать、собрать、сбирывать派生而来，最初的意思是"许多人的聚会"，有全体、一道、共同、协同等含义。例如，все их ученые соборы, все их угрюмы заговоры... Все это только шум пустой（他们所有的学者聚会，他们所有的阴谋诡计……所有这一切不过是瞎胡闹）（Крылов）。至今，在一些谚语中，如 Собором и черта поборем（团结起来神鬼皆惊），仍然保留有这一意义。④собор

---

① ［俄］叶夫多基莫夫：《俄罗斯思想中的基督》，杨德友译，上海：学林出版社，1999 年，第 62 页。

② ［俄］弗兰克：《俄国知识人与精神偶像》，徐凤林译，上海：学林出版社，1999 年。

③ 同上，第 23-24 页。

④ 《俄汉详解大辞典》第四卷，哈尔滨：黑龙江人民出版社，1998 年，第 4926 页。

的动词词源使它具有一定的动态性语义特征。从达里对上述动词的解释可以清楚地看到这一点：Сбирать или собирать, собрать, сбирывать, сносить, свозить или созывать в одно место; отыскивать и соединять, совокуплять, приобщать одно к одному; скоплять. Пчела собирает мед с цветов. ① 这一释义至少包含以下六种意思：（1）集中，聚集，汇聚，如 Он знал, что тут собрана вся интеллигенция Петербурга（他知道，在这里集中了彼得堡的全部知识分子）（Л. Толстой）；（2）召集，召唤等，如 Этот слух собрал множество любопытных（这个传言召来了很多好奇的人）；（3）召集开会，如 собрать вече（召集市民开会），собрать военный совет из командиров（召集指挥员开军事委员会）；（4）（招募人员）组建，如 собрать новое войско（组建新的部队）；（5）团结，如 собрать интернационалистические элементы в международном рабочем движении（在国际工人运动中团结国际主义分子）；（6）归拢，归置，如 собрать с полу бумаги（把文件从地上捡起来）。② 在达里那里，我们还发现 собрать 与宗教有关的一个义项：托钵僧行乞。"Сбирать, ходить помиру, нищенствовать, просить Христа ради, питаться подаянием, милостыней." ③

собрать 的派生词大都保留了以上所列六项的基本意义。举数例如下。**собраться**：Гости и хозяева собрались в маленькой гостиной（客人和主人聚集在小客厅中）（В. Г. Короленко）；Вокруг него собираются отважные и настойчивые вожаки из рабочих（他周围团结了一批勇

---

① Даль Вл. Толковый словарь живого великорусского языка. т. IV. M., 1955. C. 141.
② 《俄汉详解大辞典》第四卷，哈尔滨：黑龙江人民出版社，1998 年，第 4927 页。
③ Даль Вл. Толковый словарь живого великорусского языка. т. IV. M., 1955. C. 142.

敢坚定的工人领袖）（Попов）；В середине дня в комнате Корнилова собрался военный совет（中午在科尔尼洛夫的房间召开了军事委员会会议）（А. Н. Толстой）。сбор（集会）：общий сбор（全体集合）；в сборе（到场，到齐）：Все были в сборе（所有人都到了）；Часов в семь утра Давыдов, придя в сельсовет, застал уже в сборе четырнадцать человек гремяченской бедноты（早上 7 点左右达维多夫来到农村苏维埃时，发现已有 14 名格列米亚钦斯克贫农到了）（М. А. Шолохов）。сборище：К нему целыми сборищами ходили хлысты（鞭笞派教徒成群结伙地来找）（П. И. Мельников-Печерский）；вечерние сборища（夜晚聚会），зимние сборища（冬日聚会），торговые сборища（集市）。сборник：сборник песен（歌曲集），сборник пословиц（谚语集）。

显然，собор“集会、聚合、共议”的本意是它后来被用作指称“会议、教会、教堂”的基础。俄语中用来指称“会议”的更为常用的普通名词 собрание，首先是 собирать/собрать 的动名词形式，其“会议”意亦为转义。达里对 собрание 的释义清楚地说明了这一点：собрание, действие по гл（来自动词，集中，召集）（1）把许多东西集中到一起，收集到一起。（2）出于不同目的，把许多人召集在一起。（3）采集，收获。[①]例如，Великий князь отправил гонцов во все области для собрания войска（大公派信使到各地去召集部队）（Н. М. Карамзин）；При сём случае увидел я впервые весь наш полк в собрании（这回我第一次见到了我们全团的人都到齐了）（В. А. Жуковский）；Мне ужасно нравятся мужские собрания, в которые не вмешиваются дамы（我非常喜欢没有太太们打扰的男子聚会）（А. И.

---

① Даль Вл. Толковый словарь живого великорусского языка. т. IV. М., 1955. С. 141.

Герцен）。现代俄语中，собрание（会议、会）作为普通名词，泛指各种类型的会议或经它选举产生的机构、团体名称，如 общее собрание（全体会议），закрытое собрание（秘密会议），очередное собрание（例会），партийное собрание（党员会议），родительское собрание（家长会），собрание избирателей（选举会），собрание актива（积极分子会议），；законодательное собрание（立法会议），земские собрания（地方自治会），учредительное собрание（立宪会议），Всекитайское собрание народных представителей（全国人民代表大会）等。①

　　宗教（历史）文献中 собор 作"聚会商讨""会议"意时有它特定的历史内涵，现代俄语中通常用作专有名词。达里的释义为：（旧俄官员或代表讨论决定重要问题的）会议；（国家或地方东正教高级僧侣）会议。② 从历史发展的角度，"собор"作为指称"会议"的宗教观念可分为"世俗的"和"教会的"两种组织形式。③ 作为世俗会议的组织形式，它是旧俄官员或代表讨论组织管理问题的会议，如 земский собор（全俄缙绅会议），是 16 世纪中期至 17 世纪末俄国最高代表机关，由宗教界、大贵族杜马、宫廷成员、地方贵族、上层市民组成，讨论解决重大问题。例如，На соборе же должна была быть предложена составленная им программа（就在这次会议上必须提出他起草的纲领）（Л. Толстой）。宗教会议分为普世会议（Вселенский собор）和地方宗教会议（поместный собор）两种形式，全部由高级僧侣组成。前者又称公会议，是整个教会的最高代表会议，后者是一个国家或地区的教会代表会议。

---

① 《俄汉详解大辞典》第四卷，哈尔滨：黑龙江人民出版社，1998 年，第 4926、4927 页。
② Даль Вл. Толковый словарь живого великорусского языка. т. IV. М., 1955. С. 142.
③ БЭС, М., 1998 年，第 1333 页。

собор 的词义演变并未到此结束。现代俄语中 собор 作为普通名词更多地被用来指称大教堂。达里的释义为：Главная церковь в городе или части его, безприходная. Соборная церковь, Соборное постановление, Соборная баня, или народная, торговая. Общая, Соборное послание, принятое, признанное соборною церковью за богодухновенное。[①] 如 кафедральный собор，由主教主持仪式的大教堂。在文学文本中，собор 作为一种宗教意象得到了广泛运用，有时，在特定的语境中可表达特定的象征意义。例如：Затем, прямо из собора, ни к кому не заезжая, приехала к нам, рассказала нам все, горько плакала и, в полном раскаянии, обнимала и умоляла Дуню простить её（她随后从教堂里出来，谁那儿也没去，径直来到我们这里，痛哭着诉说了一切；她彻底后悔了，拥抱着冬妮娅，恳求她的原谅）（Ф. М. Достоевский）。Он ярусами лепился на возвышенности, как гора Афон или скит пустынножителей на дешевой лубочной картинке, дом на доме и улица над улицей, с большим собором посередине на макушке（它（整个城市）阶梯式地一层层排列在高地上，很像廉价木版画上的阿丰山或隐僧修道院，屋上有屋，街上有街，中间还有一座尖顶的教堂）（Б. Пастернак）。Он дошел до собора：там служили всенощную（他来到教堂，那里正在做彻夜祈祷）（М. Салтыков-Щедрин）。

通过对 собор 及其派生词的词义分析，我们发现，собор 的词义演变是一个从"世俗化"向"神圣化"位移的过程。собор 指称由"世俗化"向"神圣化"转变的轨迹，从 собор 派生词聚合体的词义辨析与比较中可以清

---

① Даль Вл. Толковый словарь живого великорусского языка. т. IV. М., 1955. С. 142.

楚地看到。其聚合体构成如下：соборище、соборный、соборне（соборно）、
соборовать（собороваться）、соборование、соборянин、соборность。[①]

соборище：汇聚在一起的……人。народное соборище（民众集会），
[Дионисий] первый учинил тот разрыв, на котором основалось его
соборище（季奥尼西首先制造了分裂，在此基础上集合了自己的一帮人）
（Муравьев）。

соборный：（1）全体的，共同参加的（与всеобщий、совместный 同
义）：соборное восстание и благочестивое оживание（全体起立恭候）；
（2）собор 1、2 解的形容词：соборное постановление（国民代表会议
决议），соборное движение（14 世纪末公会议运动），соборные грамоты
（国民代表会议证书），соборное уложение（1649 年国民代表会议通过
的法律大全），соборное избрание [царей], как замена завещания, стало
признанным прецедентом（由国民代表会议推举沙皇代替先皇遗诏，成了
公认的先例）（В. О. Ключевский）；（3）собор 3 解的形容词：соборный
колокол（大教堂的钟），соборный хор（大教堂的唱诗班），Соборный
протоиерей（东正教大教堂的大司祭），соборное богослужение（有许
多神职人员参加的祈祷仪式），Для торжественного соборного служения
из всех артурских церквей собралось около двух десятков военных и
морских священников（为参加盛大的祈祷仪式，从旅顺所有教堂来了 20
名左右陆海军神甫）（А. Н. Степанов）。

соборне（соборно）：（1）全体一道，共同，协同：Желаю, чтобы
это письмо было прочтено соборне всем тем, до кого оно касается（我

---

① 以下释义除非注明，均采自《俄汉详解大辞典》，第四卷，第 4926 页。

希望能把所有有关人士召集在一起宣读此信）（В. Г. Белинский），[Мы] вздумали ехать, так сказать, соборне: моя телега, а его лошадь（我们想出个所谓合伙走的办法：我出车，他出马）（Н. Успенский）；（2）在多数神职人员参加下：Обедня служилась соборне двумя священниками и дьяконом（日祷是在两名司祭和一名助祭全都出席主持下举行的）（М. Салтыков–Щедрин）。

соборовать：（1）主持教堂、祈祷；（2）东正教给重病或垂死者祈祷、涂圣油：Соборовали его маслом и читали над ним евангелие（给他涂圣油，在他面前诵读福音书）（Балотов），За час пред смертью она с тихою радостью исповедалась, причастилась и соборовалась маслом（临终前一小时，她愉快地做了忏悔，领了圣餐，涂了圣油）（Л. Толстой）。

соборянин：大（教）堂的神职人员。

соборность（旧）соборный："全体、共同"意义的名词形式。同义 общность、объединенность。В России … господствует … православная соборность, противостоящая индивидуализму（在俄国占上风的……是与个人主义相对立的东正教的统一性）（П. Ермилов）。

以上同根词聚合体的释义分析，见证了собор作为俄国东正教特有概念发展的历史。我们从中不难发现聚和性学说（соборность）得以建立的世俗的与宗教的语义来源。

俄国东正教会不仅将собор（教堂）视为传教、布道的场所，更将它视为上帝的化身、信仰的象征。собор作为联结人间与天堂的中介，实现了世俗生活与宗教仪礼的统一。在我们看来，собор含义的多所指性为斯拉夫主义者创造聚和性学说（соборность）提供了充分的语言学基础。事实上，собор与кафоличность之间的语言学联系只是在俄语中才得以建立，由此形成聚和性（соборность）理论，指导生活。

　　语义分析表明，соборность 作为术语是对 собор 各义项整合之后再进一步抽象的结果。通过以上词源学与同名概念的组聚合分析，可以得出以下三点结论：

　　第一，соборность 作为俄国东正教术语恢复了 собор "集合、聚和、共议"的本义，成为聚和性得以成立的基础和前提；

　　第二，соборность 将 собор 外在的宗教礼仪和素朴的信仰上升为对上帝、对真理的内在的永恒追求，实现了世俗与神性的统一、神与人的统一；

　　第三，соборность 成为一种理论、一种学说，成为指导俄罗斯生活与信仰各个层面的基本原则之一，亦即学界所谓的 русская соборность（俄罗斯聚和性）、православная соборность（东正教聚和性）、принцип соборности（聚和性原则）。

二、"聚和性"作为俄罗斯东正教核心宗教观念的神学源流

　　соборность 的语义与东正教神学概念 кафоличность 息息相关。后者来源于希腊语 καθολικός，意为"全体的，普遍的，整体的"（всеобщий，всецелый，вселенская）。кафоличность 作为宗教概念，它不仅是处在一定时空内的教会实体，还是尘世教会与天国教会的统一（В своей соборной полноте, в кафоличности, она обнимает и Церковь званных и Церковь избранных, Церковь на земле и Церковь небесную）。如此，在 кафоличность 与 собор 两个语言符号之间，通过对教会"不受任何局限的完整性"（ничем не ограниченная полнота и всеобъемлемость）的概念，以及对"全能的上帝"的理解（《圣经》上说：в Церкви "нет эллина, ни иудея, ни обрезания, ни необрезания, варвара, скифа, раба, свободного, но все и во всем Христос"（在教会中"并不分希腊人、犹太人，受割礼的、未受割礼的，化外人、西古提人，为奴的、自主的，唯有基督是包括一切"），而建立起语言学联系。соборность 由此成为俄罗斯东正教及教会的核心特征之一，宗教的自我理解（самопонимание）具有普遍性和普适性，有所谓"统一的、神圣的、普遍的和使徒的教会"（единая, святая, соборная и апостольская церковь）之说。[1]俄罗斯著名宗教哲学家霍米亚科夫（А. С. Хомяков）对这一概念进行了深入、系统的阐发，赋予其新的含义和独创性，并发展成为一种新的宗教哲学学说。他甚至认为该词（соборность）包含着东正教信仰的全部内容（одно это слово содержит в себе целое исповедание веры）。时值 19 世纪末 20 世纪初，俄国斯拉夫主义及其宗教哲学思想正大行其道，соборность 作为它的专有概念，得到了众多宗教哲学家的认同和进一步的论证，如索洛维约夫（Вл. Соловьев）、特鲁别茨科伊（Е. Н. Трубецкий）公爵等。[2]соборность 也因此逐渐成为指称俄罗斯民族精神性的核心概念之一。[3]在他们看来，соборность 不局限于任何空间、时间及个人，它将一切时空和所有民族虔诚的信徒联结在一起。教会聚和的内涵包括三个维度：空间维度，即把世间所有热爱上帝真理的信徒汇纳入教会中；时间维度，教会旨在引导所有具有共同信仰的人达到以爱、生命、信仰为基础的

---

[1] Никейско–Константинопольский Символ Веры, 4 в., 参见 БЭС, 1998：1117. "Символ Веры", 信经，东正教会和天主教会规定每个基督徒无条件承认的基督教教条简则。325 年尼西亚公会议上制定，362–374 年做了修订，见《苏联百科词典》，中国大百科全书出版社，1986，第 1454 页。

[2] ［俄］Н. О. 洛斯基：《俄国哲学史》，贾泽林等译，杭州：浙江人民出版社，1999 年，第 42、43 页。

[3] Михаил Помазанский "Соборность и церковное сотрудничество".

统一和同一；制度维度，教会不受任何非宗教组织制度的约束，并不限于任何特定的民族及语言。

霍米亚科夫基于基列耶夫斯基（И. В Киреевский）关于俄罗斯社会组织结构对"соборность"的社会性表述，从东正教的神学视角将俄罗斯这一现实特性与精神上的宗教体验相联系，奠定了"соборность"宗教哲学学说的理论基础。"聚和性原则首先意味着由信仰联合起来的人们的教会共同性，意味着保证个体精神的完整性和认识的真理性的东正教的宝贵性，意味着在每个人的自由之爱和全体的同一的基督教会中的和谐。"[①]霍米亚科夫将其"соборность"的学说具体表述为"人类自由的团结"（свободное единение людей），并将批判的矛头直接指向西方基督教的个人主义（индивидуализм），认为其"和个人主义是两个相反的概念，前者肯定了人类精神的价值，后者则是精神的分裂"[②]。

霍米亚科夫"聚和性"神学学说建立在对东正教会本质理解的基础上。聚和性宗教观念成为拥护东正教会"正统性"和"正确性"、批判西方教会的有力武器。聚和性是霍米亚科夫视教会为"精神有机体"思想的高度概括，也是其宗教神学建立的理论核心。聚和性东正教神学思想是东正教神学与天主教神学、新教神学最根本的区别性特征，也是独立的俄罗斯神学思想的基石。соборность 在此被理解为一种创世的普遍原则，即"统一性与自由的结合，这种结合建立在爱上帝及其真理和爱上帝者之间互爱的基础之上"。在霍米亚科夫看来，天主教有统一而无自由，新教有自由而无统一，它们实现的仅是外在统一和外在自由。[③]这样，东正教聚

---

① 白晓红：《俄国斯拉夫主义》，北京：商务印书馆，2006 年，第 97 页。

② Маслин М. А. *Русская идея*. М., Издательство Республика, 1992. С52.

③ ［俄］Н. О. 洛斯基：《俄国哲学史》，贾泽林等译，杭州：浙江人民出版社，1999 年，第 37 页。

和性就是"教会在共同领会真理和共同寻找得救之路的事业中诸基础的自由统一（свободное и органическое единство），这种统一是建立在对基督和神规的一致的爱的基础之上的统一"①。

俄罗斯宗教神学家们将此观念从教会领域扩展至整个宗教神学领域。索洛维约夫在此基础上提出了"肯定的万物一统"观念（为了区分于斯拉夫派，他避免使用"聚和性"这一概念——作者注），他指出："真正的统一保护和加强自己的要素，这个统一在所有要素中实现自己"②。弗洛连斯基将聚和性观念发展到东正教宗教生活的本质（礼拜的合唱精神），认为聚和性就是教会意义本身，是教会和信徒"多重统一"的最终指归。布尔加科夫扩展了聚和性的神学意义，认为聚和性是东正教的灵魂，意味着普世性和统一真理中的多元一体性（многоединство）。聚和性本身就是反专制主义、去中心化，它将人类的当下与历史联结为精神自由的联盟。③聚和性学说揭示了教会的本质，也是对东正教教会真理的见证。④基于俄罗斯宗教哲学家对于"聚和性"学说的上述观点，我们认为，作为东正教教会精神本质之一的聚和性是自由、爱、个性的三位一体，个性和超个性（万物一统）的同质，体现出生存时间的启示意识。聚和性揭示了俄罗斯民族信仰的实质，它反映了俄罗斯民族对教会本质的理解。⑤

在我们看来，聚和性体现了俄罗斯人思维趋向综合性、整体性的总体特征，强调了一与多、信仰与自由的统一。关于俄罗斯思维的特点，别尔

① ［俄］Н. О. 洛斯基：《俄国哲学史》，贾泽林等译，杭州：浙江人民出版社，1999 年，第 34 页。

② Соловьев В. С. *Сочинения в двух томах. т. 2.* М., 1988. С. 552.

③ Булгаков С. Н. *Православие. Очерки учения православной церкви.* Париж, ИМКА-пресс, 1989. С. 212.

④ 张百春：《当代东正教神学思想》，上海：上海三联书店，2000 年，第 496 页。

⑤ 同上，第 56 页。

嘉耶夫在讨论斯拉夫主义者时论道："斯拉夫主义者把俄罗斯的整体性和有机性与西欧的二重化和分裂对立起来。他们和西方的理性主义进行斗争，他们把这种理性主义看作全部恶的根源，他们把这种理性主义归咎于天主教的经院哲学。西方的一切都是机械化和合理化的。整体性的精神生活是与唯理主义的分裂相对立的。"[①] 一般认为，俄罗斯人的思维方式有别于西欧，比起西方人的思维重视范畴的分化与分析，俄罗斯人的思维更加注重聚和性整体。别尔嘉耶夫还引证基列耶夫斯基的话说："神学在西方带有理性抽象的特点，而在东正教这里它则保持了精神的内在完整性；在西方，它是理性力量的发展，在俄罗斯它则是向内在的、生存的东西的努力。""一分为二和整体、抽象理性和具体理性，这是西欧教育与古俄罗斯教育的最后表现。"[②]

因此，聚和性原则作为教会及其信徒的一项基本原则，首先指的是"无论握有最高权柄的宗主教，还是神甫们，甚至是全世界基督教代表会议，都不是真理的绝对体现者。唯有整个教会才能是真理的绝对体现者。""在爱的基础上达成与教会的结合是获取信仰真理的必要条件，因为完满的真理属于整个教会。"这样，"由于所有信徒全都把基督当作完美真理教规的化身来热爱，教会因此就不仅是众人的统一体，而且是每个个人在其中保持自己自由的统一体。这情况只有在如下条件下才能出现，即如果这一统一体建立在无私的、自愿奉献的爱的基础之上"[③]。由此看来，聚和性表达的是一种基于共同思想基础——宗教性的精神共性特征，以团体

---

① ［俄］尼·别尔嘉耶夫：《俄罗斯思想》，雷永生等译，北京：生活·读书·新知三联书店，1996年，第40、41页。

② 同上。

③ ［俄］别尔嘉耶夫：《俄罗斯的命运》，汪剑钊译，昆明：云南人民出版社，1999年，第35、34页。

内部成员之间的爱和自由为准绳，从而区别于西方天主教与新教："聚和既与天主教的专横相对立，又与新教的个人主义相对立。这种聚和意识不是指控制自己的外部权威，同时也不是指个人主义的离群索居或与世隔绝。"① 因此，聚和性在霍米亚科夫看来体现为自由的精神，在他的全部神学体系中，教会学说占有中心地位，聚和性学说则与其教会学说具有一致性。别尔嘉耶夫清醒地认识到，爱与自由是霍米亚科夫教会学说用以反对天主教权威的两大主题。后者把基督教理解为爱与自由的宗教，彻底否认宗教生活中的权威。"与权威相对立的不仅有自由，而且还有爱。爱是认识基督教真理的主要源泉。教会就是爱和自由的统一。"②

斯拉夫主义者也在论证俄罗斯与西方思维方式的区别时论证了聚和性的思想基础，洛斯基指出：

在西方，我们看到神学是建立在抽象理想主义基础上的，证明理解是借助于诸概念在逻辑上的联结，而在旧的俄罗斯，对真理的追求是通过"对内在和外在、社会和个人、思辨和日常生活、弄虚作假和道德高尚存在的整体性的追求"来进行的；

在西方，国家是在暴力和征服基础上产生的，而在旧俄罗斯，国家则是民族生活自然发展的结果；

在西方，我们看到的是敌对阶级的划分，而在旧俄罗斯，则是各阶级间的一致；

在西方，土地所有制是公民关系的基础，而在旧俄罗斯，所有制则是个人与个人间相互关系的偶然表现；

---

① ［俄］尼·别尔嘉耶夫：《俄罗斯思想》，雷永生等译，北京：生活·读书·新知三联书店，1996 年，第 163 页。
② 同上，第 162 页。

在西方，存在着形式逻辑上的法制，而在俄罗斯则刚刚相反，"追求的是内在的和外在存在的整体性"，是"对全部世代与永恒、对人类与神之间关系的恒久怀念"。旧俄罗斯的生活就是这样的，其特征迄今仍保存在人民之中。①

　　一句话，掌握了"爱与自由的统一"的观念，就等于掌握了霍米亚科夫聚和性学说的精髓。

三、"聚和性"作为东正教核心宗教观念的神学释义

　　霍米亚科夫创立"聚和性"宗教学说的理论实质是基于对东正教会体系、基本理念及相关概念的探讨。他理解的教会实质是有机整体，一种以耶稣为头，爱耶稣和神明的人为躯体的有机躯体。"沙粒的确不能从它们偶堕其中的沙堆中获得新的存在"，"但是取自活机体的每一部分都必是其机体的不可分割的一部分，它将从该机体中获得新意和新生命：人在教会中、在基督躯体中就是这样的，而爱则是基督躯体的有机基础"②。在爱的基础上达成与教会的结合是获取信仰真理的必要条件，因为完满的真理属于整个教会。③教会的基本理念是服从聚和性。聚和性是教会在共同寻求真理和救赎的事业中达成的自由统一，这种统一是建立在对基督和神规的一致的爱的基础之上的统一，爱与自由主导下的"聚和性"理念使东正教会在自己的深处保持着真理的理想。

---

① ［俄］H. O. 洛斯基：《俄国哲学史》，贾泽林等译，杭州：浙江人民出版社，1999 年，第 21 页。
② 同上，第 33 页。
③ 同上，第 34 页。

（一）"聚和性"——自由、爱、个性三位一体的俄罗斯东正教宗教观

聚和性作为俄罗斯东正教核心观念，表现为个性主体自由观基础上的人格主义和个性自由，从而区别于古希腊意义上的本体主义，以及叔本华、尼采的"理性自由"和"意志自由观"，凸显出以"个性"为主导的爱、精神、非理性自由三位一体的东正教宗教观。

在别尔嘉耶夫看来，所谓"个性"是非理性的精神产物。"理性虽产生于非理性自由，是对神所安排的存在秩序的破坏，然而它总是妄图将理性精神置于上帝的位置并使之脱离存在的本源，它迫使上帝以赎罪者、救世主的身份出场，经受苦难，承担人间的各种罪孽，在牺牲中而不是在力量中呈现自身，战胜恶行。"① 因为"理性自由"使上帝客体化，使上帝脱离存在的本源，使自由被理性奴役。在理性驱使下的自由，导致的是人的非自由。陈树林指出，"个性自由"是一种创造性行为，它是"自我塑造者"，具有展现、发展、丰富自己的能力，它"创造自己，它能在超越自己的存在中找到力量的源泉"，通过"用普遍的内容丰富和填充自己，在自己的整个一生中达到完满中的统一"，通过"被称为天惠的东西在自由的内部起作用"。② 因此，"个性自由"是精神自由而非理性自由、意志自由。洛斯基（Н. О. Лосский）将这一自由称为"有限的理性意志和道德自由"。"人是拥有理性意志和道德自由的有限生物。这种自由意味着有可在爱上帝和爱自己之间进行选择的自由。"③ 个性自由是"爱"存在的本质特征。"爱"根植于存在内部，是人格的本源回归，根植于自由的世界。一方面，"爱"是"聚和性"存在的生命本源，"爱"的存在以个性自由前

---

① ［俄］Н. О. 洛斯基:《俄国哲学史》，贾泽林等译，杭州：浙江人民出版社,1999 年，第 305 页。

② 陈树林:《俄罗斯哲学评论》，哈尔滨：黑龙江大学出版社，2012 年，第 57 页。

③ ［俄］Н. О. 洛斯基:《俄国哲学史》，贾泽林等译，杭州：浙江人民出版社,1999 年，第 32 页。

为提；另一方面，个性自由又是"爱"存在的最终指归，是聚和性的唯一完美形式。

（二）"聚和性"——个性和超个性同质的俄罗斯东正教宗教观

霍米亚科夫在创造"聚和性"学说时，对个性和超个性的内在性和神秘性联系进行了精确表达。个性问题有两极——独特的、不可复制的"我"和个性中超个性的部分。[①]

个性属于上帝形象的一个维度，超个性是教会的本体存在，指向"教会的人"。津科夫斯基（В. В. Зенъковский）仿照三位一体中的"同质"概念，提出了在个性和超个性的关系中，把"类似"和"同质"区分开的论点。他认为，在超个性维度，"类似"的概念无法表达人精神方面的统一和同一关系。人类在本体论意义上是统一的，只有"同质"概念才能揭示人类形而上学的统一，这是每个人身上的"普遍性"或"共性"。需要指出的是，强调这一点并不破坏个性。个体自我、本我、超我的统一性与上帝圣父、圣子、圣灵"三位一体"中三个位格的"同质"关系是一样的。"在圣传里，我的知识不但是个人的，而且是超个人的，我不是孤独地生活，而是生活在基督的身体里，在基督里与我所有弟兄生活在统一的精神身体里。"[②]

聚和性是人与自然、人与宇宙的依存关系。弗洛罗夫斯基（Г. В. Флоровский）认为，人不是宇宙的一部分，宇宙是人的一部分，人是整体，而不是部分。人的生命也不能完全归结为自然存在，因为人的秘密根植于上帝。人是微观宇宙，自然界是宏观宇宙；但完全可以说，人是宏

① Зенъковский В. В. *Принципы православной антропологии*. В книге. "Русская религиозная антропология." Москва, 1997. С. 446.

② Бердяев Н. А., *pro et contra*, М., Издательство: СПб: РХГИ, 2001. С. 387.

观宇宙，自然界是微观宇宙。正因为人和自然界都是无限的，人和自然界才能相互包容。人处于世界之中，人和世界一样复杂；世界同样居于个人之中，世界同样和人一样复杂。卡尔萨文从时间和空间角度理解个性的观念，过去、现在和未来的相继性，只不过是永恒的特殊情形。索洛维约夫宇宙论神学思想的聚和性观念是"万物一统"（всеединство），亦即实现本体论意义中个性和超个性同质性，以及人、宇宙、上帝和谐统一的唯一指归。时空中的"个性"是不完整的个性，是分裂的个性，这一个性只有认识到自己在万物一统中的统一性，才能转变为"和谐的个性"，即超越时间和空间的个性。东正教会的"聚和性"意味着，"宗教个体处于宗教集体之中，而宗教集体也在宗教个体之中"①。

（三）"聚和性"——生存时间及其启示意识的俄罗斯东正教宗教观

在存在意义上，聚和性揭示了俄罗斯东正教个性存在的时间观，揭示了作为"个性"和"超个性"不同时间位格间同质的聚和关系。别尔嘉耶夫将人存在的时间性划分为三种形式：宇宙时间、历史时间、生存时间。

宇宙时间的象征是圆，圆周形宇宙时间的运动轨迹否定了作为个性的人的存在意义。和宇宙时间相比，历史时间与人的能动性联系更加密切。②历史时间的象征是一条向前无限伸展的直线。宇宙时间和历史时间是在历史和时空中对人进行奴役化的客体化时间。生存时间是一个点，是人拒斥客体化的宇宙时间和历史时间奴役的永恒出口。③生存时间与宇宙时间、历史时间不是矛盾对立的关系，是永恒创造与复活结合的必然过程与结果。历史时间、宇宙时间是作为个性意识的存在，生存时间是作为超个性

---

① Бердяев Н. А. *pro et contra*, М., Издательство: СПб: РХГИ, 2001. С. 391.

② Бердяев Н. А. *Царстов Духа и царстов Кесаря*. Москва, 1995. С. 156.

③ Бердяев Н. А. *О рабстве и свободе человека*. Москва, 1995.

意识的存在。当作为个性的存在克服了宇宙时间和历史时间的相继性，人性完全融于神性，并与之达成统一、同一。由历史时间到宇宙时间，这是自然主义的出路；由历史时间到生存时间，这是末世论的出路。[①] 前者使人类的历史走向自然，后者将历史转化为自由精神的永恒。生存时间是人类历史的最终归宿。

索洛维约夫认为，宗教使人同绝对原则和一切存在物的中心相联系成为可能。[②] 绝对原则是宗教意识的本质，是宗教生活的核心内容。作为绝对原则，作为一切存在物中心的上帝，与人在世存在的任一时间类型都紧密相连，这种联系就是东正教的聚和。在索洛维约夫看来，人与上帝的联系是一个过程，该过程只有在生存时间的启示意识中才能得以实现。

人的宗教"不是某种已完成的、现成的存在形式，而是某种产生着的、完成着的（完善着的）存在形式，是某种发生在过程中的存在形式，那么，神在这个意识中的启示原则必然是个渐进的过程"，"正如自然界只是逐渐地启示人和人类的理性一样，我们应谈论经验和自然科学的发展一样，神的启示也是逐渐揭示向人类意识的，我们应谈论宗教经验和宗教思想的发展"。[③] 生存时间的启示意识是积极的末世论思想。历史的终结是生存时间对历史时间的胜利，创造的主观性对客观性的胜利，是个性对普遍—共相的胜利，是生存的社会对客体化的社会的胜利。[④] 世界末日的到来就是上帝之国的到来。

---

① 张百春:《当代东正教神学思想》，上海：上海三联书店，2000 年，第 181 页。

② Соловьев В. С. *Чтение о богочеловечестве*. Москва, 1989. C. 5.

③ Соловьев В. С. *Чтение о богочеловечестве*. Москва, 1989. C. 36.

④ Бердяев Н. А., *Царстов Духа и царстов Кесаря*. Москва, 1995. C. 160.

四、"聚和性"作为东正教核心宗教观念的意义系统

波斯托瓦洛娃指出：可以"从宗教世界观、文化历史及词汇语义三个层面对宗教观念进行系统的理论分析，可实现对该宗教观念含义多层次、多维度建构"[①]。波斯托瓦洛娃将基本的宗教观念划分为七大意义层级，并以"смирение"一词为例，将其宗教概念中的语义特征，分别在七大意义层级各安其位。下面我们参考波斯托瓦洛娃对宗教观念含义分析框架，将"соборность"宗教观念放在以下四个层面上加以考察。

波斯托瓦洛娃指出："宗教观念的第一级构成了其恒常的、超语言、超民族、超文化的核心部分。"[②]我们认为，在这一层面实现了对"соборность"宗教观念语义化表达最大限度的抽象与概括。

соборность 的思想基础首先是宗教性（религиозность）。沃罗比约夫（В. В. Воробьев）指出："聚和性与宗教性联系最紧密。"[③]同时，他也认为，聚和性精神是俄罗斯民族的个性特征，日常表达为"手足情感""村社主义""集体主义""互相帮助"等语义形式，体现出鲜明的俄罗斯性（русскость）特征，如 Доброе братство милее богатства; Больше той любви не бывает, как друг за друга умереть; Жить заодно, делиться пополам; Свои люди, сочтемся 等。根据都主教约安（Иоанн）的记载，соборность 被解释为"东正教的道德思想"，"走进上帝的国、自我牺牲和神圣化"的过程。[④]"聚和性既与天主教的专横相对立，又与新教的个人

---

① Постовалова В. И. *Религиозные концепты в православном миросозерцании（опыт теолингвистического анализа）*//Критика и семиотика. 2014. № 2. С. 139.

② 同上。

③ ВоробьеВ В. В., *Лингвокультурология: теория и методы*, М., 1997. С. 101.

④ Иоанн митрополит. *Самодержавие духа*. СПб., Издательство Л. С. Яковлевой, 1995. С. 35.

主义相对立。这种聚和不是指控制自己的外部权威，同时也不是指个人主义的离群索居或与世隔绝。"①

соборность 的第二属性是普世性（всеобщность）。霍米亚科夫的聚和性神学体系就是共同性精神，也就是普世性精神。聚和性学说成为霍米亚科夫反抗权威思想的集中体现。"我们不承认教会首领的任何东西，无论是宗教的还是世俗的，基督是首领，但首领不知道其他东西"，"教会不是权威，就像上帝不是权威，基督不是权威一样，因为，权威对于我们来说是某种外在的东西。同时，基督教徒的生活，他的内心生活也不是权威，而是真理"，"在希望和信仰之外为爱的精神寻找任何保障的人就是唯理论者"，"绝对正确性只处在被互相之爱联合起来的教会的普世性之中"，这正是聚和性追求真理与个体自由相统一的信念表达。"任何外部特点，任何象征都不能限制信奉基督教的良心的自由"，"教会的统一不是别的，正是许多个人自由地同心协力"。"自由和统一——这就是在基督身上人类自由的圣礼公正授予的两种力量"，"只有互相的爱才提供真理的知识"。

普世性是东正教会聚和性精神的集中体现。普世性反对将教会真理强加于信徒。不是圣灵在普世会议的形式象征中起作用，而是普世会议在圣灵起作用的地方进行。"对于圣灵的定义来说，没有任何外部形式特征。某种低级的、法律上的、类似于国家生活的东西不能作为圣灵起作用的真实性的标准，合理的、合乎逻辑的东西也不能作为教义的真实性的标准。"②聚和性精神揭示出教会真理存在的本质：真理不在于教会的外在形式，而在于教会信徒共同信仰的聚和性精神。普世教会成为东正教会区别

---

① ［俄］尼·别尔嘉耶夫：《俄罗斯思想》，雷永生等译，北京：生活·读书·新知三联书店，1996 年，第 163 页。

② 同上。

于西方教会的根本性特征。

"宗教观念的第二级含义是在特定宗教观念分支和宗教派系中形成的世界观含义。"[1] "聚和性"观念的创始人霍米亚科夫在尼西亚信经（никеоцарьградский）中指出，教会是"统一的、神圣的、普世的和使徒的"教会。对这一神学原则的理解与阐释，东西方教会大相径庭。在从希腊文翻译信经时，霍米亚科夫选择了"聚和性"这一神学术语来表示教会的第三性"普世性"。如前所述，"聚和性"一词的词根有两个意思：一个是为解决某些问题而举行的代表会议，另一个是教会神职人员一起举行礼拜的教堂，两者都有聚会之意。

宗教观念的第三级是在解构对象语言的宗教含义时，基于词语的历史发展脉络和民族词源认知所形成的相应宗教观念含义的细微差异。从聚和神学观念的历史渊源出发，对聚和宗教观念的认知，俄罗斯东正教会内部的态度经历了时间的迁移。从霍米亚科夫创立该学说伊始，教会形成了对立的两派，保守派敌视该学说，其他教会人士支持聚和性观念。20世纪以来，教会内部开始呼吁恢复聚和性的教会生活。"十月革命"后，斯拉夫派的神学思想复苏，聚和性观念成为教会运动和教会联合的理论基石和思想脉络。目前，在宗教神学界，基于聚和性学说，已形成不同的教会立场和学派，最具代表性的两大教派是斯拉夫派和西方派。собор最初的意义是"召集、集会"。"十月革命"前的俄罗斯，官员或选举代表经常组织集会来解决国家各大问题。该层级соборность的词源学与语义分析我们在前文已有详述，此不赘述。

Соборность宗教观念的第四级意义是个体化的语义类型，即聚和性

---

[1] Постовалова В. И. Религиозные концепты в православном миросозерцании（опыт теолингвистического анализа）//Критика и семиотика. 2014. № 2. С. 140.

个体中对这一宗教概念的个性化表达。由于个体化表达的创造性，这一层次的聚和性宗教观念含义表达非常丰富。例如，宗教哲学思想表达："不难看出，聚和性原则不仅对教会生活，而且对个人主义和普遍主义的综合精神都有重要意义。"① 正如布尔加科夫所述："聚和性是东正教的灵魂。"② "19 世纪上半叶的俄罗斯思想，尤其 19 世纪 40 年代的思想解放运动，对俄罗斯知识分子的发展和俄罗斯历史的影响巨大，这种影响一直持续到 1917 年，甚至更远。"③ 霍米亚科夫认为，聚和性"意味着在每个人的自由之爱和全体的同一的基督教会中的和谐"。

基于以上论述，соборность 意象在文本中与 "свобода" 及 "любовь" 构成互文对话关系。在托尔斯泰的文学文本中，"爱"的意象与"聚和性"如影随形。例如在《安娜·卡列尼娜》和《复活》中，托尔斯泰塑造出 "самопознание первородного греха" 的意象，从而塑造出不断忏悔、拯救他人和自我的聂赫留朵夫。这也是托尔斯泰塑造这个人物的关键，为的是唤起已经堕落的人心中的宗教之爱。在俄罗斯文学文本中，"соборность"作为一种宗教意象被深刻地反映在特定的语境中。托尔斯泰认为，文学应当"攫取最广阔的领域，攫取人的精神本质"④。

在另一些文本中，соборность 意象直观地表现出来。例如：

Общие ли нелёгкие проблемы? Или что-то другое—наша неизбывная российская соборность, генетически заложенное в нас стремление

---

① ［俄］Н. О. 洛斯基：《俄国哲学史》，贾泽林等译，杭州：浙江人民出版社，1999 年，第 519 页。

② Булгаков С. Н. *Православие. Очерки учения православной церкви.* Париж, ИМКА-пресс, 1989. С. 77.

③ ［美］尼古拉·梁赞诺夫斯基等：《俄罗斯史》，杨烨等译，上海：上海人民出版社，2000 年，第 336 页。

④ ［苏］贝奇科夫等：《论托尔斯泰创作》，高植等译，上海：上海文艺出版社，1958 年，第 73 页。

жить и выживать сообща, миром?（И. К. Архипова, Музыка жизни）

Непосредственность и рефлексия, соборность и своеволие, примирение и протест, покой и тревога, —в такой диалектической игре весь романтизм.（Георгий Флоровский, Пути русского богословия）

Главенствовать у нас должны театральное братство, обязательная коллегиальность（соборность）и одновременно единоличное художественное лидерство（диктатура）.（Марк Захаров. Суперпрофессия）

分析表明，以上文学文本中的 соборность 宗教观念包含着以下基本含义：（1）爱和自由的统一；（2）共同，协同；（3）集体主义。

以上，我们从聚和性的语言学分析和神学释义两个方面对这一俄罗斯东正教核心宗教观念进行了描写性分析。从中不难发现，俄罗斯聚和性有着非常深厚的历史文化渊源，反映了俄罗斯人在社会组织、宗教信仰方面占主导地位的思想。

聚和性不仅是俄罗斯东正教哲学思想的核心，也是俄罗斯人总体思维方式在日常生活与精神信仰领域的投射和表达。一方面，聚和性是俄罗斯人宗教信仰的理想原型，为诸多宗教哲学家不断阐发，成为弥足珍贵的的精神财富。另一方面，聚和性思想渗透在俄罗斯人日常生活之中，成为他们思想和行为的内在依据。属于教会整体的特征同样属于部分，尘世的教会借助与天国的联系获得了这一精神上的完整性。在日常生活中，个性只有在整体的背景下并在与共同体的关系中才能得以凸显。诚如霍米亚科夫所言，教会是"一切信徒的原始的、活的、内在精神的统一体，可以说是循环于一切教徒周身的神的血液"[1]；同样，以"聚和性"代替"教会"、以

---

① ［俄］弗兰克：《俄国知识人与精神偶像》，徐凤林译，上海：学林出版社，1999年，第24页。

"社会成员"代替"教徒"并应用于现实生活，这一论断也可成立。因此，俄罗斯聚和不仅是历史的，还是现实的。它不仅具有丰富的认识意义，更有积极的实践意义。聚和性属于俄罗斯民族个性的主导特征之一，包含着俄罗斯宗教与哲学的全部内涵，对俄罗斯人精神的发展起着举足轻重的作用。

下面我们尝试建立俄罗斯聚和性宗教观念场，并用场性分工的方法，描写、分析与解释这一东正教核心宗教观念在俄罗斯人日常生活中的符号化、语义化表达。

第三节 "聚和性"宗教观念场：结构与层级

如前所述，聚和性可以作为一种思想、一种学说，可以作为一种思维和行为方式，可以作为一种民族意识。这里，我们用知识概念将三种所指整合为一个统一的知识系统。这样，在宗教观念学视野下对它进行描写与阐释就应当遵循语言世界图景知识系统的总体架构，其知识表征——宗教观念聚合体——具体表现在相应宗教观念场的结构与层次，按照核心、中心与边缘的次序依次分布。

一、聚和性宗教观念场的核心结构

聚和性宗教观念场的核心结构是对 соборность 作为场名的厘定。分析表明，聚和性宗教观念场的核心结构应当是具备以下语义特征的宗教观念的集合：русскость + православие + кафоличность，亦即所有基本单位的语义构成都必须符合三项语义特征合取的内在统一性。在我们看来，该语义三项式是对聚和性语义化表达最大限度的抽象与概括。

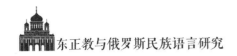

沃罗比约夫认为存在某种整合义素（интегральная сема），也即场内的宗教观念所共有的恒常含义，表达相应宗教观念场的普遍思想和共同主题。① 以下是沃罗比约夫给出的表达聚和性核心结构宗教观念所应共有的整合义素（根据我们对聚和性的理解对之进行了部分补充，笔者注）。

Русскость, православие, правдолюбие, христианская община, вера, доброта, общинность, артельность, всечеловечность, всеединство, взаимовыручка, взаимопомощь, сплоченность, сотрудничество 等。②

这里，沃罗比约夫引入了词汇基础（лексическая основа）概念。所谓词汇基础是根据词在日常使用中的频率（常用性）（критерий употребительности）遴选出的一种语言的最简词表。莫尔科夫金（В. В. Морковкин）认为，这些基本词汇足以完成语言及其变体的所有功能。根据几部常用词典，沃罗比约夫列出了他的《俄语最常用词词表》（«Список 2500 самых употребительных русских слов»），收录俄语常用词约 2500 个。即使考虑到所有情况，依据最普遍的标准，进入常用词词表的俄语词也不过 10000 个左右。③ 从俄语常用词中选出那些表达聚和性整合义素的词，即可形成相应宗教观念场核心结构最简基本单位的集合。沃罗比约夫认为表达这些整合义素的常用词有以下这些。

Бог, верить в бога, вера, братский, взаимный, внутренний мир, воля, гражданский долг, деятельность общественная, добрый человек, достоинство, дружба, душа, жизнь, забота, красота, личный, любовь к Родине, мирный, моральный принцип, народный, национальный,

---

① Воробьев В. В. *Лингвокультурология: теория и методы.* М., 1997.

② 同上，С. 267.

③ 同上，С. 267.

общественное мнение, общество, общий, ответственность, отношение, поддержать, равенство людей, равный, Родина, родители, родной, рождение, русский, человек, свобода, свободный, совесть, сознание долга, сотрудничество, судьба человека, товарищ, уважение, человек, человеческий, человечество, честь, язык...[①]

　　必须指出，这一列举并不是最终的和唯一的，它的意义在于构建了一个开放的阐释空间，可以在各个层面、依据不同标准对这一聚合体进行增补。例如，表达聚和性的称名词组（номинативное словосочетание）的聚合体，可以帮助我们进一步明确对核心结构进行描写与阐释的主题与范围，它们实际上可以视为对各子场场名的命名。

совместный труд, ответственность перед людьми, соборное единение, русское народоправство, соборное общество, соборное сословие, соборная личность, активная соборная воля, соборные ценности.[②]

　　对以上这些抽象的核心宗教观念进行多层次、多角度的描写与阐释，需要由中心结构亚宗教观念场层级系统来完成。

二、聚和性宗教观念场的中心结构

　　聚和性宗教观念场的中心结构是对场名—核心概念的场性分工，宗教观念按照层次序列形成相应主题下的子场的集合。中心结构是聚和性与宗教观念场的主体部分，各子场之间围绕贯通主题（сквозная тема）和分主题相互区别与联系，形成一个开放的、场的层次系统。这一层次系统可以

---

① Воробьев В. В. *Лингвокультурология: теория и методы*. М., 1997. С. 273.

② 同上，С. 267.

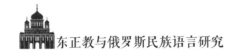

按照分主题的语义表达类别分为实体文化知识层、规范文化知识层和精神文化知识层，从而与语言世界图景知识系统内容面的结构层次对应起来。

研究表明，实体文化知识层表达人与（实体）物（外部世界）的关系，是俄罗斯人关于自己与外部世界之间相互关系、活动及其产物的知识的总和。典型宗教观念有：дом и сад, дача, изба, баня, печь, хлеб, соль, собор 等。这些物质文化创造物构成了俄罗斯传统生活的物质基础，以价值判断形式存在的实体文化知识更成为俄罗斯人思维与行为方式赖以形成的背景和土壤。规范文化知识层表达人与人之间的关系。人与人之间基于各种社会关系结成各种社会组织，形成各种社会交往和人际关系类型。在这些交往活动及人际关系中，蕴含着丰富的民族文化传统、习俗、生活方式，以及世界观、审美观、价值观。研究表明，从历史与现实的角度，俄罗斯人基于聚和性建立的各种人际关系类型以自我（个体）为中心至少可以在以下六个层面上得到体现：家庭、亲属、朋友、村社、教会、国家，按照组合形式（姻亲关系、血缘关系、同志关系等）、成员构成、交往方式的不同，由里到外顺序排列，如图 5-1 所示。

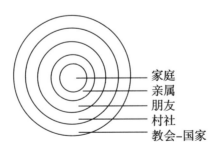

图 5-1 基于聚合性建立的人际关系类型图

其中，家庭、亲属、朋友作为一种社会关系，同样可以视为社会文化域的一种组织形式。家庭以夫妻关系为基础，被称为社会的细胞；亲属关系靠血缘和姻亲联结；志同道合、意气相投者形成朋友圈，所构成的社会文化域深切传达出俄罗斯人日常生活中的文化精神。村社是俄罗斯民间传统的也是基本的社会组织形式，而教会与国家分别代表了神权与政权的最高统治，由此建立起一套完整的社会交往体系，保障社会的正常运行。在我们看来，不同层面上的人际关系类型都是民族思想、民族意识和民族价值外化的一种表现形式。规范文化知识是这种表现形式的知识化凝结，以语言（言语）单位的形式固定下来，完成由观念世界图景到语言世界图景的投射与映现过程。观念作为质料构成符号化、语义化为宗教观念，通过宗教观念场的形式得以揭示和解释。

精神文化知识层是一个民族世界观的抽象化、理论化、艺术化、系统化、语义化的表达，表达人与自身的关系。[①]俄罗斯精神文化中对聚和性的表现十分丰富，以文本的形式存在，成为知识世界的重要组成部分。这里，我们还是依据精神文化知识系统民族精神、民族价值观和民族思想三分法对俄罗斯聚和性在含蓄意指过程（罗兰·巴特）中的语义化表达进行分类描写与阐释。

对中心结构进行实体文化、规范文化、精神文化的区分，要在相应亚宗教观念场层级系统内进行分类描写与阐释，而这是本章的主要工作。

三、聚和性宗教观念场的边缘结构

聚和性宗教观念场的边缘结构，可以认为是对聚和性外延及内涵的必

---

① 合取与析取符号表示精神文化知识表达形式的类型并不是统一的，而是有选择的、或然的，但最终的语义化表达是必需的。

要补充。聚和性宗教观念场作为俄罗斯民族个性场中心结构的主题亚场之一，不可避免地与其他主题亚场存在广泛的交叉与融合。亚场与亚场之间的中间地带就成为二者观念与概念的模糊区域，这些观念与概念通过对中心结构的补充说明获得了其自身在相应宗教观念场的价值，也使相邻场之间的沟通与对话成为可能。

研究表明，聚和性宗教观念场的边缘结构与宗教性宗教观念场、最高经验形式宗教观念场联系密切，它们之间的交叉与融合尤其复杂。甚至可以说，以其中的一项为核心，它们可以互为核心和边缘。因此，对边缘结构的分析与描写也呈现出十分复杂的局面，牵涉多个主题的结构与构成问题。我们不可能做到对聚和性场的边缘结构进行穷尽式的描写，而只是为建立该边缘结构宗教观念场层级系统、为遴选符合条件的宗教观念提供标准。我们认为，只要符合以下条件之一的宗教观念都可进入聚和性场边缘结构亚场层级：（1）具有俄罗斯宗教性（或东正教）语义特征的，如俄罗斯多神教（язычество）、无神论（атеизм）及自然神论（деизм）等；（2）具有共同性、共议性、统一性、整体性，聚集、聚会、团聚等语义特征的，如集体主义（коллективизм）、共产主义（коммунизм）、专制主义（тоталитаризм）等；（3）具有表达俄罗斯民族性及其起源与历史发展语义特征的，如忍耐（терпение）与奴性（рабство）、欧亚化（Евразия）与东西方（восток—запад）等。

除此之外，我们认为，俄罗斯东正教、俄罗斯聚和性和俄罗斯最高经验形式这三项主题概念在俄罗斯民族个性结构中呈三足鼎立之势，其他主导特征都由它们派生而来。因此，在实践分析中，必须合理把握区分核心、中心与边缘的尺度，尽量避免模糊任意两者之间界限的情况。因为，尽管在它们之间存在广泛的模糊地带，但在核心与中心部分区别还是明显的。例如，真、善、美作为俄罗斯最高经验形式各自形成主题宗教观念场，但在俄罗斯聚和性宗教观念场中，有关真、善、美的观念也会得到讨论。区别在于，真、善、美宗教观念场探讨俄罗斯人真、善、美意识的本质及来龙去脉；聚和性宗教观念场侧重考察俄罗斯人真、善、美观念在聚和性意识中的表达。共同之处在于，二者都要从俄罗斯精神文化知识——民族意识、民族价值观和民族思想中寻找语义资源。

最后，我们还必须认识到中心与边缘的区分是依据场名—核心概念而人为划分的。随着主题场名的变化，中心与边缘的地位有可能发生变换。因此，不能因为边缘结构的边缘性而忽视对它的描写，只是在分析的方向、方式上要与中心结构保持一致性。为了重点突出聚和性场的主题阐释，我们不专门讨论它的边缘结构构成、它与相邻场存在的模糊性等问题，而把它们纳入对中心结构描写的总体过程中。

第四节　聚和性宗教观念场：描写与阐释

在本章第一节，我们明确了聚和性宗教观念场的总体构成，本节我们将对它做细致的场性分工描写与阐释。

一、操作原则与方法

对聚和性宗教观念场进行定性分析需要对构成它的宗教观念加以甄别与解释，而这需要遵循一定的原则与方法。沃罗比约夫认为，要遵循循序渐进的原则由中心向边缘推进，随着概括范围与程度的降低，抽象程度也随之缩减。在他看来，宗教观念场是现实连续统的一个片断，以揭示独特的文化现实，而宗教观念就成为对现实的语义化表达的手段①，这与语言符号对观念世界图景映射与表达的观点异曲同工。

具体到宗教观念，除了必须具备同名宗教观念场整合义素的语义特征，它们还要在场的各个层级上与其他单位相互区分，为了防止聚和性场外延的无限扩张，沃罗比约夫制定了限制宗教观念进入该场的三条原则。②

第一，对同一序列上的单位进行归纳、称名有两种处理办法：一是尽量吸纳足够充分的属概念；二是将界定清晰的种概念的典型性、代表性单位纳入场中。例如，在聚和性场规范文化知识层"家庭"层面上，将家庭成员构成（отец, мать, муж, жена, дочь, сын）（父、母、夫、妻、女、子）等统称为亲属（родственники）属概念；而在种概念上仅将"直系亲属"（прямое родство）作为分析的基本单位，将旁系（如外公—дедушка、外婆—бабушка 等）排除在外。

第二，聚和性渗透俄罗斯人生活圈子（община, семья, славянское братство）的方方面面，它们都可作为聚和性场的独立的次宗教观念场。因此对这部分内容，聚和性场只能接纳聚和统一性总体特征控制下具有的原则性和基础性特征的基本单位，如 общинный быт（村社生活方式）、артельничество（劳动合作）、славянское племя（斯拉夫部落）等。

第三，避免将合成产出主题词组（воспроизводимые тематические словосочетания）纳入相应宗教观念场，如社会舆论（общественное мнение）可进入聚和性场，但社会舆论的常态记录（постоянный учет общественного мнения）就应当排除在外，因为后者对表达聚和性的文化学信息的增长没有贡献。

---

① Воробье. В В. *Лингвокультурология: теория и методы*, М., 1997.
② 同上，C. 271–272.

在确立了核心、中心与边缘的总体架构之后，以三项原则为基础，聚和性场进入场性分工的操作阶段。沃罗比约夫的方法是从整合义素入手，然后是词，然后是词组，按主题为宗教观念分门别类，而在形式上则主要对以下四类基本单位进行分类描写。以对聚和性中传达出的"善"的观念的描写为例。①

名词类单位（номинативные единицы）宗教观念，如 добродушие, доброжелательность, благожелательность, щедрость, сочувствие, сострадание, самопожертвование, благодушие, доверие, смирение, незлобивость, всепрощение, миролюбие, жалость, снисходительность, милосердие, бескорыстие, уступчивость, добродетель, добротолюбие, добрый, хороший, мягкосердечный, добротворящий, добродушный, отзывчивый, незлопамятный, великодушный 等；

动词类单位（глагольные единицы）宗教观念，如 делать доброе дело, помянуть добром, стремиться не к пользе, а к добру, доброго держись 等；

成语类单位（фразеологические единицы）宗教观念，如 добрый человек, по добру, по здорову, добрая воля 等；

警句格言类单位（афористические единицы）宗教观念，如 доброта без разума пуста, от добра добра не ищут, не хвались родительми, хвались добродетельми, доброе дело крепко, доброму добрая память, добрые умирают, да дела их не пропадают 等。

这样，在建立起相应主题下的宗教观念的聚合体并对它们进行典型描写之后，沃罗比约夫的任务就已经完成了。在我们看来，以上步骤具有很

---

① Воробье. В В. *Лингвокультурология: теория и методы*, М., 1997. С. 260.

强的可操作性，尤其是沃罗比约夫还特别引入了基础词汇思想及相应的词典资源，使宗教观念的甄别和遴选更有针对性和说服力。同时，我们也应看到，这一操作方式还有补充完善的余地，主要体现在以下两个方面。

第一，充实宗教观念的来源。原因有二：一是形式上的，将沃罗比约夫在教学实践中选择宗教观念的范围由语言单位扩展到言语单位，使聚和性实体化（符号化）的语言符号层级更为完整；二是内容上的，文学文本，包括民间文学在内（如童话、神话等），以及名言（крылатые слова）、引文（цитата）甚至咒语（符咒）（заговор и заклинание）等均可作为宗教观念完成对聚和性的描写，使之在语义化表达方面更为完整。

第二，聚合性描写之后辅以文本（组合面）阐释。沃罗比约夫在对主题宗教观念场进行场性分工描写时，止步于聚合面基本单位的集合（形成词库）和组合面文本作为例证的列举说明，并未深入文本语义结构内部做细致的、阐释学循环式的文本分析。因此，我们试图将聚和性理解与阐释推进到语义层级的深处，从文化指涉的层面透视聚和性在语义结构中的生成与表达。另外，也可提供不同文本之间互文本对话的阐释空间，使意义的生成与理解过程得以完整呈现。①

---

① 这里需要做以下说明。沃罗比约夫宗教观念学理论体系可以分为前后两个部分：理论与实践。在理论部分，他主要针对俄罗斯民族个性场进行理论与方法的探讨，包括场的建立、单位的厘定、单位的解析等。这时，宗教观念的来源正如他指出的那样，是多种多样的，方法也以系统描写为主。而在实践部分，为了切实配合教学法的需要，他将主要精力集中在建立各主题下的词表上，试图最大限度地将不确定因素排除在外。这样处理表面上看井水不犯河水，实际上是在掩耳盗铃。理论与实践事实上是一个整体，在宗教观念场的建立和宗教观念的选取上应当有一个一以贯之的标准和原则，而不是将二者割裂开来。实际上，不管以任何标准建立起来的主题场或词库都是一个开放的阐释空间，没有必要担心描写与阐释会因为开放而失控。因为在主题与方法的调控下，单位与单位的区分与整合是逐级分布的，而核心、中心与边缘的总体架构则确保了场性分工的有效性。本章对聚和性场的场性分工描写与阐释将努力实现理论与实践的结合，理解与释义的结合、从而实现从意义到知识再到意义的阐释学循环。

二、俄罗斯聚和性场中心结构聚合体：总体框架

这里，我们同意并接受沃罗比约夫按照具体化程度不同对宗教观念场进行综合描写的总体框架，它进一步细化了我们对主题场中心结构知识系统三分法的认识，从而在实践上更富有操作性。需要指出的是，这一框架是建立在拉祖尔斯基（А. Ф. Лазурский）"个性与其环境的关系"（Личность в её отношении к среде）基本模式基础之上的[①]，我们认为，对聚和场进行场性分工亦可按这一分类体系实施[②]。

与物的关系（отношение к вещам）:

любить/ценить, бережливость/равнодушие, эстетическое/активное（отношение）, утонченность/сознательность, оригинальность/подражательность, обилие/необходимость, простота/хороший вкус.

对个体人的普遍关系（общее отношение к отдельным людям）

平等关系（отношение к равным）

общение само по себе/отшельник по натуре, эмоциональность/интеллектуализм, склонность к любви, дружбе/неуживчивость, альтруизм/скупость, самоотверженность, радушие, доверчивость/подозрительность, мягкость и деликатность, любовь к миру и согласию/неуживчивость, сварливость, личное общение/мысленное, высота требований/утонченность идеала дружбы, культурность/грубость.

[①]　Воробье. В. В. *Лингвокультурология: теория и методы*, М., 1997. С. 228–231.

[②]　以下分类体系以归纳为主，条目下各项指标的内容涉及场性分工的主题范围，因此原文照录，不再翻译为汉语，以使条目清晰、表达明确。

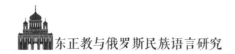

上下级关系（отношение к высшим и низким）

склонности властвовать/подчиняться, равенство/стремление к самостоятельности, покорный слуга/непослушен, боготворение высших/пресмыкающийся к раболепству, заботящийся о подчиненных/держаться на равной ноге, превращает людей в свои орудия/выбирает сильных, даровитых помощников, властвовать: личным влиянием/косвенным путем, интриги, утонченность/сознательность властвования и подчинения: раболепство, страх, авторитет, любовь, широта стремления к власти и подчинению/узкий круг властвования, безграничное расширение, мелкий властитель/могучий властелин.

与社会团体的一般关系（общее отношение к социальной группе）

社会意识（общественное сознание）

наличность/отсутствие общественного сознание: интересуется общественными делами, всецело предан общественным интересам, индифферентист, активное отношение к делу/бездеятельный, личная жизнь/общественные интересы, бездеятельность/стремление к реформам, схематический взгляд/общественный такт.

民族团体意识［корпоративное сознание（национальное）］

потребность в принадлежности к корпорации/ее отсутствие, дорожить своей принадлежностью: семье, роду, национальности, партии, государству, подчиняться традициям, взглядам, заботиться о сохранении групповых（национальных）особенностей, сознавать свою духовную близость/равнодушие, преданность своей группе, забота о ее целостности, репутация/отщепенство, стыдиться своей национальности, стремление вырваться.

对家庭的态度（**отношение к семье**）

наличность и степень интенсивности семейного чувства, формы отношений, степень утонченности и сознательности, широта семейного чувства.

对国家的态度（**отношение к государству**）

наличность или отсутствие государственного сознания, формы отношения к государству（патриотизм）, сознательное отношение, объем государственного сознания.

对劳动的态度（**отношение к труду**）

наличность или отсутствие потребности в труде, степень интенсивности, интерес к различным родам деятельности, формы осуществления потребностей, объем потребности в труде.

对物质保障与私有财产的态度（**отношение к материальному обеспечению и собственному**）

对收入的态度（отношение к доходу）

наличность или отсутствие стремления к доходу, формы интереса к богатству, отношение к другим на почве экономической деятельности, объем потребности.

对私有财产和支出的态度（отношение к собственности и её расходованию）

наличность или отсутствие интереса к собственности, формы интереса к собственности, сознательность в отношении к собственности, интерес к собственности.

对生活的外部规范的态度（отношение к внешним нормам жизни）

отношение к праву（对权利的态度）; отношение к правилам вежливости （конвенциональным нормам）（对礼貌规范《公约准则》）的态度）

对道德的态度（отношение к нравственности）

сила и острота нравственного чувства: сравнительная сила проводится в жизнь, аморализм, формы нравственности: мораль, личная совесть, нравственные мотивы, мораль возмущения, чувства, долга, направление нравственных оценок: мораль поступков, душевного строя, содержание нравственных принципов: аскетизм, гедонизм, альтруизм, справедливость, служение идеальным благам: чести, государству, прогрессу, истине, красоте, виды нравственной добродетели: честность, правдивость, справедливость, мужество, великодушие, сознательность и утонченность нравственного чувства: формализм, терпимость, объем нравственного сознания, количество добродетелей, необходимое качество личности—умение принять жизнь как ценность, первооснова нравственности.

对世界观与宗教的态度（отношение к миросозерцанию и религии）

对世界与宗教的一般态度（общее отношение к миру и религии）

наличность или отсутствие религиозного потребности в общем

миросозерцании, формы потребности в миросозерцании: содержание, форма, степень, широта миросозерцания.

对宗教的态度（отношение к религии）

наличность или отсутствие религиозного сознания, степень его интенсивности: потребность, объем, формы религиозных переживаний: отношение к религии, религиозное сознание, бескорыстное отношение к религии, содержание религиозной веры и ее разновидности: Бог мыслится как личность, любовь, доверие к Богу, дуализм, формы осуществления религиозной потребности: отношение к молитве, церкви, сознательность и утонченность религиозных потребностей, богатство и ограниченность религиозной жизни.

与知识和科学的关系（**отношение к знанию и науке**）

наличность и отсутствие интереса к знанию и науке, формы интереса, сознательность, объем интереса.

对艺术的态度（**отношение к искусству**）

наличность и отсутствие эстетического интереса, формы эстетического искусства, степень, объем.

与自身的关系（**отношение к самому себе**）

отношение к своей психологической и физической жизни, отношение к своей личности, наличность или отсутствие интереса, эгоцентризм, самоанализ, «выдаваться из толпы», сливаться с другими, формы интереса: стремление к самосовершенствованию, уважение к

себе, степень сознательности в отношении к себе, широта или узость отношения к личности.

应当说，聚和性渗透俄罗斯人生活的方方面面，处于知识的潜隐状态。以上归纳只是使抽象的聚和性具体化（符号化、语义化）的一种手段、一种方法。也就是说，我们不排除其他分析模式对聚和性场（或所有其他主题场）理解与阐释的可能性与可行性，但所有的知识研究都应视为语言世界图景文化释义性研究的一个组成部分。

理论上，完整意义上的聚和性场研究理应涵盖以上所有条目下的各项内容，并进行充分的例证分析。显然，这是一个庞大复杂的系统工程，为充分展示宗教观念分析的典型性，本节在尽可能保证结构完整性的前提下，进行同主题下聚合面与组合面的关键词研究。

（一）聚和性场实体文化知识层：人与物的关系

实体文化整体具有内涵单一性（人的创造性劳动）、外延多样性（物质产品的种类）的特点。从俄罗斯人聚和性生活（神性的和世俗的）的角度对物质文化世界进行考察，就是要从多样性的物质文化样态出发，揭示其中蕴含的聚和性的统一性。这正是人类中心论思想在知识生成与理解链条中的深刻体现。人类中心论决定了观察聚和性实体化问题时所应持的内在视角，也即以人为本，将实体文化作为产品，由"死"的物变成"活"的知识。

聚和性是人与人在爱与自由的基础上实现的精神与肉体的自主联合。坚持以人为本理应是聚和性的应有之义和内在本质。因此，揭示聚和性在实体文化中的语义表达也应当遵循以人为本、循序渐进的原则。基于此，我们把聚和性赖以存在的物质文化基础以具体的人为圆心、以人的活动范围为半径、以人与物的各种关系为依据做如下切分：

以家庭为圆周的生活资料（материалы бытовой жизни），又可下分
为衣、食、住、行等次场；

以劳动单位为圆周的生产资料（материалы производства），又可下
分为工具、原料、成品等次场。

以各级社会组织为圆周的社会活动资料（материалы общественной
деятельности），又可下分为场所、设施、物资等次场；

涉及每一个人作为行动主体的生产、生活及社会交往活动，并从自身
出发对自身活动及其成果做出审美取向、价值判断与哲理思考。这种对实
体文化的观念认识就与实体文化作为物的存在一起，成为实体文化的知识
构成。

我们知道，实体文化物一方面是聚和性赖以存在的物质基础；另一方
面，它还可视为聚和性的实体外延。[①] 这是从总体上、从最宽泛的意义上来
看的。然而，并不是每一种实体文化创造物都蕴含着聚和性的实质，也并
非每一个实体物的符号化意指单位都是聚和性的语义化表达。毕竟，聚和
性是人类中心论意义上的俄罗斯民族的个性主导特征，只有在基于精神共
性的人与人的相互关系中才能得以体现。从这个意义上说，实体文化物及
其知识指涉在表达聚和性方面也存在中心与边缘之分，需要具体问题具体
分析。

这里还需要做三点说明。第一，进一步对聚和性场实体层实行场性分
工，需要结合现实生活的分类体系对相应次分主题进行属种命名。第二，
单位方面，如前所述，厘定进入各分主题宗教观念场的宗教观念需要依照

---

① Воробьев В. В. Лингвокультурология: теория и методы, М., 1997.

实体物的属种关系分层逐级实施。第三，这种场的命名和单位的遴选是一个与核心整合义素相关联的连续的过程，所得到的结果与研究者阐释的对象和所要达到的目标直接相关。因此，这样形成的分场是开放的，单位的聚合体构成也不是唯一的。

研究表明，聚和性的实体文化知识指涉以生活资料分场最为典型。同理，也并非其中的每一个宗教观念都能承担这一功能。以下是我们以生活资料场各次场单位聚合体构成的例证描写与阐释分析。

生活资料场（поле материалов бытовой жизни）中，通过对衣、食、住、行各次场单位的语义分析，我们认为，具有聚和性表义功能的意指单位在居所场和食品场中较为典型。①

1. 居所场（подполе жилищ）

属概念 жилище（жилье）下的种概念包括：

дом（одноэтажный, двухэтажный, городской, сельский）, жилое здание, небоскреб, квартира, флигель, сосняк, коттедж, дача, вилла, шалаш, хижина, свайное жилище, лачуга, шатер, барак, изба, хата, сени, светлица, горница, лестничная клетка, передняя, прихожая, общая жилая комната, рабочий кабинет, гостиная, детская, столовая, спальня, кухня, ванная, баня, уборная, кладовая, чулан, чердачный этаж, подвал, двор, сад, веранда, терраса, лоджия, печь 等。

进一步地切分可以得到对居所结构、陈设与功能更加细致的分类描写，但这并不是我们的目标。如前所述，我们对场名概念进行义类切分着眼点并不在于对称名概念的归纳、分类甚至比较，而是要通过它们揭示以

---

① 基于同名概念间的属种关系和主题分类，可以对相应次场做进一步的义类切分，形成相应层级的意指单位的聚合体。考虑到篇幅以及论题，本文不再继续切分。

人为本的实体文化指涉——凝结在意指单位语义深层结构之中的表象、概念与观念认识。以下是我们对 дом/печь 作为宗教观念的关键词研究。①

дом 作为宗教观念，达里对 дом 的释义："住宅、居所；城市的住宅，豪宅；农村的农舍及其所有家当；贵族、达官贵人的宅邸、宫殿。农村地主的庄园；又小又破的茅舍；挖入地下的窑洞"。可与上述场的构成相互参照。

成语单位的集合：вести в дом（引入室内），приводить в дом（引入室内），принять в дом（引入室内），отказывать от дома（拒之门外），в своём доме и стены помогают（在家里，墙壁也能帮助你；在家千日好），жить одним домом（同舟共济），как у себя дома（像在自己家）等；

谚（俗）语单位的集合：Без троицы дом не строится,〈без четырех углов изба не становится〉（没有三个人，房子建不成；〈房屋都有四个角〉；这两句常被用来建议他人第三（第四）次去做某事）；Без хозяина дом сирота（没有男主人，一家人就无依无靠；一家无主，妻单子孤）；Гость на порог —счастье в дом（客上门，喜临门）；Дом невелик, да лежать не велит（家庭虽小，事儿不少）；В гостях хорошо, а дома лучше（做客千般好，不如早还家）；Дома и солома съедома（在家麦秸也好吃；在家千日好）；Не будь в людях приметлив, будь дома приветлив（在别人家里不要到处乱看，在自己家里要热情待人）；Дом построить – не шапку на голову надеть

① 以下基本单位的遴选综合参考了 В. П. Жуков "Словарь русских пословиц и поговорок", М., 1991; Вл. Даль "Толковый словарь живого великорусского языка", т. I–IV, М., 1955; Н. С. Ашукин, М. Г. Ашукина "Крылатые слова", М., 1987; Н. Н. Костанян "Русская народная словесность", М., 1994; К. В. Душенко "Словарь современных цитат", М., 1997; В. П. Аникин "Русские заговоры и заклинания", М., 1998; 归定康、赵文辉主编：《俄汉义类词典》，河北科学技术出版社，1994；周纪生主编：《俄汉成语词典》，武汉：湖北人民出版社，1985 等。由于例证众多，恕不一一注明，并对词典编者的辛勤劳动深致谢意。

（盖房子不像戴帽子那么简单）；Ни у одного вора нет каменного дома（小偷无家宅）；И тесен дом, да просторен он（家里虽挤却自在；在家千日好）；В гостях хороша девка, а дома лучше того（在家千日好）；Богатому везде дом（富人四海为家）；Мило тому, у кого много всего в дому（家中俱全万事足）；Домом жить, обо всем тужит（持家万事难；不当家不知柴米贵）；Домом жить, не разиня рот ходить（当家不可马马虎虎）；Дом вести, не лапти плести（当家不是编草鞋；持家不易）；Свой дом не чужой: из него не уйдешь（自家不是别家，无可逃避）；Что в поле ни родится, все в доме пригодится（地里长的，家里都有用）；Каково кому на дому（у всякого в дому）неведомо никому（家中如何，外人不知）；Каково на дому, таково и самому（家如其人）；Червь дерево тлит, а злая жена дом изводит（蠕虫腐蚀树木，恶妇败坏家庭）；Чужим умом не скопит дом（靠别人头脑，发不了自家）；Кто умеет домом жить, тот не ходит ворожит（善持家者不迷信）；Дома сидеть, ничего не высидеть（家中徒坐，一无所获）；Хлеб дома, а оброк на стороне（家中有粮，租子在旁）；Дом господский, а обиход сиротский（老爷的房子，孤儿的用度）；Горе тому, кто плачет в дому, а вдвое тому, кто плачет без дому（有家的在家哭是苦，没家的人哭苦上加苦）；Дома как хочу, а в людях, как велят（在家随心所欲，人前规规矩矩）；Дом дому（хозяин хозяину）не указ（都是当家的，谁也别命令谁）；Всякий дом хозяином держится（家家都有当家作主的）；Твой дом, твои и гости（твоя и воля）（你的地盘你做主）；В людях ангел, а дома черт（人前是天使，在家里是魔鬼）；Что дома есть, за тем к соседу не ходит（家里有的别管邻居要）。①

引文、警句单位的集合：Дом, в котором я живу（我居住的房屋）（И.
Г. Ольшанский. Назв. к/ф.）; Дом на набережной（滨河街房屋）（Ю.
В. Трифонов. Загл. повести）; Наш дом —Россия. Но где мой дом и где
рассудок мой（我们的家园——俄罗斯，但是我的家园在哪儿？我的理智
在哪儿？）（А. А. Ахматова）; И так прекрасно возвращаться/Под крышей
дома своего（回家多么好，在自己的屋檐下）（М. С. Пляцковский）; Твой
дом —тюрьма（你的家是监狱！）（Э. В. Брагинский, Э. А. Рязанов）; Я
пью за разоренный дом, За злую жизнь（干了这杯酒，为这破碎的家园，
为了自己命运的多难）（А. А. Ахматова）。

咒语（заговор или заклинание）单位的集合：

Когда спать ложиться, дверь на крючок запрешь, надо сказать:
Вокруг дома моего —крестовая ограда: в окнах —ангелы хранители, в
дверях —Пресвятая Богородица, в углах —спасители. Спать ложусь —
крестом помолюсь. Ангелы —в окошках, Христос —во дверях. Аминь.
（入睡前上门钩的时候要说：十字架护佑我家宅，天使在窗口，圣母在门
口，一角一隅皆有守护，现在我要就寝，持十字架祈祷，天使在窗口，基
督在门口，阿门。）

Шёл Иисус Христос с небес, нес ограждающий крест. Огради лес,
поля, реки, землю. Огради и меня, рабу Божью, от плохого слова, от
плохих людей, от аварии.（基督耶稣从天而降，带着那护佑世间的十字
架。请护佑森林、田野、河川、土地！也请护佑我这上帝的奴仆，远离恶

---

① Даль Вл. *Толковый словарь живого великорусского языка. т. I.* М., 1955. С. 466.

人恶言，免遭不幸伤害！）

对家神（домовой）的祷告：（1）Поедем с нами домой, дом домить, скотинушку разводить, в доме хозяйство все править, в доме добра наживать.（家神爷跟回家，佑家宅，生六畜，主理家务，积善持家。）（2）Батюшка домовой, пусти меня в доме пожить да позволь мне хозяюшкой быть.（家神爷啊家神爷，保佑我在这个家日子长久，当家做主！）

通过对以上各集合单位的综合分析，我们认为，基于俄国东正教核心思想，дом 作为宗教观念所能达到的实体文化指涉主要表现在以下四个方面。

第一，家庭生活的理想状态。居所作为家庭生活最重要的物质载体和精神依托，寄托着人们对幸福和谐、平安顺遂的生活的希冀与向往，在这里，居所成为家的代称。例如，Мило тому, у кого много всего в дому（家中俱全万事足）；В гостях хорошо, а дома лучше（做客千般好，不如早还家）；В своём доме и стены помогают（在家里，墙壁也能帮助你；在家千日好）；В гостях хороша девка, а дома лучше того（在家千日好）；Дом – моя крепость（家是我的堡垒）；Дома и солома съедома（在家麦秸也好吃；在家千日好）；Как у себя дома（像在自己家）。对俄罗斯人而言，除了能够唤起人们对舒适自在的家庭生活的美好联想之外，дом 的含义指涉还指向"自主"与"秩序"，表达了俄罗斯人对持家必需的规范与秩序的认同与遵守。例如，Дом невелик, да лежать не велит（家庭虽小，事儿不少）；Твой дом, твои и гости（твоя и воля）（你的地盘你做主）；Всякий дом хозяином держится（家家都有当家做主的）；Порядок есть – хозяину честь（家中利索，主人荣耀）；Без хозяина дом сирота（一家无主，妻单子孤）。表达了家庭生活的独立性和自主性，显示出"自主意愿""规整有序"是俄罗斯人评价好的家庭生活的重要标准。总之，自在和谐是家居生活的理想状态，而这需要秩序的保证，自由与秩序的统一成为俄罗斯人持家的自觉要求。例如，Лучше пребывать в дому плача праведных, нежели в дому радости беззаконных. (宁愿在家正直地哭，也不能在家非法地笑。)

第二，内外有别的行为准则。以居所为界，人在家庭与外边的世界之间扮演着双重角色，有时有着双重性格。道德规范要求人们与人为善、平等相待，内外有别才能做到相安无事，从而保证家庭生活与社会交往的平衡与稳定。表现在 дом 的含义指涉上，它指向内与外之间矛盾的平衡点。例如，Дома как хочу, а в людях, как велят (在家随心所欲，人前规规矩矩)；В людях ангел, а дома черт (人前是天使，在家是魔鬼)；Дом дому (хозяин хозяину) не указ (都是当家的，谁也别命令谁)；Не выносить сор из дому (家丑不可外扬)。

第三，热情好客的文化传统。居所作为家庭生活的象征与"来客""做客"有着天然的密切联系，因此，我们对 дом 的含义指涉指向"慷慨""好客"丝毫不会感到奇怪。相应的语义表达有 Гость на порог — счастье в дом (客上门，喜临门)；открытый дом (经常宴客之家)。

第四，休戚与共的共同命运。汉语中常用"在一个屋檐底下"来形容共同的生活、共同的命运。类似的表达还有"风雨同舟""同舟共济""一家人不说两家话"等，反义表达如"本是同根生，相煎何太急"。俄语中以"居所"作喻，在物质利益和精神共性两个层面表达了相似的含义，可以认为是聚和在家庭物质生活中的体现。例如，жить одним домом (同舟共济)；Дом вести, не лапти плести (当家不是编草鞋；持家不易)；Свой дом не чужой: из него не уйдешь (自家不是别家，无可逃避)；

Домом жить, обо всем тужит（持家万事难；不当家不知柴米贵）。

如果说以上 дом 聚合体的描写赋予了聚和得以依附的外延，那么以下对 дом 在组合关系中的分析则进一步凸显了聚和的内涵。

在文学文本中，дом 常常作为象征意象出现，常和它结伴出现的还有另一象征意象——сад。俄罗斯学者托波罗夫（В. Н. Топоров）认为，дом/сад 在俄罗斯文学，特别是诗歌当中是一组对立的象征意象，前者象征着生命及其秩序，后者象征着原始的自然力、生命的易逝、死亡与混乱。当然，这种判断是有前提的，下面我们就会看到，作为一对相随相生的象征体，它们的对垒只能以 ветхий дом（破旧的房屋）与 дикий сад（荒芜的花园）的面目出现。毕竟，春天的园子（весенний сад）总能使人联想到生命的充盈、成长，以及对美好未来的信心和希冀，无论如何不会与腐朽、混乱联系起来。①

《圣经》上说，上帝把人类的第一个家园（дом）安放在伊甸园。在这个花园（сад）里，亚当、夏娃偷吃禁果，被上帝逐出天堂，在人间安家落户、繁衍生息，成为人类的先祖。从此，"天堂的花园"（райский сад）作为幸福（благо）的象征总能引起人们对美好生活的无限遐想。райский сад 有时甚至就是天堂（рай）的代名词。相反，人间的"дом"从来就没有资格"全权"充当"天堂"的象征形象，即使在它的屋檐底下有着"天堂般的生活"（райская жизнь）也无济于事。这一原始的两极对立意味深长：自然（其实是神）总是永恒的，而人的创造总是速朽的。②因此，在我们看来，дом 与 сад 从一开始就成为一种原型象征，其宗教源

---

① Топоров В. Н. *Ветхий дом и дикий сад: образ утраченного счастья*（*страничка из истории русской поэзии*）.//Облик слова. Сборник статей. М., 1997.

② 同上。

头早已注定了它们在诗人笔下生生不息的命运，而这是阐释学循环的典型表现：传统与创造合而为一，正所谓相辅相成、相得益彰。

文本分析表明，дом 作为人的创造物、人的生活与精神的寄托，要求把人维系在以"家庭"为核心的聚和组织之中，其精神内涵在于统一、和谐与秩序。而 сад 作为原始自然力的象征，则要把人从 дом 的强力保护中抢夺出来，让他回归自然、回归上帝、回复永恒。这其中包含的悖论是显而易见的：破坏的目的是回归，破坏使"家"从人间回到了天堂。只有在那里，дом/сад 才是自由和谐的统一。

我们认为，дом/сад 作为象征意象的对立，从反面论证了 дом 包含的聚和的合理性。因为只有人、只有在人间，聚和才有存在的意义：聚和最终是为了信徒精神与肉体的自由与解脱，有限的人的生命只有在上帝的救赎和对聚和的寄托中才能获得永生。дом/сад 之间透露出的生命与拯救的紧张感令人深思。让我们回到文本中来。在俄罗斯文学文本中，表达生命与自然、秩序与混乱、暂时与永恒对立含义的 дом/сад 意象并非孤立地出现在作品当中。与 дом 搭配的形容词通常是 ветхий, старый, старинный, полуразвалившийся, опустошенный, бедный 等，而与 сад 搭配的形容词通常有 старый, глухой, заглохший, заросший, запущенный, одичалый, дикий 等。

Сей ветхий дом, сей сад глухой,/Убежище друзей, соединенных Фебом,/Где в радости сердец клялся перед небом,/Клялись своей душой,/Запечатлев обет слезами,/Любить отечество и вечно быть друзьями. (А. Тургенев)

这破旧的房屋，这荒僻的花园 / 这友人们的避难所，/ 阿波罗将它们相连，/ 在这里，满怀喜悦与深情，/ 向着天空，发下含泪的誓言：/ 热爱

281

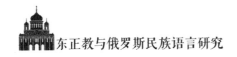

祖国，一生为友。

Нет! Думаю, что не всегда/Души намеренье ничтожно./Одну минуту, иногда,/Во весь свой век забыть не можно./И нам от слова одного,/От одного полунамека/Приходит снова то на ум,/Что годы увели далеко,/И заглушил житейский шум./Мне вызвал вдруг рассказ Надины/Житья прошедшего картины,/И пред умом они стоят:/И ветхий дом, и старый сад,/Где зелень разрослась так густо,/Где пруд засох от тростника,/Где рядом возле цветника/Насажена была капуста;/И то местечко, где ветла/Раскинулась над косогором,/Где, глядя в поле жадным взором,/Я часто трепетно ждала;/И на краю полей широких/Скамейка та среди берёз,/Где много горьких, одиноких/И тщетных пролила я слез. (К. Павлова)

不！我不认为心的旨意，/总是微不足道，/常常在一瞬间，/已无法遗忘，直到地老天荒。/有时一个词 /一个浅浅的暗示 /就又让人记起，/久远的岁月带走的过往，/淹没了现世的喧嚣。/我会倏然记起娜佳的故事，/往昔岁月的图景 /在脑海中萦绕：/房舍破旧，花园古老，/荒草肆虐 /芦苇疯长，池塘萧萧，/卷心菜种在花畦的边上，/白柳枝蔓蜿蜒下的山坡 /有我渴望的目光 /向着田野眺望，/时常忐忑地等待 /在那旷野的边缘 /白桦林间那张长椅，/曾流下我多少 /苦涩、孤独和无谓的泪水。

这里，老房子和荒芜的园子唤起的首先是人的怀旧情绪，从而开启了抒情主人公对往昔的回忆。它们不再单纯是一块地方、一个与往事紧密相连的物理空间，而成为回忆的寄托以及回忆本身。дом/сад 相互加强着，补充着人们对生活、对过去的认识，从根本上说仍然是一种文化与自然的两极对立，这种对立冲突只有在房屋和园子的共同特征——破败、荒芜、老旧，在对秩序的颠覆中才能得到弥合，毕竟没有失去、没有离别也就没有回忆。[1] 这样，沉浸在回忆中的人在对 дом/сад 的想象当中获得了满足。事实上，"回忆"与"дом/сад"意象的完美结合在俄罗斯文学史上是反复咏唱的主题之一，得到了众多文学大家的充分表达。

Разрушен мир фантазии прелестной;/[...]/С пленительным простившись ожиданьем/На прошлые дни ты обращаешь взгляд/И без надежд живёшь воспоминаньем.//О! Не бывать минувшему назад![...]/Где время то, когда по вечерам/В веселый круг нас Музы собирали?/Нет и следов; исчезло все—и сад/И ветхий дом, где мы в осенний хлад/Святой союз любви торжествовали/И звоном чаш шум ветров заглушали.

美妙的梦幻世界破灭了；/怀着心醉的念想/你回首旧日时光/生命只剩回忆和绝望//［...］/哦！往事难追！/曾经每个傍晚，是在哪儿/缪斯女神让我们欢聚一堂？/无迹可寻，消散一光/寒秋时节，那花园和破旧的房屋/爱的神圣联盟欢庆的地方/碰杯的清脆淹没了风的吟唱。

在我们看来，дом/сад 作为原型象征，之所以能够引起对过往生命的回忆，除了与形象本身的本源、发展息息相关，更深层的原因植根于俄罗斯民族个性之中。沃罗比约夫指出，俄罗斯人长于缅怀过去、企盼未来，唯独对当下视而不见。[2] 他把俄罗斯人的这一个性特征归结为超时间性（вневременность），实际上是宗教性、聚和性和最高经验形式的衍生与外化。而 дом/сад 人格化的表现形式恰恰契合了俄罗斯人追忆故乡、友

---

[1]　Топоров В. Н. *Ветхий дом и дикий сад: образ утраченного счастья（страничка из истории русской поэзии）.*//Облик слова. Сборник статей. М., 1997.

[2]　Воробьев В. В. *Лингвокультурологическая парадигма личности.* М., 1996.

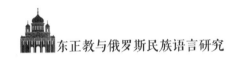

人、过往经验的情感需要，使这一对象征意象负载了太多的情思、太多的感怀。因此，дом/сад 在俄罗斯文学文本中的滥觞显得自然而然，顺理成章。

Приветствую тебя, опустошенный дом,/Завядшие дубы, лежащие кругом,/[...]/И пышный прежде сад, глухой и одичавший.（А. Толстой）

欢迎你，空旷的老屋！/凋零的橡树倒伏环绕/……/之前茂密的花园，又野又荒。

Мой модный дом и вечера,/Что в них? Сейчас отдать я рада/Всю эту ветошь маскарада,/Весь этот блеск, и шум, и чад/За полку книг, за дикий сад/За наше бедное жилище,/[...]/Да за смиренное кладбище/Где нынче крест и тень ветвей/[...]（А. Пушкин）

我的晚会和时髦的宅邸/算得了什么？我情愿抛却/这假面舞会的破烂衣裳/这豪华、这喧闹、这纸醉金迷/换取满架诗书和荒凉的园地/换取我家那间简陋的小屋/……/再换取沉寂的坟茔/……/那里绿树茵茵，还有十字架……

Старый дом, старый друг, посетил я/Наконец в запустеньи тебя,//Двор лежал предо мной неметеный,/Да колодец валился гнилой/И в саду не шумел лист зеленый./Желтый –тлел он на почве сырой.//Дом стоял обветшалый уныло.（Н. Огарев）

老屋，我的老友，/终于，在荒芜中我来造访//庭院喑哑无声/水井倾覆腐坏/花园里翠绿的枝条不再鸣响/落在潮湿的土地枯萎发黄//老屋孑然兀立，衰朽神伤。

托波罗夫认为，在最高程度上，сад 甚至可以指涉"宇宙"（сад-космос）这一极端概念，连同其宇宙精神一道一统以 сад 为意象核心的俄罗斯诗歌文本，成为以下指涉含义的象征：сад-воспоминание（回忆的世界），сад-свидание（约会的乐园），сад-поэзия（诗歌的世界），сад-надежда, сад-бессмертие, сад-откровение, сад-искупление。[1]

За этот ад,/За этот бред/Пошли мне сад/На старость лет./[...]/Скажи: довольно мук-на/Сад -одинокий, как сама./[...]/Такой мне сад на старость лет.../—Тот сад? А может быть—тот свет?—/На старость лет моих пошли—/На отпущение души.（М. И. Цветаева）[2]

为了这座地狱，/ 为了这个梦魇，/ 我得到了一座花园，/ 陪伴我度过晚年 /［...］/ 告诉我：痛苦忍受够了吗——/ 那像我一样孤单的花园。//［...］/——那座花园？而也许是那个世界？——/ 为了宽恕心灵！——/ 为了度过我的晚年！［苏杭译］

可见，以象征原型为蓝本，дом/сад 意象在文本内部及文本之间实现了同主题下的互文—对话。以上的例证分析表明，дом/сад 实体文化指涉具有多层级性和多所指性的特点，在认识与理解的链条上表现为一个连续的过程。这样，按照 Y=F（x）文化函数的观点，可以将 дом/сад 实体文化指涉含义以函数表达式的形式表述如下。

在这个表达式中，F = 聚和性场阐释模式；x = 实体物作为认知与理解的对象物；Y = 实体文化指涉含义。在聚和性场实体文化知识层论域下，在居所场生活资料分场层面上，变量间的函数关系可表示为：

Fрусс. соборн.（实体物）= 实体文化指涉；

① Топоров В. Н. *Ветхий дом и дикий сад: образ утраченного счастья（страничка из истории русской поэзии）*.//Облик слова. Сборник статей. М., 1997.

② 例证均引自 "Облик слова. Сборник статей". М., 1997, В. Н. Топоров "Ветхий дом и дикий сад: образ утраченного счастья（страничка из истории русской поэзии）".

дом/сад 作为象征意象含义指涉的基本对垒函数化为：

Грусс. соборн.（дом）= культура vs Грусс. соборн.（сад）=
природа；

дом/сад 作为宗教观念在文本理解与阐释过程中的含义取值函数化为：

Грусс. соборн.（дом1, 2, 3 ⋯ n）= смерть（死亡），временность（临
时性）；благо（福祉），счастье（幸福），норма（规范），порядок（秩序），
гостеприимство（好客），общинность судьбы（共同命运）……

Грусс. соборн.（сад 1, 2, 3 ⋯ n）= бессмертие（永生），вечность（永
恒）；испытание（考验），беспорядок（无序），воспоминание（回忆），
свидание（约会），поэзия（诗），надежда（希望），откровение（启示），
искупление（赎罪）……

　　与 дом 有着类似表义功能的宗教观念还有 изба（俄式木屋）。后者作
为一种文化—象征符号在俄罗斯乡村生活中扮演着重要角色，可引发俄罗
斯人丰富的历史文化联想。为了不重复论述，我们选取了 изба 的下一级
宗教观念 печь（俄式炉炕）做例证分析。

　　печь 作为宗教观念，我们知道，русская печь 在 русская изба 中占
有重要地位，熟语中有 Печь краса – в доме чудеса（好炉炕，家中宝）
的表达。这不仅因为 печь 占据了整个屋子大约 1/3 的面积，还与它在俄
罗斯民间日常生活中所起的作用紧密相连：不但煮粥、烤面包、沐浴离不
开它，在炉炕所在的房屋的左边一角，还是女主人的厨房、储藏室，甚至
更衣、方便的地方。莫基耶恩科（В. М. Мокиенко）就此认为，"俄式炉
炕是整个屋子的中心，因此它也是家、家的舒适与安宁的象征"（Русская
печь ——средоточие всей избы, а потому и символ дома, домашнего

уюта и покоя）[①]。

进一步的分析表明，除了上述生活常识以外，печь 作为文化—象征符号还蕴含着丰富的实体文化指涉含义。以下是 печь 作为语义核心的宗教观念聚合体：

сидеть на печке [печи]（坐在炕上），лежать на печи（睡在炕上），от печки（从头开始，照原样子）；Печь нам мать родная（火炉温暖，就像妈妈）；На печи всё красное лето（炉炕之上，温暖如春）；Мала печка, да тепленька（火炉虽小但能取暖）；Добрая-то речь, что в избе есть печь（良言暖人，如同家中暖炉）；Словно у печки погрелся（像火炉旁一样温暖）；Сижу у печи, да слушаю людские речи（坐炉子旁，听人间事）；Хлебом не корми, только с печи не гони（可以不管饭，只求别往炕下赶）；Сижу подле печи да грею плечи（坐炉旁烤火）；Корми деда на печи: и сам будешь там（炉炕上赡养老人，自己也有好报；人人都会老）；Где зимовать, там и на печи лежать（在哪过冬，在哪炕上躺）；Лежи на печи да ешь калачи（安坐炕头吃面包；无忧无虑，游手好闲）；У них и печки и лавочки, все вместе（炉子和长凳总在一起；形影不离）；Счастье придёт и на печи найдёт（炉炕上面，幸福满满）；Около печи нельзя не нагреться（炉炕旁，暖洋洋；近朱者赤）；Не хвались печью в нетопленой избе（没生火的木屋别夸炉子；当着矬人别说矮话）。[②]

通过对以上意指单位的综合分析，我们发现，печь 与众多俄罗斯民间习俗、仪式、信仰息息相关。печь 成为一个符号、一个象征。我们认为，

---

① Мокиенко В. М. *Образы русской речи*. Санкт-Петербург, 1999. С. 20.

② 例见 Вл. Даль "Толковый словарь живого великорусского языка", Ⅲ, 第 108–109 页；周纪生主编：《俄汉成语词典》，武汉：湖北人民出版社，1985 年，第 402–403 页。

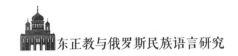

печь 可指涉以下象征含义，与以 дом 意象为核心的象征文本构成互文—对话关系。

家庭幸福的象征（символ благосостояния семьи）。对俄罗斯人而言，俄式炉炕总能引发对"家"的联想：温暖舒适、自由自在、幸福如意等。例如，Печь нам мать родная（火炉温暖，就像妈妈）；На своей печи – сам себе голова（自己的炕头自己做主）；Словно у печки погрелся（像火炉旁一样温暖）；Счастье придёт и на печи найдёт（炉炕上面，幸福满满）。按照俄罗斯农村的习俗，亲家相亲时要"看炉炕"（обряд глядения печи），通过炉炕的大小判断对方家底是否殷实。除此之外，печь 有时甚至可以泛指"美好的事物"。例如，Лежи на печи да ешь калачи（安坐炕头吃面包）；Добрая-то речь, что в избе есть печь（良言暖人，如同家中暖炉）。而家里没有 печь 无疑是一件悲哀的事情，中国人所谓讲话不揭短，是要尽量回避的：Не хвались печью в нетопленой избе（没生火的木屋别夸炉子），对比汉语中含义相近的表达"哪壶不开提哪壶"。由此可见，печь 在俄罗斯乡村生活，乃至在俄罗斯人的审美意识和价值判断中占有重要地位。

尊老的象征（символ уважения к старшим）。在俄罗斯民间，炉炕还是一个仪式性很强的所在。坐炕头是家中长者的特权，炉炕成为老人的专有之地（законное место）。在俄罗斯童话中，安坐炕头的老爷爷形象是故事的典型角色。① 在俄罗斯民间，仍然保留有道德劝诫式的熟语表达：Корми деда на печи: и сам будешь там（炉炕上赡养老人，自己也有好报；人人都会老）。

---

① Мокиенко В. М. *Образы русской речи*. Санкт-Петербург, 1999.

好客的象征（символ гостеприимства）。作为家中至宝、幸福所系的 печь 自然免不了与"好客"传统联系在一起。语义化表达有：Все что есть в печи —на стол мечи（有什么可吃的，全摆上来敬客）；Кто сидел на печи, тот не гость, а свой（坐炕头的人不是客，是自己人）。

我们要特别指出的是 печки-лавочки 作为宗教观念的含义指涉。

首先，作为实体物，它们是俄罗斯人家庭生活幸福源泉的象征（символы домашнего очага），是农家家当的两大核心（два стержня крестьянской избы）所在。[①] 例如：В безлавочной избе и на полу ляжешь（没长凳的木屋，地板也得睡）。[②] 其次，作为成语，печки-лавочки 意为 "友好""亲密无间"：У них и пески и лавочки, все вместе они дружны（炉子和长凳总在一起；亲密无间）；[③]У них одни печки-лавочки, одна чашка-ложка（他们亲密无间，就像火炉与凳子、杯子与勺子）（И. М. Снегирев）。[④] 在更深层的意义上，成为俄罗斯聚和的成语化表达，取一致性、共同性含义，当然，在利益与精神两个层面上都要得到体现。比较而言，汉语俗语中表达近似含义的形象要丰富一些，例如：一个鼻孔出气；（好得）穿一条裤子；焦不离孟，孟不离焦；同一战壕里的战友等，与各自的历史文化传统一脉相承。最后，печки 和 лавочки 在日常交际中的创造性运用。以舒克申（У. В. Шукшин）同名电影《炉子和长凳》（《Печки и лавочки》）中的反复使用最为典型：—Вышел на бережок, посидел, отдохнул – вот вам и пески-лавочки（来到岸边，坐一坐，休

---

① Мокиенко В. М. *Образы русской речи*. Санкт-Петербург, 1999. С. 19.

② Даль Вл. *Толковый словарь живого великорусского языка*. т. Ⅱ. М., 1955. С. 231.

③ Даль Вл. *Толковый словарь живого великорусского языка*. т. Ⅲ. М., 1955. С. 108.

④ 见 В. М. Мокиенко "Образы русской речи", Санкт-Петербург, 1999. С. 16.

息会儿，——你们真像火炉和长凳一样亲密无间）；—Снова начались печки-лавочки（他们像火炉与凳子一样，又亲密无间了）。①

基于文本间的互文—对话阐释关系，печь 的含义指涉流程用函数关系表达式可标注如下。

Ɣрусс. соборн.（печь1，2，3 … n）= домашний очаг, благосостояние семьи, уважение к старшим, дружба, гостеприимство（家园，家庭幸福，尊老，友谊，好客）……阐释并未结束，我们又回到了起点。

古人云："仓廪实而知礼节。"俗话说："民以食为天。"日常生活中，"食""住"实为一体。在俄罗斯民间的传统认识里，也将对幸福生活的企望与"吃""住"的具体形态紧紧联系在一起。从上述意指单位的聚合体中略举数例如下：Полон дом, полон и рот（家里殷实，不会饿肚子）；Лежи на печи да ешь калачи（安坐炕头吃面包）；Без печки холодно, без хлеба голодно（没有火炉冷，没有面包饿）。从含义指涉的角度看，"食品"不仅可以充饥，作为一种象征符号，更指向某种生活态度和价值取向。②

2. 食品场（подполе пищи）

与传统语义场对食物类的切分、描写不同，宗教观念场的分类无须面面俱到。它只考察那些具有俄罗斯民族特色的，特别是那些具有仪式性

---

① 例见 В. М. Мокиенко "Образы русской речи", Санкт-Петербург, 1999. С. 21.
② 对食品场进行义类划分可按照主食／副食两分法分别进行，如米食（рис），面食（хлеб）；汤菜（суп），荤菜（мясные），素菜（постные），甜点（сладкие），小吃（закуски）；奶制品（молочные продукты），水果（фрукты），酒水饮料（напитки），调料（приправы）等。

（祭祀、贡品）含义的食物种类，如 каша, сыр, напитки, хлеб 等；① 不仅描写俄罗斯人的饮食习惯，还要在民族文化心理的层面上揭示俄罗斯民族个性特征。

俄罗斯人的主食以面包为主，属概念 хлеб 下的种概念包括：белый хлеб, черный хлеб, пшеничный хлеб, ржаной хлеб, круглый хлеб, каравай, булка, булочка, формовой хлеб, буханка, батон, хлеб с изюмом, плетенка, хлебец, хлеб, калач, сухарь, сдоба, крендель, витая булка, рогулька, сдобная булочка, сайка, кулич, бублик, баранка, сушка, коврижка, лапша, гречневая каша, манная каша, омлет, лепешка （ржаная, сдобная）, пышка, оладья, кулебяка, пирог（слоеный）, рулет, блин, расстегай, пончик, пряник, ватрушка, перемени, вареники, котлета（отбивная, свиная, рубленые）, биточки, шницель, творожник...

汤菜是俄罗斯人餐桌上的第一道菜，其属概念 суп 下的种概念包括：суп（мясной, рисовый, куриный, гороховый, грибной, молочный, т. д.）, борщ, рассольник, окрошка, бульон, щи（кислые, зеленые, ботвинья）, уха, похлебка...

酒水饮料在俄罗斯人生活中也占有重要地位，其属概念 напитки 下的种概念包括：квас（хлебный）, сок, лимонад, ситро, сидр, водка, пиво, вино, самогон（самогонка）, запеканка, наливка, вишневка, анисовка, грушовка, ром...

---

① 　关于具有仪式性含义的食物莫基延科举例说明道："面包是斯拉夫人和其他印欧民族人民最重要的食物，因此，它自然成为具有仪式性标志物（象征物）、神话象征以及口头文学吟咏的对象。"（В. М. Мокиенко，1999：341）他还顺便指出，хлеб 一词借自波罗的海诸国语言，其原始意义是"切片、块"（отрезок, кусок）。

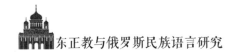

饭后甜点包括：компот, каша（рисовая）, варенье, торт, пирожное, мороженое, суфле, печенье, кекс...

调味品主要有：соль, перец, соя, майонез, соус, бешамель, маринад, сметана 等。

каша 也是俄语中常见的宗教观念，达里对 каша 定义及用法的释义[1]如下："用水或牛奶煮的粥，稀饭。稠粥，荞麦粥，黍米粥，双粒小麦粥，大麦粥，燕麦粥，黑麦粥，菜粥。"каша 一词在俄罗斯的日常使用也非常广泛。如用 "Мы с ним в одной каше"（我们喝同一碗粥）表达村社成员的聚和共同性。"Крестины, где бабка обходит гостей с кашею, потчуя отца ложкою каши с солью и перцем"（洗礼时，女主人用粥待客，给父亲一勺带盐和胡椒的粥）则描述了 каша 在洗礼仪式上的使用。"Обед после свадьбы у молодых, на новом хозяйстве"（年轻人婚礼之后宴席上的食物）描述了 каша 作为婚宴礼仪用品。

除了作为礼仪用物，以下用法是 каша 作为语义核心的宗教观念聚合体。

Сосед на каши зовет（на крестины или к молодым на обед）（邻居请喝粥，参加洗礼宴）；Густая каша семьи не разгонит（喝稠粥，家不散）；Без каши обед не в обеде（无粥不成席）；Щи да каша кормильцы наши（汤和粥，养活人）；Где каша, там и наши（有粥的地方就有自己人）；Где щи да каша, там и место наше（有粥的地方就是咱的地儿）；Гости на печь глядят, видно каши хотят（客人看炉子，明显想喝粥）；Русского мужика без каши не накормишь（俄罗斯男人没粥吃不饱）；

---

① Даль Вл. *Толковый словарь живого великорусского языка.* т. II. М., 1955. С. 100.

He наша еда орехи, наша —каша（坚果不算饭，粥才是）；Когда дрова горят, тогда и кашу варят（木头燃起来，煮粥正当时）；Ешь кашу, а говори нашу（喝粥的人，说知心话）；Кашу маслом не испортишь（粥不怕油多；好东西多多益善）；Мало каши ел（粥喝得少，黄口孺子）；Каши не сваришь（与 ... 做不成事）等。①

　　分析表明，каша 作为宗教观念的含义指涉与 дом 和 печь 有着内在的一致性。它们都以家庭生活为轴心，关乎个体人的物质与精神生活现实，生发出共同的审美与价值取向——无论是在社会伦理层面，还是在内在精神层面。就以上的意指单位聚合体而言，我们仍然可以得出与前文相类似的结论，主要通过以下三点显现出俄罗斯民族个性，特别是聚和性的种种征象：聚和共同性；家庭幸福；好客等方面。例如：（1）Мы с ним в одной каше（我们吃一锅饭；我们是一家人）；Щи да каша кормильцы наши（粥和汤，养活人）；Где каша, там и наши. Где щи да каша, там и место наше（有粥和汤的地方就是家）；Щи да каша – мать наша（粥和汤是我们的母亲）；（2）Где каша, там и наши（有粥的地方就有家）；Где щи да каша, там и место наше（有粥的地方就是咱的地儿）；（3）Без каши обед не в обеде（无粥不成席）；Гости на печь глядят, видно каши хотят（客人炉子，明显是想喝粥）；等等。

　　соль 号称"百味之母"，对俄罗斯人而言，其象征意义要远大于它作为主要调味品的作用。例如，俄罗斯民间有关 соль 的征兆（приметы）或俗信（поверья）：Подавая соль—смейся, не то поссоришься. Соль просыпать

①　以上基本单位分选自 Вл. Даль "Толковый словарь живого великорусского языка", т. II, М., 1955；В. П. Жуков "Словарь русских пословиц и поговорок", М., 1991；周纪生主编：《俄汉成语词典》，武汉：湖北人民出版社，1985 年。

нечаянно—к ссоре, а чтобы ссоры не было, посыпают просыпанною солью голову（洒落的盐会导致争吵，为避免争吵需要再把洒落的盐撒到头上）。[1] 众所周知，соль 还具有深刻的仪式性含义，常与 хлеб 一起用来供奉贵客，以示友好。通常认为，соль 含义指涉的丰富内涵与它的实用保鲜功能直接相关，特别是在腌制、保存肉类时，盐起着决定作用。俄罗斯人由此把 соль 奉为圣物，赋予其丰富的象征意义。例如，据达里的记载，соль 可象征人的机智：Острота ума, остроумие, едкая насмешка; перевернутая солонка ——象征着友谊的终结、断交。[2] 我们认为，соль 基本的象征意义用函数表达式可表示为：

Fрусс. соборн.（соль1，2，3 … n）= постоянство, вечность, верность, дружба, уважение, гостеприимство...（常态、永恒、诚实、友谊、尊重、好客）

表达上述象征意义的 соль（хлеб-соль）宗教观念聚合体可包括：

Без попа, что без соли（没有教士，就像缺盐一样）; И старая кобыла до соли лакома（老马也爱吃盐）; Соли не жалей, так ест веселей（盐不吝惜，吃得高兴）; За хлебом-солью всякая шутка хороша（只要为了面包和盐，说啥都是好笑话）; Помяни соль, чтоб дали хлеба（盐和面包不分家）; Без хлеба несытно, а без соли не сладко（不吃面包不饱，不吃盐不香）; Соли нету, так и слова нет, а как хлеб дошёл, так переговор пошёл（不上盐，没话说，面包一到，话题全开）; Хлеб с солью не бранится（面包和盐不打架）; Хлеб да соль—всему голова（面包和盐，万物之主）; Сколько ни думай, а лучше хлеба да соли не

---

① Даль Вл. *Толковый словарь живого великорусского языка*. т. Ⅳ. М., 1955. С. 268.

② Мокиенко В. М. *Образы русской речи*. Санкт–Петербург, 1999.

придумаешь（不管怎么想，面包和盐最好别瞎想）；Хлеб-соль ешь, а правду режь（款待是款待，实话要实说）；Спасибо тому, кто поит и корми, а вдвое тому, кто хлеб-соль помнит（给吃给喝的人要感谢，记得盐和面包之恩的要加倍感谢）；Хлеб-соль—заемное дело（面包和盐，相互款待、相互答报）；Водить хлеб-соль с кем-либо（相互友好，相互款待）。①

以上对 хлеб-соль 作为宗教观念的描写是对前文的有效补充，目的在于从实体文化指涉角度透视聚和在俄罗斯日常生活中的映现与表达。

综上所述，我们可以得出两点结论：（1）一个民族的日常物质生活是一个有机整体，具有综合性、整合性特征，它的每一个部分的运作都是对整体特征的表达和呈现过程，所谓"牵一发而动全身"。这样，对部分的分析性研究同时也带有综合性的特点，各部分之间存在着广泛的联系与互动，在方法上走的是先分析后综合的路子，对话的思想贯穿始终。（2）对实体物称名单位作为 лингвокультурема-реалия 的含义指涉分析，从一开始就是在二级符号系统上做文章，除了概念范畴的界定，它更注重实体物作为象征符号的指涉功能，对隐身其后的民族文化心理理据的揭示与阐释是它的目标。

（二）聚和性场规范文化知识层：人与人的关系

俄罗斯聚和性本质上是一种基于共同民族、共同信仰、共同利益的人与人之间的精神联系与社会交往关系，如前所述，它的基础是爱与自由的统一。因此，它在各级社会组织中得到了最充分的映现与表达。需

---

① 以上基本单位分选自 Вл. Даль "Толковый словарь живого великорусского языка", т. Ⅳ, М., 1955, С. 268；В. М. Мокиенко "Образы русской речи", 1999, С. 342–345.

要加以补充的是，我们这里讲的社会组织与当代社会学意义上的社会组织并不完全等同。它更多的是从历时平面考察曾经存在过的俄罗斯公社（община）、米尔（Мир）等基层组织形式对俄罗斯聚和意识形成与发展的影响。而语言世界图景知识研究的特点决定了它主要是从历史文化传统的角度，运用语义分析结合观念分析的方法，对社会组织的形态与功能做阐释性研究。这一思想与方法直接借鉴、吸收了格尔兹文化阐释学与福柯知识考古学学说的合理内核，力求实现知识研究的跨学科、跨文化、跨语言考察。这样，组织、制度、行为方式等表层现象抽象为观念与知识凝结在语言符号当中，后者即成为一种语言—文化化石，通过它可以探究一个民族对自身与他人、自身与世界的关系的经验与认识，从而区别于一般意义上的语言学、文化学与社会学研究。①

基于人类中心论原则，以下我们将在家庭、公社、国家三个层面上对聚和在其中的投射与表达进行阐释性分析。

1. 家庭关系场（подполе семейных отношений）

家庭"是以婚姻或血缘为基础的小群体，其成员由共同生活、互相帮助和道义责任联系在一起"②。在社会学的意义上，家庭是将人与人联结在一起的最牢固，也是最小的社会共同体，称之为"社会的细胞"恰如其分。将"家庭"作为一种社会组织形式进行场性分工式的描写必然涉及两个基本问题：首先是家庭成员的构成，其次是他们之间及其与外界的关系。家庭关系场就是从家庭成员出发，通过描写他们之间的各种关系及类型，透视凝结在语言符号中的俄罗斯聚和的知识表达。

---

① 彭文钊：《论词的文化释义的理论依据》，《解放军外语学院学报》，2001 年第 1 期。
② *Большой энциклопедический словарь.* изд. 2-ое, М., 1998. C. 1082.

　　沃罗比约夫指出，正是"家庭、家族、父母、祖先、家乡、祖国"聚合体决定着个体精神人格（духовное достоинство）与公民性（гражданственность）的形成。[①]俄谚云：Русский человек без родни не живёт（没有亲戚俄罗斯人无法生活）。由此可见，家庭在个人与社会生活中的重要位置。在对家庭关系场做场性分工描写之前，有必要对它的统称（общее название）——семья 及其上位概念——родня、род–племя 做关键词分析。

　　русская семья（俄罗斯家庭）作为宗教观念，其意指单位的聚合体，包括：

Хороша семейка(家真好)；Семья воюет, а один горюет(一家能战斗，一人徒悲伤)；В семье не без урода（丑儿家家有）；Семейный человек（居家之人）；Семейные казаки（哥萨克之家）；Семейное согласие всего дороже（家和抵万金；家和万事兴）；Семейный горшок всегда кипит（家里的砂锅一直开；生活永不停歇）；Семейная каша погуще кипит（自家的粥更稠）；Без друга, сирота; с другом, семьянин（没有朋友的人像孤儿，有了朋友就有了家）；Семья крепка ладом（家和万事兴）；Кто родителей почитает, тот во веки не погибает（孝敬父母的人，美名代代传）；Живы родители –почитай, померли –поминай（父母健在要孝敬，父母过世要怀念）；Вся семья вместе, там и душа на месте（全家在，心神安）；От худого семени не жди хорошего племени（基因不好影响家）/ Все счастливые семьи похожи друг на друга, каждая несчастливая семья несчастлива по своему（幸福的家庭都是一样的，不幸的家庭各有各的不

---

① Воробьев В. В. *Лингвокультурология: теория и методы*. М., 1997. С. 137.

幸）（Л. Толстой, Анна Катерина）。

对"家庭"在俄罗斯人个性形成过程中的重要作用，伊林（И. А. Ильин）精辟地论道[1]：

家庭是培养基督教爱的精神、自我牺牲精神、社会情感与利他主义思想的天然教室；

家庭负有传达祖国历史与精神文化传统的使命，正是家庭塑造和培育了我们的民族文化情感以及爱国主义的忠诚，在家庭中人人为我、我为人人；

家庭是培养自由精神的第一校园——培养自由的、健康的东正教思想的校园；

最后，家庭还是培养具有对私人财产正确情感的场所，它永远是血缘、精神与财产的有机统一体。

在文学文本中间，家庭观念及其聚和（精神共性）象征意义得到了充分表达，例如：

Отселе вижу, что такое:

Во-первых（слушай, прав ли я?），

Простая, русская семья,

К гостям усердие большое,

Варенье, вечный разговор

Про дождь, про лён, про скотный двор..."

——А. С. Пушкин, Евгений Онегин.

我看得出来，是什么缘故；

---

① Воробьев В. В. *Лингвокультурология: теория и методы*. М., 1997. С. 137.

首先（你听我说的是否在行？）

一个淳朴的俄国家庭，

招待客人，殷勤大方，

雨呀，麻呀，牲口圈呀！

吃不完的果酱，唠不完的家常……

Два чувства дивно близки нам –

В них обретает сердце пищу –

Любовь к родному пепелищу,

Любовь к отеческим гробам.

—А. С. Пушкин, Черновые наброски.

有两种情感我们早已熟悉，

心灵通过它们得到了慰藉，

一是爱自己的家园，

一是爱祖先的坟墓。（刘文飞译）

родня（род, родство）、род–племя 作为宗教观念，表达家庭（家族）、亲属关系的同根词很多，例如：родня, род, родственник, родство, родители, родина, родич, родной, родович, родимые 等，从词源上说都是 рожать, рождать（родить）（出生）的派生词。其中，род, родство, родня 是对亲属及亲属关系的总称。达里的有关释义为 [①]：（1）род（氏族，家族）同族或不同姓的家庭成员间的关系、племя（部族），колено（支系），поколенье（代，辈），потомство（后代），порода семейная（家族）；（2）родство（同源，宗亲），"родная, родственная связь, кровные

---

① Даль Вл. *Толковый словарь живого великорусского языка*. т. Ⅳ . М., 1955. С. 10–12.

отношения（血缘，亲属关系）"；（3）родня（亲属）。

以它们为语义核心，表达家族观念—聚和性意识的宗教观念聚合体有：

Ни роду, ни племени（无亲无故，孤身一人）；Род в род идёт（代代相传）；Не дурак, а родом так（不是傻瓜，天生如此）；Из роду в род — тот же урод（代代相传，都是丑八怪）；Выбирай корову по рогам, а девку по родам（选牛看角，选姑娘看出身）；Дураки да нищие не родом ведутся, а кому Бог даст（傻瓜和乞丐不是天生的，而是上天给的）；на роду написано（命该如此）；Родство дело святое; а деньги — дело иное（血亲至上，谈钱另说）；Русский человек без родни не живёт（没有亲戚俄罗斯人无法生活）；Родню считай, денег не поминай（认亲行，别谈钱）；На службе нет родни（公私分明）；Во фронте нет родни（战场无父子；公私分明）；Бык да теля – одна родня（公牛小牛是一家）。

这里，我们还要特别考察род-племя作为宗教观念的规范文化指涉含义。

род-племя在俄罗斯民间文学中是对亲属（родня）的统称，其下属单位包括отец-мать（父亲—母亲），тятенька-маменька, отец-матушка, братец-сестрица（兄弟—姐妹），друзья-братья（兄弟—朋友），братцы-товарищи（兄弟—同志），等等。有学者认为，род-племя二项式不但具有在口头文学中对亲戚类型进行命名这一语义特征，还可超出纯粹亲属关系的界限在文本中表达更为丰富的文化含义。[①]

род-племя在俄罗斯民歌传统中总是与农家联系在一起，经常与

---

① Мокиенко В. М. *Образы русской речи*. Санкт–Петербург, 1999.

отец-матушка и отец-мать（父亲—母亲）平行使用。例如，отцу-матушке большой поклон/роду-племени челобиьице/Дам назолу отцу-матери/Дам надсаду роду-племени。[①]这一成分构成显示出它与氏族部落时期（родоплеменная эпоха）古老文化遗存的内在关联。由于语言具有载蓄功能，在它的意指单位及其在文本中的表达中仍然保留着有关当时社会关系、家庭关系的某种信息。

我们知道，原始社会是建立在原始共产主义基础之上的，以共同占有生产资料、共同分配劳动产品为本质特征。在家庭关系上，存在过群婚、对偶婚等婚姻形式，在人与人之间的关系上，以氏族公社为基本组织形式。这样，氏族公社时期的亲属关系与家庭观念有着与封建社会不同的社会意义以及更加宽广的辖域。因此，虽然现代俄语中对这一短语的理解仅局限于近亲——близкая родня，但是在古代它们是按照字面意义理解的（氏族、部落），亦即"基于基本社会经济组织的原始公社制度"（первобытнообщинный строй）。[②]其中蕴含的聚和性在于，这一短语在各斯拉夫民族语言中都指向其共同的古斯拉夫共同体起源，即东正教共同体（праславянская общность）；"那时，自然亲属关系（естественное родство）是团结氏族成员、保障社会生存相对安全的唯一可能形式"[③]。

从词源上看，род聚和共同性的语义容载与氏族之神——罗德崇拜（культ Рода）有关。[④]根据莫基耶恩科的研究，原始先民将认为氏族受神灵佑护，宇宙全能的神——罗德治下的疆界分为三层：上层为神

---

① "*Великорусские народные песни*". Изд. А. И. Соболевским. Т. 1–7. СПб., 1895–1902. Соб., 3, 51；Соб., 3, 273. 采自 В. М. Мокиенко "Образы русской речи", 1999, С. 225.

② Мокиенко В. М. *Образы русской речи*. Санкт-Петербург, 1999. С. 227.

③ 同上，С. 226.

④ "*Мифы народов мира*", под ред. С. А. Такарева, М., 1998, т. II, С. 384–385.

界（верхний）、天界（небесный），司雨和雷电；中层为生长界、自然界（мир природы и рождения）；下层为地狱及其火族（нижний с его «огневым родством»）。这样，在词源关系上，神与万物的诞生直接相关（试比较：род, родить, народ）。先民还想当然地认为自然起源于水（природа с водными источниками）（同根词如 родник и неурожай），在古俄语中甚至闪电（молния）也要用 родиа 来命名。[1] 这样，氏族就成为人的血脉所系，生命之根。"生长、同源、同根"也就成为 род 一词的原始含义。氏族偶像罗德崇拜深刻体现了罗斯受洗前俄罗斯人信仰的多神教传统。这一受洗前的氏族偶像成为斯拉夫人全能的神，是短语 род-племя 的语义源头。

род-племя 作为词组搭配最早出现在 1193 年的俄罗斯古代文献《Устав Студийский》当中：поминати их род племя。16—17 世纪时，固定短语 род-племя 被用于法律条文，意思是"亲属"。这一短语广泛使用已经是 19 世纪后半叶，表现了农村家庭中宗法关系（патриархальные отношения）的解体。波捷布尼亚强调短语的前项表示近亲（ближайшие родственники），后项表示远亲（отдаленные родственники）。再后来，它有了更多的表现形式，并获得了越来越多的附加意义，特别是在民间文学创作中[2]：

род и племя, и род и племя, род да племя, род-племя, 意为 родственники, родня（亲戚），происхождение, родословие（出生、门第）；

—ни роду, ни племени, 意为 ни родных, ни родственников, одинокий（没有亲人，孤苦伶仃）；

---

① Мокиенко В. М. *Образы русской речи*. Санкт-Петербург, 1999. С. 228–229.

② 同上，第 226 页。

—без роду и племени, без роду, без племени, без роду-племени,
意为«без родственников, одинокий,（无亲无故，孤独一人）неизвестного
происхождения（身世不明），низкого незнатного происхождения（出
身低下）；

　　—в роду и в племени，意为 среди близких и более отдаленных
родственников（远亲与近亲）。在 17 世纪的文献中，用来讨论亲戚间的
通婚。

　　现代俄语中，这一短语的使用有了新的特点，获得了新的修辞表现
力，但仍具有崇高色彩。例如：Без духовной оседлости без ощущения
корней, питающих жизнь, без привязанности к своему роду-племени,
к собственной истории, дальней и близкой, к культуре своей страны не
может быть полноценного человеческого счастья（没有心灵的居所，没
有哺育生命的根，没有对人民、对国家历史和文化的眷恋，就不能获得真
正的幸福）。[1] 在这里，род-племя 已经成为真正的爱国主义的象征，获得
了"自己人"（свой народ）的广泛含义。

　　与短语 ни роду、ни племени 在形式与意义上相类似的表达还有 Ни
племя、ни хлебоеди（полоцкий）。拉林（Б. А. Ларин）这样诠释它的
原始意义：它的"第一部分意在确定与部落时代（племенная эпоха）的
联系，意为'与部落同族人没有联系'；第二部分意为'不是那些吃它的
（部落）面包的人'"。字面意义就是："不是一个部落的，吃的面包也不
同。"试比较汉语中类似的表达："非我族类，其心必异。"

　　原始社会时，先民认为部落受部落神明保佑。那时，人们对神的崇

拜在精神性与物质性两方面是合而为一的，表现在祭品的使用上不可避免地与先民的现实生活紧紧联系在一起。特别是那些具有祭祀仪式性含义的食物［如前所述 хлеб、каша（мед）、сыр、напитки 等］身上寄托着先民对神的敬畏和对部落身份的认同。在 племя 一词的释义中我们还能发现这一历史遗存："紧密的，小型团体，家庭，吃同一主人面包的家人"（тесный, малый коллектив, семья, домочадцы, которые едят хлеб одного господина）。[①] 这里，我们还要对 род-племя 作为宗教观念聚合体描写做一补充：Удался, ни в род, ни в племя. От худого семени не жди доброго племени（坏种子结不出好果实；上梁不正下梁歪）。[②]

历史的车轮滚滚向前，现代社会以一夫一妻为基础的家庭关系成为社会稳定的基本前提。我们还是从宗教观念学的角度透视俄罗斯家庭观念在意指单位中的表达，或反过来说，以意指单位对家庭观念做场性分工式的描写与解释。

现代俄语中可以按照以下类别特征对各种亲属关系进行命名。[③]

总称（общие названия）：родственник, родич, родня, сородич, сродственник，以上类概念分别是各自种概念集合的总称。

辈分关系命名（названия лиц по потомственным отношениям）：предок, потомок, праотец, прародитель, родоначальник, отпрыск。

直系亲属命名（названия лиц по прямому родству）：родители, предки（отец и мать），старики, дети, ребенок, отец, родитель, папа,

---

① Мокиенко В. М. *Образы русской речи*. Санкт-Петербург, 1999. С. 229-230. 参见前文对仪式性食物的宗教观念学描写与阐释，可作对照阅读。

② Даль Вл. *Толковый словарь живого великорусского языка*. т. Ⅲ. М., 1955. С. 124.

③ 以下分类是别洛乌索娃的观点，见 В. В. Воробьев, 1997, С. 138.

батя, батюшка, мать, родительница, мамаша, матка, дед, дедушка, прадед, прадедушка, прапрадед, бабушка, бабка, прабабушка, прабабка, прапрабабка, дочь, сын, внук, внучка, брат, братан, братишка, сестра, по физиологическому подобию, близнец, двойняшка, тройняшка.

非直系亲属的命名（названия лиц по непрямому родству）：дядя, дядька, тетя, тетка, племянник, племянница, племяш, кузен, кузина.

按继亲关系命名（по породнению）：отчим, мачеха, падчерица, пасынок, приемыш.

按姻亲关系命名（по свойству）：свойственник, сват, сваха, тесть, теща, свекор, свекровь, зять, сноха, невестка, деверь, золовка, свояк, свояченица, шурин.

按正式婚姻关系命名（по официальным брачным отношениям）：невеста, жених, муж, жена, супруг, супруга, супружник, супружница, половина, хозяин, хозяйка, мужик, баба, благоверный, благоверная.

按非正式婚姻关系命名（по неофициальным брачным отношениям）：любовник, наложница, сожитель, сожительница, суженая, суженый.

按社会地位等级命名（по отношениям родства, породнения в сочетании с квалификацией по социальному положению）：боярыня, княгиня, декабристка, губернаторша, дьяконица, боярышня, царевна, королевич, попович.

基于这一划分及对俄语词典的词汇分析，可以将家庭—亲属关系聚合体（парадигма семейно-родственных отношений）分为以下三类：（1）

直系血缘关系聚合体；（2）旁系血缘关系聚合体；（3）姻亲关系聚合体。[①]
从聚和的角度，我们可以在多个层面上揭示家庭观念与聚和共性的内在
关联。

直系血缘关系聚合体：отец, папа（к своим детям）, мать, мама（к
своим детям）, сын（сыновья）, сынок（к своим родителям）, дочь,
дочка（к своим родителям）, дедушка（отец отца или матери）,
бабушка（мать отца или матери）, внук（сын сына или дочери）,
внучка（дочь сына или дочери）。

以下是我们的关键词分析。

作为宗教观念的 отец，在俄谚语中的表达有：Детки хороши –
отцу-матери венец, детки плохи – отцу-матери конец（孩子出息，父
母骄傲；孩子不肖，父母完蛋）；Детки – радость, детки – горе（孩子让
人欢喜让人忧）；Дети не тягость, а в радость（孩子不是负担，是幸福）。
父亲与母亲的形象一直是各民族文化传统中不可或缺的一部分。父母之于
一个家庭的意义，俄谚一言以蔽之：На свете все найдешь, кроме отца и
матери（人间万物易得，父母例外）。而对父母的尊重也是当然的：Живы
родители – почитай, померли – поминай（父母健在要孝敬，父母过世要
怀念）；Кто родителей почитает, тот во веки не погибает（孝敬父母的人，
美名代代传）。

在俄罗斯传统的家庭关系中，父亲 отец 是一家之主。这在一定程度
上体现了父权社会的历史遗存和现代男权社会的现实状况。父亲作为"家
族首领、主人和主要供养者"[②]，其权威地位无可替代、毋庸置疑：Отцу

[①] Воробьев В. В. *Лингвокультурология: теория и методы*, М., 1997.

[②] 同上，С. 139.

имя запомнил, а матке забыл.（父名记在心，母名总遗忘）。对父亲可有多种称呼，常见的有：родной отец, тятя, тятенька, батюшка, батя, батька, папа, папаша, папенька 等。相应的宗教观念聚合体包括：[①]

Ни отец до детей, как Бог до людей（没有一个父亲对待孩子，像上帝眷顾人类）；Отца с сыном и сам царь не рассудит（沙皇也不能裁断父子之事）；Поминай отца, как время придет（永远为父亲祈祷）；Отцов много, а мать одна（父亲很多，母亲只有一个）；В дороге и родной отец товарищ（旅途中父亲也是同伴）；Хорошо жить у отца, да нет его у молодца!（在家靠父亲有福，不靠父亲的更有出息！）；Не суйся（не лезь）наперед отца в петлю（你爹进入之前，你切莫钻入活套；长者面前，莫要班门弄斧）；Не хвались отцам, хвались сыном молодцам（莫夸父辈，以子为豪）；Муж жене отец, жена мужу венец（夫为妻主，妻为夫荣）。

父亲在家庭关系中的地位与作用可以表现在以下四个方面。

第一，教养子女。古语说："养不教，父之过。"同样，在俄罗斯家庭中父亲承担着养育子女的主要责任：Детки поспели – отца без веку доспели（孩子长大了，父亲却老了）；Любишь жену – люби и детей кормить（爱妻子，也得爱养孩子）；Одно взять: либо дети водить, либо деньги копить（养孩子、存钱只能选一样）；Отец сына не на худо учит（父亲不教儿子干坏事）。

第二，树立权威。表现在父亲在家庭生活中的绝对决定权和子女对他的无条件尊重与服从：Мать – перенять, а отца – не замать（母亲能骚扰，父亲可别惹）；Не слушался отца и матери, послушайся теперь

---

① 采自 Вл. Даль "Толковый словарь живого великорусского языка", т. II, М., 1955, С. 724.; Н. Н. Костанян "Русская народная словесность", М., 1994, С. 103–104.

барабанной шкуры（不听父母命，就得听将令）；Отца с сыном и сам царь не рассудит（沙皇也不能裁断父子之事）。表示成年子女对父亲权威的挑战、对年迈父母的珍重：На что отец, коли сам молодец（自己好汉，不靠父亲）；Есть отец – так убил бы его, а нет отца –купил бы（有父亲恨不得杀了他，没了父亲，恨不得再买一个）。甚至长相也要和父亲"保持一致"：Постой-ка, постой, душенька, дай посмотреть на кого ты похож! Ну, так и есть, на братца... точка в точку вылитый в него!（等一等，咱们来看看你长得像谁。啊，太像你爸爸了，简直一个翻版，一模一样）（М. Е. Салтыков. Пошехонская старина）。或正好相反：Он родился просто, как говорят, «Ни в мать, ни в отца, а в проезжего молодца»（他生得很普通，就如人们所言：既不像母亲，也不像父亲，倒像路人）（Н. В. Гоголь. Мертвые души）。

第三，承担责任。父亲永远是孩子的保护神。克服艰难险阻、承担生活重担，是父亲义不容辞的责任：Не суйся прежде отца в петлю（你爹进入之前，你切莫钻入活套；长者面前，莫要班门弄斧）。

第四，老有所养。对父母亲的敬爱要持之以恒：Не оставляй отца и матери на старости лет, и Бог тебя не оставит（孝敬年老的父母吧，上帝会记得你的美德）。对不孝行为的谴责：Головотяпы –батьку на кобеля променяли（糊涂虫，用爹换狗）（М. Е. Салтыков. История одного города）。

отец 作为宗教观念，语义派生能力强大，可表达广泛的社会性含义。根据达里的搜集整理，отец 的派生概念分为以下七类。①

---

① Даль Вл. *Толковый словарь живого великорусского языка*. т. Ⅱ. М., 1955. С. 734.

意指上帝、造物主、缔造者（Бог, Создатель, Творец）：Отец небесный（天父）、Милосердый Отец молитву услышит（仁慈的上帝听得到祈祷）。

意指圣三的头一位（Первое лицо или первая ипостась св. Троицы）：Бог Отец, Бог Сын, Бог дух святой（圣父，圣子，圣灵）。

意指同类的领先地位（старшинство, первенство, главенство）：Река Евфрат всем рекам отец（幼发拉底河是众河之首），Арарат гора всем горам отец（阿拉拉特山是群山之首）。

意指基础与源头（основание, начало, источник）：Санскритский язык – отец языков европейских（梵语是欧洲语言的源头），Отец отечества, благодушный государь（仁慈的沙皇是立国之本）。

意指奠基者、创始人、先驱、祖先（родоначальник, основоположник, предок, прародитель）：Отец рода человеческого, Адам（人类的祖先——亚当），Отцы наши не делали этого, и нам не велели（我们的先人没这么做，也不许我们这么做），Гоголя должно считать отцом русской прозаической литературы（果戈里应被视为俄罗斯散文之父）（Н. Г. Чернышевский. Очерки гоголевского периода русской литературы），Отец врачебной науки Гиппократ（希波克拉底是医学之父）。

意指他人的善行、关爱（благодетель, кормилец, покровитель, заступник）：Барин наш отец родной（东家就像慈父），Он мне был родной отец（他就像我的亲生父亲一样）。

意指神职人员（название духовного лиц; почет, придаваемый всему духовенству）：Отцы церкви（主教），Отец дьякон（辅祭），Святые отцы（神甫），У честных отцов не найдёшь концов（正直的教父永生），Отец Герасим, бледный и дрожащий, стоял у крыльца, с крестом в руках

（神甫格拉西姆脸色苍白，颤抖着站在门廊旁，手里拿着十字架）（A. C. Пушкин. Капитанская дочка ）。

　　作为宗教观念的 мать，如果说严父形象使人敬畏，那么慈母形象则使人爱戴。母亲总是与爱——对家庭、对丈夫，特别是对孩子——紧紧相连。无私的爱使母亲形象既圣洁无瑕，又和蔼可亲。由于母亲承担了大部分的家务劳动，因此她又是勤劳美德的典范。对母亲的爱称很多，根据达里的记录，这些按地域分布的称呼包括：матушка, матушь（вят.）матуша（кстр.），матуха（арх.），матуха（сев.），матухна（зап）., матуная, маничка, маненька（юж. запд.），матуся, масенька（юж. запд.），матуля, маличка（запод.），матя（ряз.），матика（кал. твр. пск.），мате（и）нка（юж. и арх.），матонька（юж.），матынька, матунька（пск.），матка, маточка, мачка（ряз.），мамочка, мама, мамуша, мате（о, у, ы）нька, матуля, мамуся, мама, мамушка, мамочка, мамка, мамаша, машечка, маманька 等。

　　相应的宗教观念聚合体包括：①

　　Бог до людей, что мать до детей（上帝爱人们，如同母亲爱护孩子）; Нет отца, так зови по матери（父亲没了随母亲）; На что и мать, когда нечего дать, коли не кормит（不付出不养儿，不配当妈）; Как вырастешь с мать, все будешь знать（随母长大，诸事皆知）; Волга всем рекам мать（伏尔加河——众河之母）; Волга матушка широка и долга（伏尔加河，我们的母亲河，又长又宽）; Москва всем городам

---

① 　分别采自 Вл. Даль «Толковый словарь живого великорусского языка», т. Ⅱ, М., 1955, С. 306–307; Н. Н. Костанян "Русская народная словесность", М., 1994, С. 103–104; В. П. Жуков "Словарь русских пословиц и поговорок", М., 1991.

мать（莫斯科是诸城之母）; От одной матки, да не одни ребятки（一母之子，个个不同）; Материна（материнская）молитва со дна моря вынимает（母亲祈祷似海深）; Материнская забота в огне не горит и в воде не тонет（母爱遇火不化，入水不沉）; Материнская ласка конца не знает（母爱无尽头）; Матери все дети равные – одинаково сердцу больны（所有的孩子都对妈妈一样心疼）; Материнский гнев что весенний снег: и много выпадет, да скоро растает（母亲发怒恰似春雪，下得多，化得快）; Сыр калача белее, а мать мачехи милее（奶酪比面白，亲妈比后妈亲）; Тепло, да не как лето; добра, да не как мать（热不过夏，善不过妈）; Мать высоко замахивается, да не больно бьёт; мачеха низко замахивается, да больно бьёт（亲妈打人，高高举手，轻轻落下；后妈打人，低低挥手，狠狠地打）; Достаток – мать, убожество – мачеха（富足如亲妈，贫乏如后母）; Материны глаза слепы（母爱是盲目的）; Мать кормит детей, как земля людей（母亲养育孩子，就像大地哺育人民）; Мать плачет, что река льется; жена плачет, что ручей течет, ; невеста плачет, что роса падет; взойдет солнце росу высушит（母亲哭像小河流淌，妻子哭像泉水潺潺，新娘哭像露珠滴下，太阳一升起，露珠就会被晒干）; Мать приветная – ограда каменная（亲切的母亲坚如磐石）; Жена приласкает, а мать пожалеет（妻子亲昵，母亲怜惜）; Нет милее дружка, как родная（родимая）матушка（没有比亲妈更亲的朋友）; Дитя не плачет, мать не разумеет（孩子不哭，妈妈不管；不哭的孩子没奶吃）。

分析表明，мать 形象在俄罗斯文本中的象征含义主要体现在以下四个方面:（1）唯一性: Другой матери не будет（母亲只有一个），

Нет такого дружка, как матушка（没有比亲妈更亲的朋友）。（2）善与爱：Тепло, да не как лето；добра, да не как мать（热不过夏，善不过妈），Бог до людей, что мать до детей（上帝爱人，如同母亲爱护孩子），Материнская ласка конца не знает（母爱无尽头），Материнская забота в огне не горит и в воде не тонет（母爱遇火不化，入水不沉）。（3）宽容与忍耐：Материнский гнев что весенний снег: и много выпадет, да скоро растает（母亲发怒恰似春雪，下得多，化得快），Мать кормит сына – сохнет, а он по ней и не охнет（母亲养儿心操碎，儿子对娘不上心）；（4）人格与行为的典范：По матке и детки（儿随母样）。

此外，мать 作为修饰语（эпитет）可表达一系列派生含义，例如：Хороша правда-матка, да не перед людьми, а перед Богом（真话好，只是不在人前，而是在神前）；Баня – мать вторая（澡堂就像第二个妈）；Мать честная（哎呀，我的妈呀）；Мать героиня（英雄母亲）；Праздность есть мать всех пороков（游手好闲，万恶之源）；Показать кузькину мать（给一个厉害看看）；Всосать с молоком матери（自幼养成）；В чем мать родила（赤身裸体）等。

至于 отец 与 мать 作为象征意象指涉"家乡""祖国"的象征含义与爱国情感，我们将在下文详述。

旁系血缘关系聚合体：брат, братья, сестра, сестренка, дядя, тетка, тетя, племянник, племянница. 我们以 брат 为例做关键词分析。

作为宗教观念的 брат，达里对 брат 指称平辈男性亲属概念的范畴化切分："亲兄弟、表兄弟、堂兄弟、异父异母兄弟、教会弟兄等"[1]。对 брат 称

---

① Даль Вл. *Толковый словарь живого великорусского языка.* т. I. М., 1955. С. 124.

名的变体包括：братец, братик, браток, братишка, братенок, братище 等。

相应的宗教观念聚合体包括：

Наш брат（我们这种人）；Нет друга супротив родного брата（没有比亲兄弟更好的朋友）；Братья（если враждуют）– супостаты（敌对的兄弟是仇人）；Брат на брата – пуще супостата（兄弟阋墙甚于仇敌）；Брат он мой, а ум у него свой（他是我兄弟，脑子是他自己的）；Брат – брат, сват – сват, а денежки не родня（兄弟归兄弟，亲家归亲家，钱免谈；亲兄弟，明算账）；Брат с братом на медведя ходят（兄弟并肩能猎熊；兄弟同心，其利断金）；Брат за брата не плательщик（兄弟不会给兄弟付账；亲兄弟，明算账）；Хорош брат, сестру продал; хороша и сестра, от брата ушла（哥哥再好也会出卖妹妹，妹妹再好也会离开哥哥）（свадб）；Брат брату сосед（兄弟似友邻）；От хорошего братца – ума набраться; от худого братца – рад отвязаться（交好兄弟长智慧，跟坏兄弟添烦恼）；Начальство не свой брат: много говорит не станешь（领导不是自家兄弟，别多说话）；Уговорец родной братец всем делам（说到哪，做到哪，说到做到）；Братская любовь милее богатства（兄弟情义重于财富）；Братская любовь пуще（лучше）каменных стен（兄弟情，比金坚）。

汉语中表达兄弟情谊时常用"手足之情""情同手足"作喻，另外还有"兄弟同心，其利断金"的谚语。兄弟之间基于血缘与亲情同心同德，毋庸赘言。除此之外，兄弟之间是一种既平等又亲昵的关系，使它获得了更为深厚的语义派生能力，而聚和性就蕴含其中。通过对以上意指单位的分析，结合达里词典 ① 和《俄汉详解大辞典》② 的释义，我们认为 брат——兄弟在俄语文本中所能表达的人际关系类型主要有以下三种。：③

弟兄，指利益一致、境遇相同的人：собрат（同行），товарищ（同事），единомышленник（志同道合者），друг（朋友），соотечественник（同胞），наш брат，братья-рабочие（我们工人弟兄），Товарищи（同志们），Граждане（公民们），Братья и сестры（兄弟姐妹们），Братья по службе，братья по оружию（战友们），Социалист – наш брат по духу всегда（社会主义者是我们精神上永远的兄弟）（М. Горький），Туманные сокрылись дни разлуки: и брату вновь простерлись ваши руки, ваш резвый круг увидел снова я（离别那忧伤的日子已经过去：你们的手又递给了你们的兄弟，我再次看到了你们活泼的团体）（А. С. Пушкин）。

老兄，老弟，男人之间不拘礼节的亲昵称呼。通常用于招呼平辈或后辈，表达随便、善意、亲密等情感，有时带有贬损对方、抬高自身意味。Все это, брат, хорошо; одно не хорошо; зачем тебя черт несет жениться（兄弟啊，你什么都好，只有一点不好，你为什么要结婚呢！）（А. С. Пушкин）; Этого, брат, упускать нельзя, —бубнил дядя Коля скучным голосом("兄弟，这个绝不能放过。"——科里亚叔叔用烦闷的声音嘟哝着)（А. А. Фадеев）。

教会弟兄会成员，师兄弟，与 братства（兄弟情谊），товарищество（同

---

① Даль Вл. *Толковый словарь живого великорусского языка*. т. I. М., 1955. С. 124–125.

② 黑龙江大学辞书研究所：《俄汉详解大词典》（1-4），哈尔滨：黑龙江人民出版社，1998 年，第 323-324 页。

③ 例证采自前述达里词典、《俄汉详解大词典》及 "Словарь языка Пушкина"，М., 1956, т. I，С. 170–171.

事关系，友谊），община（公社），общество（社会，协会），согласие（一致，和谐），кружок（小组），круг（范围，圈子），сословие（阶层，团体），монашествующая братия（僧侣，同道）概念存在语义联想关系。Наша братья（наш брат）этого не любит（我们这种人不喜欢这个）；Много тут вашей братьи шатается. Подай, Господи,, пищу на братию нищую（那里还有很多兄弟在行乞，先生，行行好，给兄弟们点儿吃的吧）；Князья в платье, бояре в платье; будет платье и на наше братье（王公有衣穿，贵族有衣穿，我们兄弟也要衣服穿）。

除此之外，брат 的派生词聚合体也充分表达了聚和—精神性内涵在各语义层面上的投射。[1]

брататься（братание）（友善交好）：（1）拜把子，结拜兄弟：Ты-ж когда-то братался с покойным батьком（你和一个过世的哥们儿拜过把子吧）（Н. Гоголь）。（2）与人过往甚密，结交朋友：Русский солдат, на 24 года отторженный от среды своих сограждан, делается чужд всему, кроме своему долгу. Он возвращается на родину уже в старости. — На родине находит он только несколько знакомых стариков. Новое поколение его не знает и с ним не братается（这个俄罗斯战士跟自己的同胞分离了24年，这些年来一直履行自己的士兵职责。回到祖国的时候已经是一个老人了。在祖国他只找到了几个认识的老头儿。年轻人都不认识他，也不和他交朋友）（А. С. Пушкин）；Братанье, что катанье: не знаешь куда заедешь（交朋友就像骑马，不知道走向何方）。

---

① 以下释义分析的主要依据是 Вл. Даль "Толковый словарь живого великорусского языка", т. I, М., 1955, 第 124–125 页; "Словарь языка Пушкина", М., 1956, т. I, С. 170–171; 以及《俄汉详解大辞典》，哈尔滨：黑龙江人民出版社，1998 年，第 323–325 页。

братия（同类；同行；教士；僧侣）:（1）Монахи одного монастыря, одной общины（修士们、教士们），монашествующая братия（修士），Игумен（长老）: Смолоду постригся неведомо где, жил в Суздале, в Ефимьевском монастыре, ушёл оттуда, шатался по разным обителям, наконец пришел к моей чудовской братии（年轻时不知在哪里落发出家，曾住在苏兹达里叶菲姆耶夫修道院，从那儿离开后，在各个修道院游历，最后来到了我的楚多夫修道院）（А. С. Пушкин）。（2）同行、同伙；同一阶层的伙伴: своя братия, наша братия（我们一伙）; Не понимаю, за что Чедаев с братией нападает на реформацию（我不知道恰达耶夫和他的同道们何以攻击宗教改革）（А. С. Пушкин）。

братний 弟兄般的: Коли братняя смерть не накажет, а своею уж не накажешься（弟兄之死不受惩罚，轮到自己也枉死）。

братовщина 协作社（同 товарищество）: братский союз（团体，兄弟伙）。

братство（1）兄弟情谊，兄弟般的友好团结: братское родство; товарищество, дружба, приятие, тесная связь（А. С. Пушкин）: Залезь в богатство, забыл и братство（贪财富，忘友情）; Доброе братство милее богатства（兄弟情谊比财富更美好）。（2）宗教团体，弟兄会: Общество или община, круг, братия: масонское братство（共济会）。（3）具有共同目标的人们: Братство, товарищество, чувство взаимности сослуживцев, связь их по духу, чувству, круговая порука（А. С. Пушкин）: Дух братства нередко понимается превратно, как и долг чести（团队精神常常被误解为一种荣誉的责任）; В этом полку благородное братство（这支部队有一种崇高的兄弟情义）。

братский（братски）（1）兄弟所固有的（同义 родственный）：Жорж любил сестру самой нежною братскою любовью（乔治用他那作为哥哥固有的最温柔的爱爱着妹妹）（Лермонтов）。（2）兄弟般的，亲如兄弟的：принадлежащий всему братству, братии, общине, артели：братская любовь（弟兄之爱）；Братское добро（弟兄之善）；Любовь братская – союз христианский（弟兄之爱——基督协会）；Братская любовь пуще каменных стен（兄弟情，情比金坚）；Мы встретились и братски обнялись（我们见面了，像兄弟一样拥抱在一起）（А. С. Пушкин）。

собрат（同行，同道，同事）：Собрат по оружию（战友）；собрат по ремеслу（同行）；Я ваш собрат по искусству（我是你艺术上的同行）（А. Островский）；Мне не приходилось видеть писателя, который бы так тепло и с такой добротой относился к начинающим молодым своим собратьям, как Чехов（我不是非得要见那个像契诃夫一样的对待年轻同行热情善良的作家）（Т. Л. Щепкина-Куперник）。此外还有：собратство（合作，共事），与 содружество、сотоварищество 同义。①

表达人际交往聚和性的 брат 派生词还有很多，例如 братолюбие（братолюбный, братолюбивый, братолюб, братолюбец, братолюбива, братолюбица），братеничать, брательничать（жить дружно, вместе, в одном братстве, артели；делится всем сообща. Брательничанье хорошо, коли с хорошими людьми.），братанщина, брательщина（братчина, равенство, дружба；союз, община, товарищество, артель, ватага）等②。限于篇幅不再一一列举释义。

---

① 释义、例证据《俄汉详解大辞典》，1998 年，第 4 卷，第 4927 页。
② 同上。

深入分析以上释义及其例证，我们会发现 брат 及其派生词深层语义指涉指向人与人之间的"平等、友爱、共享、协作与精神共性"（равенство, дружба, согласие и духовное единство），是聚和性在日常生活中的具体表达。在这种以兄弟情谊为基础的人际关系中，突显出俄罗斯人对和谐一致、团结友善、同心协力精神的推崇，而这建基于俄罗斯民族统一的东正教情感之上：Любовь братская – союз христианский。这种由内而外（以家庭为基准）、推己及人的生活态度，反映了长久以来俄罗斯人受聚和熏陶、浸染形成的总体趋同的思维与行为方式，充分表达了"人与人的自主联合"这一聚和性人际交往（关系）的内在本质：чувство локтя（互助精神）；братство（兄弟情谊）；товарищество（友谊，团体、协会）；община（公社）；общество（协会）；согласие（一致）；кружок（圈子，小组）；круг（圈子，界）；сословие（同业团体）；Братство, товарищество, чувство взаимности сослуживцев（同事之间的互助精神）；связь их по духу, чувству（精神、情感联系）；круговая порука（连环保）。①

需要指出的是，сестра 作为宗教观念，也可表达友爱与协作的语义内容：Они живут ровно брат с сестрой（他们就像兄妹一样相处）；Брат сестре не указ в стряпне（妹妹做饭，哥哥不要指手画脚；班门弄斧）。

在更普遍的意义上，брат 指涉含义表达的实际上是"朋友"及"友谊"概念。它早已超出了平辈亲属关系的范畴，在深层语义结构上与俄罗斯人"友朋观念"整合为一。

姻亲关系聚合体：муж, жена, свекор, свекровь, тесть, теща, зять,

---

① 释义、例证据《俄汉详解大辞典》，1998年，第4卷，第4927页。

сноха, невестка, деверь, золовка, свояченица, сват, сватья. 这里，我们
以夫妻关系（муж–жена）为主导进行关键词研究。

作为宗教观念的 муж、жена，夫妻关系是唯一不以血缘联系划分的直
系亲属类型。从家庭关系的建立与运行来看，夫妻关系无疑是家庭生活的
基础与核心。让我们先看相应的宗教观念聚合体：[①]

Муж без жены – что гусь без воды（夫与妻，如同鱼和水）；Муж без
жены – что конь без узды（丈夫离了妻子，就像马儿去了笼头）；Муж –
голова, жена – душа, куда захочет, туда и повернет.（男主外，女主内，
夫唱妇随）；Муж да жена больше, чем брат и сестра（夫妻近于兄妹）；
Муж да жена – одна душа（夫妻一心）；Муж жене – отец, жена мужу –
венец（夫为妻主，妻为夫荣）；Муж крепок по жене, а жена крепка по
мужу（夫旺妻，妻旺夫）；Муж молод, жена стара – беда не мала（老妻
少夫，祸事不小）；Муж не сапог: не сбросишь с ног（丈夫不是靴子，脱
不掉；夫妻难离）；Женаты – богаты, холосты – бедны（已婚富，单身穷）；
Жениться – не лапоть надеть（结婚不是穿草鞋；婚姻不易）；Где муж,
там и жена（夫在哪，妻就在哪）；Без мужа, не жена（离了丈夫，妻不
成妻）；Жена без мужа – вдовы хуже（妻子离了丈夫不如守寡）；Жена
без мужа – всего хуже（妻离夫，事事糟）；Муж с женой, что мука с
водой（сболтать сболтаешь, а разболтать не разболтаешь）（夫妻如同水
合面，不可分）；Кому муж, тому и жена（丈夫啥样，妻子啥样；不是一
家人，不进一家门）；Муж с женой бранится, да под одну шубу ложится

①　分别采自 Н. Н. Костанян "Русская народная словесность", М., 1994, С. 103–104; Вл.
Даль "Толковый словарь живого великорусского языка", М., 1955, т. II. С. 356–357; т. I, С.
532–533.

（夫妻对骂不过夜；夫妻没有隔夜仇）；Муж с женой ругайся, а третий не мешайся（夫妻吵架，外人别掺和）；Жену с мужем некому судит, кроме Бога（除了上帝，谁也断不了家事；清官难断家务事）；Не у всякого жена Марья, кому Бог даст（不是每一个妻子都是上帝赐予的玛利亚）；Добрая жена дом сбережет, плохая рукавом растрясет（贤妻富家，恶妻败家）；Не всякая жена мужу правду сказывает（不是每个妻子都对丈夫说实话）；И дура жена мужу правды не скажет（傻婆娘不对丈夫说实话）；Злая жена сведет мужа с ума（坏妻子会使丈夫失去理智）；Железо уваришь, а злой жены не уговоришь（生铁能煮沸，恶妻劝不动）。

　　夫妻之间以爱为纽带，以责任为义务，以道德伦理为尺度，以法律为约束维持家庭生活的稳定、和谐、幸福与安宁。由于夫妻关系关乎家庭与社会的存在与发展，受制于不同的文化传统与习俗，各宗教观念域总体上都要求对夫妻在家庭中的角色、地位、使命以及相互关系加以界定、规范，形成规约、风气（舆论）——约定俗成，最终亦成为传统、习惯、行为方式的一部分。这些传统、习俗以及伦理道德规范，在各民族语言中得到了充分而生动的表达。或者说，语言是推动社会风俗形成的主要武器之一：一方面，社会道德规范符号化、语义化为各种形式的意指单位（成语、谚语、俗语、民歌等）；另一方面，这些民间熟语、谚语、俗语、民歌通俗易懂、朗朗上口、口口相传，有利于社会舆论的形成、表达和传播。分析凝结在这些意指单位中的夫妻关系特征有助于揭示隐身其后的、内在的聚和共性。研究表明，上述意指单位在以下三方面表现了俄罗斯传统社会观念对夫妻关系的一般认识和基本要求。

　　第一，主次分明的家庭秩序。丈夫是一家之主，妻子是丈夫最忠诚的伴侣：Муж в дому, что глава на церкви（丈夫在家，如同教堂主教）；

Муж – голова, жена – душа, куда захочет, туда и повернет（男主外，女主内，夫唱妇随）；Женою доброю и муж честен（妻贤夫荣）；Муж жене – отец, жена мужу – венец（夫为妻主，妻为夫荣）。

第二，分工明确的家庭责任。丈夫承担着养家糊口的重任，妻子是丈夫最坚强的后盾与最得力的助手：Мужик в семье, что матица в избе（男人在家里，就像房子的顶梁柱）（试比较汉语隐喻"家里的顶梁柱"）；Мужик да собака на дворе, а баба да кошка в избе（дома）（男人和狗在院子里，老婆和猫在屋子里；男主外，女主内）；Муж возом не навозит, что жена горшком наносит（丈夫用大车施不完的厩肥，妻子会用瓦盆一盆一盆地端）；Три друга: отец, да мать, да верная жена（男人有三个朋友：父亲、母亲和忠诚的妻子）。

第三，相依为命的共同命运。基于爱与信仰、道义与责任，夫妻之间理应同舟共济、生死与共：Муж да жена – одна душа（夫妻一心）；Муж да жена – одна сатана（夫妻志趣一致，一个鼻孔出气）；Муж крепок по жене, а жена крепка по мужу（夫旺妻，妻旺夫）；Муж без жены – что гусь без воды（夫与妻，如同鱼和水）；Муж без жены – что конь без узды（丈夫离了妻子，就像马儿去了笼头）；Где муж, там и жена（夫在哪，妻就在哪）；Без мужа, не жена（离了丈夫，妻不成妻）；Муж с женой бранится, да под одну шубу ложится（夫妻对骂不过夜；夫妻没有隔夜仇）；Без мужа жена всегда сирота（没了丈夫，妻子似孤儿）。

妻子（妇女）形象在俄罗斯文学文本中得到了最充分的发掘和表现，成为俄罗斯文学画廊中独具特色的一道风景。沃罗比约夫认为，宗教性、善、道德性（религиозность, добро и нравственность）是俄罗斯妇女—

妻子形象指涉的精神共性及她们的天性的基础所在。[①]普希金笔下的塔季扬娜作为经典的俄罗斯妇女典型形象一直为学界所关注,[②]她那朴素热情的情感、坚贞不渝的品格、勇于牺牲的人性魅力令人难以忘怀。

Зачем вы посетили нас?

В глуши забытого селенья

Я никогда не знала б вас,

Не знала б горького мученья.

Души неопытной волненья

Смирив со временем（как знать?），

По сердцу я нашла бы друга,

Была бы верная супруга

И добродетельная мать.

Я вышла замуж. Вы должны,

Я вас прошу, меня оставить;

Я знаю: в вашем сердце есть

И гордость, и прямая честь.

Я вас люблю（к чему лукавить?），

Но я другому отдана;

Я буду век ему верна.

——А. С. Пушкин. Евгений Онегин.

为什么您要来拜访我们?

---

① Воробьев В. В. *Лингвокультурологическая парадигма личности.* М., 1996.

② 对此,金亚娜教授在《俄罗斯妇女形象长廊的开首画卷》中有相当详尽的论述,《俄国文化研究论集》,1994 年,第 92–118 页,此不赘言。

在这个人所遗忘的荒村，

如果我不知道有您这个人，

我就不会尝到这绞心的苦痛。

我幼稚的心灵的一时激动

会渐渐平息（也说不定？）

我会找到个称心的伴侣，

会成为一个忠实的贤妻，

也会成为一个善良的母亲。

我嫁给了我这个丈夫。

我求您离开我，您应该这样；

我十分了解：您的心中有骄傲，

而且也有真正的荣耀。

我爱您（何必对您说谎？），

但现在我已经嫁给了别人；

我将要一辈子对他忠贞。

——普希金《叶甫根尼·奥涅金》

妻子形象还可指涉爱国主义的象征含义，它在以下的诗作中得到了最充分的表达。

Княгиня

Нет! Я не жалкая раба,

Я женщина, жена!

Пускай горька моя судьба –

Я буду ей верна!

О, если б он меня забыл

Для женщины другой,

В моей душе достало б сил

Не быть ему рабой!

Но знаю: к родине любовь

Соперница моя,

И если б нужно было, вновь

Ему простила б я! ... [①]

——Н. А. Некрасов. Русские женщины.

公爵夫人

不！我不是可怜的奴隶，

我是女人，是他的妻子！

就算我的命运痛苦不堪，

我仍将忠诚于他！

哦，如果他将我遗忘

为了别的女人，

我的心中仍然会有力量

我绝不会做他的奴隶！

我不知道：我的情敌对祖国有多么热爱，

如果需要的话，

我会再一次饶恕他！

——涅克拉索夫《俄罗斯妇女》

妻子对丈夫的坚贞与忠诚的爱绝不仅是诗人的想象。在现实生活中，

---

① 采自 В. В. Воробьев "Лингвокультурологическая парадигма личности", М., 1996, С. 85.

俄罗斯历史上十二月党人的妻子主动与丈夫一道流放边疆的动人故事，充分诠释了俄罗斯妻子坚韧、无私和自我牺牲的崇高品质和她们的伟大爱情。①

第四，和谐美好的幸福生活。甜蜜美满的幸福生活是人所企盼的夫妻关系的理想状态，夫妻二人同心协力共同缔造美好幸福生活。Лучше с мужем, нежели с чужим（跟丈夫在一起要比和别人好得多）；За мужем жена –всегда госпожа（夫唱妇随）。没有成家被认为是一件悲惨的事情：Без жены, без кошки, без мужа, без собак；Женаты – богаты, холосты – бедны（已婚富，单身穷）。

以上对俄罗斯夫妻关系及家庭观念的描述很容易让我们产生与中国传统的家庭观念相比较的念头。

托翁有句名言："幸福的家庭都是一样的，不幸的家庭各有各的不幸。"表面上看，双方追求和谐美满的家庭生活具有一致性，"妻子好合，如鼓琴瑟。"（《诗·小雅·常》），提倡"夫妇和"（《礼记·礼运》）。夫妻双方在家庭中的角色与分工也大体相同，"夫者，妻之天也。""夫至尊也"（《仪礼》《丧服》）。实际上，貌似相近的夫妻—家庭关系透视出的却是俄、汉两民族迥然相异的民族文化传统。汉民族受儒家封建文化的长期影响，夫妻关系被定位在夫为妻纲（三纲五常之一）的传统礼教律条之下，实际上是维护封建纲常的有力工具，自古就有三从四德之说，即"未嫁从父，

---

① 参见《苏联百科词典》"十二月党人之妻"条（1986：1174）：被判处苦役的十二月党人的妻子或未婚妻，她们自愿跟随丈夫去外贝加尔。作为流放或苦役犯的妻子，她们被剥夺了公民权和贵族特权。1827年初，第一批去涅尔琴斯克矿场的有 Е. И. 特鲁别茨卡娅、М. Н. 沃尔孔斯卡娅和 А. Г. 穆拉维约娃。1827年底至1831年有 А. Г. 达维多娃、А. В. 延塔尔采娃、Е. П. 纳雷什金娜、А. В. 罗森、Н. Д. 丰维津娜、М. К. 尤什涅夫斯卡娅，以及 П. 格布利（П. Е. 安年科娃）和 К. 列－丹秋（К. П. 伊瓦绍娃）。十二月党人之妻的自我牺牲行为具有重大的社会意义。Н. А. 涅克拉索夫曾在长诗《俄罗斯妇女》中歌颂了她们的功勋。

既嫁从夫，夫死从子"（《仪礼·丧服》），"妇德、妇言、妇容、妇功"，后者始见于《周礼》。①汉语俗语所谓"夫唱妇随""男主外，女主内""嫁鸡随鸡，嫁狗随狗"。"相夫教子"更是一向被视为妇女的传统美德。封建宗法制鼓吹"忠臣孝子，妇节女烈"，要求男子对皇帝尽忠，女子对丈夫守贞，所谓"从一而终"（各地所立的贞节牌坊见证了妇女的辛酸和血泪）。在中国，自古以来家庭关系就与宗法、皇权牢牢绑在一起："有天地然后有万物，有万物然后有男女，有男女然后有夫妇，有夫妇然后有父子，有父子然后有君臣，有君臣然后有上下，有上下然后礼义有所措"（《周易·序卦传》）。由此形成的中国社会官本位传统在夫妻关系上的表现正如俗语所说"夫贵妻荣""一人得道，鸡犬升天"。②

与此相对照，俄罗斯家庭—夫妻关系与政权联系相对松散，虽然家庭中也存在男尊女卑观念，但是并无类似汉民族纲常与宗法的严酷枷锁。他们更愿意从东正教、从上帝那里寻求生命的意义。宗教性是俄罗斯家庭精神生活的主导因素："上帝造人的日子，是按自己的形象，造男人和女人。""这是一个伟大奥秘，但是我讲的是基督和教会。""造人所依据的最好的上帝神秘形象，不是任何人本质的某个部分，而是和它的两个基本方面，即男性和女性的真正统一体有关。正如上帝对其造物，基督对其教会的关系一样，丈夫对妻子亦应如此。""上帝之于众生灵，犹如全有之于虚无，亦即绝对完备存在之于纯粹潜在存在，基督之于教会，犹如现实完善之于构成现实完善的潜在完善，而丈夫和妻子之间的关系是两个具有不同作用但又同样不完整的潜力之间的关系，只有通过相互作用的过程才能

---

① 张锡勤：《中国传统道德举要》，哈尔滨：黑龙江教育出版社，1996 年。
② 同上，第 112–121 页。

达到完善"。① 弗兰克则指出："人在自己的本性上属于两个世界——上帝和俗世；人的心是两种力量的交汇点。""性爱是不完善的爱，贞洁是人的完善状态，是人走向上帝的真正捷径；但是按照使徒的话，结婚比冲动更好，因为婚姻是净化肉体生命的世俗途径，其中以不完善的和曲折的形式体现了男女之间的神秘联系——这也是上帝与人之联系的象征。"② 在俄罗斯家庭生活及夫妻关系中寻找宗教信仰的底蕴绝不仅是学者们的无病呻吟，它也深刻地体现在日常生活的方方面面，从民间祈福的祝祷词中也可略见一斑③：

> 以圣父、圣子、圣灵之名。上帝的仆人卡捷琳娜奉十字架将你隔离，迎天使，驱魔鬼。魔鬼撒旦，上帝的仆人伊万没有你的一席之地，没有你的王国，没有你的神座。神座属于唯一的耶稣，祂以神迹、十字架和圣像驱走邪祟。祈祷恶灵远离上帝的仆人伊万，驱入地火，驱除恶魔，消病消愁消灾，消弭邪恶、狡计和仇恨。哦，上帝，请赐予你的仆人伊万慈爱，赐予你的仆人卡捷琳娜怜惜与怜爱。阿门。

在表达同一概念情况下，俄、汉语表达侧重点的差异最能说明两种文化传统内在主导特征的对垒：Жену с мужем некому судит, кроме Бога——清官难断家务事。东正教传统与儒家文化影响下的官本位传统的对垒鲜明具体。分析表明，俄、汉两民族传统的家庭（夫妻）关系有质的区别。汉民族基于儒家伦理道德学说，受宗法与皇权所制，夫妻关系成为封

---

① ［俄］索洛维约夫：《爱的意义》，董友、杨朗译，北京：生活·读书·新知三联书店，1998年，第78-80页。

② ［俄］弗兰克：《俄国知识人与精神偶像》，徐凤林译，上海：学林出版社，1999年，第248-249页。

③ Аникин В. П. *Русские заговоры и заклинания.* М., 1998. C. 154, 155.

建君主自上而下实施统治的一个链条，也是最基本的一个链条。俄罗斯民族则从个体出发，将自身融入聚和性组织（氏族、部落、村社等），以获得身份的认同和生存的保障。其夫妻—家庭关系可视为聚和性组织的一个链条，从属于聚和的统一性，亦即"我"和"我们"的统一，东正教思想始终是家庭成员精神生活的核心。因此，俄罗斯传统的夫妻——家庭关系之于统治上层——神权与皇权——是一种自下而上的聚和性关系，在世俗与神权两方面服务于封建专制的统治。

2. 公社关系场（подполе общинных отношений）

公社制度在俄罗斯历史上发挥着重要作用。所谓公社（община）就是"人们联合的一种形式，是原始公社制度所固有的主要特征。特点是共同占有生产资料，完全或部分自治。已知的公社有：原始氏族公社、家庭公社（或家族公社）、村社（或邻里公社）"①。公社其实是一种人的共同体组织形式。因为共同体（общность）正是"具有共同的社会特征（社会阶级、职业、居住地等）的人们的某种总合。此外，还存在着人们的历史共同体：氏族、部落、部族、民族"②。由于村社（крестьянская община）是俄罗斯历史上典型的基层组织形式，深刻影响着俄罗斯人思维方式、价值观念、行为规范与道德习俗的接受、理解与定型，可以说，村社与他们传统的日常生活须臾不可分。因此研究村社中人与人的关系及其村社观念对揭示聚和性的由来、形成与传播具有重要意义。

事实上，俄罗斯斯拉夫主义者正是从古老的村社传统那里汲取了思想灵感，进一步抽象化、理论化为俄罗斯思想的村社性概念（或思想），即

---

① 《苏联百科词典》，北京：中国大百科全书出版社，1986 年，第 455 页。

② 同上，第 459 页。

聚和性思想及其理论。因此，聚和性本质上正是村社性整体性的理论化、系统化表达，如前所述，由基列耶夫斯基首先加以明确表述，在霍米亚科夫那里成为一种独特的东正教学说。在论及俄罗斯斯拉夫主者时，洛斯基指出："基列耶夫斯基无疑把村社看成社会秩序的理想。他说，'俄罗斯对所有秩序的观点，其特殊类型'是'把个人独立性与共同秩序整体协调在一起'。西欧人的理性'认为秩序就是排除多样性'。""霍米亚科夫的后继者——萨马林认为，古罗斯的社会生活和村社生活本身乃是聚和性原则的体现。"① 甚至在某种程度上可以说，村社组织与制度塑造了俄罗斯的民族性格，无论在深度还是广度上都体现着民族精神性的全部特征。

俄罗斯农村村社关系场核心结构意指单位主要包括：(крестьянская) община（村社），мир（米尔），артель（合作社；劳动组合），ватага（劳动组合），товарищество（协会），общность（共同性），общество（крестьян）(（农民）公社），сходка（村社成员大会）等，分别指称俄罗斯历史上的基层（行业）组织及其会议形式。从相应的宗教观念聚合体出发，分析、描述、解释蕴含其中的村社性或聚和性观念仍将是下文的主要任务。

作为宗教观念的 мир：米尔（Мир），13—20 世纪初俄罗斯的村社。② 达里的释义为：农民村社，农民公社；村社成员大会。③ 沃罗比约夫的释义为：米尔，亦即公社；乡民大会：农村公社、乡村公社，村社成员大会，村社村长，治安法官，村社经纪，村社意志，乡民公社，乡民自治，基督教村社，东正教村社，帮工团体，同业公会会长，乡民委员会。④

---

① ［俄］H. O. 洛斯基：《俄国哲学史》，贾泽林等译，杭州：浙江人民出版社，1999 年，第 23、40 页。

② 《苏联百科词典》，北京：中国大百科全书出版社，1986 年，第 907 页。

③ Даль Вл. *Толковый словарь живого великорусского языка*. т. II. М., 1955. С. 330.

④ Воробьев В. В. *Лингвокультурология: теория и методы*. М., 1997. С. 290.

作为宗教观念的 артель：劳动组织、合作社（артель），"公民们为从事共同经济活动而自愿结成的各种联合组织"①。洛斯基则认为，"在俄国的工业中，劳动小组（артель）相当于村社。在《法律汇编》中，劳动小组被定义为建立在共同消费和对生产共同负责基础上的一种组合"②。达里的释义为：（1）合作社、劳动组合等：товарищество за круговой порукой（互助组），братство, где все за одного, один за всех（人人为我，我为人人的兄弟会）；同 дружина, согласие, община, общество, товарищество, братство 等。（2）食物，尤其是热食：Без горячей артели не обед（没有热饭不成席）。（3）一群人，一帮人，（同类动物）一群：народ по улицам артелями бродит（街上漫步着很多人），Зимою волки артелями рыщут（冬天狼成群结队地奔跑）。（4）家庭，一家人：у меня ведь артель большая（我有一个大家庭）。③沃罗比约夫的释义："俄罗斯合作社：（渔业、木工、纤夫等）劳动组合，农民村社，协会，劳动组合成员，某一劳动团体成员（转义为村社成员，同事），共同地，一致地，一起地，协作地，圈子，集会，兄弟会，收割后的聚餐会。劳动组合不是阶级性机制，而是全人类机制，其表现形式——劳动组合——是个体的联盟）"④。

作为宗教观念的 ватага：ватага 是一专门术语，意指劳动组合，多指渔业、盐业。рыбная ватага：渔业组合，渔业工人们。例如，[Яков] нанялся на ватаги по пятнадцать рублей в месяц, уже несколько раз ездил на ловлю рыбы（雅科夫受雇当了渔业工人，工资每月 15 卢布，已

---

① 《苏联百科词典》，北京：中国大百科全书出版社，1986 年，第 765 页。

② ［俄］Н. О. 洛斯基：《俄国哲学史》，贾泽林等译，杭州：浙江人民出版社，1999 年，第 40 页。

③ Даль Вл. *Толковый словарь живого великорусского языка*. т. I. М., 1955. С. 24.

④ Воробьев В. В. *Лингвокультурология: теория и методы*. М., 1997. С. 290.

经几次出海捕鱼）（Горький）。达里的释义为：Ватага（1）具有共同目标或利益的一伙人：Разбойничья ватага（匪帮），Ватага бурлаков（纤夫劳动组合），за ватагу нищих одного богача не выменяешь（一个富翁换不来一群穷弟兄），По ватаге атаман, по овцам пастух（有组织就有头目，有羊群就有牧人），В кулачных боях, играх, хороводах, делятся на две ватаги（在拳斗、游戏、轮舞中总会分成两伙人），Своя ватага, своя семья（自己的团体，自己的家）。（2）（伏尔加、第聂伯河及里海、黑海岸边的）渔业劳动组合，一帮人，聚集，与……交往，交好，聚会；（同类动物）一群：Артель рыбаков（渔民劳动组合），Пролетные птицы ватажатся（候鸟聚群），Полно тебе с пьянюгой ватажиться（你完全和酒鬼们混在一起了）。①

作为宗教观念的 община、общество 等：二者都是革命前俄国的村社组织，词源学分析表明，它们有共同的古俄语词源 общать、общить，意为使……参与，联合，混合，算在一起：Не общи одного дела к другому, разбирай порознь（别把一件事和另一件事掺和在一起，分开来弄明白）。②现代俄语中仍有同源动词 общаться（交往）、名词 общение（交际）等保留有原义。

达里对 община 的释义是：（1）村社。（2）协会组织：Община выбрала в сельские старосты Бурова（村社选举布罗夫为乡长）。（3）共同生活的一种形式，成员多为女性，主要从事宗教慈善事业。以共同任务、利益、信仰、团结互助为联系纽带。③

---

①　Даль Вл. *Толковый словарь живого великорусского языка.* т. Ⅰ. М., 1955. С. 167.

②　Даль Вл. *Толковый словарь живого великорусского языка.* т. Ⅱ. М., 1955. С. 634.

③　同上。

达里对 Общество 的释义：（1）团结友好的一群人。（2）农村村社，米尔：Крестьянское общество, мир；方言中被称为 обчество，意指米尔所有有投票权的当家人的集合。①

其他表达类似概念及观念的同根词还有②：

Обще с кем,（与某人）一起，共同（地）：вместе, вкупе, в товариществе, заодно, согласно, соединению. Мы с ним обще торгуем（我和他一起做生意）；Хлеб обче, а табачек пополам（面包共有，烟对半分）。

Общничать,（与某人）组织在一起，共同达成目标：составлять, образовать общества, товарищества, братства, с кем быть заодно, в тесной связи, для какой либо общей цели.

通过以上关键词的释义分析，结合沃罗比约夫对基本词汇的遴选，③我们可将以下宗教观念纳入村社关系场中心结构，表达聚和场核心场名的三项整合义素（русскость + православие + общность）就蕴含其中：

артель（合作社），ватага（劳动组合），крестьянская община（村社），собор（集会，大教堂），сельский мир（村社），всецарь（救世主），гостьба（大商人），грех（罪孽），дух（灵魂），выручить（拯救），зарусачить（俄罗斯化），заручиться（预先取得），поручиться за кого-либо（为…做担保），обет（发誓），обычай（风俗），орава（一群人），пасха（复活节），православный（东正教的），святой（神圣的），славяне（斯拉夫人），славянофил（斯拉夫主义者），старший（年长的），старшой（年长的，上级的），голова（首领），большак（当家人），атаман（首

---

① Даль Вл. *Толковый словарь живого великорусского языка*. т. II . М., 1955. С. 634.

② 同上。

③ Воробьев В. В. *Лингвокультурология: теория и методы*. М., 1997.

长）, староста（村长）, круговая порука（连环保）, троица（三位一体）, уклад（生活方式，秩序）, христарадничать（行乞）, челобитная（呈文）, человеколюбие（博爱）, товарищеская взаимопомощь（友爱互助）, общее согласие（一致同意）, равноправие（平等）, справедливое вознаграждение（公平的报酬）, поддержка（支持）, трудолюбие（勤劳）, бок о бок（肩并肩）, брать на себя（承担）, в одни голос（同声，一致）, всем миром（大家一起，共同）, идти нога в ногу（步调一致）, как один（человек）（一致、一心）, находить общий язык（有共同语言）, не имей сто рублей, а имей сто друзей（钱多不如朋友多）, человек человеку друг（人和人都是朋友）, товарищ и брат（同志和兄弟）, один за всех, все за одного（我为人人，人人为我）, плечом к плечу（肩并肩）, рука об руку（同心协力）, сам пропадай, а товарища выручай（宁可牺牲自己，也要拯救同志；舍己救人）, с миру по нитке – голому рубаха（众人凑根线，穷人缝件衣；集腋成裘）, стоять грудью（奋起保卫）, чувство семьи единой（家庭归属感）, чувство локтя（互助精神）, человек – это звучит гордо（"人"是一个值得自豪的字眼）, деревенская община（农村公社）, сходка（乡民大会）, староста（村长）, мировой судья（民事法官）, мировой посредник（民事调解人）, мирская воля（村社意志）, волостная община（乡民公社）, мирское самоуправление（村社自治）, христианский мир（基督徒村社）, православный мир（东正教村社）, помочи（帮工团体）, сотский（同业公会会长）, комиссия（乡民委员会）, братская любовь（弟兄之爱）, деритесь, да не расходитесь（打架可以，不能离婚）, все за одного, один за всех（我为人人，人人为我）...

На миру и смерть красна（村社中人死也甜；人多胆气壮），Жить в миру（过日子，和睦相处），Мир, Бог на́-помочь（村社，上帝也保佑），Мир – золотая гора（村社如金山），В мире, что в море（一人村社深似海），В мире, что в омуте（ни дна, ни покрышки）（村社日月似深渊，深不见底，到不了头），Богатый в пир, убогий в мир（富人盛宴，穷人聚首；朱门酒肉臭，路有冻死骨），По-миру не ходим, и нищим не подаем（没行过乞，就不会施舍乞丐），Мир тонок, да долог（村社日子过得紧吧，却长久；粗茶淡饭日月长），У мира животы и тонки, да долги（村社吃不饱，饿不死），На весь мире（на всех）не угодишь（无法使人人都满意；众口难调），В миру, что на пьяном пиру（村社如盛筵；应有尽有），С миру по нитке, голому рубаха（众人凑根线，穷人缝件衣；集腋成裘），Один мира не съест（一人吃不穷村社；集体养活众人），В миру, как в пиру: всего много（и добра, и худа）（集体如宴会：应有尽有，有好有坏），В мире жить – с миром жить（从村社，得安稳），Один вор всему миру разоренье（一人做贼，全村破产；小偷作案，社会不安），Вор ворует, а мир горюет（小偷作案，社会不安），Что миру, то и сестре（то и бабину сыну）（不管什么人，大家都一样），Где（что, как）мир, там（то, так）и мы（哪里有村社，哪里有我们；集体即我们，我们即集体），Где у мира рука, там и моя голова（哪有村社，哪有我；众人在哪里，我就在哪里），Что мир порядил, то Бог рассудил（村社买单，上帝评判），Мир велик человек; мир велико дело（村社即伟人，村社即伟业），Мир за себя постоит（村社坚如磐石），Мира сразу не похоронишь（村社坚不可摧），Кто больше мира будет! С миром не поспоришь（勿与大众争高下，勿与集体辩短长），

мир（община）столбом стоит（村社坚如磐石），Мира не перетянешь（村社坚不可摧），С миром и беда не убыток（与村社同在，灾祸亦无损；人多胆壮），В миру виноватого нет（村社之中无罪人；社团之中，荣辱与共），На миру виноватого не сыщешь（村社之中无罪人；社团之中，荣辱与共），Мир несудим（村社不受裁判），Мир судит одни Бог（只有上帝才能裁判村社），Мир никем не судится, только Богом судится（只有上帝才能裁判村社），Мир зинет – камень треснет（众人同心，其利断金），И мир не без начальника（не без головы）（村社也要有带头人；人无头不走，鸟无头不飞），Мир орет, так Бог молчит（众人责骂，上帝沉默），Мирская молва, что морская волна（世俗流言如海浪；人言可畏），В миру жить – мирское（рядовое）и творит（在村社就要为村社服务；守职尽责），По Божьему повеленью, по царскому уложенью, по господской воле, по мирскому приговору（做事要合乎上帝旨意，君主律令，老爷意愿，众人的裁定）；[1]

　　атаманом артель крепка（合作社靠的是好带头人；火车跑得快，全靠车头带）；Артелью города берут（人众可夺城；众志成城）；Одни горюет, а артель воюет（孤掌难鸣，众擎易举）；Артель расходчика кормит（公家养活出纳，不是出纳养活公家）；Артели думой не владати. т. е. сколько голов, столько умов（合作社控制不了人的想法，人多嘴杂，人各有志，人多智广）；Артель своя семья（合作社是自家）；Артель круговая порука（合作社内，相互担保；我为人人，人人为我）；Смирный – в артели клад（合作社中平安是福；和为贵）；Артельная кашица гуще

---

① Даль Вл. *Толковый словарь живого великорусского языка.* т. Ⅱ. М., 1955. С. 330–331.

живет（大锅粥煮得稠；众人拾柴火焰高）；Артельное довольствие（公共给养）。①

分析表明，上述宗教观念聚合体至少在以下四个方面表达了聚和共性特征。

第一，共同的宗教信仰。东正教思想是村社制度凝聚人心的精神武器，在村社成员的日常生活中发挥着巨大作用，成为他们价值判断、思维与行为的准则。它像一条无形的纽带使村社的所有成员在精神上结成一个统一体，团结全体力量，为共同利益采取一致行动。因此，村社不是一种简单的共同体组织形式，而是一种东正教精神共同体在世俗生活中的再现。对此，有学者精辟地论道："对农民而言，'米尔'概念展现了他们道德—精神意识的全部内涵，具体而微地表现了不仅是数量意义上的农民的联合，更重要的是聚和性这一最高律令的本质。""对罗斯之拯救的思考是通过生活和对世界的忏悔，通过聚合力量，并最终通过自我牺牲——努力劳动作为一种形式——进行的。"②

第二，共同的爱与自由。强调"个体存在的同一性，个体存在处于包容一切的活的精神完整性之中"③。这种精神的完整性（村社性原则）即"意味着将许多人的自由和统一结合在一起，其基础是他们对某些绝对价值的共同的爱"。霍米亚科夫认为，"它既适用于教会，也适用于村社"④。

第三，共同的身份归属。村社成员隶属于村社共同体，延续了氏族、部落、种族、民族各个历史阶段身份认同标记。从血缘、婚姻—家庭关系

---

① Даль Вл. *Толковый словарь живого великорусского языка*. т. I. М., 1955. С. 24.

② Воробьев В. В. *Лингвокультурология: теория и методы*. М., 1997. С. 289, 287.

③ ［俄］弗兰克:《俄国知识人与精神偶像》，徐凤林译，上海：学林出版社，1999 年，第 27 页。

④ ［俄］Н. О. 洛斯基:《俄国哲学史》，贾泽林等译，杭州：浙江人民出版社，1999 年，第 42 页。

到种族归属与民族特征，村社成员对自身身份的认同感以村社整体类属为唯一标准。家族公社、邻里公社等形式的存在就是对身份认同标准在不断演化的证明。

第四，共同的命运归宿。基于共同信仰、共同身份、共同生活的村社成员有着共同的命运。他们的归宿已经和村社的整体命运紧紧连在一起。在这里，个体与整体获得了和谐的统一。霍米亚科夫指出，"教会的统一不是别的，正是许多个人自由地同心协力"。① 这一观点同样适用于村社。

在此基础上，村社成员围绕东正教会自愿联合，共同参与讨论村社事务，以保障村社整体利益，维护村社权威，促进村社共同繁荣。在村社内部，成员间是一种友爱、平等、合作的共生关系。因此，任一村社成员个体从自身出发，在与其他村社成员进行交往过程中所表现出来的村社共同性精神主要体现在以下四个方面。

第一，至高无上的村社意志。村社代表着全体社员的共同利益，拥有绝对的话语权，没有人敢于挑战村社权威。事实上，也不会有人对村社自治与日常管理提出异议，无论在意识里还是情感上，村社成员认为这一绝对权威天经地义。如前所述，村社是成员身份认同与归属感的实现。例如，по Божьему повеленью, по царскому уложенью, по господской воле, по мирскому приговору（做事要合乎上帝旨意，君主律令，老爷意愿，众人的裁定）；С миром не поспоришь（勿与大众争高下，勿与集体辩短长）；Что миром положено, тому быть так（村社怎么安排，就怎么办）；Мир судит одни Бог（只有上帝才能裁判村社）；Кто больше мира будет（谁能比村社大）。

---

① ［俄］尼·别尔嘉耶夫：《俄罗斯思想》，雷永生等译，北京：生活·读书·新知三联书店，1996年，第162页。

第二，同心协力的合作精神。村社的每个人都在与他人的协作中找到自己的位置及其对村社整体的价值所在。村社奉行"我为人人，人人为我"（один за всех, все за одного）的人生信条，只有这样，村社及其成员的生存与发展才能得到保障。Одни горюет, а артель воюет（孤掌难鸣，众擎易举）；Мира сразу не похоронишь（村社坚不可摧）；Артелью города берут（人众可夺城；众志成城）；Артель суймом крепка（合作社以众人立身）；Артель – круговая порука（合作社中，相互担保）；Сошелся мир – хоть сейчас воевать; разошелся мир – на полатях лежать（村社结成可作战，村社解散睡板床；社团一荣俱荣，一损俱损）。

第三，和谐友爱的生活态度。村社成员之间有着兄弟般的情谊，村社仿佛一个大家庭，温暖友爱、和谐共处。例如，Где（что, как）мир, там（то, так）и мы（哪里有村社，哪里有我们；集体即我们，我们即集体）；Артель – своя семья（合作社是自家）；Где у мира рука, там и моя голова（哪有村社，哪有我；众人在哪里，我就在哪里）；Всякий мирянин своему брату семьянин（社员如兄弟）；На миру и смерть красна（村社中人死也甜；人多胆气壮）；С миру по нитке, голому рубаха（众人凑根线，穷人缝件衣；集腋成裘）；В мире жить – с миром жить（从村社，得安稳）。

第四，平等公平的解决之道。公社制度要求公平、公正、民主地解决村社一切大小事务，这是由村社自治传统决定的。сходка（村社成员大会）即协商解决村社事务的议事、投票、决策机构：Сход или сходка, мирская сходка, мирской сход, волостной или сельский, съезд, сходбище, собрание домохозяев, стариков, от сотни по одному или по два, для обсуждения мирских нужд и порядков, решающее дела большинством голосов。[①] 例如，Всем миром（大家一起，共同）；Мирскими приговорами（众人决议）；Сходка сошлась（决议达成）；Мир выбрал, порешил（众人之选，决议施行）。

3. 国家观念场（подполе государственных концепций）

一般而言，国家是"阶级社会中主要的政治权力工具"。从人类历史发展的角度，国家是"因社会分工、私有制出现和对抗阶级形成而产生的"[②]。所谓国家观念场，目的不是为了探讨国家构成的要素、结构、国体、政体、功能，以及对内、对外关系，而是要通过以国家及其统治者为核心的概念、观念表达（表现为意指单位），揭示潜在的俄罗斯聚和共性。其核心结构意指单位包括：родина、отечество、страна、государство、царство、царь 等。和前文一样，我们首先要对关键词进行词源及概念的释义分析。

государство、родина、отечество 作为宗教观念的词源及概念分析[③]

Родина 源于古俄语动词 раждать 或 рожать、родить、раживать，由上述动词的派生词 род 直接派生而来，隐含有"出生、生长、氏族、家族"含义。在现代俄语中意为：（1）家乡，故乡（出生地）。родимая земля, чьё место рождения；государство, где кто родился；город, деревня[④]。（2）祖国（与 отечество 同义），родина-мать, мать-родина（祖国母亲）。

①　Даль Вл. *Толковый словарь живого великорусского языка*. т. I – IV. М., 1955. С. 270.

②　《苏联百科词典》，北京：中国大百科全书出版社 . 1986 年，第 484 页。

③　以下释义主要参考了《俄汉详解大辞典》(I – IV)，1998，及 Вл. Даль "Толковый словарь живого великорусского языка"(I – IV)，1955.

④　Даль Вл. *Толковый словарь живого великорусского языка*. т. IV. М., 1955. С. 11.

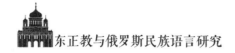

（3）原产地，诞生地；发祥地。

Отечество 源于名词 отец（参见前文），最初意为（1）做父亲的状态：состоянье отца, бытность отцом, родительство；[①]后转义为（2）祖国：Родная земля, отчизна, где кто родился, вырос; корень, земля народа, к коему кто, по рожденью, языку и вере, принадлежит; государство, в отношении к подданным своим; родина в обширном смысле.[②]

Государство 源于名词 государь（君主）（详见下文）：всякий светский владыка, верховный глава страны, владетельная особа: император, царь, король, владетельный герцог или князь ипр[③]，意为：①国家，多指国家机器、国家版图：царство, империя, королевство, земля, страна под управлением государя。②民间诗歌中虚构的童话中的国度：Негде в тридевятом царстве, В тридесятом государстве, Жил-был славный царь Дадон（在一个遥远的国度，有个遥远的地方，有个威名赫赫，名叫达顿的国王）（А. С. Пушкин）。

русский царь 作为宗教观念的关键词研究

俄罗斯人传统的国家观念在很大程度上与沙皇紧密相连。沙皇形象作为俄罗斯帝国的象征蕴含着丰富的规范文化指涉含义，分析俄罗斯人对沙皇形象的认知有助于揭示其国家观念的形成及其本质特征。царь：（1）皇帝；沙皇（君主封号及君主本人）（государь, монарх, верховный правитель земли, народа или государства）[④]。（2）统治者，主宰。相应

① Даль Вл. *Толковый словарь живого великорусского языка*. т. Ⅱ. М., 1955. C. 724.

② Даль Вл. *Толковый словарь живого великорусского языка*. т. Ⅱ. М., 1955. C. 724.

③ Даль Вл. *Толковый словарь живого великорусского языка*. т. Ⅰ. М., 1955. C. 387.

④ Даль Вл. *Толковый словарь живого великорусского языка*. т. Ⅳ. М., 1955. C. 570.

的宗教观念聚合体包括：

Никто, как Бог да государь（没有人能同上帝和君主相提并论）；Одни Бог, одни государь（同一个上帝，同一个君主）；Одному Богу государь ответ держит（答案只有君主和上帝知晓）；Ведает Бог да государь（只有上帝和君主知道；天晓得）；Бог знает, да царь（只有上帝和沙皇知道；天晓得）；Нельзя быть земле Русской без государя（俄罗斯大地不可没有君主）；Не Москва государю указ, государь Москве（不是莫斯科号令君王，而是君王号令莫斯科）；Государь знает, кто ему друг, кто недруг（君主知道谁是朋友，谁是敌人）。[①]

У царя царствующих（у Бога）много царей（上帝统御众多君王）；Народ согрешит – царь умолит, а царь согрешит – народ не умолит（百姓犯错，沙皇怜悯，沙皇犯错，百姓无情）；Народ думает, а царь ведает（百姓思考，沙皇知晓）；Как весь народ воздохнет, до царя дойдёт（百姓呼声，上达君王）；Жалует царь, да не жалует псарь（阎王好见，小鬼难缠）；До милосердого царя и Бог милостив（沙皇慈爱，上帝仁慈）；Без царя народ сирота（没有沙皇的人民似孤儿）；Царь – от Бога пристав（沙皇是上帝的卫护）；Никто против Бога да против царя（没有人能反对上帝和君王）；Без Бога свет не стоит – без царя земля не правится（没有上帝世界无法存在，没有君王国土无法统御）；Где ни жить, одному царю служит（不管身在何处，都要为沙皇效力；普天之下，莫非王土，率土之宾，莫非王臣）；Где царь, тут и правда（沙皇与真理同在）；Бог милостив, а царь жалостлив（愿上帝保佑，愿沙皇垂怜）；

---

① Даль Вл. *Толковый словарь живого великорусского языка*. т. I. М., 1955. С. 387.

За Богом молитва, за царем служба не пропадает（为上帝祈祷，为沙皇效力）；Всякая вещь перед царем не утаится（沙皇面前无秘密）；Бог помилует, а царь пожалует（上帝保佑，沙皇赏赐）；Бог помилует, так и царь пожалует（上帝赐福，正如沙皇颁赏）；Близ царя, близ чести（近沙皇，近名誉）；Близ царя, близ смерти（近沙皇，近死亡；伴君如伴虎）；До Бога высоко, до царя далеко（天高皇帝远）；Царский гнев и милость в руке Божьей（沙皇的愤怒和仁慈都掌握在上帝手中）；За царское согрешение Бог всю землю казнит, за угодность милует（上帝因沙皇的过失惩罚全国，因合意而宽恕）；Правда Божья, а суд царев（真理属于上帝，法庭归于沙皇）；царство Божие（上帝之国）；Царство спасенья（拯救之国）。①

通过对上述意指单位的语义分析及观念分析，我们看到，沙皇与俄罗斯人国家观念确实密切相关，主要体现在以下三个方面。

第一，宗教与皇权一体性。沙皇俄国实行政教分离制度，但教会拥有较大权力，地位也相对独立。在政治上，沙皇与教会首领（大牧首）之间是一种相互扶持的关系：沙皇用政权为教会提供各种保障，大牧首以神权为沙皇维护对民众的精神统治。两者之间微妙的合作关系反映在沙皇与上帝的关系上。他们要竭力证明并且要让老百姓相信沙皇是上帝在世俗世界实行统治的代表，正所谓君权神授。国家统治因此具有了天赋的理由。在罗斯受洗、东正教成为国教之后，沙皇与上帝之间的神秘联系日益深化与神化，越来越多地表现在民间口语中，并随之四散传播：Никто, как Бог да государь（没有人能同上帝和君主相提并论）；Одни

---

① Даль Вл. *Толковый словарь живого великорусского языка*. т. Ⅳ. М., 1955. С. 570–571.

Бог, одни государь（同一个上帝，同一个君主）；Одному Богу государь ответ держит（答案只有君主和上帝知晓）；Ведает Бог да государь（只有上帝和君主知道；天晓得）；Без Бога свет не стоит – без царя земля не правится（没有上帝世界无法存在，没有君王国土无法统御）；Царь – от Бога пристав（沙皇是上帝的卫护）；Бог милостив, а царь жалостлив（愿上帝保佑，愿沙皇垂怜）。

　　第二，家（族）与国家一体性。词源分析清楚地显示，俄罗斯人国家观念与家族、氏族观念紧密相连。俄罗斯历史上的原始氏族公社直到9世纪才瓦解，从此进入阶级社会，建立起早期的封建国家。[①]俄罗斯封建土地所有制的形成是在11—12世纪，农村村社——米尔于13世纪出现，直到20世纪革命后才被取消。以上历史事实说明，俄罗斯人长期生活在以宗法制为核心的氏族、村社集体主义生活当中，村社成为"俄国保守主义经济和国家政治的基础"，由此形成"俄罗斯世界观的反对个人主义的特有成见和对某种精神的集体主义的忠实信仰"。正如斯拉夫主义者所言，"斯拉夫的或俄罗斯的民族精神自古就是集体主义的"[②]。国家的建立可以认为是氏族整体生存的延续，家庭也是氏族、村社集体生活的延伸。因此，俄罗斯人习惯从氏族、家族或家庭观念出发认知国家，抒发爱国情感，就显得顺理成章了。我们看到这种"家国一体观"仍然是自下而上的，首先是爱自家、爱故乡，然后爱国家、爱君主。俄罗斯人传统的家庭观念与国家观念无可避免地带有重重的氏族与家族烙印，在以下例证中也

---

①　来自斯堪的纳维亚半岛的瓦良格人862年出兵攻占诺夫哥罗德（Новгород），建立留里克王朝。882年其后代 Олег 占领基辅，征服周边的东斯拉夫人，建立的王朝史称基辅罗斯（Киевская Русь）。

②　［俄］弗兰克：《俄国知识人与精神偶像》，徐凤林译，上海：学林出版社，1999年，第21–22页。

显示了国家的人格化特征：Отец мой выходец, а моё отечество Русь（虽然我父亲是外来人，但我的祖国是俄罗斯）；Родина-мать, умей за нее постоять（祖国——母亲，要捍卫她）；Нравы, обычаи, родство, вера, образ правления – все совокупно влечет человека к своему Отчеству（道德、习俗、血缘、信仰和统治形式——这一切的总和使一个人归属自己的祖国）（П. А. Плавильщиков）Отечества для сердца./Поверь мне – счастье только там,/Где любят нас, где верят нам（心的祖国，请相信我，幸福就在那里，就在那个爱护我们、相信我们的地方）（М. Лермонтов. Хаджи Абрек）；Отечество для русского человека – это «милая сердцу Родина». «Мила нам добра весть о нашей стороне, Отечества и дым нам сладок и приятен»（祖国之于俄罗斯人，是"心爱的祖国"；是"关于我们的好消息是那么亲切：就是祖国的炊烟，我们也感到那么的甜蜜与美好"）（Г. Р. Державин）；О Ты, Родина! О, широкие твои сени – придорожные берёзы, синеющие дали верст, ласковый и утолительный привет безбрежных нив! Ты, безмерная, к тебе припадает усталый и загнанный, и своих бедных сынов ты берешь на мощную грудь, обнимаешь руками многоверстными, поишь их вечною силою. Хвала тебе, великая Мать（哦，呼唤你啊，我的祖国！哦，你的大地多么辽阔宽广：道边的白桦林，青色无垠的远方，无边无际的庄稼带来温柔消愁的问候！不可限量的你啊，疲惫不堪、陷入绝境的人向你偎依，你把可怜的孩子揽入强健的胸怀，用你那长长的臂膀给他们拥抱，赐予他们无穷的力量。赞美你啊，伟大的母亲！）（Б. К. Зайцев）。[1]

---

① 采自 В. В. Воробьев, 1997, С. 140–141.

　　第三，爱国忠君与宗教殉道一体性。俄罗斯历史上尽管沙皇统治十分严苛，但广大民众对沙皇有着近乎迷信的爱戴，这似乎是一种与上帝崇拜相类似的宗教情感，因此尽管有针对沙皇暴政发起的大规模农民起义（拉辛、普加乔夫），矛头却往往不直接指向沙皇，大多数情况下百姓仍然相信沙皇是好的，不好的是沙皇身边的大臣。这与中国历史上农民起义目标直指当朝皇帝，起事前往往要发布讨逆檄文形成鲜明对比。不仅如此，俄罗斯历史上常有打着沙皇旗号造反或以上代沙皇后代自居以招揽人心、大造声势的现象，称为"僭称王"。① 如果不把上述历史事实与俄罗斯东正教文化传统联系起来看，就很难理解其中隐藏的忠君思想的渊源。由于宗教与皇权的联合，沙皇头上笼罩着代上帝行使治权的神圣光环（Царь от Бога пристав.），沙皇成为国家象征。因此，爱沙皇即爱上帝，爱沙皇等于爱国家，"俄罗斯民族曾经建立了并在几百年间巩固了欧洲最强大的国家，这个国家不是靠世俗的政治观念来维持的，而是靠俄国民族形式的君主政治，亦即靠具有感召力的宗教观念——'沙皇—神父'，沙皇是俄国人民的宗教统一和追求宗教真理的体现者"②：Без царя народ сирота（没有沙皇的人民似孤儿）；Нельзя быть земле Русской без государя（俄罗斯大地不可没有君主）；Никто против Бога да против царя（没有人能反对上帝和君王）；За Богом молитва, за царем служба не пропадает（为上帝祈祷，为沙皇效力）；Царский гнев и милость в руке Божьей（沙皇的愤怒和仁慈都掌握在上帝手中）；Где царь, тут и правда（沙皇与

---

① 普加乔夫（Е. И. Пугачев, 1740/42—1775）就是以彼得三世皇帝的名义发动哥萨克起义的。参见《苏联百科词典》普加乔夫条，1986 年，第 1033–1034 页。

② ［俄］弗兰克:《俄国知识人与精神偶像》，徐凤林译，上海：学林出版社，1999 年，第 26–27 页。

真理同在）；Где ни жить, одному царю служит（不管身在何处，都要为沙皇效力；普天之下，莫非王土，率土之宾，莫非王臣）；Государь, батюшка, надежда, православный, белый царь（君主，君父，希望所在，东正教的，俄罗斯沙皇）。不可否认，纯粹的爱国主义也是国家观念的重要组成部分，那同样是一种宗教般的虔诚：В твоей груди, моя Россия, / Есть также тихий, светлый ключ; / Он также воды льет живые, / Сокрыт, безвестен и могуч（我的俄罗斯，在你的心中，/ 也有一泓明媚的清泉；它同样流水汩汩，/ 隐秘无闻，却气势磅礴）（А. Хомяков）。

　　在更为宽广的层面上，俄罗斯人的爱国主义传统有着浓重的受难、殉道色彩，如著名的十二月党人，而这直接来源于东正教。对此，金亚娜教授论道："献身的思想是整个基督教的思想，尤其为俄罗斯人所提倡。与此相关，他们特别敬重有牺牲精神和忍受苦难的人。""在俄国的东正教中，不仅有为信仰而献身的受难者，还有神圣的殉教者，受难者不一定是为信仰而死，也可能只为殉教而献身。这种观念深深地进入俄罗斯人的意识之中，广泛地影响着俄罗斯人的世界观。如著名女诗人阿赫玛托娃1914年在她的诗中写道，她愿把自己奉献给俄罗斯的土地。"[1]

（三）聚和场精神文化知识层：人与自身的关系

　　精神文化知识层，如前所述，是一个民族对该民族世界观的抽象化、理论化、艺术化、系统化、语义化表达的总和，我们把它分为俄罗斯民族意识、民族价值观、民族思想三种表达形式。基于俄罗斯民族个性的核心特征——宗教性，俄罗斯精神文化知识在俄罗斯人的意识、生活以及思想领域得到了充分的表现。研究聚和性原则的精神文化知识表达就是要在以

------

① 金亚娜：《俄国文化论集》，哈尔滨：黑龙江教育出版社，1994年，第19页。

文本为基本单位的宗教观念之间做互文—对话阅读，充分展现聚和性思想作为俄罗斯民族个性本质特征的精神内涵。

聚和性的精神文化知识层在聚和场中占据中心位置。沃罗比约夫认为，有三类整合义素可以将表达聚和性实质的意指单位进行归纳分类及层次化划分，其依据是俄罗斯学者对聚和性在俄罗斯人物质与精神生活各个层次上的表达的总结①。

婚姻家庭一体性（брачно-семейное единство）：婚姻家庭一体性是聚和首要的和基本的表现形式……从人类文化开始到现在，家庭都是一个社会得以形成的基本的、不可或缺的细胞，家庭代代保存并传承着历史生活内在的、精神文化的统一性。②

宗教生活（религиозная жизнь）：宗教生活是聚和统一性实现的第二种生活形式……宗教生活及聚和性根本上是一回事，或者是决定人类生活的同一万物起源（亦即上帝——笔者著）的两个方面。③

共同命运（общинность судьбы）：除上述两种聚和统一性基本的有机形式或聚和统一性表达以外，聚和的第三种表现形式，表现为任何一个人的联合体生活与命运的共同性。家庭将起源、血缘关系与个体的生命、命运、喜悦与苦难共同性联系在一起。任何其他因素，甚至最外在的生活、劳动和命运的融合性，作为内在统一性将共同参与者联系在一起并贯穿其间，镌刻在人们的心灵之中。④

根据以上三类整合义素，沃罗比约夫给出了表达聚和意指单位的最简词表，可分别作为聚和性研究的主题场名或关键词。

---

① Воробьев В. В. *Лингвокультурология: теория и методы*. М., 1997. С. 270.
② С. Л. Франк 《Духовные основы общества》. М., 1992. 转引自 В. В. Воробьев, 1997, С. 269.
③ 同上，见 В. В. Воробьев, 1997, С. 270.
④ Е. С. Троцкий 语，见 В. В. Воробьев, 1997, С. 270.

信仰：上帝，教堂，宗教，信徒，无神论，无神论者。

教育：集体主义，互助，觉悟。

国家的：民族的，私人的，个别的。

公民：权利，义务。

团体：乡长。

孩子：母亲，家庭。

女人。

婚嫁：新郎，新娘，婚姻，结婚，成婚，婚礼，苦啊（亲吻）。

冬天：俄罗斯的冬天，谢肉节，圣诞节，洗礼。

国际主义：合作，爱国主义，世界主义。

集体：社会机构，社会工作。

共产主义："各尽所能，各取所需。"

文化：文化革命。

文学：《伊戈尔远征记》，俄罗斯古典文学，俄罗斯文学的黄金时代，普希金，多民族的，人民性。

母亲：英雄母亲，祖国母亲：

莫斯科的：克里姆林宫，红场，《莫斯科……有多少力量交汇在一颗俄罗斯的心灵》……

社会工作：社会公共事务。

人民：民族，民族性，民族的。

人民的：人民性。

民族的：民族问题，民族政策，民族自决权。

祖国的：1812 年卫国战争，伟大的卫国战争（1941—1945）。

帮助。

革命。

自由：人身自由，自由民主，人身不可侵犯，信仰自由。

委员会。

传统：习俗。①

我们知道，意指单位在聚和性场内的层级分布是按照从核心到边缘的次序实施的，抽象程度也随之递减。实际上，聚和性场正是一个精神与世俗的统一体：既追寻形而上的拯救之道，又规范形而下的人的日常生活。沃罗比约夫也认为，聚和性场占据着俄罗斯民族个性场与共同性场（поле общинности）的中间位置，是可以上下贯通的。②因此，在最普遍的意义上，聚和性场精神文化知识层可以用以下概念加以概括：русскость（俄罗斯性），православие（东正教），общинность（共同性）。在此基础上，我们可以将（1）доброта（善），духовность（精神性），согласие（一致），всеединство（统一），консолидация（团结），взаимопонимание（相互理解），диалог（对话），содружество（友好团结），братание（友善交往），взаимопомощь（相互帮助），круговая порука（连环保），сплоченность（团结），сотрудничество（合作）等词汇单位；（2）совместная жизнь（共同生活），соборное единение（聚和统一性），русское народоправство（俄罗斯民权），соборное общество（集会，社团），соборное сословие（聚和团体），соборная личность（聚和个性），соборная воля（聚和意志），соборные ценности（聚和价值观）等词组单位；（3）Душа всему мера（心灵是万物尺度），Люби ближнего как самого себя（像爱自己一样爱亲人），Одни за всех, все за одного（我为人人，人人为我）等上述单词、词组

---

① Воробьев В. В. *Лингвокультурология: теория и методы*. М., 1997. С. 274–275.

② 同上。

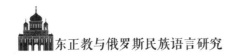

和谚语单位纳入聚和性场精神文化知识层的中心结构。

　　基于《俄语最常用词词表》，沃罗比约夫将那些表达普遍聚和内涵的词汇、词组单位作为具有术语性的抽象概念归纳如下：всеединство（一致），гуманные отношения（人道态度），духовенство（宗教界），духовно-соборное единство（聚和统一性），духовные ценности（精神价值），духовный коллективизм（精神集体主义），единство общественных и личных интересов（社会和个人的利益一致性），индивидуализм（个人主义），коллективистская нравственность（集体主义道德），моральные стимулы к труду（对劳动的道德刺激因素），общественный долг（社会义务），общественные интересы（社会利益），общественное благо（社会福利），общность нравственных понятий（道德理解的共同性），отношения коллективизма（集体主义的态度），дружбы（友谊），сотрудничества и взаимопомощи（合作和互助），религиозная жизнь（宗教生活），религиозное возрождение（宗教复兴），религиозное искусство（宗教艺术），русская душа（俄罗斯心灵），русский дух（俄罗斯精神），русское мировоззрение（俄罗斯世界观），самосовершенствование личности（个人的自我完善），совершенствование общества（社会的完善），социальное равенство（社会平等），труд на благо общества（社会福利工作），трудовой энтузиазм（劳动热情）。[①] 在我们看来，这些基本单位表达了俄罗斯聚和性场精神文化知识层的基本内容，聚和性场精神文化指涉将围绕这些基本概念展开。

---

① Воробьев В. В. *Лингвокультурология: теория и методы*. М., 1997. С. 276.

第五节　当代俄罗斯"聚和性"思想：尊重与认同

聚和性思想在当代俄罗斯重新焕发了青春，受到了学界的广泛关注。我们在此不介入他们的争论，只是忠实地记录他们的思想，从异文化的角度对其做知识性的呈现，目的在于完整理解聚和性的实质及其对俄罗斯社会生活的影响与功能。

一、语言文化学学者的聚和性思想

瓦西里耶夫（А. В. Васильев）关于个性与聚和性的相互关系的描述：在俄罗斯人民长达九个世纪的意识中，我们在其所有积极、独特的现象中都能发现相伴相生、密切联系、构建与创造的存在——个体与聚和性的原则。这一观点是否需要提供证据呢？俄罗斯合唱歌曲就是聚和性的歌曲，单独的声部和曲调交汇成总体的和声。模范的俄罗斯家庭充满着和睦和关爱，也以此祝福新婚夫妇。典型的俄罗斯处理社会事务的方式是和平解决，自由意见表达和分歧会因为相互关爱和共同利益意愿最终达成一致决定。典型的耕作和作业方式也是共同性的。公社社员个人为了后代利益自愿让渡部分权利。俄罗斯人思想和心目中的典型俄罗斯国家制度是这样一种制度，它以君主的自由裁量为首，同时关注和尊重人民自由表达的共同心声。最终，东正教教会自身正是聚和性的教会。[1]

沃罗比约夫关于聚和性在俄罗斯生活中的地位如此描述：可见，聚和性是俄罗斯生活的"共同性原则"和"合唱原则"，是基于对上帝和友人之爱而实现的个体的自愿团结（聚合），是和平解决公共事务，是模范俄

---

① Воробьев В. В. *Лингвокультурология: теория и методы*. М., 1997. С. 268–269.

罗斯家庭的特征，是典型的耕作与国家治理方式。聚和性的内涵可理解为俄罗斯的国家个性特征，是广义的互助精神、共同性、集体密切协作、团结克服困难、互相帮助精神。[①]

二、斯拉夫主义者的聚和性思想

俄罗斯当代聚和性思想发源于历史上著名的斯拉夫派。如前所述，斯拉夫主义者为聚和性思想的建立做出了最大的贡献。霍米亚科夫是他们中的代表人物。以下引文可视为他对聚和性的神学诠释。

"我们不承认教会首领的任何东西，无论是宗教的还是世俗的。基督是首领，但首领不知道其他东西。"

"教会不是权威，就像上帝不是权威，基督不是权威一样，因为，权威对于我们来说是某种外在的东西。同时，基督教徒的生活，他的内心生活也不是权威，而是真理。"

"在希望和信仰之外为爱的精神寻找任何保障的人就是唯理论者。"

"绝对正确性只处在被互相之爱联合起来的教会的普世性之中。"这就是聚和性。

"教会有兄弟情谊，但没有隶属关系。"

"我们信奉统一的和自由的教会。"

"基督教不是别的，正是基督的自由……"

"我认为，教会比新教徒更自由……在教会事务中强迫统一是虚伪的，而强迫的顺从是死亡。"

"任何外部特点，任何象征都不能限制信奉基督教的良心的自由。"

---

① Воробьев В. В. *Лингвокультурология: теория и методы*. М., 1997. С. 276.

"教会的统一不是别的，正是许多个人自由地同心协力。"

"自由和统一——这就是在基督身上人类自由的圣礼公正授予的两种力量。"

"只有互相的爱才提供真理的知识。" ①

三、关于斯拉夫主义者聚和性思想的思想

并不是所有的人都认同斯拉夫主义者的主张，其他（宗教）哲学家从不同的角度诠释了聚和性思想的宗教理论内涵，其中也包括对它们的评论。

"斯拉夫主义者把农民的村社看作俄罗斯的某种永恒的基础和它的特殊性的保证。他们把村社与西方的个人主义对立起来。可以认为，村社不是俄罗斯的一种偶然的特殊产物，而是全部经济形态发展到一定阶段所必然产生的现象……俄罗斯民族比西方的民族实际具有更大的聚和性，而较少西方的个人主义。不过，这是俄罗斯民族精神上的、形而上的属性，这种属性不依附于任何经济形态。" ②

"谈到俄国独有的精神的集体主义之真正的内在本质，第一，它与经济的和社会政治的共产主义无任何共同之处；第二，虽然这种集体主义与个人主义相矛盾，但它绝不敌视个人和个性自由概念，相反这种集体主义被视作自由概念的坚固基础。" ③

"个人在俄罗斯的村社中并不是郁闷的，不过只有在消除了他的霸道、

① 转引自［俄］尼·别尔嘉耶夫：《俄罗斯思想》，雷永生等译，北京：生活·读书·新知三联书店，1996年，第162页。
② 同上，第48页。
③ ［俄］弗兰克：《俄国知识人与精神偶像》，徐凤林译，上海：学林出版社，1999年，第22页。

他的利己主义、特殊性之后才是如此……村社中的自由就像合唱中的自由一样。"①

"霍米亚科夫和所有的斯拉夫主义者都把与西方专制制度对立的君主主义形态看作俄罗斯特殊性和俄罗斯使命的必需的开端。他们断言俄罗斯有三个基础，即东正教、君主专制和民族性。前者认为东正教和民族性是从属于君主专制的，斯拉夫主义者则把东正教放在首位。""这就是俄罗斯的聚和性原则、对集体生活的热爱、合作的原则、爱与自由的统一，无须任何外部的保障。"②

信教者的自由之所以能够得以保持，是因为人在教会中能够"找到自我，但这并不是那个处在自我精神孤独困境之中的自我，而是那个与自己的弟兄们、与自己的拯救者保持着自己精神上的、真诚的一致而强有力的自我。他在这一力量中找到的是存在于其中的那个完善之物——一种神的灵感，它能够不断地使沉溺于污秽之中的每个个别存在物得到净化。这一净化是由基督徒（耶稣基督之中）相互之爱的战无不胜的力量来完成的"③。

"教会的基本原则不是屈从于外部政权，而是服从于聚和性。聚和性是教会在共同领会真理和共同寻找得救之路的事业中诸基础的自由统一，这种统一是建立在对基督和神规的一致的爱的基础上的统一。'基督教就是存在于基督之中的自由'。"④

"但是，完全可以有另一种理解，其中不是'自我'，而是'我们'构

---

① ［俄］尼·别尔嘉耶夫：《俄罗斯思想》，雷永生等译，北京：生活·读书·新知三联书店，1996年，第49页。

② 同上，第49-50页。

③ ［俄］Н. О. 洛斯基：《俄国哲学史》，贾泽林等译，杭州：浙江人民出版社，1999年，第34页。

④ 同上，第34-35页。

成精神生活和精神存在的终极基础。'我们'不是被看作外在的、后来才形成的综合体，而是它们的最初就有的、不可分割的统一体。'自我'当初正是从这种统一体的母亲怀抱中成长起来，并且只有依靠这种统一的'自我'才可能成为'自我'。不仅像人们通常认为的，有'自我'和'非我'这两个相互关联的概念，还有'自我'和'你'、我的意识和与我相对的他人的意识也都是这种相关概念，这两者构成原初整体'我们'的两个部分，两个有整合作用的不可分割的部分。每一个'自我'不仅包含于'我们'之中，与'我们'相联系，而且可以说，在每一个'自我'中也从自身方面内在地包含着'我们'，因为'我们'正是'自我'的最后基础、最终根源和活的体现。简言之，'我们'是这样一个具体的整体，其中不仅可以存在与其不可分割的部分，而且其自身也内在地贯穿于每个部分之中，在每个部分之中都获得其完满的存在。此中所说的是精神现象领域的一种有机世界观。但是这里'自我'的特性和自由并未被否定；相反，这种观念认为，'自我'只有在相互联系的整体中才能获得这种特性和自由，可以说'自我'浸润着来自人类的超个体的共性的生命之水……正如天才的俄国神学家霍米亚科夫精彩的、理论上的深刻论证，这种'精神共性'、'我们世界观'、人类共同体的有机统一，是俄国教会思想的基础。"①

"实际上，这种有机世界观在其最深刻的意义上所要追求的状态，是一种有机—合作—等级状态，同时其中又贯穿着强烈的自由感和民主自治的积极性。"②

---

① ［俄］弗兰克：《俄国知识人与精神偶像》，徐凤林译，上海：学林出版社，1999年，第23-24页。

② 同上，第25页。

俄罗斯的聚和性宗教精神还表现在他们对神圣的追寻上，"俄罗斯的理想是神圣"①。

"一切都在阶段对立中进行。始终致力于某种漫无边际的东西。俄罗斯人总是有对另一种生活、另一个世界的渴望，总是有对现存的东西的不满情绪"。②

"朝圣是一种很特别的俄罗斯现象，其程度是西方没见过的。朝圣者在广阔无垠的俄罗斯大地上走，始终不定居，也不对任何东西承担责任。朝圣者没有自己逗留的城市，他追求未来的城市。平民阶层总是从自己中间挑选朝圣者。但是，就其精神实质而言，俄罗斯文化最有创造性的代表者都是朝圣者，果戈理、陀思妥耶夫斯基、托尔斯泰、索洛维约夫和一切革命知识分子都是朝圣者。不仅有肉体的朝圣，而且还有精神的朝圣。"③

最后，我们以索洛维约夫的一段话作为聚和性思想在精神文化知识层探寻的结束：

"既然在永恒而又不可分的上帝看来，一切同时立即俱在，一切在于一，所以无论承认哪一个个体生灵在上帝中，都意味着承认它不在自身单一性中，而在一切中，或者更确切地说，在一切的统一体中。"④

应当承认，以上我们对聚和性的阐述仍然是纲领式的、局部的。就目前我们对聚和性作为俄罗斯东正教核心宗教观念的认识，可以得出以下结论。

---

① ［俄］别尔嘉耶夫：《俄罗斯的命运》，汪剑钊译，昆明：云南人民出版社，1999 年，第 64 页。
② ［俄］尼·别尔嘉耶夫：《俄罗斯思想》，雷永生等译，北京：生活·读书·新知三联书店，1996 年，第 194 页。
③ 同上。
④ ［俄］索洛维约夫：《爱的意义》，董友、杨朗译，北京：生活·读书·新知三联书店，1996 年，第 83 页。

聚和性神学思想起初是霍米亚科夫基于对东正教神学价值观和教会实质的认知创立的宗教观念，揭示了东正教神学思想区别于西方宗教神学思想的本体论意义：自由之爱和全体的同一。

聚和性神学理论经过后代宗教神学家和哲学家的发展，衍化为东正教核心宗教学说，东正教因此获得认识论的意义，主要体现为自由、爱、个性的三位一体，个性和超个性（万物一统）的同质，生存时间的启示意识三大主题。聚和性成为东正教徒认识自身、神与世界联系及终极理想的观念体系和思维方式。

聚和性是俄罗斯民族东正教世界观的主导特征，是俄罗斯化了的东正教精神、思想与学说。它是以下三种所指的统一：第一，соборность（聚和性思想）作为一种俄罗斯东正教教义与宗教哲学学说；第二，соборность（聚和性共性）作为俄罗斯人的一种传统生存方式和思维方式；第三，соборность（聚和性精神）作为一种俄罗斯东正教精神性的主导特征。

聚和性贯彻在俄罗斯民族生存与发展的方方面面，在人与世界、人与人、人与自身三个层面得到了充分的反映与具体的表达。正如属于教会整体的特征同样属于部分，尘世的教会借助与天国的联系获得了这一精神上的完整性。在日常生活中，个性只有在整体的背景下，并在与共同体的关系中才能得以凸显。

聚和性作为东正教核心宗教哲学观念，不仅是一个宗教理论层级系统，更是一个多维、动态、开放、对话性的宗教观念意义的阐释空间。将聚和性宗教观念作为认知中介，对凝结在语言中的俄罗斯民族宗教文化传统进行描写与阐释，可以形成一个动态开放的宗教观念场，同时也是意义生成和理解的阐释空间，聚和性宗教观念意义系统具有阐释学本性。

附　录　━━━━━━━━━━━━━━━━

附录一　联想实验调查表

Уважаемый участник опроса, Здраствуйвте, для изучения языкового сознания русских мы проведём свободный ассоциативный эксперимент. Во-первых, выбирайте десять слов по степени важности для Вас, во-вторых, отвечайте на каждое слово-стимул, не задумывайтесь, первым приходящим в голову словом. (Части речи не ограничены, сущ. гл. прил. нар. и т. д.). Ващи ответы во многом помогут нам в исследовании. Спасибо большое.

1. Университет:

2. Пол:

3. Курс:

4. Спецтальность:

5. Нации:

выбирайте десять слов по степени важности для Вас（с помощью √）	Слово-стимул	Слово-реакция
	АД	
	АНГЕЛ	
	БОГ	
	БОЖИЙ	
	БОГОРОДИЦА	
	БЕЗБОЖНО	
	ВОСКРЕС	
	ВОСКРЕСЕНИЕ	
	ДАР	
	ДЬЯВОЛ	
	ИСТИННЫЙ	
	ИКОНА	
	ИИСУС	
	КОЛОКОЛ	
	КРУЖКА	
	КРЕСТ	
	ЛИК	
	СПАСАТЬ	
	СТАРЕЦ	
	СУББОТНИК	
	СУДЬЯ	
	СТРАДАНИЕ	
	ТАЙНА	
	ТВАРЬ	
	ТВОРЕЦ	
	ТРЕЗВОНИТЬ	
	ХРАМ	
	ХРИСТИАНСКИЙ	
	ХРИСТОС	
	ЧАДО	

附录二　30 个东正教刺激词联想场

Ад: рай 68; огонь 53; дьявол 46; демон 32; преисподняя28 проклятие20; чистилище17; мука12; страшный; страдание8; наказание 5; чёрный; чёрт; смерть3; круги; коктейль; боль; горе2; на земле; китайский язык; котёл; роза; рог; Сатана; огромное пустое место; обман; поцелуй; плохо; дно; грешить; тепло; жарко; строп; вечная мука; вокруг; место; Земля; Ферт; Ужас; небо; тёплый; пламя; христос; помощь; христианство; бояться; бог; предел; плакать; ужасный; чувствовать; надеяться; счастливый; страдать; окружающий мир; вернуться; игры; благополучие; сотрудники; вместе; подняться; бабушка; человек; на душе; жду; надеяться; храм; мама; преподаватель; изменить; спасение; ангел; умереть; больный; чужой; хороший; общество; плохой человек; чистота; не любить; где; любоваться; ввер; бегу; внизу; встретить; доброта; христиана; известный; знать; ой; гордость; экзамен; высокий; курсы; не настоящий; сказка; религия; мир; плететь; жара; светлый; плохое место; больница. （400+104+0+86）

Ангел: крылья75; дьявол60; рай45; белый35; хранитель20; свет15; чистота9; демон; добро; мама6; хорошо; божество; бог; нимб; во плоти; чистый3; ангельский; спасение; светлое; спаситель; святой дух; святой; ложь2; падший; герой; Хоружинко Татьяна Игоровна; храм; я; светлый; любовь; помощник; чудо; идеальный; добрый; человек; бес; пернатый; падает; защит; защитник; прекрасный; виски; девушка; мягкосердечный; «Я помогу, когда ты будешь думать, что никто тебе не поможет»; существо. летающее; Азирафель; лицо; Чарли; земной; отец наш общий; тираэль; малыш; порядочный; луч; богатство; бабушка; мать; небо; от бога; жизнь; родитель; Господь; дед; Ельцин; любовь; музея; сердце; луна; чудесный; богатый; профессия; сокровище; дум; наш; спасать; библия; дед; дед мороз; рождество; красивый; каждый; воскресенье; любить; солнце; малыш; доброты; дома; комната; помогать; прекрасный; сильный; тайна; вечер; тишина; счастья; тёплый; скромный; декан; преподаватель; кухня; Россия; страна; родина; друг; лететь; найти; в душе. (400+114+0+91)

Бог: вера66; небо 58; Иисус 50; божий42; создатель 30; отец22; свет15; религия; рай 10; дьявол; всевышний 6; Библия4; прекрасный; вселенная; всемогущий3; боги; отец божий; святое; отец наш общий2; никто; придумать; помощь; правительство; молитва; могущество; миф; мой; мир; власть; вершитель; вопрос; невидимый; нимб; нет; свыше; судья; светлый; спаситель; круговой; человек; Аня; ложь; шир; защита; творец; истинный; церковь; есть; «Я знаю как правильно пройти эту жизнь»; земля; Азия; халат; добрый; икона; лик; окончить; ад; ответить; комната; вышка; искусство; создать; известный; мать; известный; иметься; любимый; храм; происходить; верую; создание; любить; одинокий; язык; мука; мучение; смысл; страсть; сообщение; наш; посылать; солнечный; ах. (400+83+0+64)

Божий: дар 96; бог57; святой 48; сын 40; хороший 32; великий 25; прекрасный 18; замысел 12; лучший6; свет; церковь; суть; спас; чистый; безбожно2; синий; день; талант; недоступный; истинный;

спаситель; хранимый; что; красивый; хлеб; положительно; смиренный; помощник; гнев; храм; закон; перст; крест; распятие; свеча; суббота; идиот; страдание; война; герой; небо; рай; помощник; помогать; снять; ангел; дева; девушка; жизнь; строить; увидеть; нимб; светлый; луна; месяц; кусочек; собор; подарок; чёрт; узелок; спасать; все; всевышний; земля; фрукты; урожай; беречь; скороход; создатель; художник. (400+69+0+54)

Безбожно: плохо 89; неправильно 65; грех 54; отрицательно37; грязно25; ужасно18; безобразие10; безжалостно; аморально8; атеист; страшно6; беспощадный; не прекрасно; подлый; человечность; грешник2; отвратительно; безнравственно; невыносимо; не по определённым правилам; «Я не смогу, нужна твоя помощь»; неведение; бессовестный; воровать; прелюбодей; ограничивать; оппозиция; тратить; грешно; напротив; я; что; убеждение; зло; добро; душа; гость; общество; думать; прочитать; отвратный; бог; верить; грешный; сон; храм; собор; нежелательный; злой; моральный; японец; мир; война; бояться; рука; христианство; земля; предмет; мировоззрение; философия; горе; человечество; религия; суббота; православие; демон; помогать; ангел; свеча; каждый; не верить; я; течение; молиться; дева; приняться; лживый; скучный; грешный; манера. (400+80+0+64)

Богородица: мать 75; святая 62; женщина45; мать иисуса36; доброта25; икона20; доброжелательный14; иконы8; христос5; написана; умерла; помогать3; матушка; мадонна2; природа; деревянный; девушка; всевышний; «Не бойся признавать своиошибки»; собор; благородной;

добрая; ребёнок; красивый; торт; золотая; донное; мертвой; горе; подарок; святейшей; сияние; старинный; Москва; сила; детство; попросить; престол; чистый; христианская; знаменитый; милость; поля; закат; сын; семья; храм; тройка; обратиться; помощь; любимая; наша; услышать; платок; мой; спросить; муж; папа; находиться; сидящий; дома; задание; кухня; дать; опираться; умная; дочери; остаться; молодая; косметика; узнать; любовь; постирать; удача; вера; страшная; ночь; обратиться; кому; плакать; художник; спасение; матери; целую; выбирать; жизнь; чувствовать; событие; сон; чудесный; белый; блюдо; свадьба; встречать; праздники; морожное; северный; бумага; свечи; ждать; южный; сущей; бог; комната; картина; высокая; собака; чистый; духи; православие; любить. （400+111+0+97）

Воскрес: Иисус 65; христос 54; вознесение 40; возродился 38; оппозиция 35; переселение 30; ожить 18; пасха 13; судьба; небо; жизнь 8; новая жизнь 6; лазарь; относ 3; рождение; выжил2; зародился; вторая жизнь; жив; поднялся; появился на свет; давно; чудо; два; появился; шане; реинкарнация; «Я выжил? Но я же умер»; храм; царь; второй; жить; приятно; воскресение; неожиданно; сдать; отлично; истина; икона; бог; надежда; мир; дитя; велика; всевышний; музыка; умереть; мертвец; невозможно; довольный; чудо; воскреснуть; суббота; равно; беречь; врач; родиться; ребёнок; красивый; рудокоп; воин; тёплый; зима; марксизм; цезарь; войны; моя жизнь; хотеть; луна; рыба; горе; страшнный; новый; солнце; звание; самоувжение; расти; вырос; свечи; муж; любовь; счастливый; капитаны. （400+83+0+67）

Воскресение: выходной78; отдых60; день46; праздник38; понедельник25; день; недели14; суббота9; спасение; обряд; рождество8; День свободы; вознесение4; событие; покаяние; начало недели3; переродиться; пасха; пост; пасхальное; воскресенье; оживление2; Лазарь; небо; неделя; молитва; очищение; восстановление; надежда; усталость; души; радый; прошлое; мир; пятница; рождение; возрождение; небеса; гулять; природа; каникул; в парке; лесной; реки; во время; быть; расти; декабрь; рыбалка; отдыхать; перерыв; очередь; рынок; интерес; отдохнувший; активный; последний; гость; отмечать; утром; ночь; начать; покойный; октябрь; работать; масленица; весной; торжественный; вечерний; май; прогулка; вход; убирать; работники; интересоваться; отдохновение; безделье; досуг; свежий воздух; вкусного; усталость; летний лагерь; море; в Китае; моцион; путёвка; путешествовать; посещать; розовый; достопримечательность; восстановить; сильный; питание; сила; пребыть; плавать; Христос; возрождение. (400+98+0+77)

Дар: подарок60; божий57; талант51; счастье40; подароксудьбы25; свыше19; чудо; речи8; умение; способность6; гадалка; богов4; Отбога; бог; вундеркинд; ясноведение; 3; яблоко; рад; супер; получитьавтомат; автомат2; квас; соя; утрата; сияние; бесплатно; благодарность; халява; небесный; особыйталант; священный; одаренность; ответственность; армия; рождество; «Мне всё равно, никто не поверит»; сила; силы; солнца; радость; брать; лукавый; магия; судьба; преимущество; мудрость; мы; рисовать; рисование; бизнес; море; музыка; музыкант;

подар; подарить; неземной; любить; народ; отприроды; поэзия; приятный; рад; радость; деньги; дом; знание; умный; Набокова; наследственный; предвидения; читать; способность; пророчество; судьбы; сундук; хорошо; читатель; чудо; снисхождение; чувствовать; бесценный; маленький; любить; пиво; квас; прощальный; приятно; творчество; я; божий; небо; земля; полей; сундук; от родителей; ум; читатькниги; способы; умееть; лучший; университет; гдеподарок; поэт; создать; идея; природа; купить; новая; где; талантливый; веру. （400+111+0+90）

Дьявол: зло 88; черт 79; ад 54; демон 47; злость 42; злой 30; смерть22; плохо 12; владимир; красный; чистилище; злопыхатель2; сила; сатана; ваду; тема; пророк; вино; есть; «Тот, кто Хакнул эту жизнь и поверит»; добрый; рай; восток; злоба; христос; зло; хороший; умер; удовольствие; радость; страшный; горе; бояться; чёрный; свет; нимб; вечером; день; печатать; солнце; потереярть; луна; любимый; взгляд; старый; хор; одинокий; история; глаз; крепкий; большой; преподаватель; экзамен; неизвестный; первый; мудрость; водка; понедельник; страна; война; воин; яхта; сказка; царь; тюрьма; играть; общий; не любить; в мире; церковь; последний; замок. （400+72+0+60）

Истинный: настоящий75; правдивый56; правда45; верный38; друг24; правый; правдива16; образ; ложный8; правильный7; реальный; вера4; чистый; крест; закон; верить3; ложь; бог; лик; ; христос; истина; единственный; честный; справедливость; наука2; преднамеренный; знания; мессия; Путин; Ленин; единственный; погода; серьёзный;

книга; «Я скажу тебе правду»; действительность; христианин; путь; верная; любовь; доказательство; дар; икона; доказанный; соответствующий; бесспорный; преданный; мнение; газета првда; журнал; дурак; жена; брак; образ жизнь; ответить; прямой; нечестный; поступок; мальчик; диссертация; дело; лев; лгун; идиот; случай; сон; хозяин; смелый; школа; отлично; страшный; честность; мир; любовь; указать; доказать; стихи; чувство; сынок; стрелка; истины; прогноз погоды; объявлять; искать; нищий; событие; сообщение; раскаяние; значение; истинно; передистиннымбогом; направить; раствор. （400+94+0+69）

Икона: картина54; церковь42; молитва35; лик24; искусство22; святое; святая20; образ18; вера16; искусственный, 12; Христос; троица; изоброжение; храм6; спас; портрет; рамка3; святой богородицы; ; богородица; иконопись; крест; распятие; бог2; умиление; слушатель; трудолюбие; текст культуры; интерьер; бабушка; Женщина; терпение; светлая; энергия; чудотворная; библейское изоброжение; Иисус; рама; чистая; цель; статус; Питер; мироточит; мироточение; богоматерь; поклон; древняя; нимб; золотая; Вася; мрак; цвет; божей матери; «В нас нет смысла»; церковь; богомолец; красный; площадь; дискос; иконка; святитель; лампада; художник; статус; лицо; карточка; стиль; фигуры; название; плащаница; воскресенье; яйцо; мирный; праздник; рождетство; виды; святыня; божница; утварь; место; свечной ящик; монастырь; явление; молитвенное; иконная; обращение; поклонный; верую; иконостас; успение; благовещение; приглашать; свечи;

священство; велико; царь; поп; людей; попросить; купить; креститься; дева; Мария; монахи; соборы; матери; отец; краски; священники; серебро; красоты; какая; баба; углы; службы; магазин.（400+115+0+92）

Иисус: христос85; бог63; сын47; сын божий38; отец32; п роповедник25; христианство20; вера; крест6; небо; церковь; крещение4; чистый; преклонение; человек2; велосипед; жив; телефон; одеяние; свыше; спас; спаситель; святой; икона; храм; колокольник; рука; воскрес; истина; воскресенье; молитва; православие; иудаизм; чудесный; земля; рай; свечки; волновать; мой; траеза; плакать; страдать; богатый; мука; принимать; воцарение; чёрт; добрый; сюга; душевный; живый; молитва; суббота; хлеб; зло; окно; трезвонить; известно; положение; иной; запад; Россия; глаза; лик; нимб; сотрудник; нарушать; улыбаться; сухой; печаль; дерево; яйцо; единственный; воскрес; крещеный（400+75+0+60）

Колокол: звон96; церковь68; звенит45; золотой30; звук23; заря20; время17; звонок; колокольчик7; храм; «Буууум»4; набат; громкий; громкость; сигнал; собор2; правило; трезвонить; кровать; звонить; звенеть; церковь; приглашение; пробуждение; предмет; оповещение; музыкальный инструмент; Москва; медный; архитектура; вечером; час; свеча; купить; часы; ангел; бог; песня; концерт; место; маяк; солнце; отмечать; праздник; новый год; дер мороз; дерево; зима; биться; будильник; спать; вставать; заводский; милая; звучный; сад; телефон; мобильник; в деревне; языки; суббота; талия; тихо; дева; мой; банк; дверь; спасать; молчание; открыть; одежда; белый; красная; поставить;

редкий; аудитория; христос; верхний; получить; надежда; сельский; золото; подарок; мировой; подняться. （400+85+0+69）

Кружка: чай63; вода50; кофе45; ложка; напиток35; тарелка; стакан20; ручка17; чашка12; жидкость8; вино; бокал; чаша6; сосуд; чая; с чаем; кружка 4; молоко; радость; кваса; пива; пиво3; керамика; ёмкость; кухня2; кровь; блюдце; полная; подаяние; белый; няня; стоит; подпол; светлая; сидра; «Сейчас бы мне кружку горячего чая»; побирушка; мёд; церковная; рубль; шанпанское; завтрак; кастрюли; грязь; блины; еда; хозяин; праздник; испанская; кушать; хороший запах; посуда; самовар; стул; поесть; пить; плита; обед; столовая; ресторан; гости; блюдо; синий; мой; дорогая. （400+65+0+40）

Крест: распятие75; знак53; украшение46; символ34; Иисус29; шея24; небо18; тяжесть10; деревянный; вера 6; запрет4; крещение; крестик; грудь; гвоздь3; золотой; серебро; святое; святой2; оберег; душевный; император; церковь; цепочка; распять; метал; мать; нести; нагруди; кладбище; страдание; свой; проклятье; поставить; убийство; хороший; большой; бог; отрицание; человек; храм; икона; воскресение; горе; собор; кольцо; закон; красивый; огонь; мысль; платок; руси; праздник; подарок; супер; спустить; рай; ад; качать; серебрянный; жирный; жара; помогать; дерево; верить; Екатерина; лоб; шляпа; держава; царь; вечер; октябрь; солнечный; ясно; рука; каждый; обед; дурацкий; хор; гулять; целый; жизнь; спасать; высокий; любимый; подарки; крылья; центр; безумный; окружить; подходить; гора; беречь; мой. （400+94+0+75）

Л и к : лицо72; икона68; образ57; божий44; свет35; святых23; святой10; святость8; лукавый; лик божий; фото6; рожа; портрет; картина2; свет; солнце; красота; крик; обший; хор; явление; богородица; животный; маска; манго; поклонение; на иконе; взор; громко; огонь; рисовать; хужожник; выставка; красивый; дорога; майка; страх; глаз; сочетать; свеча; светиться; дикий; карта; христос; святое; зубы; худенький; искусство; уважать; здакий; дорогой; сходства; царь; деревня; зал; древний; удача; князь; уровень; помогать; воздух; лес; ручка; изображение; ад; рай; листочек; страница; город; душа; бумага; палата. （400+73+0+59）

Спасать: помогать68; помощь50; людей45; оберегать 30; оберег2; утопающего18; бог15; душу12; круг8; жертвовать; сохранять6; МЧС; герой; жить4; спасатель; спасение; море3; Христос; неведать; рукапомощи; тонет; мир; падать; благородный2; страдать; мечта; от помелья; пожарный; огонь; миссия; тонуть; душа; ребёнка; беда; душа; помогать; угнетённый; Филантроп; ичцелить; коала; работа; понимание; любовь обязательство; мощность; переселение; «Я защищу тебя»; люди; сострадание; свою шкуру; защитить; забота; добро; поддерживть; цель; хороший; хорошеедело; подвиг Хорошийчеловек; жизнь911; врач; больница; надежда; вечер; мрак; во лжи; зима; вода; искать; зимой; нас ждать; страна; окружающий; самолёт; фильм; любовь к нашей жизни; быть; молодой человек; мама; учитель; спасти; в больнице; экзамен; служба; группа; мира; опасный; животное; лечить; здоровый; как; чудесный; сильный; вечный; лекарство; три

раз; принять; старец; бедный; бабушка; меня; чужой. (400+104+0+80)

Старец: мудрец 74; мудрый 50; старый48; мудрость 40; дедушка 37; возраст 24; дед 20; ученый 15; пророк; седой 6; апостолы; опыт 4; человек пожилого возраста 2; смерть; ознаменовать; «Всеначалось 83 годаназад»; горе; любимый; строгий; видеть; сказка; жить; умница; книги; воспитать; университет; поступать; взять; задание; бабушка; секрет; помогать; больница; остаться; бородый; узнать; читать; преподавать; решительный; умный; отворить; взмыть; уложить; гостиница; уважение; пятёрка; хороший; духовный; языки; Пушкин; сайт; писать; аспирант; опытный; проверить; веры; улыбаться; баранина; умереть; сто; волосы; двинуться; лекарство; сидеть; каждый; в деревне; бороться; люблю; мирский; писательница; Толстой; пожилый; свобода; воздух; незнакомый; живопись; серьёзный; высокий; аппетит; свечи; бедный; горка; солнце. (400+83+0+70)

Субботник: уборка80; суббота68; работа53; правительство42; школа27; май20; дерево12; весна10; ритуал4; чистота; коллектив2; король; фонтан; сердце; Питер; былдень; деятельность; сообщать; убирать; комната; воскресенье; аудитория; чистый; часто; ужинать; хозяйка; помогать; чистить; мусор; центр; Россия; узнать; работать; собор; храм; собирать; помощь; труд; бесплатный; женщина; прошлый; пионер; туалет; старый; строитель; уборка; дело; спасать; вбольнице; комната; принимать; фирмы; работники; просить; улица; грязный; потерять; проверка; выйти; поступать; место; цель; настоящий; весной; торжественный; встречать; вечный; молодёжь; настоящий;

воронтёр; студенты; бог; сообщать; удача; грязь; путешествовать; домашниезадания; закончить; выйти; руководство; президент; выполнить; территория; сообщение; устройство; угол; пенсионер; сумашедший; нормальный; узнать. (400+91+0+80)

Судья: справедливость 70; правосудие 53; суд 46; приговор; главный 30; закон 24; адвокат 20; полномочие 17; суди 10; равенство 8; православие 4; молоток; власть; вершитель 3; статья; законность; баланс 2; решение; всевышний; наставник; Тот кто судит; «Мне жаль, но вы вино вны»; законы; состояние; службы; помогать; плакать; звонок; улыбка; преступницы; арест; хозяин; страна; ошибка; проверять; придача; миллион; сутана; согласться; отличие; юристы; царь; назначать; извините; название; формить; одежда; строгий; Америка; овладеть; книги; важный; нищий; люди; воспитатель; университет; государственный; государство; испанский; бедные люди; уважать; законный; верить; литература; создать; слушатель; справедливый; рисование; сказать; обратиться к кому за помощь; разумный; умница; кино; высокий; какая; царить; передать; известная; работа; показаьть; выбор; судить; требовать; угол; одинокий; ой; церковь; готовить; лозунг; становиться. (400+90+0+73)

Страдание: боль86; мучение68; муки55; болезнь42; переживание36; очищение20; жизнь15; печаль8; искупление; беспокойство2; проблемы; всегда; сохранить; вино; человеческие; истина; бог; вечная мука; христос; крест; мороз; гордость; гордый; жизнь; храм; свеча; Мария; фирма; университет; запах; сладкий; капуста; продукты; сцена;

искусство; балет; певец; кислый; острый; перец; бедный; старец; умер; реальный; говорить; душевный; солнце; дождь; психологический; ужас; общество; страшный; поддержка; экзамен; вопрос; любовь; проверять; страдать; поэзия; физкультура; помнить; война; мир; япония; бег; большое; всюжизнь; ушиб; туман; извините; служба; выполнить; тройка; плохо; детский; герой. (400+76+0+66)

Тайна: секрет74; загадка60; молчание42; молчать40; сокровенное27; святые19; скрыть10; явное8; за семью печатями; скрытность6; личное; секреты; заветный;ложь; открыть; секретность; секретное2; мистика; тишина; раскрыть; раскрыта; заговор; бытия; любовь; вечная; загадочность; успех; тьма; вселенный; следствие; неразглашение; спасение; надежда; «Что, никому об этом не говори»; явная; пшик; прощение; постыдный; жизнь; истина; плащ; вышняя; сохранность; доверие; дверь; сила; Неизведанное; слово; неизвестность; возраст; природа; маленький; моя; верую; для меня; заговор; дети; память; долго; на душе; с детства; молодой; на всю жизнь; в квартире; замок; деньги; не надо; карта; играть; деткий; злой; добрая; мать; Христос; моя; хранить; сервис; сказать; нельзя; строгий; один; скучный; правда; девушка; лесной; хранять; стекло; суббота; наука; открыт; парус; страны; США; троица; шоколад; важный; в мире; у меня; сплетня; платье; ум; ой; супер; личная; доверить; где; хорошо; огромная; ты; туалет; богатая. (400+111+0+94)

Тварь: животное68; живность63; существо44; плохой40; божий36; жизнь25; скотина13; создание; человек8; дрожащая; дрожать5;

плохойчеловек; плохо4; дьявол; чудовищный; урод3; чудовище; сука; зверь; зло2; враг; вес; полость; поганый; подлец; предатель; право; нечисть; неблагодарная; ненависть; мир; мод; медведь; бесстыжий; безбожник; сущность; иущество; живое; фантастические; крыса; отрицание; «Каждойтварипопаре, чтож, янетварь»; лодка; рай; вода; возрождение; женщина; злой; зоомагазин; различный; жизнь; коллеги; добрый; сад; дождь; ведро; живой; всякий; всё; мир; спасать; занятый; снять; подождать; совершенство; дых; дверь; бог; непростой; она; древний; крови; расти; сделать; соседи; упрямый; мы; дикой; нелюбить; рожа. (400+80+0+60)

Творец: создатель81; художник60; бог48; создать36; искусство28; творчество 14; человек8; жизнь; творческий6; создание; создатель мира4; творческая личность; строитель; 3 деталь; гений; я; гуманитарный; идеи; 2; старец; снов; бог–отец; благодетель; мира; великий; звонить; божество; судьбы; Аслан; автор; «Я создал! »; ошибка; мироздание; религия; шедевр; мастер; шкатулка; новое; дела; личность; красота; изобретатель; мечтатель; молодец; оповещать; Питер; искусственный; культура; скульптор; разрушать; разрушить; Хороший поэт; память; желать; желание; небо; общество; отвевственный; лирик; дух; душа; необыкновенный; обычно; церковь; на свете; творение; создать; на свете; личный; личность; знамя; огромный; окружающий; природа; свет; от бога; надежда; на земле; Путин; неспокойный; крепкий; стихотворение; создаёт; музыка; музыки; кино; шедевр; в театре; наука; возрождать; выставка; изучать;

Пушкин; балет; о науках; музей; красиво; театр; с детства; воспитать; творчества; идиот; нашпреподаватель; разрушение; Пушкин; мы; царь; 400+108+0+89 Трезвонить: звонить 72, колокол60; шуметь45; болтать40; мешать 32; телефон26; недоедать 18; колокольчик; сплетник6; звук; долго звонить; громкий4; пустота; доставать; названивать 2; навязываться; дом бога; осведомлять; праздник; настроение; звон; сообщать; волноваться; звать; как, собор; суббота; музыка; каждый день; звонок; свадьба; ухо; телевизор; автомобиль; чаще; обычно; тихо; всегда; не любить; умница; мама; ребёнок; будильники; непрерывно; громко; натужно; ночь; воскресение; храм; молитва; Мария; Красная площадь; вечером; аудитория; бесконечно; спросить; век; упорно; работать; ночной; диск; на вечере; по часам; долго; концерт; честь; царь; терпеть; одновременно; нужно; миллиция; в парке; позвонить; мобильник; читать книгу; не просто; всё время; беспомощно; каждую минуту; цирк; высокое здание; постоянно; весёлый; общительный; утором; дедушка; инструмент; перерыв; каникулы; летний лагерь; студены; большая комната. (400+92+0+77)

Храм: церковь 69; тишина 55; свеча 46; место силы 38; святость 27; космос 20; дом божий 18; молитва 16; купол здание 10; служба; красивый; собор 6; трата; божий; Сибирь; деревянные 3; христос; чистый; бог 2; блеск; замок; дворец; небо; Екатеринбург; уединение; покой; крепость; «Этоместо, гдеможноподумать»; бог; музей; строитель; Василий; красная; фонтан; склады; буддист; Китай; врач; тула; крутиться; крещение; красить; православный; матери; божий;

загадка; строить; общий; петь; отличаться; краска; утёс; колокол; клитор; классический; отец; высокий; путешествовать; Москва; вчера; считать; тройка; остальная; красивая; бог; свечи; копейка; платок; весна; площади; внешний; учить; заказать; древний; царь; лететь; петь; землянка; православие; христианский; холм; рассвет; петься; созданный. (400+84+0+65)

Христианский: православный 70; вера 65; правильный 55; праздник 46; религиозный 34; храм 28; верующий 12; церковь 8; пост; обряд 6; божеский; молитвенник 3; божий; истинный; библия; бог; иисус2; простой; закон; послушник; не мусульманский; РПЦ; пафос; друг; молитва; сбор; атеизм; «Много дел и никакого интерета»; дом; свеча; воскресенье; церковники; юмор; монархи; князь; колокольник; верующие; православие; христианство; дева; деревня; традиция; Россия; торг; встречать; яйцо; цезарь; сад; враг; соседи; известный; товар; стихи; кузнец; светлый; помогать; император; роман; в деревне; оркестр; узнать; душевный; романтизм; святое; истинный; религия; колокол; Москва; Византия; Мария; вид. (400+71+0+54)

Христос: воскрес 102; Иисус 69; бог47; пасха40; вера35; святой24; спаситеиь 18; отец; распятие6; сынбожий; Библия; кулич; друг; дитя2; миф; миро; недостижимый; наставник; почитание; человек; «Не забывай меня»; апостол; крест; воскресение; горе; молитва; Росссия; православие; храм; око; семьи; царь; деревня; солнечный; бог; умереть; распятие; праздник; страдать; наказывать; открыть; мёртвый; народ; любимый; злой; икона; суббота; свечи; хитрый; картина; вдуше;

город; полезть; нимб; шум; учить; судья. (400+57+0+43)

Чадо: ребёнок72; дитя46; дети38; дите25; чудо23; семья16; малыш; родителей9; милое; моё8; непослушное; душа; сын; отец; мать; 4; детство; счастье; дочь; детище3; дорогое; радость; младенец; дитятко, малое, не надо; отпрыск; любовь; неугомонное2; род; проблемы; защита; будущее; «Тебе столько предстоит узнать»; запрет; сложно; человек; плагать; дедушка; роды; няня; зуб; молоко; воспитать; школа; учёба; дом; книги; деньги; родиться; солнце; одежда; ой; болеть; новорождённый; тётя; есть; каша; детский; игра; друзья; улыбки; с детства; храм; ложка; лекарство; соска; играть; любовь к семье; игрушек; сесть; обед; голодный; фрукты; бабушка; дача; лечить; радостный; Маша; Москва; не верить; кино; праздник; сказки; сон; читатель; ресторан; цирк; собака; маленький; возраст; счастья; детский сад; название; Юла; милый; взрослый; рост; высокий; внучка; мультфильм; наказание; слушный; балет; одевать; ручка; университет; китайский язык; мамы; умный; дурак; идиот; чудо; плод; расти; мальчуган; шуба; молодой человек; верующий; детская; парки; путь; юнец; мимика; скучать. (400+124+0+96)

后　记

　　本书是我们团队参与南京师范大学张杰教授主持的国家社会科学基金重大项目"东正教与俄罗斯文学"（15ZDB092）、由我负责的子课题"东正教与俄罗斯民族语言研究"的主要成果，它见证了我在语言文化学跨学科研究中的不断思考和探索。如果从 2001 年获得博士学位算起，我从事语言文化学的研究正好 20 年。总结 20 年的学术研究过程，我对语言文化学的研究和认识历经了三个阶段。第一个阶段我对语言文化学基本概念、研究方法进行了梳理；第二个阶段我开始尝试对语言文化学的跨学科性质进行研究；第三个阶段对俄语语言与文化方向的研究上进一步加强跨学科方面的探索，主要尝试与俄罗斯文学、政治语言学结合进行跨学科研究。第三个阶段使我对语言文化学与其他学科之间的交叉融合性质有了更深刻的认识，这种交叉融合的实质就是一个民族在认知世界过程中形成的认知结果以文化的形式在语言中获得载储，载储的过程就是形成各种反映民族文化记忆文本的过程。

　　这本《东正教与俄罗斯民族语言研究》正是我语言文化学研究第三个阶段的产物，充分体现了语言文化学与其他学科的交叉和融合。本书首先从俄语语言史的角度，研究了东正教和俄罗斯民族语言在各自形成与发展过程中的相互影响和相互作用；然后从俄语语言学角度，历时与共时相结合，对俄语词汇系统中的东正教词汇进行系统研究，窥见东正教对语言形式、意义和使用的影响；最后从语言文化学角度，一方面研究以东正教为主导特征的俄罗斯精神文化影响下的俄语语言世界图景、俄语语言意识的基本内核、俄语语言文化观念系统，突出东正教以俄罗斯民族语言符号为媒介在国家文化与民族精神认同中的作用，另一方面探讨丰富的语言世界图景、语言文化观念系统和文学语言为东正教在俄罗斯文化空间内部的存在与发展提供的阐释空间。

研究进一步表明，俄罗斯文化和俄罗斯民族性格与东正教彼此作用、彼此影响，在千年过程中通过语言的积淀与记录成为俄罗斯民族精神的重要组成部分。俄罗斯民族语言保留了东正教赋予的俄罗斯民族性格特征及民族文化特点，成为东正教与俄罗斯文化及俄罗斯精神之间的重要媒介。研究东正教影响下的俄罗斯文化及民族性格离不开俄罗斯民族语言，反之亦然。

本书将东正教和俄罗斯民族语言放置在整个俄罗斯文化空间框架下开展研究。东正教与俄罗斯文化、俄罗斯民族性格、俄罗斯民族语言世界图景、俄语语言意识及俄语语言文化观念系统之间形成相互影响、相互作用的俄罗斯文化空间，其中东正教是核心和精神实质，俄罗斯民族语言是手段、是内容，更是俄罗斯思想和精神不可分割的组成部分。词汇、词组、熟语、谚语，特别是文学文本，是研究东正教与俄罗斯民族语言之间相互作用共变关系的重要语言文化意义单位。通过语言文化意义单位，能够把"聚和性"作为俄罗斯东正教的灵魂特征，在语言世界图景中通过实体文化、规范文化和精神文化得以表达，能够构建以东正教为主要精神实质的俄语语言文化观念系统，能够发掘和阐释以东正教精神与传统为核心的俄语语言意识形象体系，从而更深刻地认识"东正教与俄罗斯文学"的关系。

感谢张杰老师给我提供这次深入探索、研究俄语语言与文化关系的机会，对我而言，这是一次开拓视野、扩展思路的宝贵学习机会。我和张老师早在 1995 年就已经相识，多年来张老师在我学术成长中一直给予关心、鼓励和支持。张老师知识渊博，思想开阔，笔耕不辍，成果频出，是我们后辈学习的榜样。也感谢我们团队中的彭文钊教授和王钢副教授，我们充分发挥各自的学术特长和优势，互相启迪，通力合作，顺利完成了子课题的全部研究工作。同时，也感谢我工作的大连外国语大学，在学术研究条件等各方面给予了足够的支持和保障。最后，感谢我的家人对我一直以来的关爱、包容和理解！

刘 宏

2021 年秋于大连